互联网+教育改革新理念教材

铁路行车组织

主编　杨建秋

内容提要

本书共十个项目，主要内容包括：概述、货物列车及货车在站技术作业过程、车站作业计划、调车工作、车站工作统计、车站通过能力和改编能力、列车编组计划编制、列车运行图及区间通过能力、技术计划和铁路运输调度工作。

本书可作为职业院校铁道交通运营管理专业教材，也可作为铁路运输职工岗位培训用书，还可作为铁路行车工作相关人员的学习参考书。

图书在版编目（CIP）数据

铁路行车组织 / 杨建秋主编. -- 上海 : 上海交通大学出版社，2017（2023 重印）
ISBN 978-7-313-17721-6

Ⅰ. ①铁… Ⅱ. ①杨… Ⅲ. ①铁路行车－行车组织 Ⅳ. ①U292

中国版本图书馆 CIP 数据核字(2017)第 182393 号

铁路行车组织
TIELU XINGCHE ZUZHI

主　　编：杨建秋
出版发行：上海交通大学出版社　　地　　址：上海市番禺路 951 号
邮政编码：200030　　电　　话：021-64071208
印　　制：北京鑫益晖印刷有限公司　　经　　销：全国新华书店
开　　本：787mm×1092mm　1/16　　印　　张：24.5
字　　数：473 千字
版　　次：2017 年 8 月第 1 版　　印　　次：2023 年 7 月第 9 次印刷
书　　号：ISBN 978-7-313-17721-6
定　　价：69.80 元

丛书序

本人从事铁路事业已有四十余年，亲身经历了中国铁路事业的历史变迁，见证了我国铁路从蒸汽机车到内燃机车，再到电力机车的发展历程。2007 年，我国铁路迎来了第六次大提速，并同时步入了高速铁路时代。

随着《铁路“十三五”发展规划》的出台，我国铁路建设进入到一个新的发展周期。截至 2018 年末，我国铁路营业里程约为 13.1 万公里，其中高铁营业里程达到 2.9 万公里，位居全球第一位。在我国铁路的组成中，高铁以不到 1/3 的营业里程，承担了我国铁路 53.6%运量。可以预计，未来国家会继续加大高铁的建设力度，届时高铁将会承担绝大部分的铁路运量。

随着我国铁路现代化建设进入关键时期，铁路人才队伍建设已成为影响我国铁路现代化进程的关键因素。面对如此形势，我国职业教育在铁路人才培养方面任重而道远。

就目前来看，我国很多职业院校高铁专业在课程设置、课程体系建设和专业技能培养等方面，依然存在不少问题。例如，教材内容陈旧、不能适应高铁人才培养的需求；课程体系建设不完善，毕业生不具备岗位要求的各项技能等。这些已成为目前职业院校高铁专业亟待解决的问题。

为此，上海交通大学出版社在研究当前职业教育改革的基础上，对铁道运输类专业尤其是高铁专业进行了深入调研，并联合多位铁路方面的专家及一线教师，开发了这套基于岗位需求的高铁专业教材。

这套教材按照专业设置与产业需求对接、课程内容与职业标准对接、教学过程与生产过程对接的要求，遵循技术技能人才成长规律，强调知识传授与技术技能培养并重，强化学生职业素养养成和专业技术积累，将专业精神、职业精神和工匠精神融入其中。在具体组织教材内容时，紧紧围绕学生职业技能的形成，侧重实际工作岗位的操作；同时将高铁新技术、新工艺、新规范纳入教材内容，反映典型岗位的职业能力要求。

我认为，职业院校可根据这套教材整合高铁专业的课程标准，完善课程设置，规范人才培养方案。

这套丛书的出版，恰逢其时，希望能对职业院校高铁专业的教材改革有所裨益。

原中国铁道部安全总监、国家铁路局副局长

商鲲教育集团首席专家

陈兰华

前言

铁路行车组织是铁路运输的重要组成部分。随着我国铁路运输的快速发展，大量新装备、新技术、新方法和现代化管理手段在铁路行车组织工作中得到了广泛应用。这使得行车组织工作一线急需熟练专业技能、具备处理突发事件能力、在关键岗位发挥作用的高素质人才。为了适应新形势的要求，我们根据铁道交通运营管理专业的人才培养目标精心编写了本书。

此外，为贯彻落实党的二十大精神，我们还结合铁路行车组织的教学内容，进一步修订了本书。本书具有以下几个特点。

1. 素质教育，立德树人

本书秉承能力教育与素质教育同向同行的理念，通过探寻铁路课程与素质教育的结合点，以多种途径巧妙自然地融入了素质元素，旨在帮助学生建立铁路运输基本知识框架的同时，引导学生增强民族自豪感、责任感，树立爱岗敬业、精益求精、服务社会的思想，增强绿色环保意识、安全意识和创新意识，实现能力与素质协同育人的教育理念。

2. 校企合作，紧贴前沿

本书在编写过程中，通过学校教师和企业专家的合作，将理论知识和实践有机结合，并且以铁路现行有关规章、国家标准和部颁标准为依据，注意纳入新知识、新技术、新工艺、新设备等“四新”内容，保证了内容的前沿性。

3. 全新形态，全新理念

本书采用项目任务式教学法编排，每个项目包含多个任务，任务之后还安排了“项目实训”和“项目自测”，帮助学生练习和巩固本项目所学知识。此外，本书还根据需要添加了“提示”“小贴士”“课后拓展”“课堂互动”等小模块，开拓了学生视野，方便学生理解所学内容，又活跃了课堂气氛。同时，书中还配有大量的图片，这些图片不但切合所讲内容，而且精美、清晰，可以让学生轻松学习，快乐阅读。

4. 数字资源，平台辅助

本书配备了丰富的数字资源（如微课视频、优质课件、答案等），为广大师生提供了一站式教学资源。读者可以登录文旌综合教育平台“文旌课堂”（www.wenjingketang.com）

体验平台式教学及下载相关教学资源包。

此外，本书还提供了在线题库，支持“教学作业，一键发布”，教师只需通过微信或“文旌课堂”App 扫描扉页二维码，即可迅速选题、一键发布、智能批改，并查看学生的作业分析报告，提高教学效率、提升教学体验。学生可在线完成作业，巩固所学知识，提高学习效率。

本书由杨建秋担任主编，刘福安、韩雅芳、杨维、赵秋义、张雅净参与编写。参加编写人员分工如下：刘福安编写项目一、项目三；韩雅芳编写项目二；杨维编写项目四；赵秋义编写项目五、项目六；杨建秋编写项目七、项目八；张雅净编写项目九、项目十。

由于编者水平有限，书中存在的疏漏与不当之处，恳请各位老师和广大读者批评指正，以不断提高本教材水平，为我国铁道交通发展贡献微薄之力。

目录 Contents

项目一 概述

项目二 货物列车及货车在站技术作业过程

项目三 车站作业计划

项目四 调车工作

项目五　车站工作统计

项目六　车站通过能力与改编能力

项目七　列车编组计划编制

项目八 列车运行图及区间通过能力

项目九 技术计划

项目十　铁路运输调度工作

项目一　概　述

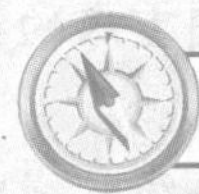

项目导入

铁路运输是现代运输主要方式之一，它在整个运输领域中占有重要的地位，并发挥着愈来愈重要的作用。

铁路运输由于受气候和自然条件影响较小，且运输能力及单车装载量大，在运输的经常性和低成本性上占据了很大优势，再加上车辆类型较多，使它几乎能承运任何商品，且不受重量和容积的限制。这些都是公路和航空运输方式所不能比拟的。

知识目标

- 了解铁路运输特点及其优点。
- 了解铁路运输在国民经济中的作用，掌握铁路运输的产品特点和生产过程。
- 熟悉车站的定义和作用、掌握车站的分类方法，了解车站办理的作业和设备，了解技术站行车指挥系统的组成。
- 掌握列车的定义、分类和车次编订。
- 了解列车上下行的有关规定。

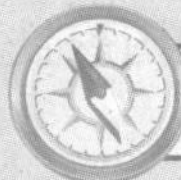

技能目标

- 能正确区分各类车站和列车。
- 能正确区分各类货物列车。

素质目标

- 培养为适应铁路事业的发展和需要，在学习基本理论知识的同时，掌握从事本专业领域实际工作的基本能力和基本技能，形成良好的社会责任感和职业道德的意识。

任务一 铁路运输的作用和生产过程

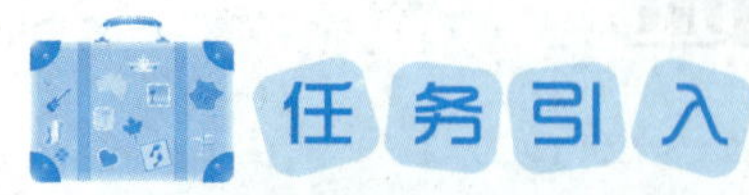

任务引入

历经9年艰苦建设，连接我国西南和西北的铁路大通道——甘肃兰州到重庆的铁路（兰渝铁路）于2017年9月29日全线通车。

兰渝铁路途经甘、陕、川、渝三省一市，共22个市县（区），是客货共线双线电气化国家Ⅰ级铁路，正线全长886 km，设计时速160 km/h，有条件路段预留200 km/h。兰渝铁路全线通车后，兰州到重庆的运输距离由1 453 km缩短至886 km，客车运行时间由21 h缩短为目前的12 h。重庆到新疆、欧洲的中欧班列不再绕行陇海、西康、襄渝铁路，将通过兰渝线直通兰州。

兰渝铁路全线开通运营后，与现有的渝黔铁路相连接，形成“兰州—重庆—广州”的南北铁路大干线，将成为与京广线、京沪线并列的三条南北铁路大动脉之一。兰渝高铁向西北延伸并入“渝新欧”国际铁路线，成为连接西南至西北间最便捷的钢铁丝绸之路。

下面就让我们来学习铁路运输的作用和生产过程。

相关知识

铁路是国民经济大动脉、国家重要基础设施和大众化交通工具，也是综合交通运输体系骨干、重要的民生工程和资源节约型、环境友好型运输方式，它在我国社会经济发展中的地位至关重要。

铁路运输具有高度集中的特点，各工作环节须紧密联系、协同配合，确保国家铁路能够安全正点、方便快捷、高速高效地运行。

铁路行车组织是铁路运输组织的重要组成部分，它综合运用铁路的各种运输设备（包括车站、机车、工务、电务、供电、车辆等），合理组织客货列车运行。

铁路运输组织主要包括以下内容：车站工作组织、列车运行图及运输调度基本知识、通过能力计算、技术计划及运输方案等。

一、铁路运输的特点和优越性

目前我国采用的运输方式包括公路、铁路、航空、水运和管道运输五种。铁路运输本身具有以下特点。

（1）点多、线长、面广，全国铁路已形成网络。

（2）管理上具有高度集中、大联动机和半军事化的特点。

（3）在调度指挥上，采用集中领导、统一指挥、逐级负责的管理模式。

（4）要求各工种密切配合、协同动作，确保运输的安全性和连续性。

铁路运输与其他运输方式相比较，主要有以下优越性。

（1）能负担大量的客货运输任务量。

（2）运输成本较低，投资效果较好。

（3）有较高的运输速度。

（4）受气候条件影响较小，能保证运输的连续性和准确性。

（5）便于修建，随着青藏铁路的开通，在现代技术条件下，我国目前可以在任何地质环境下修建铁路。

二、铁路运输在国民经济中的地位和作用

（1）铁路运输是国民经济的大动脉。铁路纵横交错、四通八达，把全国的各大城市连为一个整体，将生产所需的原材料、工农产品以及人民生活的必需品源源不断的运送到目的地。

（2）铁路运输是国民经济的先行企业。工农业的发展，尤其是大型企业的建设，无论是在修建阶段，还是投产后的运营阶段，都需要依靠铁路来完成材料、设备、产品的运输，尤其是煤炭、钢铁等企业。

（3）铁路是提高人民物质文化和生活水平，满足人民出行需要，加强国防建设的主要交通工具。

三、铁路运输生产过程

铁路运输生产是利用铁路线路、站场、机车、车辆和通信信号等技术设备，将旅客或货物，以列车的形式，从一个地点运至另一个地点。

铁路运输生产的产品是旅客或货物在空间的位移，产品的单位分别用“人·公里”和“吨·公里”计算，产品的特点是不具有实物形态，不能储存。

铁路客货运输生产过程，通常要进行装车站的发送作业、途中运送以及卸车站的终到作业。为了加速货物运送和更合理地运用铁路技术设备，在运送途中可能还要进行列车的中转或改编作业。整车货物运输生产过程，如图 1-1 所示。

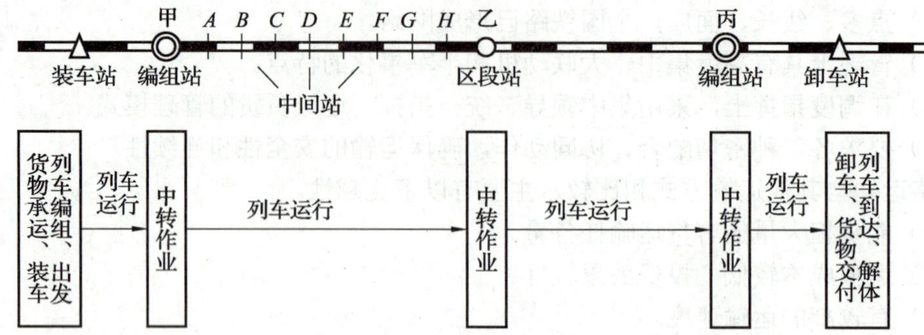

图 1-1　铁路货物运输生产过程

（1）在装车站。首先由发货人向车站办理托运手续，经过铁路承运后装车，通过调车作业，按有关规定编入列车发出。

（2）在运送途中。为保证列车运行安全和货物完整，列车经过沿途各个车站时，除了要办理列车接发作业，有的车站还要办理列车的中转作业，货车在有些车站还要进行改编作业。

（3）在卸车站。货物列车到达卸车站后，首先要对列车进行解体作业，再将车辆送往指定的卸货地点，进行卸车作业，然后把货物交给收货人。至此，该批货物运输生产过程才算全部完成。

匠心筑梦

用十年磨一剑来形容兰渝铁路“头号重难点”工程——胡麻岭隧道，真的是再贴切不过了，全长仅 13.6 千米，却从 2009 年开工建设到全线贯通经历了 8 年多的漫长时光。

胡麻岭隧道地处土质松软的黄土高原，是典型的黄土隧道，而且要穿越一个水库和一条河流。全线有 3.6 千米是第三系富水粉细砂地层，这种地层质地软弱，在这种地层中施工极易发生涌水、涌砂事故，铁路建设者们不得不采用人工挖掘的方式缓慢掘进，一个月有时只能前进几米。用铁路工程专家的话来形容，这条隧道就好像是在“豆腐脑”里打洞，施工难度被公认为“国内罕见、世界难题”。

面对这些世界级的施工难题，铁路建设者通过不断地探索创新、攻坚克难，首创 TBM 皮带运输条件下同步衬砌技术、PST-60 水平旋喷成套设备+超前预加固技术等，取得一大批科技创新成果，为兰渝高铁的建成通车奠定了坚实的基础！

科学技术是第一生产力，铁路人用实践证明了我国铁路建设强大的科技创新能力，也充分体现了我国建设者“敬业、精益、专注、创新”的工匠精神。

四、铁路运输的组织机构

全国铁路在国铁集团的领导下，实行三级管理模式，即国铁集团、铁路局集团公司（以

下简称铁路局）和站（段）。目前国家共设 18 个铁路局（集团公司），分别是哈尔滨铁路局、沈阳铁路局、呼和浩特铁路局、北京铁路局、太原铁路局、兰州铁路局、乌鲁木齐铁路局、青藏铁路公司、武汉铁路局、郑州铁路局、济南铁路局、成都铁路局、昆明铁路局、南宁铁路局、广铁集团、南昌铁路局、上海铁路局。各铁路局根据需要设置若干站（段），包括车站、车务段、机务段、客运段、车辆段、电务段、供电段、工务段等。

各铁路局在日常运输组织上，实行集中领导、统一指挥。全国铁路的日常运输组织的日常指挥工作由国铁集团运输指挥中心调度部调度处、铁路局调度所、车站调度（室）统一指挥。

知识拓展

客运段是铁路系统的重要部分之一，主要负责本局管内的旅客列车服务（包括旅客列车乘务工作和餐饮服务）。客运段一般内设安全技术科、餐饮业务科、乘务管理科、职工教育科、总务科、劳动人事科、财务科和行政办公室、党群工作办公室等管理机构。我国共有 18 个铁路局，下辖以下 37 个客运段。

沈阳铁路局（5 个）：沈阳、锦州、吉林、长春、大连客运段；

上海铁路局（4 个）：上海、南京、杭州、合肥客运段；

广州铁路（集团）公司（3 个）：长沙、广州、广九客运段；

哈尔滨铁路局（3 个）：哈尔滨、牡丹江、齐齐哈尔客运段；

北京铁路局（3 个）：北京、天津、石家庄客运段；

成都铁路局（3 个）：成都、重庆、贵阳客运段；

武汉铁路局（2 个）：武汉、襄阳客运段；

济南铁路局（2 个）：济南、青岛客运段；

南昌铁路局（2 个）：南昌、福州客运段；

兰州铁路局（2 个）：兰州、银川客运段；

太原铁路局（1 个）：太原客运段；

呼和浩特铁路局（1 个）：包头客运段；

郑州铁路局（1 个）：郑州客运段；

西安铁路局（1 个）：西安客运段；

南宁铁路局（1 个）：南宁客运段；

昆明铁路局（1 个）：昆明客运段；

乌鲁木齐铁路局（1 个）：乌鲁木齐客运段；

青藏铁路公司（1 个）：西宁客运段。

任务二 车 站

任务引入

日前，位于胶州的青连铁路洋河口站相关工程顺利完成并开通，标志着青连铁路全线首座车站正式投入使用，这为下一步开展其他施工创造了有利条件。之后，洋河口站将成为铺轨用的钢轨存储“中转站”，长轨条将通过铁路线运抵该站，为铺轨工作顺利展开打下重要基础。

青连铁路跨越山东、江苏两省沿海的青岛、日照和连云港 3 市，沿途共设红岛、洋河口、胶南（备注：工程名称）、董家口、两城、奎山、岚山西 7 个车站。线路是以城际客运为主，兼顾中长途旅客运输、客货并重的铁路干线，具有兼顾港口、城际铁路运输的功能。

请同学们试着思考车站有哪些作用？车站如何分类？

相关知识

一、车站的定义和作用

为了完成客货运输任务，组织列车安全运行并保证其必要的通过能力，铁路网上设有大量的车站。

在铁路线上，设有配线的分界点称为车站。车站负责办理列车的到发和会让，通常还负责办理客货运输业务。

分界点是指车站、线路所和自动闭塞区段的通过信号机，铁路线通过分界点划分成站间区间、所间区间和闭塞分区，这主要是为了保证行车安全和必要的通过能力。

车站在铁路运输过程中的作用主要有以下几点。

（1）车站是铁路运输的基层生产单位，拥有线路、站场、信号、通信等相关设备和行车、货运、客运、装卸等作业人员。

（2）车站是办理行车、货运、客运的主要场所，也是与铁路运输有关的机务、电务、工务、供电、车辆等各部门协调进行运输生产的场所。

（3）车站将铁路线路划分成若干区段和区间。

（4）车站在贯彻党的方针政策，执行铁路规章，合理利用技术设备，保证安全运输，提高作业效率，完成铁路运输任务等方面起着重要的作用。

二、车站的分类

1. 按业务性质分类

车站按业务性质分为营业站、非营业站，营业站又分为客运站、货运站和客货运站。下面主要介绍营业站。

1）客运站

客运站是指专门为办理旅客运输而设置的车站。客运站通常设置在大城市或者旅游胜地等有大量旅客到发的地点，进行旅客列车的始发、终到或通过作业，为旅客提供旅行服务作业。随着客运专线的大量开通，客运站的数量飞速增加，一般客运专线的车站都属于客运站。

2）货运站

货运站是指专门办理货运业务的车站，一般设置在大城市、工矿企业和港口等有大量货物装卸的地点。货运站的主要工作是办理货物列车的始发、终到作业，以及与货运有关的其他业务。

3）客货运站

客货运站是指同时办理客运和货运业务的车站。铁路网上绝大多数的车站都属于客货运站。

2. 按技术作业分类

车站按其办理的技术作业可以分为编组站、区段站和中间站。

1）编组站

编组站通常设置在有大量车流集中或消失的地点，或几条铁路线的交叉点。它的主要工作是改编车流，即大量解体和编组各种货物列车。编组站的技术等级最高，设备最复杂，配置完善，它可以分为路网性编组站和区域性编组站。

编组站

2）区段站

区段站通常设置在机车牵引区段的分界点或区段车流的集散地点。它的主要工作是办理货物列车的中转作业。

编组站和区段站统称为技术站。相邻两技术站间的铁路线路称为一个铁路区段。

3）中间站

中间站设在铁路区段内，数量众多，等级较低。它的主要工作是办理列车的接发、会让作业，以及摘挂列车的调车作业。有些中间站还办理市郊列车的折返和列车的始发、终到作业。

3. 按等级分类

车站根据其客货运量和技术作业量的大小，以及其在政治、经济和铁路网上所处的地位，划分为特等站、一、二、三、四、五等站。

此外，车站还可以根据其所处的位置和其他特征，有不同的车站称谓。例如，位于两个铁路局管辖分界处的车站称为分界站；位于两个国家之间的分界站称为国境站；位于河海港湾地区的车站称为港湾站。

请同学们根据所学知识将以下车站进行分类：石家庄站、牡丹江站、郑州站、南京站、沈阳站、厦门站、长沙站。

三、车站办理的作业和设备

1. 编组站

编组站除办理区段站的全部作业外，其主要的行车工作就是解体和编组列车。

编组站的规模通常要比区段站大得多，并设有规模更大的列车到发场（包括到达场、出发场、到发场等）和线路更多的调车场，解体作业采用调车驼峰（机械化驼峰、半自动化驼峰或自动化驼峰），一般配属有机务段和车辆段。

双向二级四场编组站的布置，如图 1-2 所示。

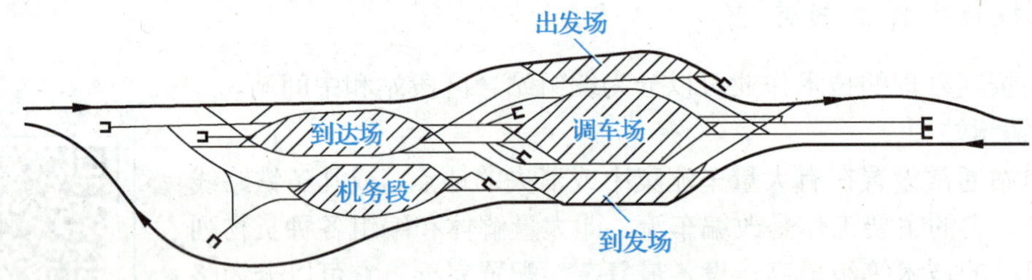

图 1-2　双向二级四场编组站布置

2. 区段站

区段站除办理客运、货运业务外，主要办理以下行车作业。

（1）接车和发车作业，一般不办货物列车的通过作业。

（2）中转列车作业，这是区段站最主要的行车工作。为了保证列车继续运行的安全和货物的完整，货物列车要在经过的区段站进行车辆技术状态检查、货运检查等。

（3）区段列车、摘挂列车到达、解体、编组与出发作业。

（4）向货物装卸地点取送车辆的调车作业。

区段站的设备一般包括运转设备（列车到发场、调车场等）、机务设备（机务段或折返段内的机车检修与整备设备等）和车辆设备（车辆段或列车检修所、站修线和制动检修设备）。

单线横列式区段站的布置，如图 1-3 所示。

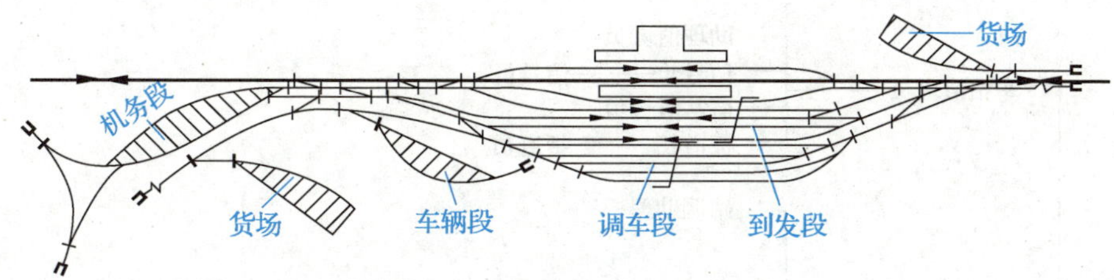

图 1-3　单线横列式区段站的布置

3. 中间站

中间站是铁路线上数量最多的车站，除办理必要的客货运输作业外，通常还办理以下作业。

（1）接发列车，这是中间站最主要的行车工作，包括接车、发车和通过列车作业。

（2）摘挂车辆以及向货物装卸地点取送车辆的调车作业。摘挂列车是为区段内中间站服务的列车，它将到达的车辆送至中间站摘下，又将中间站已进行完货物作业且发往方向与摘挂列车运行方向相同的车辆挂走。

（3）其他作业。某些中间站还办理始发直达列车和终到列车的技术作业。

中间站的设备一般包括客运设备（售票房、候车室、旅客站台等）、货运设备（货物仓库、货运室等）和其他设备（信号、联锁、闭塞设备等）。

单线铁路中间站的布置，如图 1-4 所示。双线铁路中间站的布置，如图 1-5 所示。

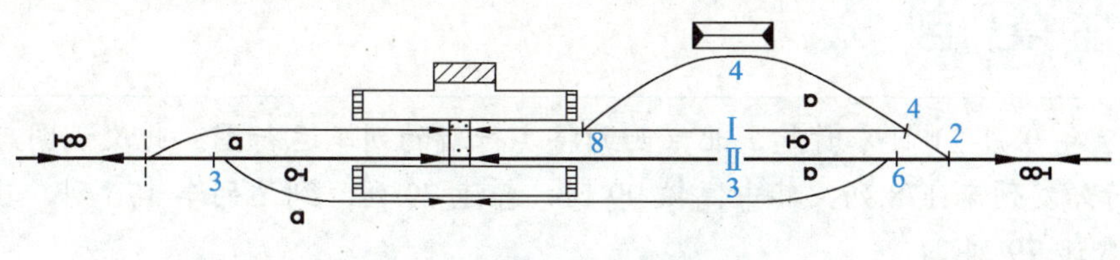

图 1-4　单线铁路中间站的布置

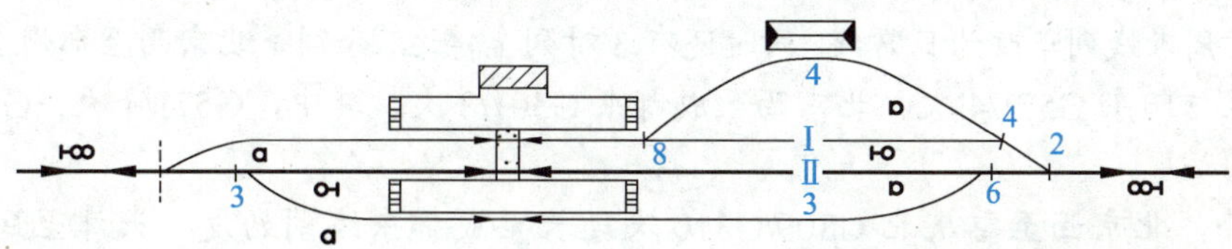

图 1-5　双线铁路中间站的布置

四、技术站行车指挥系统

技术站的行车工作由值班站长统一指挥，全站的接发列车工作由车站值班员负责，调车工作由车站调度员统一指挥。技术站（驼峰编组站）的行车指挥系统如图 1-6 所示。

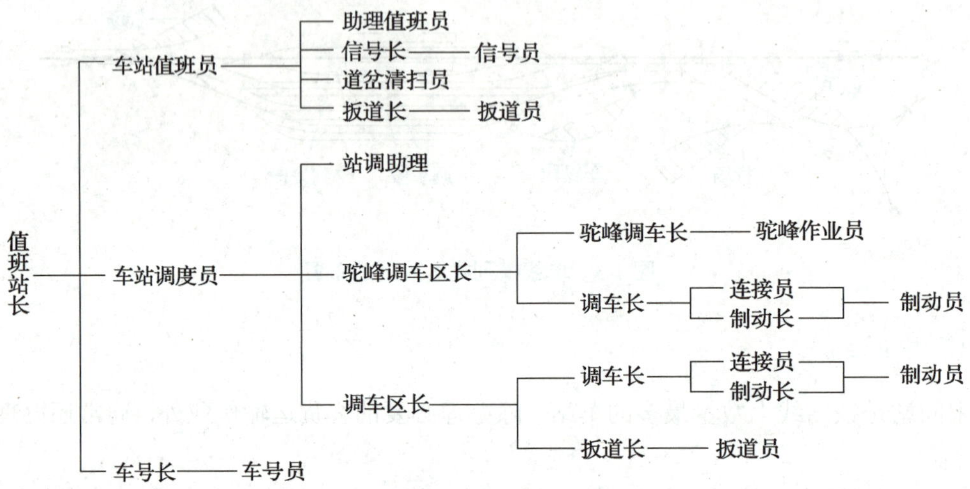

图 1-6　技术站（驼峰编组站）行车指挥

任务三　列　车

任务引入

2017 年 9 月 21 日零时起，北京西站将实行新的列车运行图。此次调图后，北京西站开行始发列车 178 列，其中高铁 99 列、普速 79 列；到达列车 176 列，其中高铁 97 列、普速 79 列。

调图后，车站增加郑州、洛阳方向高峰期高速动车组列车 3 对，并将北京西到西安北的一对周末线列车改为日常线。同时还有 3 对列车停运，分别是北京西至郑州 1487 次、北京西至信阳东 G571/4 次、北京西至成都东 G307/8 次。其中，G571/4 次、G307/8 次为临时停运。

另外，北京西至重庆北 G309/G310 次延长至成都东终到始发。天津至乌海西的 1136/3 次、1134/5 次，取消北京西停站。北京西至郑州 G561 次改为郑州东终到。

请同学们试着思考铁路列车如何分类以及列车车次的安排。

一、列车的定义

列车是指挂有机车及规定列车标志的编成车列。动车组列车为自走行的固定编组列车。列车必须具备三个条件：(1)按有关规定编成的车列；(2)挂有牵引本次列车的机车；(3)有规定的列车标志。

单机（包括单机挂车）动车及重型轨道车虽未具备列车条件，亦按列车办理。

二、列车的分类

列车

为适应旅客和货物运输的不同需要，以市场为导向，以经济效益为中心，按照运输性质和用途，将列车按如下等级顺序分类。

(1)旅客列车：包括动车组列车、特快旅客列车、快速旅客列车和普通旅客列车。

(2)特快货物班列。

(3)军用列车。

(4)货物列车：包括快运货物班列、重载列车、直达列车、直通列车、保温列车、自备车、区段列车、摘挂列车、超限列车和小运转列车。

(5)路用列车。

货物列车分类示意图，如图1-7所示。

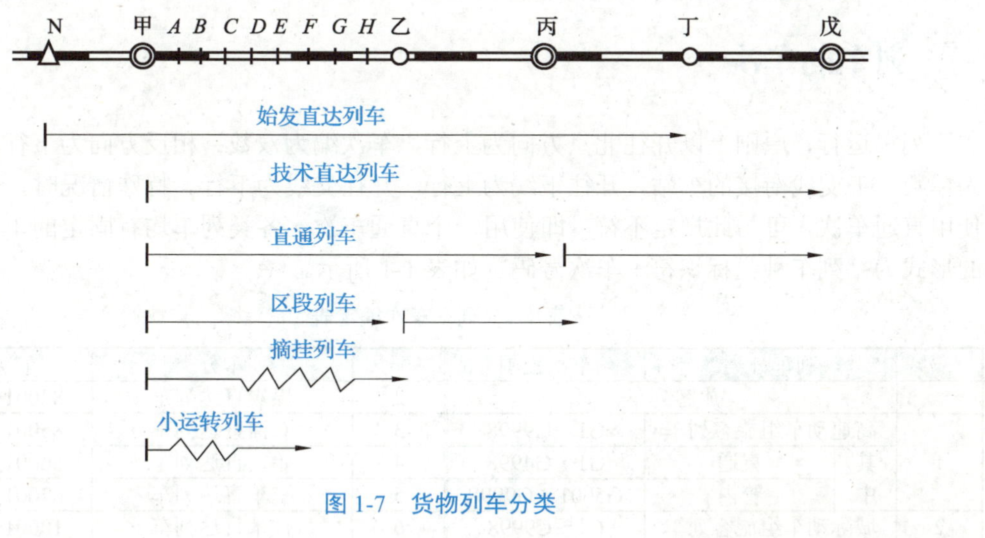

图 1-7 货物列车分类

砥节砺行

在火车出现之前，人们在陆地上的运输和旅行，主要是靠人和其他动物进行的。但无论是人还是其他动物，都有同样的缺点：速度缓慢，易受天气变化影响，需要中途休息和补充食物。那么，能不能制造一种机器来代替人和其他动物进行运输和旅行呢？被誉为“火车之父”的英国蒸汽机车发明家——乔治·史蒂芬孙，把这个设想变成了现实。

乔治·史蒂芬孙于1814年研制出世界第一辆蒸汽机车，当时有人驾着一辆马车和它赛跑。新生机车丑陋笨重，走得很慢，漂亮的马车骄傲地跑在前面，而且机车由于没有装弹簧，把路基都震坏了。然而，史蒂芬孙并未因比赛失败而灰心，他不断改进机车，坚信机车具有马车所无法媲美的优势。1825年，史蒂芬孙新设计的机车在第一条商用铁路上试车成功，开辟了陆地上运输的新纪元。1829年，他又研制成功了“火箭号”新机车，并亲自驾驶参加赛车。结果，“火箭号”以最高时速46千米，在没有发生任何故障的情况下获得胜利。从此，火车就正式被应用于交通运输事业。

在面对困难和失败时，乔治·史蒂芬孙并没有灰心丧气，止步不前。他那不畏艰辛、百折不挠、勤奋学习、勇于创新的精神，受到了全世界人民的称赞，也永远值得我们学习。

列车调度员应按照列车运行图指挥行车，当列车不能按列车运行图运行时，除特殊情况外，列车应按先客后货、先跨局后管内的原则调整。

三、列车的车次

列车运行，原则上以开往北京方向为上行，车次编为双数；相反方向为下行，车次编为单数。干支线衔接的车站，开往干线为上行，开往支线为下行。特殊情况时，个别区间使用直通车次，可与此规定不符，即使用一个直通车次。各类列车均有固定的车次，车次的形式为：列车种类标识符＋车次号码，如表1-1所示。

表1-1　列车车次编定表

序号	列车分类		车次范围	序号	列车分类	车次范围
一	旅客列车			2	煤炭直达列车	82001～84998
1	高速动车组旅客列车		G1～G9998	3	石油直达列车	85001～85998
	其中	直通	G1～G4998	4	始发直达列车	86001～86998
		管内	G5001～G9998	5	空车直达列车	87001～87998
2	城际动车组旅客列车		C1～C9998	6	技术直达列车	10001～19998

（续表）

序号	列车分类		车次范围
3	动车组旅客列车		D1～D9998
	其中	直通	D1～D4998
		管内	D5001～D9998
4	直达特快旅客列车		Z1～Z9998
	其中	直通	Z1～Z4998
		管内	Z5001～Z9998
5	特快旅客列车		T1～T9998
	其中	直通	T1～T3998
		管内	T4001～T9998
6	快速旅客列车		K1～K9998
	其中	直通	K1～K4998
		管内	K5001～K9998
7	普通旅客快车		1001～7598
	普通旅客快车		1001～5998
	其中	直通	1001～3998
		管内	4001～5998
	普通旅客慢车		6001～7598
	其中	直通	6001～6198
		管内	6201～7598
8	通勤列车		7601～8998
9	临时旅客列车		L1～L9998
	其中	直通	L1～L6998
		管内	L7001～L9998
10	旅游列车		Y1～Y998
	其中	直通	Y1～Y498
		管内	Y501～Y998
二	特快货物班列		X1～X198
三	货物列车		
1	快运货物列车		
（1）	快运货物班列		X201～X398
（2）	货物快运列车		
	其中	直通	X2401～X2998
		管内	X401～X998
（3）	中欧、中亚集装箱班列、铁水联运班列		X8001～X9998
①	中欧集装箱班列		X8001～X8998
②	中亚集装箱（普通货车标尺）		X9001～X9500
③	铁水联运班列（普通货车标尺）		X9501～X9998
（4）	普通货物班列（普通货车标尺）		80001～81998

序号	列车分类		车次范围
7	直通货物列车		20001～29998
8	区段货物列车		30001～39998
9	摘挂列车		40001～44998
10	小运转列车		45001～49998
11	重载货物列车		71001～77998
12	自备车列车		60001～69998
13	超限货物列车		70001～70998
14	保温列车		78001～78998
四	军用列车		90001～91998
五	单机和路用列车		
1	单机		50001～52998
	其中	客车单机	50001～50998
		货车单机	51001～51998
		小运转单机	52001～52998
2	补机		53001～54998
3	动车组检测、确认列车		
（1）	动车组检测车		DJ1～DJ8998
①	300 km/h 检测列车		DJ1～DJ998
	其中	直通	DJ1～DJ400
		管内	DJ401～DJ998
②	250 km/h 检测列车		DJ1001～DJ1998
	其中	直通	DJ1001～DJ1400
		管内	DJ1401～DJ1998
（2）	动车组确认列车		DJ5001～DJ8998
	其中	直通	DJ5001～DJ6998
		管内	DJ7001～DJ8998
4	试运转列车		55001～55998
（1）	普通客、货列车		55001～55300
（2）	300 km/h 以上动车组		55301～55500
（3）	250 km/h 以上动车组		55501～55998
5	轻油动车、轨道车		56001～56998
6	路用列车		57001～57998
7	救援列车		58101～58998
8	回送客车底列车		
（1）	有火回送动车组车底		001～00100
（2）	无火回送动车组车底		00101～00298
（3）	无火回送普速客车底		00301～00498
（4）	回送图定客车底		原车次前冠以“0”
（5）	因故折返旅客列车		原车次前冠以“F”

直通列车是指在技术站编组，通过一个及其以上区段站不进行改编作业的列车。

管内列车是指只在本铁路局的管辖范围内运行的列车。管内列车是不能跨路局运行的，也就是说前文提到的18个铁路局中的管内列车只能在本铁路局内运行。

四、货物列车编组

货物列车编组计划是全路的车流组织计划，它能统一安排全路的解编作业任务，具体规定全路各编组站编组各种列车的种类、内容和办法。

图1-7中，甲站戊方向货物列车编组计划的内容如表1-2所示。

表1-2　甲站列车编组计划

发站	到站	编组内容	列车种类	定期车次	附注
甲	戊	戊及其以远	技术直达		
甲	丙	（1）丙及其以远（不包括戊及其以远） （2）空敞车	直通列车		
甲	乙	乙及其以远（不包括丙及其以远）	区段列车		
甲	乙	（1）*A*—*D*间按站顺 （2）*E*—*D*间按到站成组	摘挂列车		按组顺编

从表1-2中可以看出，按列车编组计划规定，甲站应编组甲—戊方向四个到达站的货物列车，并应按其编组内容的规定编组这些列车。

货物列车应按照列车编组计划、列车运行图和《铁路技术管理规程》（简称《技规》）等有关规定进行编组，具体内容如下。

（1）编入货物列车的车辆去向、车辆编挂方法等应符合列车编组计划的规定。

（2）货物列车的重量和计长应符合列车运行图的规定（摘挂列车除外）。未经有关部门批准，车站不准发出欠轴、超重和超长列车。

（3）编入货物列车中的车辆技术条件、装载危险货物车辆的隔离、关门车的编挂、机车编入列车的条件等，均应符合《技规》的规定。

五、列车运行图和列车运行时刻表

列车运行图是列车运行的图解。列车应当按照列车运行图规定的时分运行。它是运用坐标原理表示各次列车在各个车站到达、出发或通过的时刻。我国铁路列车运行图以纵轴表示列车运行距离，横轴表示运行时分。即横线表示站名线，其中粗线表示技术站或有技术作业的中间站；竖线表示时分线。上、下斜线分别表示上、下行列车运行线。各类列车的车次标记在区段两端发车站邻接区间运行线正上方，如图 1-8 所示。

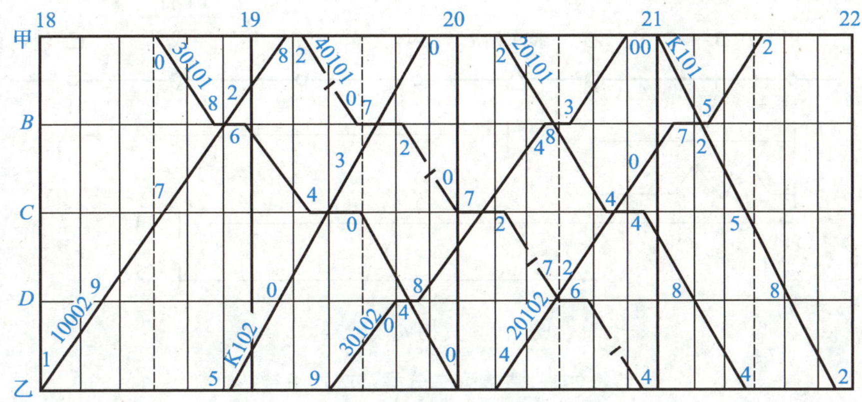

图 1-8 列车运行图

列车运行线与站名线的交点为列车到达、出发或通过车站的时刻。在十分格运行图上，只填写十分钟以下的数字，其中到、发时分填写在运行线与站名线相交的钝角内，通过时分填记在列车出发一侧的钝角内。

列车运行时刻表是根据列车运行图的规定，以表格的形式表示各次列车在车站的到、发或通过时刻，如表 1-3 所示。

表 1-3 列车运行时刻表

站名	下行				上行			
	区段 30101	摘挂 40101	直通 20101	快速旅客 K101	直达 10002	快速旅客 K102	区段 30102	直通 20102
甲	18:30	19:12	20:12	21:00	19:08	19:50	20:50	21:23
B	48 56	30 42	… 28	… 12	52 …	37 …	33 24	17 21:07
C	19:14 30	20:00 12	44 54	… 25	37 …	23 …	20:07 …	50 …
D	… 44	27 36	… 21:08	… 38	19 …	19:10 …	48 40	32 …
乙	20:00	20:45	21:24	21:52	18:01	18:55	19:19	20:14

项目实训

通过学习该项目，根据以下所给资料（见图 1-9）及有关规定，判定下图中各次列车种类，并为其编定车次，填入下表。

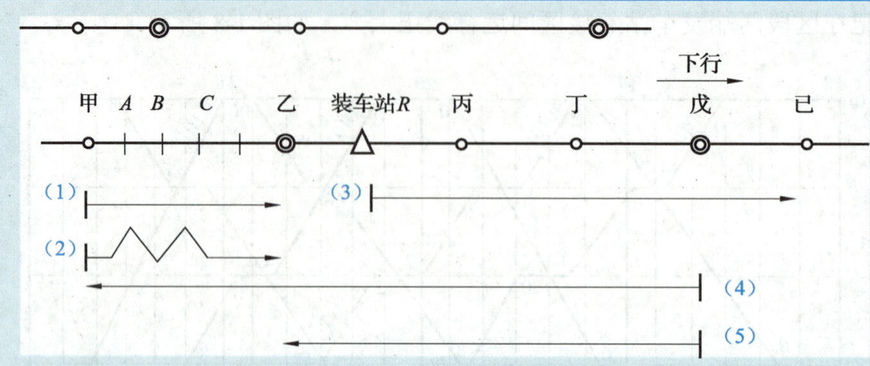

图 1-9　货物列车分类

表 1-4　货物列车分类及车次编定

列车	发站	到站	列车种类	车次
(1)	甲	乙		
(2)	甲	乙		
(3)	R	已		
(4)	戊	甲		
(5)	戊	乙		

解析：

根据前文图 1-7 可以得出：(1) 为区段列车；(2) 为摘挂列车；(3) 为始发直达列车；(4) 为技术直达列车；(5) 为直通货物列车。以上车次的编定在规定的范围内即可。

项目自测

一、填空题

1. 车站是铁路线上设有配线的________。
2. 车站按业务性质分为________、__________和客货运站。
3. 车站按技术作业分为编组站、________和________。其中________和________统称为技术站。
4. 列车必须具备三个条件：(1) 按有关规定编成的________；(2) 挂有牵引本次列车的________；(3) 有规定的________。

二、简答题

1. 铁路运输有哪些优越性？
2. 铁路运输的产品是什么，如何统计？
3. 铁路的分界点有哪些？
4. 车站是如何分类的？
5. 什么是列车？列车必须具备的三个条件是什么？列车按运输性质和用途是如何分类的？

项目二　货物列车及货车在站技术作业过程

项目导入

为缩短货物列车及货车的技术作业过程，提高车站作业效率，保证安全，车站应加强作业计划与指挥，提前做好准备工作，同时广泛采用先进工作方法，缩短单项作业时间，最大限度地组织平行作业和流水作业，减少作业延续时间，加强与运输有关的各部门、各工种间的协调配合，避免作业中断，大力压缩各种等待时间。

知识目标

- 熟悉并掌握技术站货物列车作业的种类、内容。
- 熟悉技术站货物列车技术作业过程及组织方法。
- 熟悉列车编组顺序表的作用及填记方法。
- 掌握技术站办理的货车种类及货车的技术作业内容。
- 掌握不同种类的货车在站的技术作业过程。

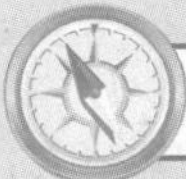

技能目标

- 能判断货物列车经过技术站都进行了何种技术作业。
- 能正确填记列车编组顺序表。
- 能判断技术站办理的货车种类及不同种类的货车在技术站进行了哪些技术作业。

素质目标

- 通过学习技术站货物列车技术作业过程及作业组织方法等内容，培养良好的团队合作精神，能与相关部门、各工种之间协调配合。

任务一 技术站的货物列车技术作业

2017年5月31日，随着沪昆、南昆、成昆三个方向6条铁路接入昆明东站三级六场，云南最大铁路枢纽正式投入使用，这对完善路网结构，提升运输能力，更好服务和融入“一带一路”建设具有极其重要的意义。

昆明东站三级六场改造后，增建了一个自动化驼峰，可存车辆的线路由50条增加到96条，查定能力由原来的6 598辆增加到13 000辆，昆明东站日均货车办理能力实现翻番。昆玉河铁路、广大铁路、成昆铁路与沪昆铁路、南昆铁路、盘西铁路之间的货车如有需要可直接通过昆明东站，互联互通更加便捷，货物列车在途运行时间将大幅压缩。

以昆明东站“三级六场”为核心的云南最大铁路枢纽投入使用后，北上广等经沪昆、南昆铁路进出云南昆明的旅客列车可绕开昆明东站，直接进入昆明站，实现了客货列车分流，互不干扰，客货列车运输效率得到大幅提升。运输组织工作全部通过编组站自动化SAM系统进行计算机自动控制，列车解体前的技术作业任务均通过计算机自动下达，各岗位作业完毕的确认工作计算机也可自动判别，调度员及所有信号楼值班员均在同一调度大厅办公，方便作业联系，同时新系统实现了接发列车、调车作业进路进行自动排列、自动采集报点、自动化控制，简化了作业流程，提高作业效率。

请同学们试着思考技术站货物列车技术作业的种类和具体内容，以及技术作业的过程和方法有哪些。

技术站的货物列车技术作业

为保证列车运行的安全与货物的完整，货物列车在始发站、终到站、运行途经技术站的到发线上及摘挂列车在中间站办理的各项技术作业，统称为货物列车技术作业。这些作业项目、程序与时间标准统称为货物列车技术作业过程。

一、技术站货物列车作业种类

1. 技术站办理的货物列车种类

按照货物列车在站技术作业过程，技术站办理的货物列车种类包括：自编始发列车、无调中转列车、部分改编中转列车和到达解体列车四种。

- **自编始发列车**：在该技术站编成并出发的列车。
- **无调中转列车**：在技术站不进行任何改编作业，而只在到发场进行到发技术作业后，继续运行的列车。
- **部分改编中转列车**：在技术站进行变更重量、换挂车组或变更运行方向等调车作业后继续运行的列车。
- **到达解体列车**：在该技术站全部车列需要解体的列车。

2. 技术站货物列车作业种类

与技术站办理的货物列车种类相对应的列车技术作业种类包括：始发列车出发作业、无调中转列车作业、部分改编中转列车作业和解体列车到达作业。

如图 2-1 所示，甲—乙区段列车重量标准为 3 500 t，乙—丙、丙—丁区段为 3 000 t。由甲站编组始发的直通货物列车，经过乙、丙两个区段站，到达丁站解体。由此可以看出，该列车在各站进行的列车技术作业种类分别为：在甲站进行始发列车出发作业，在乙站进行变更重量的部分改编中转列车作业，在丙站进行无调中转列车作业，在丁站进行解体列车到达作业。

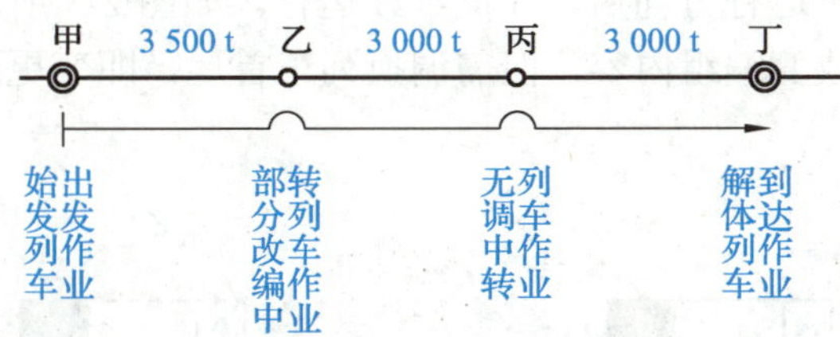

图 2-1　技术站货物列车作业种类

1）始发列车出发作业

由技术站或装车站编组始发的货物列车，在编组作业完成后转往列车出发线上所进行的技术作业。该作业在始发站进行，目的是为列车出发做准备，保证出发列车的质量符合各项规定。

2）无调中转列车作业

直达、直通货物列车等无调中转列车在运行途中经过某些技术站时，虽不进行任何改编作业，但是为了保证列车继续运行的安全和货物完整，在列车到发线上进行的中转技术作业。它发生在途中站，但是对于途中站基本不增加负担，列车通常是停一下就走。

3）部分改编中转列车作业

与无调中转列车一样发生在途中站，但多了部分改编所需的少量调车作业。部分改编的形式包括以下三种。

（1）变更货物列车重量。当相邻区段牵引定数不同时，在技术站进行的补轴或减轴作业。如图 2-1 所示，甲站编开丙、丁站的货物列车，在乙站需减轴 500 t。而在丙、丁站编开甲站的货物列车，在乙站需补轴 500 t。

提示

牵引定数是指列车运行图规定的某一区段固定机车类型及列车种类的列车牵引重量。列车牵引定数应根据机车牵引力、区段内线路状况及其设备条件来确定。

（2）换挂车组。如图 2-2 所示，甲站开往丁站的货物列车，编组内容包括乙、丙、丁三个车组，列车运行至乙站后，需摘下乙、丙车组，换挂上去丁站的车组。

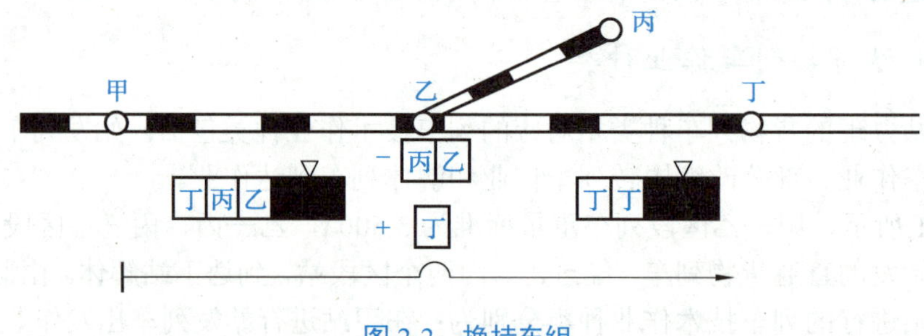

图 2-2　换挂车组

（3）变更列车运行方向。当直达、直通货物列车经过有分歧方向的技术站时，因车场进路关系，需变更列车运行方向后，才能继续运行。如图 2-3 所示，由甲站开往丙站的直通列车，在乙站虽不改变编组内容，但需调换列车首尾，即变更运行方向后，才能继续向丙站方向运行。

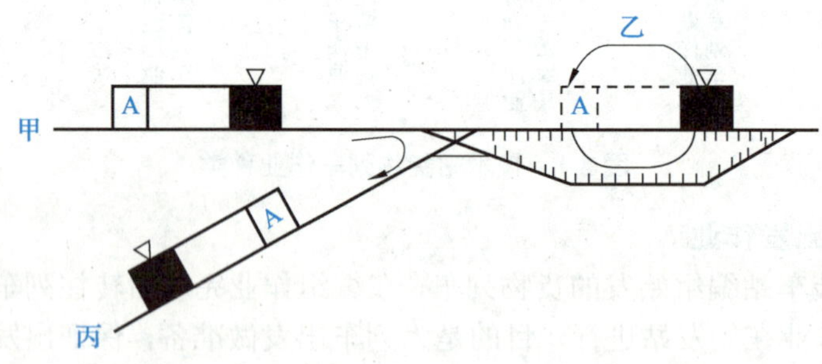

图 2-3　变更列车运行方向

4）解体列车到达作业

解体列车在安排好的到达线上，进行的各项检查工作及解体前的准备工作。该作业发生在解体站，目的是为列车解体做准备。

二、技术站货物列车作业内容

列车在到达技术站或是列车编组完毕后，在技术站的到达场、出发场上要对列车进行一系列的技术作业。虽然各种货物列车在站技术作业的内容和要求不完全相同，但以下几项作业是列车必须办理的。

1. 车辆技术检修作业（包括摘挂机车及试风）

由于货物列车重量大、速度快，且在运行过程中冲击力大，在这种情况下车辆的走行和连接部分很容易发生损坏，有些车辆配件可能会发生磨损、毁坏或丢失，车辆制动部分可能动作失灵，以上这些问题都会严重危及列车的运行安全。因此列车经过一段长距离的运行后，必须由驻站列检所的检车人员对列车车辆进行技术检查和修理。

车辆技术检修作业由驻站列检所的检车员负责，主要任务是检查车辆走行情况，以及列车连接部分和制动装置的技术状态是否符合《技规》的规定。例如，发现车辆技术状态不良时，应尽可能不进行摘车处理，并在规定时间内完成检修作业；必须进行摘车修理时，应按规定插上扣修色票，注明故障内容及送修地点，填发“车辆检修通知单”并及时通知车站有关人员甩车并送修；发现因货物装载不当引起技术状态不正常的车辆，应及时通知车站处理；对车辆自动制动机空重位置不符合的车辆，应进行调整，保证发出列车符合质量要求。

2. 列尾作业员技术作业

货物列车在取消守车后，尾部必须挂有安全防护装置，该装置称为“列尾”装置，它由机车控制盒和尾部主机两部分组成。小运转列车是否挂列尾装置，由铁路局根据列车运行距离等条件确定。解体列车列尾装置的摘解、始发列车列尾装置的安装以及中转列车列尾装置的换挂，均由列尾作业员负责。“列尾”装置的主要作用有以下几项。

守车又称望车，是挂在货物列车尾部，运转车长乘坐的工作车，用来瞭望车辆及协助刹车。

（1）使机车乘务员可利用控制盒随时准确掌握列车尾部风压，确认列车完整。

（2）当列车主管因泄漏等原因风压不足时，可直接向司机报警。

（3）当车辆折角塞门关闭致使控制制动机不能正常工作时，司机可直接操纵排风键实现尾部排风，使列车制动停车。

（4）可起列车标志作用，为接发列车人员确认列车完整提供条件。

列尾作业员应按有关规定及时填写“列尾装置使用登记表”，用机车车号确认设备将本务机车号码输入尾部主机，建立机车和列尾的一一对应关系并认真监听核对，确保列车运行安全。

日新月异

在铁路行业里，检车员是与货车打交道最多的岗位，他们的工作看似简单，实则不易。检车员都是手拿检车锤钻车底，通过敲击，靠听声音来辨别故障的。他们对每一辆车仔细检查，确认货车的构造完好。一趟车走下来，一般需要6个检车员花半个小时才能检查完，他们经常风吹日晒，风雨无阻，十分辛苦。

现在，随着科学技术的发展，这种检查方式已成为历史，动态检车员通过远程诊断替代了用检车锤检车，他们只需坐在电脑前面，使用最先进的TFDS系统就可以检查到每一辆车的构造状态，用智能化方式替代人工方式，在节省人力的同时，故障发现率也大为提升。

不仅仅是检车员，铁路许多岗位都采用了先进的科学设备，代替了繁重的人力劳动。例如，货运部门实行了货运票据电子化，取代了纸质票据，不仅提高了货物发送的效率，还节省了纸质成本、减少了传递中的失误；客运部门实行了刷身份证、二维码以及刷脸乘车，代替了过去的纸质车票，从而实现了无人化的进站验票，不仅方便了旅客乘车，也节省了人力和物力的消耗，得到了社会各界的广泛认可。这些都是铁路改革发展所取得的成效，未来铁路的前景将会一片光明，铁路也终将成为千家万户出行的首选，成为国人的骄傲！作为大学生，我们应该努力学好专业知识，适应时代发展需求，不断进取与创新，做一个对新时代有用的人。

3. 货运检查及整理

货车车辆经过长时间的运行或调车作业后，货物的装载、加固状态都可能会发生变化。为了保证继续运行的安全，车站的货运检查员需要对其进行装载状态检查和整理。

在列车到达前，货运检查员应在列车尾部停车地点接车，利用列车进站走行观察货物装载状态。当列车停妥后，货运检查员检查的主要内容有：从车列两侧检查敞、平车上的货物装载、加固和篷布苫盖情况；棚车的铅封、车体、车门、车窗等有无异常；罐车有无渗漏、顶盖是否关好等。如发现异状应及时进行处理。对于无列检作业的列车，还应检查自动制动机的空重位置，不符合时应进行调整。

若不能在列车停站时间内处理完毕或发现有盗窃、损坏等情况，应按规定编制记录并通知调车区长甩车处理。

4. 车号员检查、核对现车

检查、核对现车工作由外勤车号员负责，其主要任务是按照列车编组顺序表（简称运统1）检查核对现车和货运票据。对无调中转列车、部分改编中转列车和到达解体列车，车号员应按照列车确报的编组顺序表检查现车，对自编始发列车则根据事先编制好的列车编组顺序表核对现车，其目的是保证列车编组顺序表、货运单据、现车“三相符”，确保

出发列车质量，并为车站作业计划及统计工作提供可靠的资料。

5. 车列及票据交接

对到达技术站的列车，车站的到达车号员应按照作为列车确报的列车编组顺序表对车列及货运单据进行检查，核对无误后与司机办理相应手续后接收列车。对出发列车则根据事先编制好的出发列车编组顺序表检查列车、核对现车及货运单据，确认是否“三相符”，核对无误后与司机办理车列交接，确保出发列车的质量。

6. 更换机车或机车乘务组换班

列车到达技术站后，一般要进行机车更换作业，如果采用循环运转制，在基本段不更换机车时，则需进行机车乘务组换班作业。到达机车由检车人员负责摘下，车站值班员应及时安排到达机车入段进行整备作业。出发机车应按规定时间提前出段，在机待线上或指定地点等候。等候车辆技术检修结束，并撤除防护信号后，工作人员及时连挂车列并按规定进行试风，准备发车。

7. 准备发车及发车

对于出发列车，车站的出发车号员在按列车编组顺序表核对现车和货运单据无误后，按规定将货运单据装入票据封套封好，并连同一份列车编组顺序表与机车乘务员办理签字手续交接，车站发车人员将列车途中运行注意事项通知司机，按规定简略试风，确认具备发车条件后，直接向司机显示发车信号。司机在确认发车条件具备后，根据信号的显示启动列车。

不同种类的列车还需办理其他一些必要的技术作业。有兴趣的同学可以课下查阅资料，了解相关内容，并分享讨论。

三、技术站货物列车技术作业过程及作业组织方法

根据各种列车的不同要求，车站应在查定各项作业时间标准的基础上，分别编制各种列车的技术作业过程。技术站的货物列车技术作业是在到发场完成的，由车站值班员负责组织指挥。车站值班员应提前做好相关准备工作，加强与有关工种的协同配合，组织流水作业，避免作业中断，大力压缩各种等待时间，最大限度地组织平行作业，以减少作业延续时间，提高作业效率。

各种货物列车技术作业的内容和要求不完全相同，下面分别介绍它们的作业过程及组织方法。

1. 自编始发列车出发技术作业过程及组织方法

自编始发列车出发作业是列车出发前在站内进行技术作业的最后一道工序，对于保证列车质量与运行安全具有重要意义。其技术作业过程如图 2-4 所示。

程序	作业项目	时间/min 0 10 20 30 40 50 60
1	检车员、车号员、货运检查员、列尾作业员等出动	
2	技术检修作业(包括挂机车、试风)	
3	列尾作业人员技术作业	
4	车号员检查现车	
5	货运检查	
6	车站作业人员与司机办理运统1和货运票据交接	
7	准备发车及发车	
	作业总时分	

图 2-4　自编始发列车技术作业过程

为了加速始发列车技术作业过程，组织方法如下。

（1）通知有关人员做好准备工作。车站值班员应将列车车次、编成时间、转入到发场的股道、编成辆数及出发时间等信息通知机务段、列检所值班员，以便组织机车按时出段，列检人员及时出动。按规定时间将机车号码通知列尾作业人员，做好列尾装置与出发机车的对号检测工作，待车列编好后及时安装。

（2）挑选票据，预先编制好列车编组顺序表。车号员应根据编组调车作业计划，在编组车列的同时，挑选票据，编制列车编组顺序表。

（3）组织车号员及时核对现车，交接票据及车列。车列编好后，应组织车号员认真核对现车，保证做到“三相符”，并检查列车编组是否符合列车编组计划、运行图和《技规》的有关规定。及时与该列车司机按规定办理交接。发现问题时，应立即提出，以便车站早作处理，确保列车安全正点出发。

2. 无调中转列车技术作业过程及组织方法

无调中转列车的技术作业过程如图 2-5 所示。

程序	作业项目	时间/min 0 10 20 30 40 50 60
1	检车员、车号员、货运检查员、列尾作业员等出动	
2	到达司机与车站作业人员在现场办理运统1和货运票据交接	
3	技术检修作业(包括挂机车、试风)	
4	列尾作业人员技术作业	
5	车号员检查现车	
6	货运检查	
7	车站作业人员与司机办理运统1和货运票据交接	
8	准备发车及发车	
	作业总时分	

图 2-5　无调中转列车技术作业过程

无调中转列车作业实际是到达作业与出发作业结合起来进行的，由此可以看出这种列车技术作业的总时间主要受车辆技术检修作业时间限制。由于运行图规定无调中转列车在技术站的停留时间较短，为确保列车安全、正点出发，必须加速车辆技术检修作业。为了加快无调中转列车技术作业过程，组织方法如下。

（1）加强检修预报。中间站值班员发现列车中有技术状态不良的车辆时，应直接或通过列车调度员向前方技术站预报，说明列车车次、车号、编挂位置和不良情况，以便列检所提前做好检修准备。

（2）充分利用自动轴温检测设备或组织检车员提前到达现场。将轴温检测设备安装在进站咽喉入口处，当列车进站时就能自动检测和记录下车辆的轴温，依据检测结果，采用相应检修措施，压缩检修时间。组织检车员提前到达现场，在列车进站过程中通过观测检查车辆技术状态，做到心中有数，以便缩短列车到达后检查车辆的时间。

（3）推广快速修理方法，扩大不摘车修理。如能将需摘车修理的车辆改变为不摘车修理，既能减少摘车送修的调车作业，又能压缩该车在站停留时间，避免因摘车作业造成列车的出发晚点。

3. 部分改编中转列车技术作业过程及组织方法

部分改编中转列车的技术作业过程如图 2-6 所示。

程序	作业项目	时间/min 0　10　20　30　40　50　60
1	检车员、车号员、货运检查员、列尾作业员等出动	
2	到达司机与车站作业人员在现场办理运统1和货运票据交接	
3	技术检修作业(包括挂机车、试风)	
4	列尾作业人员技术作业	
5	车号员检查现车	
6	货运检查	
7	摘挂车辆	
8	车站作业人员与司机办理运统1和货运票据交接	
9	准备发车及发车	
	作业总时分	

图 2-6　部分改编中转列车技术作业过程

部分改编中转列车除需办理与无调中转列车相同的各项作业外，在站的技术作业内容还增加了调车作业环节。具体组织方法如下。

（1）减轴时，对摘下车组可采用先摘下后检修的方法。在调车机车甩车的同时，检车员集中力量检修基本车组。

（2）补轴时，对补轴车组可采用先检修后挂车的方法。事先检修好的补轴车组由调车机车挂好在邻线等候，在车列检修完成后立即挂上。在列车前部补轴或减轴时，如能利用到达机车减轴、出发机车补轴，还能进一步缩短甩挂车组的作业时间。

（3）换挂车组的作业方法，甩车与上述减轴的方法相同，挂车与上述补轴的方法相

同。在换挂车组的作业组织中，为了缩短列车在站停留时间，车站应根据列车到达确报，在列车到达前，准备好需要加挂的车组，并调移到靠近列车到达线的线路上，以便到达列车技检结束后，立即进行调车作业。

（4）变更列车运行方向时，一般不需要进行调车作业，只需要换挂列尾装置。如因原列车中尾部车辆与出发列车机车不满足要求时，可将尾部有关车辆的车钩提开，先行检查后由调车机车拉走，进行调换原尾部车辆的调车作业，换挂列尾装置。此时检车人员即可集中力量检修原前部车列。

4. 解体列车到达技术作业过程及组织方法

解体列车到达技术作业过程如图 2-7 所示。

程序	作业项目	时间/min 0 10 20 30 40 50 60
1	检车员、车号员、货运检查员、列尾作业员等出动	
2	到达司机与车站作业人员在现场办理运统1和货运票据交接	
3	技术检修作业(包括摘挂机车)	
4	排风、摘挂作业	
5	车尾作业人员技术作业	
6	车号员核对现车	
7	货运检查	
8	准备解体	
	作业总时分	

图 2-7　到达解体列车技术作业过程

对到达解体列车的主要组织方法和注意事项如下。

（1）加速到达技检。一般情况下，车辆的技术检查与修理是到达作业中占用时间最长的作业环节，必须注意加强和优化检车人员的作业组织，同时注重红外线轴温探测等先进技术设备和先进作业经验的采用与推广。对急需解体或腾空到发线的车列，车站应提前与列检所联系，增派检车员加速检修，缩短到达技检时间。如果是分部解体车列，可组织分段检修。必要时，对部分车辆的修理，可于车列解体后在调车场进行。

（2）认真核对现车。列车到达后，车号员应根据列车确报认真核对现车，检查票据，防止票、车分离，确保列车编组顺序表、货运单据、现车相一致。对关门车、禁溜车、禁止过峰车、限速车等有特殊标记的车辆，应在记事栏内填记清楚。核对现车后，应及时向调车领导人报告，以便及时修改解体调车作业计划。

（3）做好解体前的准备工作。调车区长应根据列车确报，提前编制解体调车作业计划，调车组根据解体调车作业计划及时对待解车列进行排风、拉风、摘管。

请同学们以小组形式，分别扮演检车员、车号员、货运检查员、列尾作业员、司机，根据老师提供的情境（可设置故障）模拟自编始发列车、无调中转列车、部分改变列车和解体列车技术作业过程及组织方法。

四、列车编组顺序表

1. 列车编组顺序表的作用

列车编组顺序表（运统 1）是记载列车组成情况，车站与车长（或司机）间、铁路局间交换车辆的依据，也是编制车站作业计划、进行运输统计工作的原始资料。因此，凡由编组站、区段站及列车始发站发出的列车（包括挂有车辆的单机、轨道车附挂路用车），均应由车号人员根据《铁路货车统计规则》的有关规定，按照列车实际组成情况，正确、及时地编制列车编组顺序表。列车编组顺序表的格式如表 2-1 所示。

表 2-1 列车编组顺序表（运统 1）

____站编组____站终到____经由____站____年____月____日____时____分____次列车

自首尾（不用字抹销）制表者： 检查者：

顺序	车种	罐车油种	车号	自重	换长	载重	到站	货物名称	发站	篷布和小型箱栏	收货人或卸线、票据号	车辆使用属性	记事
1	DF8B		3042	131	2	0	郑州北	回送机车	天水				
2	P70		3826565	24.6	1.6	60	望峰岗	氯化钾	陇西		R070952	联	F
3	P62N		3321509	23.4	1.5	24	周口	回送篷布	海石湾	400		集组	
4	C70		1575644	23.8	1.3	40	青州市南	通二重 2	海石湾			集组	
5	C70		1615206	23.8	1.3	5	海棠寺	特二重 2	西宁			集组	
6	C64		4939449	22.5	1.2	5	长葛	自四空 1	西宁			集组	
7	GF70	T	0528266	23	1.2	0	兰考	自备空	张家祠		S098642	联	
8	GF2K	T	0521172	23	1.2	0	兰考	自备空	张家祠		S098643	联	
9	P62		3104819	24	1.5	45	涡阳	鞭炮	察尔汗		R010968	联	△8
10	C70H		1507184	23.6	1.3	58	大刘庄	铝锭	张家祠	2	F098648	联	
11	C64		4920718	22.5	1	0	寿光	回送检修	张家祠				
12	B22		7101142	38	1.2	—	博兴	牛奶	青铜峡			特	禁溜禁△K 联票
13	B22		7101141	38	2	184	博兴	牛奶	青铜峡			特	禁溜禁封△K 联票
14	B22-1		7220233	53	2	+	博兴	空	青铜峡			特	禁溜禁封联票
15	B22		7101140	38	1.8	+	博兴	牛奶	青铜峡			特	禁溜禁△K 联票
16	B22		7101139	38	2	—	博兴	牛奶	青铜峡			特	禁溜禁△K 联票
17	JSQ6		7537113	38	2	22	舞阳	汽车	安亭			特	禁溜禁封联票
18	JSQ6		7537108	38	2.4	22	舞阳	汽车	安亭			特	禁溜禁封联票
19	JSQ5		7300623	37	2.4	22	舞阳	汽车	安亭			特	禁溜禁封联票
20	JSQ5		7300398	37	2.4	22	舞阳	汽车	安亭			特	禁溜禁封联票
21	X1K		5300549	20	1.3	5	商丘	特二重 2	闵行			集	
22	X1K		5300036	20	1.3	26	圃田	通四重 1	银川南			集	
23	X6B		5250068	22.4	1.5	0	沙塘	空	昆山			集	
24	G17B	L	6140326	20.6	1.1	63	中原	重油	石岗		K014527	联	
25	D10		5620905	36	1.8	25	信阳	变压器	银川南			特	
26	P62N		3336462	23.4	1.5	60	驻马店	尿素（化肥）	青铜峡		T086965	联	F
				862.6	43.2	688							

（续表）

自编组站出发及在途中站摘挂后列车编组															
站名	客车		货车						其他	合计	自重	载重	总重	换长	铁路篷布合计
新丰镇	合计	其中行李	重车		空车	非运用车	其中代客								
			重车	其中租用			代客	其中 P_{65}							
合计									1	26	862.6	688	1 550.6	43.2	402
企						2				2	46	0	46	2.4	
国铁			20	−4	2	1			1	24	816.6	688	1 504.6	40.8	402
集			6	4	1					7	155.9	105	260.9	9.4	
特			9		1					10	391	297	688	21.2	
行															

列车到达时间　月　日　时　分　　交接时间　时　分　　司机签章

2. 列车编组顺序表的填记方法

1）表头部分

（1）编组站名：填记列车始发站名。如列车在分界站或运行途中的编组站、区段站更换本表时，仍填记原列车始发编组站名。终到站为本列车的计划终到站。经由站填记本次列车前方第一个编组（区段）站或终到站名。向其他运输企业移交时填记分界站名。

（2）年、月、日、时、分：按日历填记列车计划发车的时间。

（3）列车车次：填记实际开行车次。

（4）自首尾：列车编组顺序表中车辆的填记顺序，不用字抹销。如自列车机后开始填记时，应将“尾”字抹消；反之，抹掉“首”字。

（5）制表者、检查者：签字（代号）或盖章。

2）编组内容部分

（1）车种：填记货车基本记号及辅助记号（车种、车型）。如果是无基本记号的外国车和企业自备车，应按其车辆外形构造，比照部署货车车种标记填记。

（2）罐车油种：根据罐车车体标记，以简字填记。轻油填“Q”，黏油填“L”。车体上的油种涂有代用字样时，按所代用的油种填记。

（3）车号：根据车体上的大号码填记。如发现双号码时，以车底架侧梁号码为准。

（4）自重及换长：根据《技规》中“机车车辆重量及长度表”的规定计算。无规定时在本栏中填记车体标记的自重及换长。

（5）载重：根据货票填记货物的实际重量（无实际重量按计费重量）填记。一票多车只有合计载重吨数时，成组中的第一辆和最后一辆用“－”表示，中间用“＋”表示。对下列货车装载重量，按如下规定填记。

① 重客车按客车车体外部标记载重填记。

② 代客重车按每辆按 10 t 计算。

③ 快速班列重车按《铁路快运货物班列预定服务与运输组织管理暂行办法》的有关规定填记。

④ 货车上装载的重集装箱填记“货重+箱重”合计重量。

⑤ 空集装箱按《铁路货车统计规则》的“集装箱技术参数表”规定自重填记。

⑥ 整车回送铁路篷布每张按 60 kg 计算。

⑦ 回送其他铁路货车用具（加固材料、军用备品等），按实际重量计算；整车回送无实际重量的，按货车标记载重的 1/3 计算。

⑧ 零散货物快运车辆，按车流出发时的实际货物重量填记，即车辆到达时的载重加本站装车货物重量，再减去本站卸车货物重量。

其中，“零快”货物入 1.5 t 小型铁路集装箱运输时，按“货重+箱重”合计重量填记，箱重按 200 kg/箱统计；小型铁路集装箱整车回送时，依据“特殊货车及运送用具回送清单”填记箱重合计数。

⑨ 批量零散货物快运车辆按货物实际重量填记。

“载重”一栏的载重量以吨为单位填记，吨以下四舍五入。

（6）到站：按货运票据填记重车的到达站名。整车分卸应分别填记第一及最终到达站站名；其他有指定到站的车辆亦在此栏填记到达站名。

（7）货物名称：按货票记载的货物名称填记。对下列车辆按如下规定的字样填记。

① 整装零担车填记“整零”。

② 运用空车填记“空”字，但企业自备空车填记“自备”字样，企业租用空车填记“租用”字样（从车号识别，车号第一位为“0”的是企业自备车）。

③ 非运用车填记非运用种别，如检修车填记“检修”、代客货车填记“代客”、路用车填记“路用”、租用空车填记“租用”字样。

④ 军运货票填记军运号码。

⑤ 整车运送铁路集装箱时按实际状况填记，内容包括箱型、重（或空）、箱数；汽车

箱填记内容包括汽、箱型、重（或空）、箱数（其中：25 ft 归入 20 ft 填记，45 ft 和 50 ft 归入 40 ft 填记）。

其中，箱主按照集装箱箱主分类分别填记“通”“特”“自”，箱型 20 ft 填记“二”，40 ft 填记“四”，箱数使用阿拉伯数字填记，如“通二重 2”；小型铁路集装箱整车回送时，填记“零快”。

⑥ 批量零散货物快运车辆按货运票据记载的货物名称填记，使用 20 ft，40 ft 铁路集装箱进行批量零散货物快运时，货物名称按集装箱规定填记。

⑦ 机械冷藏车中的机械车运用状态填记“空”。

⑧ 铁路局协商使用特货公司“JSQ 型货车”运输自驾游小汽车期间，货物名称填记“零快”。

⑨ 一车货物有数种品名时，按其中重量最多的货物品名填记；如只有一个重量时，按第一个品名填记，并在品名之后增填“等”。

（8）发站：重车按货运票据填记发站名，空车填记空车始发站名。

（9）篷布和小型箱栏：按货运票据和“特殊货车及运送用具回送清单”填记铁路篷布张数。1.5 t 小型铁路集装箱运输时填记箱数。

（10）票据号、收货人或卸线：按货票记载的收货人、货票号码填记。一票多车时，每车均须填记货票号码。使用“特殊货车及运送用具回送清单”整车装运铁路货车用具的车辆，填记“A000000”。

（11）车辆使用属性。

① 车辆使用属性反映专业运输公司使用车辆情况（包括其所属和所用非所属车辆），其中集装箱、特货、快运公司使用车辆属性分别填记“集”“特”“行”（代码分别为“01”“02”“03”）。

② 集装箱公司所属车辆指部属集装箱车（X）；特货公司所属车辆指部属长大货物车（D）、冷藏车（B）、家畜车（J）、汽车运输专用车（SQ，JSQ）；快运公司所属车辆指部属行李车（XL，邮政车 XU，UZ 比照行李车统计）、行包专列上的 PB 车。

③ 专业运输公司租用车指为专业运输公司所用，而非其所属的部属货车（包括特货公司租用的集装箱公司所属货车）。包括集装箱公司租用车，特货公司租用车，快运公司租用车。

④ 铁路联合运输车辆在该栏填记“联”（代码 07）。

铁路联合运输是指 2 个及以上铁路运输企业共同完成的铁路客货运输业务。

（12）记事：除以下规定外，其余按铁路局的规定填记。

① 装载危险、易燃货物的车辆，应按《铁路危险货物运输管理规则》的规定填记隔离记号（三角隔离标记填记为“G1～G9”）。

② 外国车辆填记国名，企业自备车填记企业简称，军方自备车填记“军方自备”的字样。

③ 联合运输途中发生倒装的车辆，在倒装作业完成后，应填记原车种车号，并注明“倒装”。

④ 1.5 t 小型铁路集装箱运输时，填记“小型箱”。

⑤ 批量零散快运货物车辆，填记“批快”。

⑥ 使用 20 ft，40 ft 铁路集装箱进行批量零散货物快运时，填记“批快”。

⑦ 在铁路局协商使用特货公司“JSQ 型货车”运输自驾游小汽车期间，记事栏标记“自驾车”。

⑧ 本站出发的不良货车，依据“不良货车通知单”填记“不良货车”。

3）“自编组站出发及在途中站摘挂后列车编组”部分（结算部分）

（1）站名：编组始发列车填记始发站名。列车在分界站或在运行途中的区段站更换本表时，填记更换站名。

（2）客车：填记客车（包括简易客车）的辆数。

（3）货车：分合计、企业自备车（企）、部属车（部）和集、特、行六行填记。重、空车为运用车的重、空车辆数。非运用车为检修、代客、路用、军方特殊用途空车等非运用车的合计数。

（4）其他：填记不属于客、货车范围的机械车辆、架桥机、起重机、无动力机车等的合计辆数。

（5）合计：填记列车编组的总辆数（不包括本务、重联、补机以及有动力附挂的机车等）。

（6）自重：填记全列车（包括无动力机车）加总后的自重吨数（吨以下四舍五入）。

（7）载重：填记编组部分表内载重栏加总后的吨数。

（8）总重：填记本结算部分内自“重栏”和“载重”栏的总吨数。

（9）换长：填记全列车辆（包括无动力机车）加总后的换长。

（10）铁路篷布合计：填记铁路篷布的总张数。

列车编组顺序表填写的份数，根据各铁路局、各车种需要而定，一般为一式两份，一份留存，一份交由司机带到下一区段站、终到站。对经由铁路局分界站交出的列车，需增加一份由司机负责交由分界站统计人员。

正确、及时地编制列车编组顺序表是车号人员最重要的任务之一。列车编组顺序表内各栏，必须填写正确、清楚、齐全。不使用同音字、非规定的简化字，字迹不清或有涂改时，应在记事栏内注明。

任务二 信息及票据的传输过程

2018 年 1 月 2 日，国铁集团工作会议在北京召开。会议上国铁集团党组书记、总经理陆东福总结了 2017 年工作，分析了现阶段面临的形势，并部署了 2018 年以及今后一个时期内的铁路重点工作。

其中，在加快铁路信息化建设方面有如下规划。

建设国铁集团数据中心和一体化信息集成平台，进一步健全信息化标准规范和规章制度体系。以智能京张、铁路 12306 和 95306、互联网售票、多式联运、协同办公等信息化示范项目为牵引，大力推进业务应用系统整合、信息共享和大数据应用，深化客票、货票电子化工作，研究建立铁路财务共享中心，促进信息技术与业务应用的深度融合。实施网络安全专项工程，加强网络安全管理和信息系统运行维护，全面提高信息化建设和管理水平。

一、到达列车编组确保的组成

技术站对列车及货车合理地作业组织，在很大程度上要依赖于及时、正确地传递各种列车、车辆信息。到达列车编组确报是组织车站日常作业的重要信息。这些信息包括：列车的编制站、解体站、到发时间、车次、车种、车号、货物名称、到站、吨位、自重、换长以及编挂顺序等。

二、列车信息与票据的传输过程

为了保证车站能有充分的时间提前安排各个作业环节的作业计划，列车始发站应在列车出发后及时将列车编组顺序表的内容向列车终到站及有关车站发出列车确报。

货票和列车编组顺序表随列车到达终到站，为了避免车、票分离，保证货票排列顺序与实际列车编成顺序完全一致，车站对信息的处理和票据传输应按一定的流程进行。技术站的信息和票据的作业流程如图 2-8 所示。

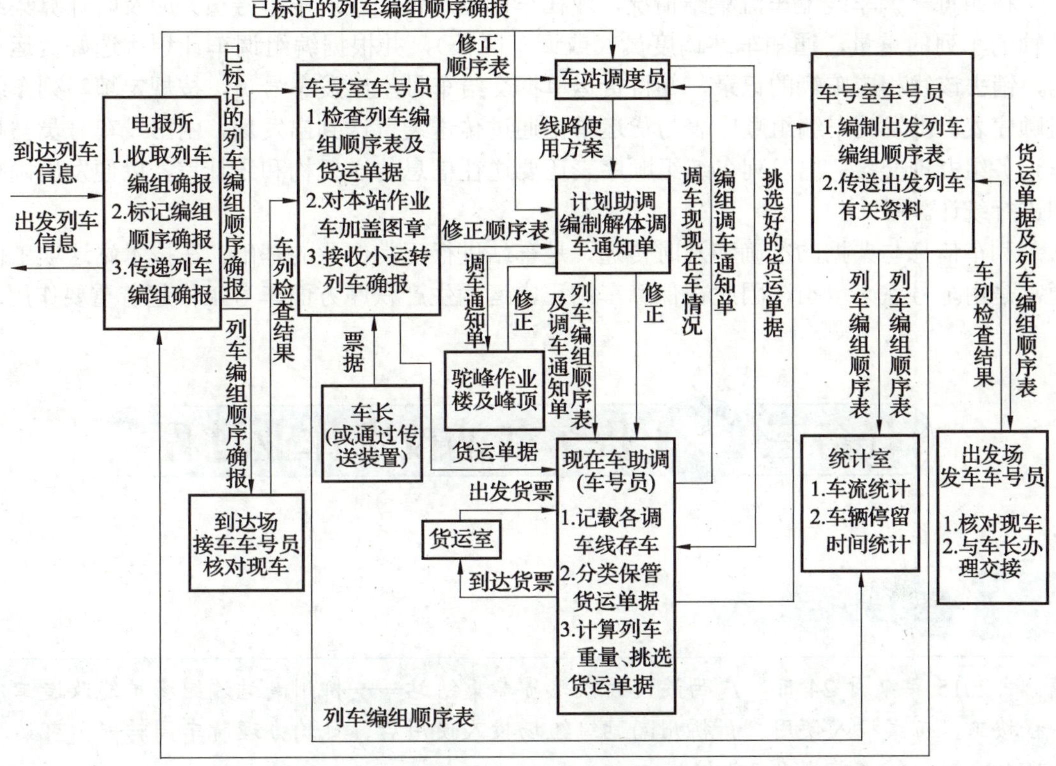

图 2-8 列车编组信息传输流程

当列车终到站收到列车编组顺序表后，由该站的车号人员按照本站的列车编组计划标记出每一去向的车辆数，将其送交调度室、车号室和到达场接车车号员，以便调度人员据此编制阶段计划、解体调车作业计划，车号员据此核对现车。

列车到达后，接车车号员依据列车编组顺序表核对现车，将核对结果通知车号室，在与列车乘务组办理完交接后，将到达列车的单据通过票据传输装置送往车号室。车号室车号员按列车编组顺序表核对单据（对本站作业车应加盖本站图章）。如发现单据与列车编组顺序表有不相符的情况时，应及时通知解体调车计划编制人员修正调车作业计划。最后，将货运单据交给现车管理人员，将核对过的列车编组顺序表送交统计室。

在站调室或车号室，设有分成若干空格的货运单据分类架柜，柜内每一空格对应调车场内的一条股道，空格内存放货票（重车）和纸条（空车，写明车种车号）。调车计划编制人员除了将调车作业通知单传送到解体调车作业场所供调车之用外，还应交给现在车助理站调（或现车车号员），以便按调车作业计划顺序记载每条调车线上存放的车辆和在货运单据分类架上顺序放置货票。空车因无货票，故应按其在车列中的位置，以空白纸记载车种、车号并存放在相应的货运单据之间，使记载的每条线路上存放的车辆和货运单据分类架上存放的票据，与实际线路上存放的车辆的顺序完全一致。

到达车站的重车，其货票应按调车计划挑出，移交货运室。由货运室转来的出发重车的货票，应按调车作业计划分类存放于相应的货票之间。

按照每一调车线上车流集结情况，现在车助理站调（或现车车号员）应及时计算集结满轴的车列的重量，通知车站调度员（或调车区长），并根据编组调车计划挑选好货运单据，销去该线相应车辆的记录，并将货运单据交给车号室出发车号员，按规定填写列车编组顺序表。出发列车编组顺序表与货运单据通过传送装置送到出发场，由出发车号员与机车乘务组办理交接。出发列车编组顺序表还要送往信息传送机构和统计室，以便发出确报和进行统计。

列车信息与票据的准确和及时传递，是车站进行正常作业的基础。在技术站这项工作通常是由车号室来承担，因此在保障车站正常运输生产秩序方面车号工作起着重要作用。

任务三 货车在站技术作业过程

2015 年 7 月 24 日，广西最大的铁路货车集结站——柳州南站编组场扩能改造工程竣工，正式投入使用。新柳州南站编组场投入使用后，日均办理货车周转能力可达 19 000 辆，较之前提升 2.3 倍。

为适应铁路货运需求，柳州南站编组站通过扩能改造工程将原有的出发场、调车场、到达场由三级三场升级为三级六场，以达到上行、下行货物列车解编工作互不干扰的目的。

通过升级改造，柳州南编组站这个广西铁路运输的“心脏”能够实现生产数据集成、信息共享、智能决策和作业过程控制自动化，有助于大大提升集中办理大量货车到达、解体、编组出发、直通和其他列车作业的能力，西南地区货物集散将更加便捷。

请同学们试着思考货车在站技术作业的内容、过程有哪些，如何压缩货车集结时间，加快货车集结过程。

一、技术站办理的货车种类及作业内容

货车自到达车站时起，至由车站发出时止，在车站办理的各项技术作业，统称为货车技术作业。

1. 技术站办理的货车种类

货车按其在站所办理技术作业的不同，可以分为中转车和货物作业车。

1）中转车

中转车是指在本站不进行货物装卸作业的运用货车。根据其在站有无调车作业，又分为无调中转车和有调中转车。

- **无调中转车：** 在本站不进行调车作业，随中转列车原到原开的运用货车。它包括技术站原列到开的无调中转列车中的运用货车，部分改编中转列车中未摘下的运用货车，中间站停运列车上的运用货车。
- **有调中转车：** 在本站经过一系列改编作业后，再编入其他列车发出的运用货车。它包括到达解体列车中的全部中转车、部分改编中转列车中摘下的中转车等。

2）货物作业车

货物作业车是指在站线、区间、专用线及铁路厂、段管线内进行装卸或倒装作业的运用货车。根据其在站完成装卸作业的次数，又分为一次货物作业车和双重货物作业车。

- **一次货物作业车：** 在本站只进行一次装车或一次卸车作业的货物作业车。
- **双重货物作业车：** 在本站卸空后再装车，进行两次货物作业的货物作业车。

2. 技术站办理的货车作业内容

不同种类的货车，在技术站办理的技术作业内容有以下 8 种。

（1）到达作业：在到达场上对各站到达本站的列车所进行的技术作业。

（2）解体作业：在驼峰或牵出线上将到达解体列车或车组按车辆的到达地点分解到调车场各固定线路内的调车作业。

（3）集结过程：被分解到调车线上的货车，按列车到达站聚集成列的过程。

（4）编组作业：在牵出线上将集结的货车按列车编组计划、列车运行图和《技规》的要求，选编成车列或车组所进行的调车作业。

（5）出发作业：在出发场上对各种由本站出发的列车所进行的技术作业。

（6）取送作业：将货物作业车送往指定地点进行装卸作业，并在作业后将货车送回调车场的调车作业。

（7）调移作业：将货物作业车从一个作业地点送往另一个作业地点的调车作业。

（8）装卸作业：在货物作业地点进行的装车或卸车作业。

二、货车在站技术作业过程

货车在站技术作业过程

货车种类不同，其在站办理的作业种类及过程也不同。

货车自到达车站时起，至由车站发出时止，在车站所进行的技术作业项目、程序及时间，统称为货车在站技术作业过程。各

项技术作业平均时间之和，为货车在站停留时间。

1. 无调中转车技术作业过程

无调中转车随中转列车到达车站，并随原列出发，因此它的技术作业过程及停留时间与其所在列车的技术作业过程一致。

2. 有调中转车技术作业过程

有调中转车技术作业过程包括到达、解体、集结、编组和出发，如图 2-9 所示。

顺序	作业名称	作业时间
1	到达	
2	解体	
3	集结	
4	编组	
5	出发	
总停留时间		

图 2-9　有调中转车技术作业过程

到达作业是指在到达场对到达解体列车所进行的技术作业。

解体作业是指在驼峰或牵出线上将到达解体列车内的车辆重车按去向、空车按车种分解到调车场各固定用途线路内的调车作业。

集结过程是指被分解到调车线上的货车，按列车到达站集结成列的过程。

编组作业是指利用牵出线将在调车线上集结的货车按列车编组计划、《技规》、列车运行图等技术文件的要求，选编成车列或车组所进行的调车作业。

出发作业是指在出发场或到发场上对出发列车所进行的技术作业。

由图 2-9 可以看出，有调中转车在站停留时间为五项作业平均时间之和，即

$$t_{有调}=t_{到}+t_{解}+t_{集}+t_{编}+t_{发}\ (\mathrm{h})$$

式中：

$t_{到}$，$t_{解}$，$t_{集}$，$t_{编}$，$t_{发}$——到达、解体、集结、编组、出发作业平均时间。

有调中转车在站内产生大量的折返走行，增加了车辆在站走行距离和时间。如图 2-10 所示，有调中转列车先在到发场进行到达作业，然后开始解体，解体完成后进入调车场进行集结，集结完成后进行编组作业，最后折返回到到发场进行出发作业。

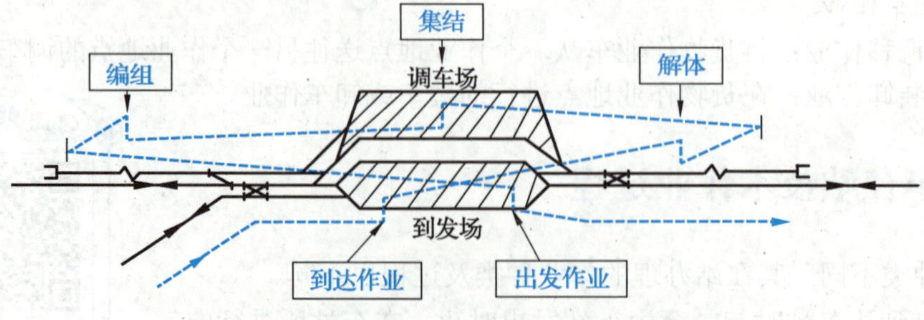

图 2-10　横列式车站有调中转车走行径路

在到达场、发车场与调车场纵向配置的单向纵列式车站上，除反驼峰方向的车流和折角车流外，主要方向的有调中转车在站内可以顺向走行，从而保证了有调中转车各项作业的流水性和最短的走行径路。单向纵列式车站有调中转车在站内的走行径路，如图 2-11 所示。

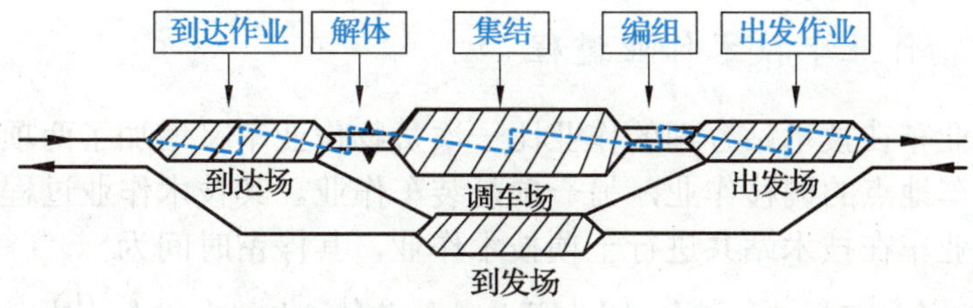

图 2-11 单向纵列式车站有调中转车走行径路

在双向纵列式车站，折角车流会在站内形成场间交换车，解体以后需要转场重复改编。这些需要转场的有调中转车，除了完成上述作业外，还要额外增加转场前集结、转场和转场后解体三项作业（在计算有调中转车停留时间时，这三项作业时间均可计入集结时间中去），如图 2-12 所示。

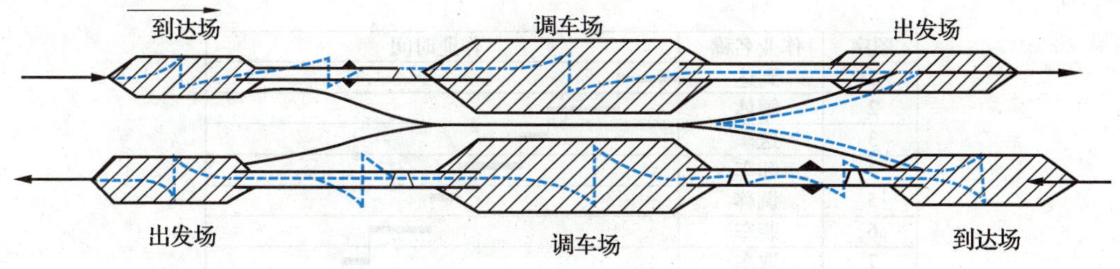

图 2-12 双向纵列式车站折角车流走行径路

3. 一次货物作业车技术作业过程

在技术站上，一次货物作业车除办理与有调中转车相同的五项技术作业外，还需办理向货物作业地点送车、装（卸）车和取车三项技术作业，其技术作业过程如图 2-13 所示。

顺序	作业名称	作业时间
1	到达	
2	解体	
3	送车	
4	装（卸）	
5	取车	
6	集结	
7	编组	
8	出发	
总停留时间		

图 2-13 一次货物作业车技术作业过程

一次货物作业车在技术站停留时间为

$$t_{一次}=t_{到}+t_{解}+t_{送}+t_{装(卸)}+t_{取}+t_{集}+t_{编}+t_{发}\ (\mathrm{h})$$

式中：

$t_{装(卸)}$，$t_{送}$，$t_{取}$——装（卸）车、送车、取车作业平均时间。

4. 双重货物作业车技术作业过程

双重货物作业车在技术站办理的作业比一次货物作业车又增加了两项内容：一项是将卸后空车送往装车地点的调移作业，另一项是装车作业。其技术作业过程如图 2-14 所示。

双重货物作业车在技术站共进行十项技术作业，其停留时间为

$$t_{双重}=t_{到}+t_{解}+t_{送}+t_{卸}+t_{调移}+t_{装}+t_{取}+t_{集}+t_{编}+t_{发}\ (\mathrm{h})$$

式中：

$t_{调移}$——卸车后调往装车地点的平均时间。

由以上内容可知，双重货物作业车比一次货物作业车多一次货物作业，所以，按作业次数平均的一次货物作业停留时间较短，货车运用效率较高。因此，车站应充分利用本站卸后空车进行装车，尽可能扩大车种代用，提高双重作业系数，缩短一次货物作业平均停留时间。

顺序	作业名称	作业时间
1	到达	
2	解体	
3	送车	
4	卸车	
5	调移	
6	装车	
7	取车	
8	集结	
9	编组	
10	出发	
总停留时间		

图 2-14 双重货物作业车技术作业过程

双重作业系数（$k_{双}$）是指每辆货物作业车平均分摊到的货物作业次数，最大为 2，最小为 1，其值变动于 1～2 之间。$k_{双}$ 愈大，货车运用效率愈高。$k_{双}$ 可按下式计算：

$$k_{双}=\frac{u_{装}+u_{卸}}{N_{货车}}$$

式中：

$u_{装}$，$u_{卸}$——装、卸作业次数（或车数）；

$N_{货车}$——本站货物作业车数。

从理论上讲，货车在站技术作业过程应该是最大限度地平行作业。但在实际工作中，由于各种原因，往往会产生各种等待时间，如待解、待送、待装、待取、待编、待发等。这些等待时间均属于非生产时间，应从改变调车机车运用，提高车站工作组织水平等方面入手，尽量避免和压缩各种等待时间。

三、货车集结过程

1. 基本概念

（1）货车集结过程：在技术站上为编组某一到达站（去向）的出发车列（或车组），由于其在重量或长度上有一定要求，而使陆续进入调车场的货车先到等待、后到凑集满重或满长的过程。

（2）货车集结时间：货车在集结过程中消耗的车小时。

（3）车列集结过程：从组成某一到达站出发车列的第一组货车进入调车场之时起，至组成该车列的最后一组货车进入调车场之时止的过程。

（4）车列集结小时：货车在车列集结过程中消耗的车小时。

（5）按调车场的货车集结过程：按货车进入调车场开始计算的货车集结过程。编制车站阶段计划时采用。

（6）按车流的货车集结过程：按货车到达车站（有调中转车）或装卸完毕（货物作业车）开始计算的货车集结过程（见图 2-15），用于编制车站作业计划，推算车流及查定车站技术作业标准。它能反映车站上车流的客观集结情况，不受车站作业调整和作业进度的影响。

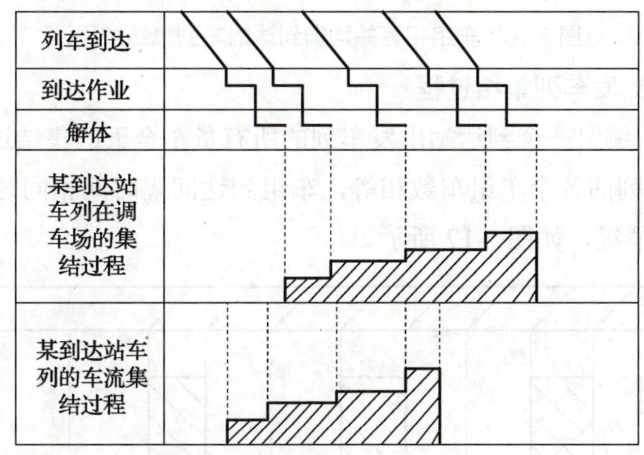

图 2-15　按调车场和按车流的货车集结过程

（7）集结中断：车列集结过程中最后到达的全部车数如果等于最后车组的车数，将形成集结中断，否则剩余车组，即成为集结下一个车列的第一车组，集结无中断。

货车集结是货车在站技术作业过程中一项不可缺少又属于非生产停留时间的特殊组成部分，并且占有很大比重。因此，通过研究分析货车集结过程及其影响因素，采取有效措施缩短货车集结停留时间是十分必要的。

2. 货车平均集结时间的计算

1）一个车列集结过程

编组某一车列的集结过程，当组成车列的各车组车数（m）相等，到达的间隔时间（t）

也相等时（见图 2-16），集结该车列消耗的货车集结时间就是图中阴影的面积，其计算公式为

$$T_{集}^{列}=m_1(t_1+t_2+t_3)+m_2(t_2+t_3)+m_3t_3+m_4\times 0=\frac{1}{2}t_{列}m\,(车\cdot h)$$

式中：

$m=m_1+m_2+m_3+m_4$，$t_{列}=t_1+t_2+t_3$，且 $m_1=m_2=m_3=m_4$，$t_1=t_2=t_3$。

假设 $m_1=m_2=m_3=m_4=10\,(车)$，$t_1=t_2=t_3=1\,(h)$，则 $T_{集}^{列}=\frac{1}{2}\times 3\times 40=60\,(车\cdot h)$。

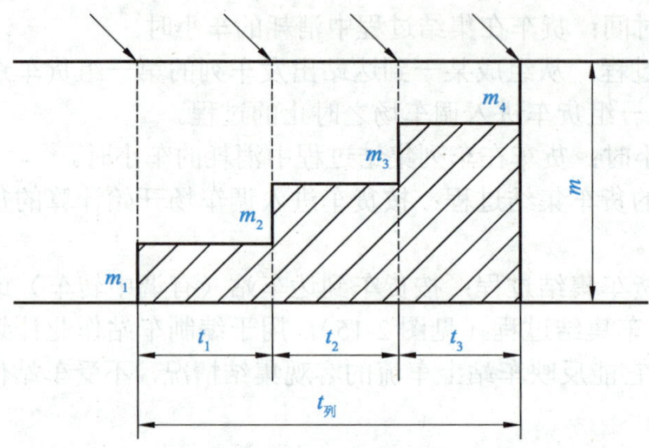

图 2-16　车组相等并均衡到达的车列集结过程

2）到达站所有出发车列集结过程

下面举例说明，编组一个到达站出发车列的所有货车全天的集结过程。

（1）当组成车列的各个车组车数相等，车组到达间隔时间相同时，车列之间集结无中断（$t_{中断}=0$）的情况，如图 2-17 所示。

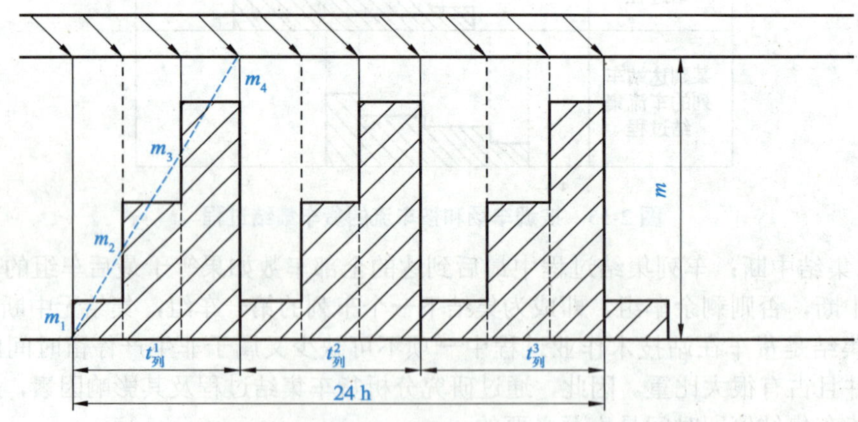

图 2-17　一个去向的货车全天均衡不间断的集结过程

该车列全天集结时间为

$$T_{集}=\frac{(t_{列}^{1}+t_{列}^{2}+t_{列}^{3})m}{2}=\frac{\sum t_{列}m}{2}=\frac{24\times m}{2}=12m\,(车\cdot h)$$

每辆货车平均集结时间：

$$t_{集} = \frac{12m}{N}(\mathrm{h})$$

式中：

N——该去向全天集结的货车总数。

（2）当组成车列的各车组车数不等，或车组到达的间隔时间也不相同时，集结有中断的情况，如图 2-18 所示。

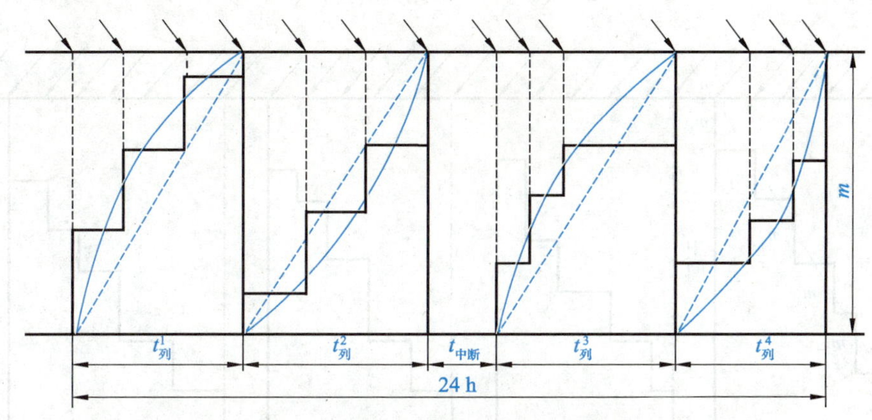

图 2-18　一个去向的货车全天不均衡有间断的集结过程

① 车组车数不等，到达间隔时间相同时。

图 2-18 中的车列 1 集结时，大车组先到，小车组后到，则 $T_{集}^{列} > \frac{1}{2}mt_{列}^{1}$；图 2-19 中的车列 2 集结时，小车组先到，大车组后到，则 $T_{集}^{列} < \frac{1}{2}mt_{列}^{2}$。

② 车组车数相等，到达间隔不同时。

图 2-18 中的车列 3 集结时，集结初期车组到达间隔小，则 $T_{集}^{列} > \frac{1}{2}mt_{列}^{3}$；图 2-19 中的车列 4 集结时，集结后期车组到达间隔小，则 $T_{集}^{列} < \frac{1}{2}mt_{列}^{4}$。

由以上分析可知，全天的集结过程有中断，所以 $\sum t_{列} < 24\ \mathrm{h}$，这样在一般情况下，$T_{集}$ 并不等于 $12m$，而是经常小于 $12m$。

③ 车组车数相等，到达间隔相同，每集结一个车列集结中断一次时，如图 2-19 所示。

在这种情况下，每个车列由均衡到达的 e 个车组集结而成，而且车列的编成车数 m 刚好是每组到达车数的整倍数，即 $m_1 = m_2 = m_3 = m_4 = \cdots$，$m = em_1$。因此每集结一个车列后就会出现一次集结中断的现象。如果该去向全天集结货车数为 N，则全天集结车列数为 $\frac{N}{m}$，每集结一车列的平均延续时间（包括中断时间）为 $\frac{24m}{N}$，其中每次集结中断时间等于车组

平均到达间隔时间，即 $t_{中断}=\dfrac{24m}{Ne}$，所以实际上一个车列的集结时间为

$$t_{列}=\frac{24m}{N}-\frac{24m}{Ne}\ (车\cdot h)$$

因此该去向的货车全天消耗的集结时间为

$$T_{集}=\frac{\sum t_{列}m}{2}=\frac{1}{2}m\left(\frac{24m}{N}-\frac{24m}{Ne}\right)\frac{N}{m}=12\left(1-\frac{1}{e}\right)m\ (车\cdot h)$$

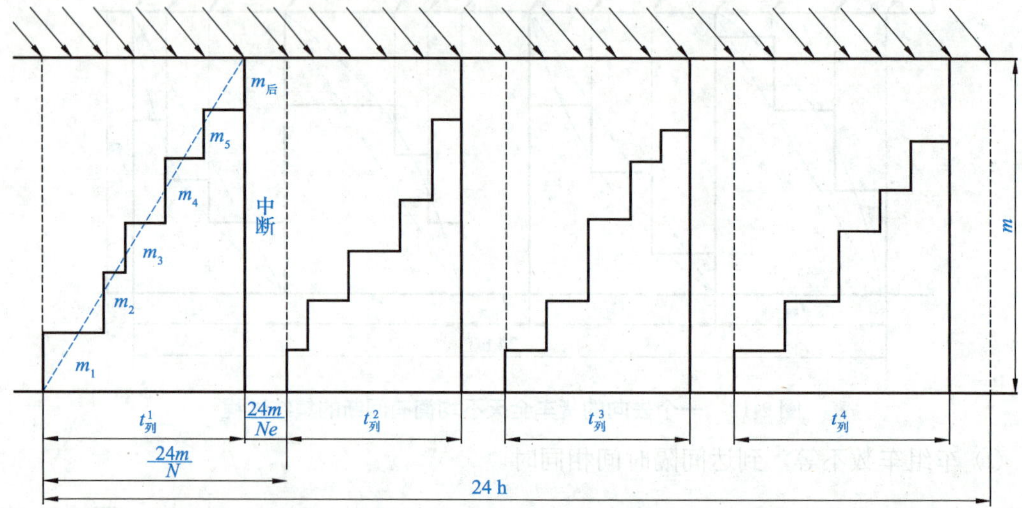

图 2-19　集结一个车列出现一次中断的集结过程

④ 车组车数相等，到达间隔相同，每集结 γ 个车列集结中断一次，如图 2-20 所示。此时，全天集结中断次数只有上述情况的 $\dfrac{1}{\gamma}$，则 $t_{中断}=\dfrac{24m}{Ne\gamma}$。

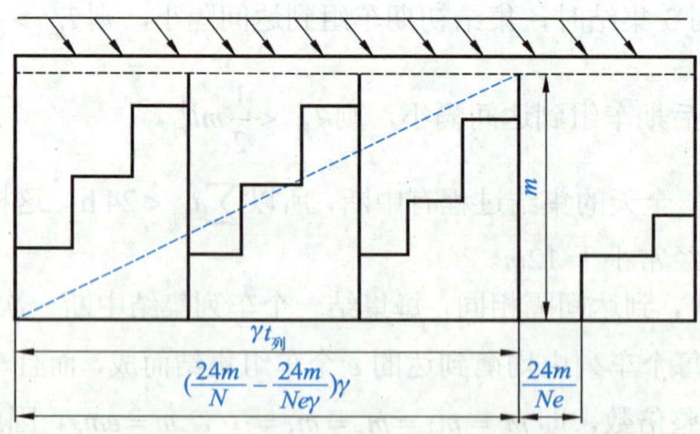

图 2-20　集结 γ 个车列后形成一次中断的集结过程

因此该去向的货车全天消耗的集结时间为

$$T_{集}=\frac{\sum t_{列}m}{2}=\frac{1}{2}m\left(\frac{24m}{N}-\frac{24m}{Ne\gamma}\right)\frac{N}{m}=12\left(1-\frac{1}{e\gamma}\right)m\ (车\cdot h)$$

通过以上的图解和计算分析不难看出，在一般情况下，编组一个到达站的车列全天消耗的货车集结时间并不等于 $12m$，而是往往小于 $12m$。通常用如下公式表示：

$$T_{集}=cm\ (车\cdot h)$$

式中：

c——货车集结参数。

每辆货车平均集结时间则表示为

$$t_{集}=\frac{cm}{N}\ (h)$$

由此可以得到以下结论：编组一个到达站出发车列全天消耗的货车集结时间 $T_{集}$，决定于货车集结参数 c 和车列的编成辆数 m，而与该去向全天的车流量 N 无关。而每辆货车的平均集结时间 $t_{集}$，则与该去向全天的车流量成反比。

影响货车集结参数 c 的因素主要是车组（特别是结束车列集结的最后车组）车数的不均衡性及其配合到达的程度和货车集结中断的次数与时间。

整个车站的货车集结时间还与列车编组计划规定该站编组车列的到达站数及车流强度有关。

3. 压缩货车集结时间的措施

根据上述影响货车集结时间的主要因素，技术站在日常运输生产中可以采取以下组织措施，加速货车集结过程，压缩货车集结时间。

（1）组织货车按去向、阶段配合到达。通过调度所在合理制订日历装车计划的基础上，组织枢纽和邻接区段内的车站按去向、阶段装卸车，并使其配合送到技术站，以加速车列集结和车流接续，保证按列车运行图编发列车。

（2）组织本站自装重车或自卸空车并及时取回，扩大最后车组，提前结束车列集结过程。根据货车到达情况，有预见地挂线装卸，配合车列的集结过程。

（3）组织超重列车，将同去向的货车挂完，造成集结中断。采用这一措施需征得列车司机同意，并得到列车调度员的许可。

项目实训

已知:（一）甲—戊方向有关情况如图 2-21 所示。

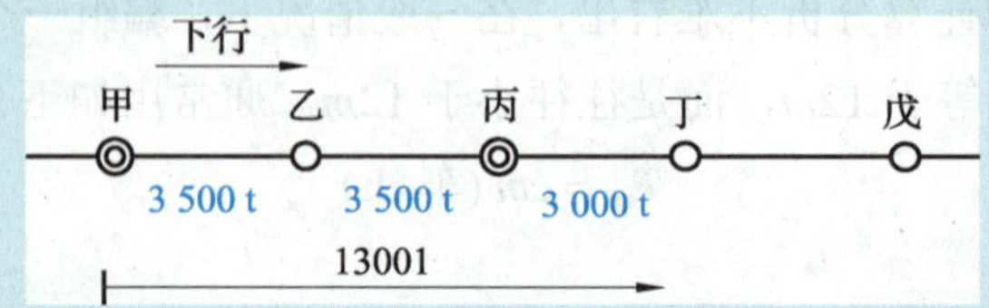

图 2-21　甲—戊方向情况

（二）某日 13001 次列车 10 点 30 分到达丁站，共 50 辆，其中，丁—戊/20，戊/20，丁/10。

试问:

1. 13001 次列车在有关技术站办理哪种性质的列车作业?
2. 13001 次到达的 50 辆货车，在丁站分别属于哪种性质的货车?

解析:

这是一道将货物列车技术作业过程和货车技术作业过程综合在一起的案例。

对于问题 1:

货物列车技术作业种类总共有四种，对号入座即可。

由图 2-21 可知: 13001 次列车从甲站开出，即甲站为它的始发站，它在甲站就是自编始发列车，要办理始发列车出发作业。

13001 次列车到丁站终到，即丁站是它的终到站或称解体站，它在丁站就是到达解体列车，要办理解体列车到达作业。

继续看图，13001 次列车途中经过两个技术站，乙站和丙站。它们都是该列车的途中站，列车到此并未终到，仍要继续运行。也就是说它们仅是中转站，列车到这里也就是中转列车。

中转列车有两种: 无调中转列车和部分改编中转列车，该列车在途中是否需要加减轴，从图中不难出来。此时，按各区段牵引定数考虑，即在乙站为无调中转列车，办理无调中转列车作业，在丙站为部分改编中转列车，办理部分改编中转列车作业。

从图 2-21 中可以看出，13001 次列车到丁站就解体了，不再继续运行，它与戊站没有任何关系，即戊站不是 13001 次列车的“有关技术站”，所以不要硬将戊站拉进来。

对于问题 2:

13001 次列车到丁站时有 50 辆货车，此题是要求你将这 50 辆货车分一下种类，看看里面有多少辆无调中转车，多少辆有调中转车，多少辆货物作业车。

这要用到货物列车与货车的关系部分内容，即某种货物列车由何种货车组成，再进一步落实就好了。

13001 次列车在丁站是到达解体列车，到达解体列车由有调中转车和货物作业车组成（只有这两种货车）; 这 50 辆货车为: 丁站/10，丁—戊/20，戊/20。

这其中丁站/10为已到站的重车，要在丁站卸车，因而属于货物作业车。而丁—戊/20，戊/20还未到站，仍要在丁站换车继续运行，丁站只是它们的一个中转站，它们在丁站也只是中转车，即丁—戊/20，戊/20都是有调中转车。

项目自测

一、填空题

1．为保证列车运行安全和货物完整，货物列车在始发站、终到站和运行途中进行中转作业的及摘挂列车在中间站办理的各项技术作业，统称为货物列车技术作业。

2．货车自____________起，至____________止，在车站办理的各项作业，统称为货车技术作业。

3．技术站的货物列车作业分为四种：____________、____________、____________和____________。

4．车号员检查核对现车时，除了检查列车编组是否符合有关规定外，还要检查__________、____________和__________是否一致。

5．____________是记载列车组成情况，作为车站与司机之间，铁路局间交接车辆的主要依据。

二、判断题

1．无调中转车一般随无调中转列车或部分改编中转列车到达车站，并随原列车出发。（　　）

2．到达解体列车中的运用车均属于有调中转车。（　　）

3．由技术站编组的始发列车中的车辆一般由货物作业车和有调中转车组成。（　　）

4．一个运用货车随部分改编中转列车到达车站，又随另一列部分改编中转列车从本站发出，该货车在本站属于有调中转车。（　　）

5．无调中转车技术作业过程及停留时间，与其所在列车的技术作业过程及停留时间相同。（　　）

三、选择题

1．有调中转车在站技术作业过程，按作业顺序正确的是（　　）。

A．到达—集结—解体—编组—出发
B．集结—到达—编组—出发—解体
C．到达—解体—集结—编组—出发
D．集结—解体—到达—编组—出发

2．部分改编中转列车中未摘下的运用货车是（　　）。

A．有调中转车　　B．无调中转车
C．双重货物作业车　　D．一次货物作业车

3．部分改编中转列车中摘下的运用货车，卸空后又装车编入其他列车，这样的货车在本站是（　　）。

A．有调中转车　　B．无调中转车

C．双重货物作业车　　D．一次货物作业车

4．编组一个到达站出发车列的货车全天消耗的货车集结车小时为（　　）。

A．$T_{集}$　　B．$T_{集}^{列}$　　C．$t_{集}$　　D．$t_{列}$

5．编组一个到达站出发车列的货车全天消耗的货车集结车小时通常用的计算式为（　　）。

A．$T_{集}=cm$　　B．$T_{集}^{列}=\frac{1}{2}mt_{列}$

C．$t_{集}=\frac{cm}{N}$　　D．$T_{集}=12m$

四、简答题

1．简述技术站货物列车作业种类。

2．简述到达解体列车在车站办理的技术作业内容。

3．简述一次货物作业车在站技术作业过程及其停留时间。

4．简述双重货物作业车的技术作业内容。

5．技术站在日常运输生产中压缩货车集结时间的主要措施有哪些？

项目三　车站作业计划

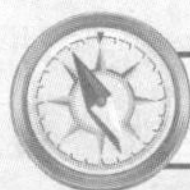

项目导入

铁路运输日常工作计划包括调度部门编制的旬、日（班）计划和车站编制的车站作业计划。车站作业计划是根据路局下达的日（班）计划编制的，是为保证完成路局的日（班）计划任务，实现列车运行图、列车编组计划的行动计划。全路各编组站和作业量大的区段站、货运站、客货运站，均须按照《铁路运输调度规则》的规定，正确编制和执行车站作业计划。车站作业计划包括班计划、阶段计划和调车作业计划。

知识目标

- 了解车站作业计划的含义。
- 掌握班计划的内容及其编制过程。
- 熟悉阶段计划的内容，技术作业表的格式和填记方法。
- 了解调车区现在车掌握的方法。
- 了解分部解体开口位置的选择。
- 了解调车作业计划编制的要求和依据，掌握调车作业计划的编制方法。

技能目标

- 能正确编制班计划。
- 能正确填写车站技术作业表。
- 能正确编制解体调车作业计划。
- 能正确编制取送调车作业计划。

素质目标

- 通过学习车站班计划的编制步骤与方法，培养较强的时间观念。
- 通过学习调车作业计划等内容，培养严谨、认真、细致的工作态度，获得良好的职业素质。

任务一 车站班计划

任务引入

班计划的主要内容包括列车到达计划、出发计划、卸车计划等。正确编制班计划可以提高接发车和卸车组织效率，最大限度发挥铁路运力资源的作用和加速铁路局周转，减少经营支出、降低物流成本，确保全年货运任务的完成。做好班计划编制的关键是要对全局各种列车信息能够实时准确地掌握、对重车流能推算与预警、对到达重车运输过程进行监控。因此，班计划的编制尤为重要。

下面就让我们一起来学习班计划的相关知识。

相关知识

铁路运输工作从当日 18:01 至次日 18:00 为一个工作日。一个工作日分为两个班，即当日 18:01 至次日 6:00 为第一班；次日 6:01 至 18:00 为第二班。

班计划是车站作业的基本计划，由主管运输的副站长（调度室主任或运转主任）编制。

一、班计划的内容

车站班计划

班计划是指在一个班内（12 h）车站应完成运输经营生产任务的作业组织计划。班计划主要包括以下内容。

（1）列车到达计划：包括各方向到达的列车车次（划分车场的车站要有场别）、时分、机车型号、机车号、编组内容（去向别重车数、车种别空车数、到达本站重车数）。

（2）列车出发计划：包括发往各方向的列车车次（划分车场的车站要有场别）、时分、机车交路及型号、编组内容（去向别重车数、车种别空车数）、车流来源。

（3）卸车、排空及装车计划：包括全站卸车数、主要卸车点大宗货物卸车数、卸后空车用途；车种别的排空车数及挂运车次；全站装车数、主要装车点大宗货物品类、车种、去向别的装车数、空车来源、挂运车次。

（4）客车底取送：包括客车底取送、摘挂的车次、时间、车种、辆数。

（5）推算班工作任务：包括推算的货车出入总数，阶段运用车计划，货车平均中转时间，货车一次货物作业平均停留时间；全站及各场别的到、发、编、解列数，无调直通列数；检修车扣修及取送车计划，站、段、厂修竣车数，货车备用及解除计划；工务、电

务、供电施工计划；其他临时重点任务、上级指示和安全注意事项。

二、班计划的编制步骤与方法

班计划的编制一般应在 14:00～17:30（2:00～5:30）阶段内进行，各站班计划的编制时间可由各局在上述时间内具体规定。

1. 编制前的准备工作

1）收集资料

为了正确及时地编制班计划，车站调度员、助理调度员、车站值班员、货运调度员、军运车号员、预报车号员应按规定时间向班计划编制人提供以下资料。

（1）车站调度员：提供 15:00（3:00）各车场的待解、待发列车车次及编组内容；调车场各股道停留的重、空车数；18:00（6:00）前到发线占用及接发列车情况；各台调车机计划作业进度、现有煤水（油）量、入库时间。

（2）助理调度员（统计报告员）：负责提供 15:00（3:00）全站及分场别的现在车情况。

（3）车站值班员：提供 18:00（6:00）前各方向列车到发、线路运用及机车交路和在段机车台数。

（4）货运调度员：提供 15:00（3:00）各货场及专用线的现在车分布情况，车辆取送和装卸进度以及 18:00（6:00）预计装卸完了的车数，提出次日装车计划的货源组织情况及其所需的车种、车数。

（5）军运车号员：提供次日军运物资的到达卸车、配装和挂运计划等。

（6）预报车号员：提供 18:00（6:00）前所有到达列车的确报资料及 18:00（6:00）后陆续到达列车的预确报；18:00（6:00）的修竣车数和车组顺序。例如，3 月 18 日 16:30 乙站收到 30051 次列车确报为：丙$_{25}$、乙$_{3}$（货 2）、A_{10}、乙$_{7}$（货 2）、D_2，E_4、B_5。

（7）其他资料：设备维修、施工要点、其他临时重点任务及调度命令、指示等。

2）预计 18:00（6:00）现在车

计划编制人员据收集到的车流资料，推算 18:00（6:00）到发场、调车场、货场和专用线等货车停留地点的重车（按方向）、空车（按车种）的现在车数，上述车数加总即为全站 18:00（6:00）当时的现在车数。

例如，A 站 15:00（3:00）站存甲及其以远 40 车，预计 15:00～18:00 到达甲及其以远 15 车，发出 20 车，则预测 18:00 站存甲及其以远的车数为

$$40+15-20=35(\text{车})$$

3）执行铁路局批准的装车计划

例如，3 月 17 日铁路局批准的乙站 18 日装 81 车，车站安排 3 月 18 日第一班计划用敞车装乙—甲间杂货 9 辆、丙及其以远机器 12 辆、化肥 8 辆，用棚车装丙及其以远化肥 10 辆，共计装车 39 辆。

4）提供编制日（班）计划资料

为正确编制班计划，车站调度员、货运调度员和其他有关工种人员应于 16:00（4:00）前，向铁路局调度所有关工种调度人员，提供编制日（班）计划资料。

车站值班站长（调度室主任或车站调度员）每天将 15:00（3:00）至 18:00（6:00）本站出发列车计划和编组内容及预计 18:00（6:00）的全站现车数、去向别重车数（其中到本局和邻局管内摘挂车流分到站）、车种别空车数、本站作业车数，按铁路局规定时间报告铁路局调度所（计划调度员），与其核对 15:00（3:00）至 18:00（6:00）本站到达列车计划，共同确定 18:00（6:00）至 21:00（9:00）车站到、发列车计划，提出编制班计划的建议。

5）抄收铁路局调度所下达的班计划

车站值班站长（调度室主任或车站调度员）每日 17:00（5:00）前，抄收铁路局调度所下达的班计划，主要包括以下内容。

（1）各方向到达的列车车次、时分、编组内容（去向别重车数、车种别空车数、本站作业车数）。

（2）发往各方向的列车车次、时分、机车交路及型号、编组内容（去向别重车数，车种别空车数，直达、成组车数）和要求、车流来源、特种车辆及货物的编挂限制。

（3）摘挂列车的装卸、甩挂作业计划。

（4）按发货单位、品名、到站别的装车（包括直达和成组装车）计划及空车来源。

（5）卸车数（整列货物品名、收货人）及排空任务。

（6）施工封锁计划。

（7）重点任务、指示。

2. 编制班计划

车站根据局调度所下达的班计划任务和工作开始前收集的资料，按照列车编组计划、列车运行图、运输方案和车站技术作业过程，编制车站班计划。

1）列车到达计划

列车到达计划是局调度所作为班工作任务布置给车站的，车站可直接将有关内容填记在班计划表列车到达计划栏内，无需另作安排。

2）列车出发计划

列车出发计划是局调度所作为班工作任务下达给车站的，它是班计划的核心内容。列车车次、方向根据调度所的布置确定，出发时分按运行图的规定编制。

出发列车编组内容和车流来源是车站编制出发计划的主要任务。由于在车流的组合和接续上存在着较大的灵活性，所以在编制列车出发计划时，常采取车站与调度所双方共同研究的方法，以提高班计划的质量和兑现率。

列车出发计划的编制过程，实际上是推算车流、合理组织车流的过程。车流的组织应根据车站技术作业过程的要求，尽量组织快速作业和车流紧接续，缩短车辆在站停留时间。但由于车流变化，可能产生列车的停运和加开问题，造成每日的出发列车数也不一定相同。因此，车站编制列车出发计划的主要任务就是确定每一出发列车的编组内容及车流来源。

确定每一出发列车的编组内容应以列车编组计划为依据。例如乙站编组 31031 次区段列车应编挂丙及其以远的车流；21011 次直通列车在乙站仅办理无调中转列车技术作业，出发内容为原列内容。

列车编组辆数应根据列车运行图规定的该区段列车牵引定数、列车换算长度以及每辆重车的平均重量、车辆平均换算长度确定。例如在列车牵引定数为 4 000 t，列车换算长度为 70.0 的区段，若货车平均换长为 1.2，每辆重车平均重量为 70 t，则列车平均编组辆数为重车 57 辆左右，空车 58 辆左右。

出发列车的车流来源主要有本班开始时的结存车、本班内到达的中转车、陆续装卸完了的货物作业车及出厂、站修修竣的车几部分。这些车，因在站技术作业过程不同，需要停留的时间不同，接续时间也不同。

《铁路技术管理规程》规定机车、车辆长度的计算，以前后两钩舌内侧面距离按 11 m 为换算单位（一辆），各型机车、车辆按上述换算单位得出的比值，称为换算长度。

3）卸车、排空及装车计划

（1）卸车计划：根据班计划下达的卸空任务，对车站待卸车和有效卸车，安排卸车地点、卸完时间、空车用途和排空车次。

提示

有效卸车数是指本班内到达、本班内能卸空的车数。可根据所卸车辆到达时分和到、解、送、卸作业时间标准，考虑货物品名、卸车能力及各种等待时间等因素确定。

据此得出，计划卸空车数为18:00（6:00）待卸车数与有效卸车数之和。

假定乙站货物作业车从到达至卸空需5 h（考虑货物品名、卸车能力及各种等待时间等因素），则最晚 1:00 前到达车站的重车才能纳入卸车计划。据此推算有效卸车数为30车（30051次到达10车、30053次到达10车、31040次到达10车），已知乙站18:00结存待卸车30车，则本班的卸车计划（计划卸空车数）为30＋30＝60车。

但是对装有易卸、特别是大钩或整列易卸（如煤、砂等）的卸车，虽在有效卸车时限之后到达，但通过重点组织，无效可变为有效者，也应尽量纳入卸车计划；而对装有难卸、卸车时间有限制（如夜间不能卸）及卸车能力受限制的卸车，即使到达时间在有效卸车的时限之内，而实际不能卸空者，也不应纳入卸车计划。

对卸车，除做出数量上的计划安排外，还应做出具体的组织安排。其内容主要包括：货物品名、车种车数、到达车次、到达时间、收货人、卸车地点、计划送车时间、卸车机具、劳力安排以及卸后空车的安排等。

（2）排空计划：这是一项任务性计划，由调度所在班计划编制过程中下达，车站应按指定的车次（方向）、车种、车数保质保量地完成。

运输方案规定的排空计划，一定要重点安排，切实保证。例如，调度所指定30133次排空敞车20辆，乙站应具体安排用机务段18:00待卸、预计19:00卸完的空敞车20辆作保证。

（3）装车计划：以调度所批准的次日装车计划为依据，结合排空后剩余空车情况，按地点、到站、品类、车种、车数，对装车作出的具体安排。

装车货物的品类及去向，应先保重点，以班装车计划保证全日装车计划的完成。装车后的挂运计划，一般应按运输方案的规定或列车出发计划的需要安排装车进度和挂运。零星装车，应尽量组织同方向的货物同时装车，积零成组，集中挂运，扩大成组装车比重，并使货物作业车与中转车相配合。

根据调度所批准的装车计划，结合车站18:00（6:00）待装、空车来源和货源情况，在保证完成排空任务的前提下，具体确定本班到站别、品类别的装车数、空车来源以及挂运车次。

如表3-1所示，乙站货场18:00待装丙站棚车10辆，挂30131次；待装乙—甲间敞车9辆，挂41014次，18:00待卸敞车10辆、30051次到达本站卸敞车10辆，卸空后均用于装丙方向，编入31035次，本班共安排装车39辆。

下行

M N O P Q　甲　乙　A B C D E F　丙

表 3-1 乙站班计划表

2016 年 3 月 18 日（18:01～6:00）　　站长　　副站长

列车到达计划

方向	车次	到达时间	编组内容：甲方向 甲及其以远	甲方向 乙—甲间	丙方向 丙及其以远	丙方向 乙—丙间	乙站卸 货场	乙站卸 机务段	空车 P	空车 C	合计
上班结存			21	48	21	30	C10	C20	10	9	169（59）
甲方向	30051	18:20			25	21	C10				56
甲方向	21009	20:35			56						56
甲方向	30053	21:05			35	10	C10				55
甲方向	21011	22:00			56						56
甲方向	30055	1:15			35	10	P10				55
甲方向	21013	1:40			56						56
甲方向	30057	3:30			30	25					55
甲方向	21015	4:00			56						56
丙方向	21010	18:58	56								56
丙方向	31038	20:10	45	11							56
丙方向	21012	22:10	56								56
丙方向	31040	0:20	30	15			C10				55
丙方向	21014	1:10	56								56
丙方向	31042	2:10	36	20							56
丙方向	31044	4:30	35				C20				55
丙方向	21016	5:05	56								56

列车出发计划

方向	车次	出发时间	编组内容及车流来源	合计辆数
丙方向	41001	19:15	站存乙—丙/30	30
丙方向	31031	20:45	站存丙/21、30051 丙/25、站装丙/10	56
丙方向	21009	21:25	原列丙/56	56
丙方向	21011	22:45	原列丙/56	56
丙方向	31033	0:25	30053 丙/35、卸空/20	55
丙方向	41003	1:15	30051 乙—丙/21、30053 乙—丙/10	31
丙方向	21013	2:25	原列丙/56	56
丙方向	21015	4:45	原列丙/56	56
丙方向	31035	5:25	30055 丙/35、站装丙/20	55
甲方向	41012	18:25	站存乙—甲/43（10）	43
甲方向	21010	19:48	原列甲/56	56
甲方向	30052	22:25	31038 甲/45、站存甲/11	56
甲方向	21012	23:00	原列甲/56	56
甲方向	21014	2:00	原列甲/56	56
甲方向	41014	2:30	站存乙—甲/5 站装乙—甲/9 31038 乙—甲/12 31040 乙—甲/15	40
甲方向	30054	4:40	站存甲/10、31040 甲/30、31042 甲/16	56
甲方向	210116	5:50	原列甲/56	56

推算中停时间

项目 / 时间	计划中时 到达	计划中时 发出	计划中时 结存	计划停时 到达	计划停时 发出	计划停时 结存
18 点结存			110			59
18:01～19:00	102	33	179	10	10	59
19:01～20:00		86	93			59
20:01～21:00	112	46	159		10	49
21:01～22:00	101	56	204	10		59
22:01～23:00	56	168	92			59
23:01～0:00			92			59
0:01～1:00	45	35	102	10	20	49
1:01～2:00	157	87	172			59
2:01～3:00	56	87	141		9	50
3:01～4:00	111		252			50
4:01～5:00	35	112	175	20		70
5:01～6:00	56	91	140		20	50
合计	831	801	1 801	60	69	672
中停时	中转车数 816		中时 2.2	作业次数 99		停时 6.8

班工作总任务

到达列数	出发列数	解体列数	编组列数	装车数
16	17	8	9	39
卸车数	排空数	中时	停时	办理车数
60	20	2.2	6.8	1 761

重点指数

1. 30052 次接续 31038 次时产是紧，加强组织工作。

2. 夜间天气不良，加强卸车组织，注意安全。

卸车计划

卸车地点	车种车数	到达车次	卸后安排
货场	C10	上班待卸	卸后安排
货场	C10	30051	卸后装丙
货场	C10	30053	卸后装
货场	C10	31040	卸后装
机务段	C20	上班待卸	卸后装

装车计划

装车地点	去向	车种车数	空车来源	挂运车次
货场	丙	P10	上班待装	31031
货场	丙	C10	上班待卸	31035
货场	丙	C10	30051 次卸空	31035
货场	乙—甲	C9	上班待卸	41014

排空计划

排空车次	车种次数	空车来源
31033	C20	上班机务段待卸

4）推算中时、停时

班计划编完后，应推算本班可能完成的中时和停时，推算步骤和方法如下。

（1）按中转车、货物作业车分别填记 18:00（6:00）结存车。例如，乙站 18:00 结存中转车 110 辆，货物作业车 59 辆，合计 169 辆。

（2）根据列车到达与出发计划，统计每小时内到达与出发的中转车数与作业车数，填入推算表有关栏内。例如，乙站 18:01～19:00 到达有调中转车 102 辆、货物作业车 10 辆，发出中转车 33 辆、货物作业车 10 辆，依此类推，统计并填记其他小时内到发车数。

（3）计算每小时末结存车数及其停留车小时。计算公式为

本小时末结存车数 = 上小时末结存车数 + 本小时内到达车数 – 本小时内出发车数

为便于推算，假定各小时末结存的所有货车均在本小时内停留了 1 h，则

$$本小时停留车时 = 本小时末结存车数 \times 1\,(车 \cdot h)$$

例如，乙站 18:00 结存中转车 110 车，18:01～19:00 到达中转车 102 车，发出中转车 33 车，则 19:00 结存中转车数为 $110+102-33=179\,(车)$，18:01～19:00 中转车停留车小时为 $179\times 1=179\,(车\cdot h)$。

按照上述方法，可将本班每小时末的中转车、货物作业车结存数与停留车小时计算出来，分别填入有关栏内。

（4）由以上内容可知，将本班到达与出发的中转车、货物作业车结存栏分别加总（不包括 18:00 结存车数）即得本班总停留车小时。

例如，乙站 18:01～6:00 第一班计划中转车结存数为 1 801 车，总停留车小时为 1 801 车·h；货物作业车结存数为 672 车，总停留车小时为 672 车·h。

另外，本班内共装 39 车，卸 60 车，加总后得装卸作业次数为 99。

（5）计算中时、停时。以乙站 18:01～6:00 第一班计划为例，有

$$中时 = \frac{中转车总停留车小时}{(到达中转车数 + 发出中转车数) \div 2} = \frac{1801}{(831+801)\div 2} = \frac{1801}{816} = 2.2\,(h)$$

$$停时 = \frac{货物作业车总停留车小时}{装卸作业次数} = \frac{672}{99} = 6.8\,(h)$$

如推算的中时、停时完不成规定的指标时，应进一步采取相应措施，力争完成班工作总任务规定的各项指标。

5）班工作总任务

班计划编制完毕后，对其整个班内应完成的主要任务进行汇总，以便醒目地表示出本班的工作量。主要内容包括：到达列数、出发列数、解体列数（本班到达的解体列车数）、编组列数（本班发出的始发编组列车数）、装车数、卸车数、排空车数、中时、停时和办理车数（到达车数+出发车数）。

6）重点指示

将完成班计划任务的有关重点指示，填入“重点指示”栏内，以便值班人员重点掌握。重点指示主要包括以下内容。

（1）上级领导和调度所的命令、指示和文电。

（2）完成班计划的关键问题和安全注意事项，如施工封锁、装卸或挂运超限货物、车流接续等。

（3）重点物资的运输要求。

（4）其他指示和要求。

三、班计划的审批与下达

1. 班计划的审批

站长（或副站长）负责审批班计划，并部署重点任务和关键事项。审批重点如下。

（1）各方向到、开列车对数，全站和分场的货车出入总数，编解任务及主要装卸点装卸任务与能力是否适应；核心列车能否保证按计划开行。

（2）推定的中、停时，能否完成月计划；累计不能完成，要向铁路局汇报；连续三天完不成，要找原因，定措施。

（3）各方向、各阶段的流线结合车流接续情况，是否压流、欠轴。

（4）军运、特运车辆及列车的到发、装卸、编解、零星甩挂的安排是否符合规章、命令、指示。

（5）安全及重点注意事项。

（6）施工、运输两不误的计划与措施是否落实。

2. 班计划的下达

为保证更好地完成班计划任务，班计划编完并批准后，除报局调度所外，在班计划执行前，必须做好班计划的布置和下达工作。

（1）班计划编完后，要求值班站长组织车站调度员、车站值班员按班计划落实第一阶段（18:01～21:00 或 6:01～9:00）的接发、解编和取送各项任务，按规定打好交班基础，为接班人员在工作上创造好条件。

（2）接班的调度人员应提前到班（一般要求 19:00 或 7:00），了解和抄录本班班计划的有关内容。接班的值班站长召集班计划会议，听取班计划编制人传达事项，集中研究和分析班计划的任务和特点，便于各调度人员统一行动。实行分场管理的车站，应用电话传达的方法，将班计划事先下达到各车场，以供各调度人员了解和抄录。

（3）接班的值班站长和车站调度员在职工点名会上，向全体接班人员分别传达、布置班计划任务和第一个阶段计划，并提出组织落实计划的具体措施，也可在点名室内设置班计划揭示牌，指定专人负责将班计划重点内容摘录揭示，提前公布。各生产组的班组长应根据计划任务，组织本组人员开好班前预想会，具体制定完成计划任务的有关措施。

（4）接班调度人员上岗后，应分别与局各工种调度员，机务、列检、车务等有关部门核对班计划的内容，互通情况，了解进度，以便更好地保证班计划的完成。

例 3-1

为更好的学习班计划的编制过程，我们利用以下的资料来编制一份完整的车站班计划。

（1）乙站编制班计划资料。

① 乙站平面示意图。

如图 3-1 所示为乙站平面示意图。

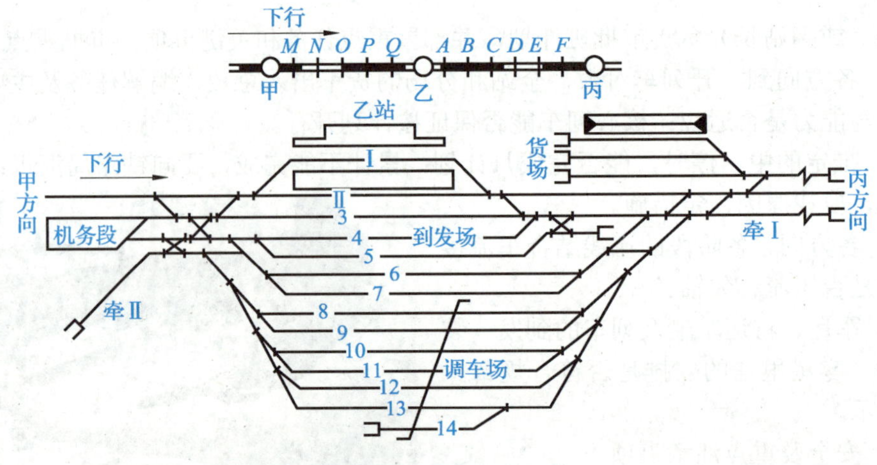

图 3-1　乙站平面示意

② 乙站线路固定用途及容车数。

如表 3-2 所示为乙站线路固定用途及容车数。

表 3-2　乙站线路固定用途及容车数

股道号	容车数	固定用途	股道号	容车数	固定用途
1，II	65	上下行旅客列车到发线	10	70	空车、丙及其以远
3，4	65	上下行货物列车到发线	11	70	乙—丙间
6，7	70	上下行货物列车到发线	12	65	特种车

（续表）

股道号	容车数	固定用途	股道号	容车数	固定用途
5		机车走行线	13	60	本站卸车
8	75	甲及其以远	14	30	站修线
9	75	乙—甲间	牵Ⅰ	60	Ⅰ调车机

③ 乙站技术作业时间标准。

如表3-3所示为乙站技术作业时间标准。

表3-3　乙站技术作业时间标准

<table>
<tr><th>作业项目</th><th>时间标准（min）</th><th>作业项目</th><th colspan="2">时间标准（min）</th></tr>
<tr><td>到达</td><td>35</td><td>卸车（一批，不分辆数）</td><td colspan="2">90</td></tr>
<tr><td>出发</td><td>25</td><td>装车（一批，不分辆数）</td><td colspan="2">150</td></tr>
<tr><td>解体</td><td>30</td><td rowspan="2">取送</td><td>货场</td><td>30</td></tr>
<tr><td>编组</td><td>30（区段列车）
40（摘挂列车）</td><td>机务段</td><td>20</td></tr>
<tr><td>解编结合</td><td>40～50</td><td>双重作业调移</td><td colspan="2">15</td></tr>
<tr><td>无调中转列车作业</td><td>45</td><td rowspan="2">交接班及整备
（20:00～21:00）</td><td colspan="2" rowspan="2">30</td></tr>
<tr><td>整场</td><td>20～30</td></tr>
<tr><td colspan="3">吃饭（0:00左右）</td><td colspan="2">30</td></tr>
</table>

④ 列车编组内容。

与乙站有关的列车编组内容，如表3-4所示。

表3-4　乙站列车编组内容

作业别	发站	到站	编组内容	列车种类
编组	乙	甲	甲及其以远	区段
编组	乙	甲	乙—甲间各站按站顺	摘挂
编组	乙	丙	a. 丙及其以远；b. 空车不分车种	区段
编组	乙	丙	乙—丙间各站按站顺	摘挂
中转	甲	丁	丁及其以远	直通
中转	丁	甲	甲及其以远	直通
解体	甲	乙	乙及其以远，甲—乙间各站按站顺	区段、摘挂
解体	丙	乙	乙及其以远，丙—乙间各站按站顺	区段、摘挂

a. 自编列车编成辆数，除摘挂列车外，其他列车应满轴（不分重空55～56辆）。

b. 旅客列车到发时刻如表3-5所示。

表 3-5 乙站旅客列车时刻表

车次	到达时刻	发出时刻
2532	23:32	23:48
2531	0:40	0:53

⑤ 货物列车出发时刻。

货物列车出发时刻如表 3-6 所示。

表 3-6 乙站出发列车时刻表

方向	车次	出发时刻	方向	车次	出发时刻
甲方向	41012	18:25	丙方向	41001	19:15
	21010	19:48		31031	20:45
	30052	22:25		21009	21:25
	21012	23:00		21011	22:45
	21014	2:00		31033	0:25
	41014	2:30		41003	1:15
	30054	4:40		21013	2:25
	21016	5:50		21015	4:45
				31035	5:25

⑥ 结存车情况。

乙站某日 18:00 点结存车情况，如表 3-7 所示。

表 3-7 乙站 18:00 结存车情况

线别	存车情况	合计	其中作业车
4	41012 次（待发），乙—甲/43（10），其中（10）表示 10 个车为本站装车	43	10
8	甲/21	21	
9	乙—甲/5	5	
10	丙/21	21	
11	乙—丙/30（正在编组 40101 次）	30	
13	乙/C10（货场卸）	10	10
货场	乙—甲/C9（18:30）装好、丙/P10（18:30）装好	19	19
机务段	待卸 C20，预计 19:00 卸完	20	20

（2）班计划编制。

① 货物列车到达计划。

如表 3-8 所示为货物列车到达计划。

表 3-8　乙站到达列车确报

方向	车次	到达时刻	编组内容	到达乙站卸车地点	
				货场	机务段
丙方向	21010	18:58	甲/56		
	31038	20:10	甲/45、乙—甲/11		
	21012	22:10	甲/56		
	31040	0:20	甲/30、乙—甲/15、乙/10	C10	
	21014	1:10	甲/56		
	31042	2:10	甲/36、乙—甲/20		
	31044	4:30	甲/35、乙/20	C20	
	21016	5:05	甲/56		
甲方向	30051	18:20	丙/25、乙—丙/21、乙/10	C10	
	21009	20:35	丙/56		
	30053	21:05	丙/35、乙—丙/10、乙/10	C10	
	21011	22:00	丙/56		
	30055	1:15	丙/35、乙—丙/10、乙/10	P10	
	21013	1:40	丙/56		
	30057	3:30	丙/30、乙—丙/25		
	21015	4:00	丙/56		

② 卸车、排空、装车计划。

a. 卸车：60 辆；

b. 排空：31033 次排 C20；

c. 装车：如表 3-9 所示。

表 3-9　乙站装车计划

	乙—甲	丙	合计
货场	C9	C20，P10	C29，P10
合计	9	30	39

③ 货物列车出发计划。

编制货物列车出发计划的过程，在很大程度上就是推算车流和落实始发列车车流来源的过程。现以乙站下行列车出发计划为例，说明如下。

a. 41001 次摘挂列车图定 19:15 出发，编入乙站，18:00 结存乙—丙 30 车。其接续时间为 1 小时零 5 分，可以纳入列车出发计划。

b. 31031 次区段列车图定 20:45 出发，如用本班内到的有调中转车（接续时间为 2 h），则 18:45 前到的可以编入，如用待取的货物作业车（接续时间为 1 小时零 10 分），则 19:35 前装好的货物作业车可以编入。据此推算出 31031 次列车的车流来源为 18:00 结存丙及其以远 21 车，预计 18:30 装完的丙方向 10 车，30051 次 18:20 到达丙及其以远 25 车，合计 56 车，这些车流均能满足 31031 次列车的接续时间，可以编入。

c. 30052 次区段列车图定 22:25 发车，根据预报知，31038 次 20:10 到，内有 30052 次的车流 45 辆，而解编结合只需 50 min，其接续时间为 $35+50+25=110\,(\text{min})$，即 1 小时 50 分，满足 30052 次接续时间的需要，而 18:00 结存车尚有 21 辆。据此，也可推算出 30052 次列车的车流来源。

匠心筑梦

一百年前，京张铁路打破了中国人不能自建铁路的断言，挺起了中华民族的脊梁。一百年后，京张高铁开启了世界智能高铁的先河，成为中国智能高铁的典范。

京张高铁是我国"八纵八横"高速铁路主通道的重要组成部分，也是 2022 年北京冬奥会的重要交通保障设施。线路全程 174 千米，起点为北京北站，终点为 2022 年北京冬奥会另一举办地张家口。智能型复兴号动车组率先在京张高铁投入运用，首次采用我国自主研发的北斗卫星导航系统，成为了冬奥会一道流动的展览窗口，一张向世界展示的"中国名片"。

作为我国智能高铁的示范工程，京张高铁智能化"基因"深藏在建设使用的全过程。通过采用智能安全帽、无人机航拍、BIM+3D 扫描技术、二维码物料跟踪等一批智能化设备和技术，构建了京张高铁"智慧工地"。依托京张高铁建设，我国进一步形成了智能高铁应用示范方案，构建智能高铁技术标准体系，成为引领世界的智能高铁应用国家。这是中国铁路发展迸发出的最强音，更是中华民族迈向伟大复兴的铿锵步伐。

京张铁路凝聚着中国人的"工匠精神"，承载的是国人百年的期待与跨越，更是中国人民自强不息、爱国奋斗精神的传承。中国铁路的百年巨变与飞速发展，仅仅是中华民族伟大复兴的一个开端。

任务二 阶段计划

任务引入

车站阶段作业计划是运输组织工作的具体安排，是完成日计划的保证。其编制质量的好坏直接关系到货物车辆在编组站的停留时间，进而对铁路货物运输效率产生直接影响。其编制工具主要是车站技术作业图表。

目前，阶段计划已实现计算机辅助编制，但调度指挥智能化水平不高。下面就让我们来学习编制阶段计划的相关知识。

相关知识

阶段计划是车站班计划分阶段的具体安排，是完成班计划的具体保证，由车站调度员编制。由于编制班计划的有些资料是18:00（6:00）前预计的，而本班内陆续到达的列车，其编组内容、到达时刻以及货物作业车装卸进度、调车作业进度等都可能发生变化，因此，车站应在执行班计划过程中，根据当时的实际情况，具体安排各阶段工作，并据情况变化及时采取调整措施，才能保证完成班计划的任务。

一般情况下，一个班分为3～4个阶段，一个阶段为3～4 h。

一、阶段计划的内容

阶段计划是保证实现班计划的行动计划，主要包括以下内容。

（1）各方向到达的列车车次、时分、机车型号、机车号、进入场别、占用线别、编组内容、解体顺序和起止时分。

（2）发往各方向的列车车次、时分、机车交路及型号、机车号、编组内容、车流来源、占用发车场别、线别、编组作业起止时分。

（3）各货场及专用线别的卸车数、品名、收货人、送车时间、卸空时间、空车用途。

（4）各货场及专用线别的装车数、车种、品名、到站、空车来源、送入时间、装完时间、挂运车次。

（5）装载重点军用、超限超重、剧毒品等特种货物的车辆加挂的车次、辆数、编挂限制。

（6）中转列车成组甩挂车次、时间、辆数、去向。

（7）各场（区）及货场、专用线间的车辆转场，检修车及需要洗刷、倒装等车辆的交换次数、取送地点、时间、辆数。

（8）客车底取送及摘挂的车次、时间、地点、车种、辆数。

（9）调车机运用和整备计划，驼峰解体、牵出线编组及取送作业的安排。

（10）各列检作业场的扣车计划。

（11）施工和维修计划。

从以上内容可以看出，阶段计划是车站调度员根据最近3～4 h列车到发、车列解编和车辆取送等情况，全面安排调车机车和运用到发线，充分发挥驼峰、牵出线等技术设备的效能，组织实现班计划的具体安排。

二、车站技术作业图表

1. 车站技术作业图表的作用

车站技术作业图表是车站调度员用以编制阶段计划和进行调度指挥的工具。由于它能全面记录车站技术设备的运用和作业进度的实际情况，因此，它又是车站工作分析的原始资料。车站调度员应按规定正确及时地填记车站技术作业图表。

2. 车站技术作业图表的内容

由于各车站主要设备和作业情况不同，车站技术作业图表的格式也有所区别，但其主要组成部分一般包括以下内容，如图 3-2 所示。

（1）列车到发：填记列车到发车次、时刻、运行线。

（2）列车编组内容：填记到达列车的编组内容。

（3）到发场：填记列车占用到发线顺序和起止时分。

（4）牵出线（或驼峰）：填记调车作业占用驼峰或牵出线的顺序和起止时分。

（5）调车场：填记去向别重车、车种别空车集结情况，以及到达本站卸车的待送车情况。

（6）装卸地点：填记取送作业时间及装卸地点车流变化情况。

（7）调机动态：填记每台调车机车作业、整备情况。

3. 车站技术作业图表的填记方法

（1）填记调车场及装卸地点结存车数。根据“过表”的站存车及车站调度员或调车区长掌握的现在车数填记。例如，图 3-2 乙站技术作业图表中，18:00 调车场 8 道结存甲及其以远 21 车，9 道结存乙—甲间 5 车，10 道结存丙及其以远 21 车，13 道本站卸车 10 车，18:00 货场结存 19 车，机务段结存 20 车。

（2）填记到达解体列车车次、到达时刻、编组内容、占用到发线和解体起止时分。根据各次列车到达时分，按照先后顺序，在列车到发栏内画上到达运行线，注明车次，并从列车到达时起，用垂直线引入计划占用的到发线内，根据列车确报，在编组内容栏内、垂直线右侧填记列车编组内容，重车填“去向/车数”，空车填“车种/车数”。最后，在列车占用的到发线栏内，记载列车车次、占用到发线起止时分。

提示

无调中转车外加方框，表示编组内容不变。

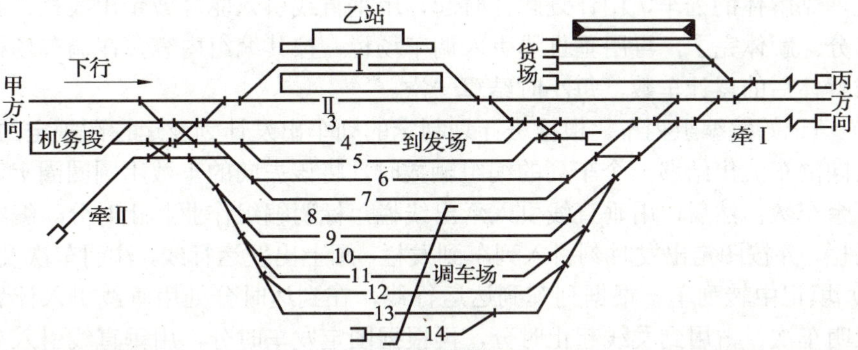

2016年3月18日夜班　　　乙站技术作业表　　　站调＿＿＿　运站

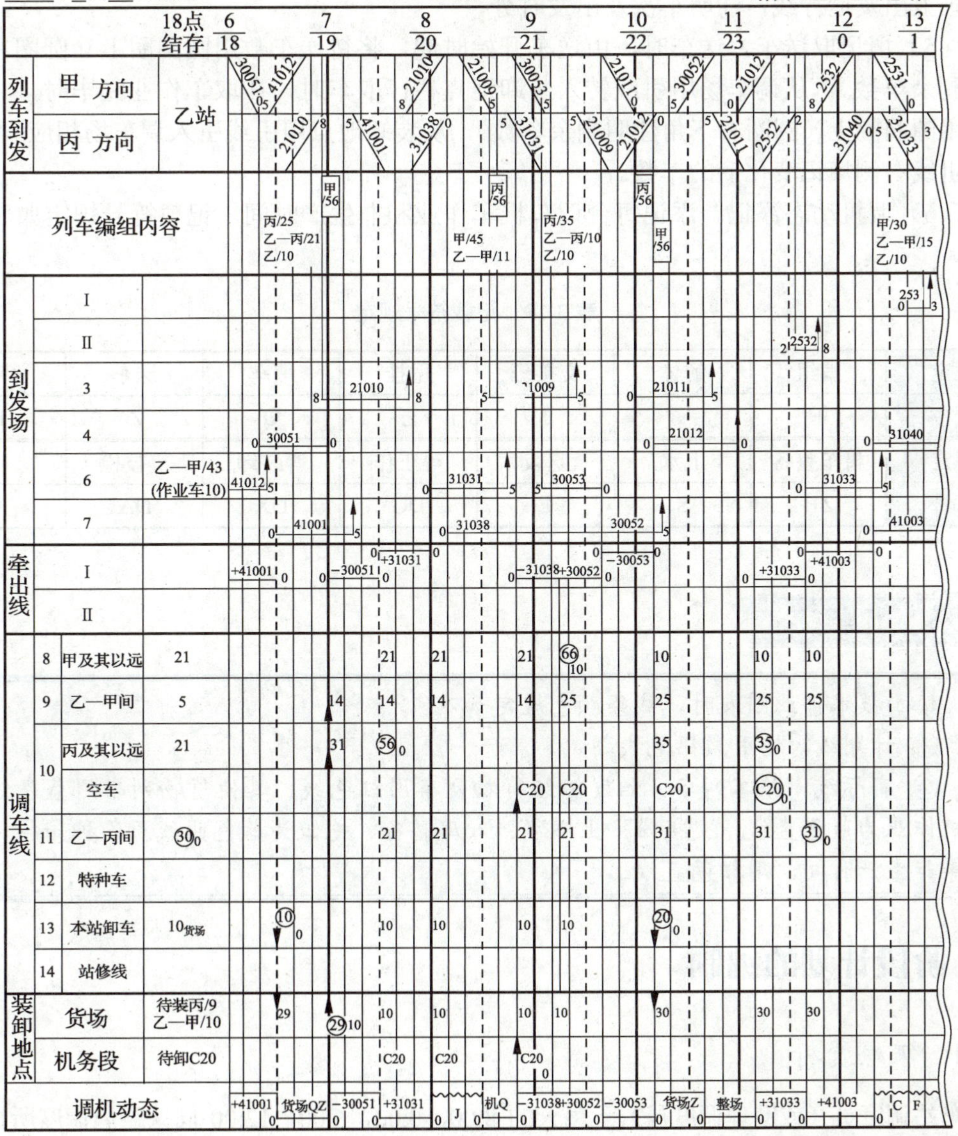

			18点结存
列车到发	甲 方向		乙站
	丙 方向		
列车编组内容			
到发场	Ⅰ		
	Ⅱ		
	3		
	4		
	6		乙—甲/43 (作业车10)
	7		
牵出线	Ⅰ		
	Ⅱ		
调车线	8	甲及其以远	21
	9	乙—甲间	5
	10	丙及其以远	21
		空车	
	11	乙—丙间	30
	12	特种车	
	13	本站卸车	10货场
	14	站修线	
装卸地点	货场		待装丙/9 乙—甲/10
	机务段		待卸C20
调机动态			

调机动态：+41001　货场QZ　−30051　+31031　J　机Q　−31038+30052　−30053　货场Z　整场　+31033　+41003　C　F

图 3-2　车站技术作业图表

到达本站解体的列车，由计划解体时起，用垂直线引入驼峰或牵出线栏，并记明解体的起止时分。解体完了，再用垂直线引入调车场栏，按其编组内容，在调车场栏引线右侧分别记载解体后的累计车数，每小时结算一次。

（3）填记始发编组列车。根据班计划制定的列车出发计划及运行图规定的发车时刻，当某一去向的车流集结够一个车列的编组辆数时，将该去向的车数用圆圈圈上，圆圈右下角注明剩余车数；然后，用垂直线引入牵出线栏，标明编组作业起止时分。编组之后，引入到发场栏，并按图定出发时刻引入列车到发栏，画上出发运行线，注明车次及出发时分。

（4）填记中转列车。根据列车到达运行线，在到达时分处用垂线引入计划占用的到发线，记明车次、占用到发线起止时分，再根据图定发车时分，用垂直线引入列车到发栏内，画上出发运行线，注明车次及出发时分。

（5）填记取送车。送车时，由送车开始时起，将待送车数用圆圈圈上（圆圈右下角注明剩余车数），从调车场用引线转入装卸地点栏；取车时，在取车作业完毕时，将待取车数用圆圈圈上（圆圈右下角注明剩余车数），从装卸地点用引线引入调车场相应股道内，并在引线右侧填记变化后的车数。

（6）调机动态添记。添记每台调车机车作业和非生产时间。记载符号规定如表 3-10 所示。

表 3-10　记载符号规定

规定	编组	解体	交接班	甩挂	取车	送车	待避
符号	+	−	J	±	Q	Z	B
规定	机车整备	上水	吃饭	等工作	等装卸	等技检	
符号	ZB	S	C	DG	DX	DA	

填画技术作业图表时，线条颜色规定如下。

① 计划线，均用黑铅笔线。

② 实际线。旅客列车、始发编组货物列车用红色线，其他货物列车用蓝色线。调机作业为蓝色直线，交接班、上煤水、入库整备、吃饭为蓝色曲线。各种等待、待避等非生产时间，用红色直线。

三、阶段计划的编制

1. 编制资料

车站调度员（或助理调度员）于每天的 8:00，0:00，6:00，12:00 向铁路局调度所报告包括重车分去向（其中到本局和邻局管内摘挂车流分到站）、待卸车和空车分车种的现车情况。

阶段计划的编制，须掌握下列资料。

（1）列车到发和占线情况。

（2）现车分布状况。

（3）班计划规定该阶段内到发列车时分、编组内容。

（4）编组、解体、装车、卸车、取送和场间交换作业情况。

（5）到达列车预确报。

（6）调车场分类线使用情况。

（7）调车机运用和整备状况。

（8）机车交路情况。

（9）车辆检修、扣车计划。

（10）施工和维修计划。

路局调度于阶段计划开始前 1 h，将下阶段的列车运行调整计划（包括到发列车车次、预到时分、编组内容、机车交路及型号、机车号）等有关情况通知车站值班站长（或车站调度员）。

阶段计划中的到发线运用计划，由车站调度员和车站值班员共同负责确定，由车站值班员亲自掌握。车站调度员或车站值班员必须变更到发线使用计划时，须征得对方同意并在技术作业图表中作鲜明标记。

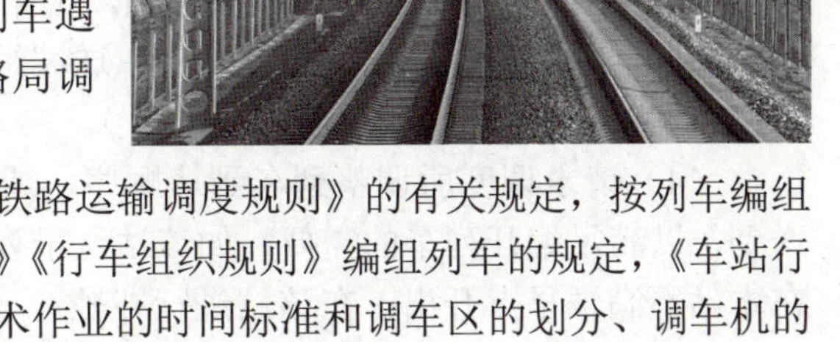

车站调度员和车站值班员在确定和变更列车到发线运用计划互相矛盾时，应由车站值班站长决定。旅客列车到发线应固定使用。变更旅客列车到发线时，应通知客运组织部门；通过的旅客列车由正线变更为到发线接车及特快旅客列车遇特殊情况必须变更基本进路时，须取得铁路局调度员准许后，方能变更。

阶段计划由车站调度员根据班计划和《铁路运输调度规则》的有关规定，按列车编组计划、列车运行图以及《铁路技术管理规程》《行车组织规则》编组列车的规定，《车站行车工作细则》规定的列车占线程序、各项技术作业的时间标准和调车区的划分、调车机的作业分工，利用车站技术作业图表进行编制，值班站长负责审批。

2. 编制步骤

（1）填记阶段开始时到发场、调车场、货场、专用线等股道存车情况。

（2）填记列车到发情况。根据班计划中列车到达、出发计划，按先后顺序，用黑铅笔在列车到发栏填画运行线、列车车次、到发时分；在列车编组栏内填记编组内容，在到发场栏内填画列车占用到发线顺序及起止时分。

（3）根据编组车列的需要，合理组织车流，安排调车机车解编、取送作业顺序及起止时分。

（4）按填画技术作业图表的规定，随时推算并填记调车场、装卸地点等处车流变化情况。

3. 编制方法

1）确定出发列车的车流来源

编制阶段计划与编制班计划不同，不能只按车流接续时间简单地推算车流，而应精打细算，全面考虑列车到发、解编和车辆装卸、取送作业的实际情况，从车列编组开始时实际进入调车场参加集结的车流中，逐列落实出发列车的车流来源。

编组站衔接方向多，出发列车数量大，在选择每个出发列车的车流来源时，应兼顾其他出发列车的集结过程，确保本阶段和本班的所有出发列车都有车流来源保证。

对于有条件组织“坐编”作业的车站，应首先选择到达解体列车中符合“坐编”的车流，作为出发列车的车流来源，不足部分再用调车场内结存车流补充。如图 3-2 所示，20:10 到达的 31038 次列车中，有甲及其以远的车流 45 车且均编挂在一起，可用以“坐编”30052 次，从而减少解、编调车作业时间。

2）保证车流与运行线紧密结合

编制阶段计划的中心问题是组流上线（车流与运行线紧密结合）。组织车流首先遇到的问题就是车流与运行线的矛盾。如车流不足，出发运行线没有保证；车流过大，运行线不够用，则将造成车流积压。为此，应采取各种调整措施，使车流与运行线紧密结合。

当车流不足时，可考虑选用以下调整措施。

（1）调整解体顺序，提前解体挂有编组急需车流的车列，以满足编开列车的需要。

（2）组织接续车流快速作业。当车流接续时间少于车站技术作业过程的时间标准时，一方面对站存车流进行预编、预检，另一方面对到达的接续车流组织快检、快解作业，实现车流紧接续。

（3）组织本站货物作业车流补轴。根据编组列车的需要，有计划地组织本站货物作业车的取送、装卸作业，优先装卸、取送编组需要的车辆，以保证编组列车的满轴、正点出发。

（4）请求调度所调整列车到达顺序，或利用小运转列车将本站编组急需的车流提前送到，以满足编开列车的需要。如该站位于列车运行的前方站时，可建议调度所准许列车在本站不满轴早点开出，在该站进行补轴。

当车流过大，造成积压时，可建议调度所组织超轴列车，利用单机挂车或利用区段列车附挂中间站车流。

3）编制调车机车运用计划

合理运用调车机车，全面完成解编和取送任务，是阶段计划的关键内容，也是衡量车站作业计划质量与指挥水平的重要标志。调机运用计划虽按每台调机分别编制，但应尽可能使各台调机的作业互相配合。

（1）合理分配调机工作任务，均衡作业负担。具有数台调机的车站，每台调机的工作任务应有明确规定。例如驼峰编组站，一般安排驼峰机车负责解体，峰尾牵出线调机负责编组，货场、专用线调机负责取送作业。

（2）合理安排调机作业顺序，保证编组列车需要。例如，安排驼峰机车解体作业顺序时，应优先解体急于腾空到发线或用于编组列车急需车流的车列；安排牵出线调机编组

顺序时，应根据列车出发时刻和车流集结情况，优先编组最近出发的车列。

（3）组织调机协同动作，减少非生产等待时间。例如，编组一个列车所需车流，既有待解车列中的中转车，又有货场装卸完成的本站货物作业车时，应安排一台调机负责解体，另一台调机负责取车，两台调机互相配合，协同动作，减少待解、待取等非生产等待时间，保证编组列车正点出发。

（4）合理安排取送作业。对于作业量大而稳定的装卸车地点，应实行定时、定量取送制度；对于货流稳定的成组车流，应组织成组装车，固定车次挂运；其他零星车流则应根据调机能力、等送（取）车数及其用途，确定取送顺序、地点、车数和起止时分。一般做法是先取编组急需的车流，先送能装卸、且装卸以后能用的车流，并尽量做到送车与取车结合，减少取送次数和单机走行时间。

4）合理制定到发场（线）运用计划

制定列车到发场（线）运用计划时，车站调度员应根据到发场分工、到发线固定使用办法，与车站值班员共同商定，并由车站值班员负责掌握。

（1）紧凑使用到发线。当列车密集到发，到发线使用紧张时，应组织有关人员加速列车技术作业，大力压缩技术作业时间；需分部解体车列的车站，应组织两端调机同时解体一个车列，尽快腾空到发线；对于编组辆数较小的小运转列车或单机、单机挂车，可合用一条到发线；无客车到发或通过时，暂用客车到发线或正线接发货物列车。

（2）尽量照顾作业方便，减少列车到发与调车作业的干扰。如图 3-1 所示，旅客列车应安排在靠近站台、站舍的Ⅰ，Ⅱ道到发，便于旅客上下车、进出站；无调中转列车安排在 3，4 道，改编列车安排在 6，7 道，可使无调中转列车到发与车列转线、机车出入段平行作业，互不干扰。

必须指出的是，到发线运用计划与调机运用计划的关系十分密切，两者之间的能力应当互相调剂使用。

课堂讨论

① 当到发线能力不紧张而调车场内存车较多时，可采取哪些措施保证列车技术作业的顺利进行？

② 当到发线能力紧张时，可采取哪些措施保证列车技术作业的顺利进行？

四、阶段计划的布置与下达

由车站调度员和车站值班员在阶段计划开始半小时前，将阶段计划和上级有关命令、指示、重点要求分别向有关工种人员布置下达。布置具体专项内容由各铁路局自定。

1. 向调车区长或驼峰值班员下达

（1）到发列车车次、时分、占用股道先后顺序及起止时分。

（2）解体列车顺序、起止时分。

（3）编组列车顺序、起止时分、编组内容及车流来源。

（4）装卸、扣修、修竣、加冰、消毒、倒装、客车底等车辆的取送时间、地点、辆数。

（5）调车机车整备计划、驼峰及牵出线作业安排。

2. 向货运调度员下达

（1）编挂本站作业车的车次、时分、货物品名、去向、车种、车数。

（2）到达本站卸车的重车数、卸车地点、货物品名、收货人。

（3）各货场、专用线的作业车取送时间、辆数、装卸要求、挂运车次。

提示

在一些装卸工作量较大、由货运调度员直接负责指挥调车机车组织取送作业的车站，上述内容应由货运调度员向有关作业地点的货运值班员（货运员）下达。

3. 向其他人员下达

车站值班员向列检所值班员、机务段值班员、列车段派班员传达和核对计划、向车场助理值班员、场（区）信号长、扳道长等有关人员下达到发列车车次、时分、占线顺序和重点要求。

车站值班员向客运值班主任（或客运值班员）和客站列检值班员传达旅客列车晚点、变更进路和客车摘挂计划。

车站调度员和车站值班员在向有关人员下达阶段计划的同时，应将上级有关命令、指示和重点要求一并传达。

例 3-2

编制资料见班计划编制例题部分，编制依据乙站技术作业表，编制过程如下。

（1）将乙站 18:00 的结存车和列车到发情况按规定填入列车到发栏，登记到达列车的编组内容、安排到发列车对到发线的使用。

（2）按出发时间落实始发编组列车的车流来源。

① 41001 次摘挂列车图定 19:15 分出发，根据所给资料，41001 次上班次结存时已经开始编组时间，最晚编组结束时间为 18:30，可以保证正点出发。

② 31031 次图定 20:45 分出发，18:00 点 10 道结存丙及其以远 21 车，货场约在 18:30 装好丙及其以远 P10 车，乙—甲间 10 车，19:00 左右取回；按照列车到达确报

资料，18:20 到达的解体列车 30051 有丙及其以远 25 车，合计 56 车，正好满足 31031 次编组要求，接续时间没问题。

③ 30052 次图定 22:25 分出发。18:00 在 8 道结存甲及其以远 25 车，按照列车到达确报资料，20:10 到达的解体列车 31038 有甲及其以远 45 车，合计 56 车，该车的编组可以采用“坐编”的方式完成，时间和车数都能满足要求。

④ 31033 次图定 0:25 出发，根据 18:00 结存，在机务段内有 C20 待卸，调度所指定卸后向丙方向排空，根据到达列车确报，21:05 分到达的 30053 次解体列车有丙及其以远 35 车，合计 55 车，接续时间满足要求，编组有保证。

⑤ 41003 次摘挂列车图定 1:15 出发，编组用丙及其以远车流，来源为 30051 次 21 车，30053 次 10 车，接续时间满足要求。

（3）到发线使用安排。根据乙站到发线固定使用的安排，减少接发车、调车作业和取送车作业的交叉干扰，考虑列车出入和作业的方便，占用时间标准等因素，安排如下：21010，21009，21011，21012 次无调中转列车占用 3，4 道接发，解体列车 30051，31040 占用 4 道。始发编组列车 41012，31031，31033 次及解体列车 30053 次占用 6 道，41001 和 41003 次占用 7 道，31038 次接入 7 道“坐编”30052。

（4）调机安排：根据车站作业的需要，按照编组、解体、取送车的顺序，安排调机作业如下。

① 17:50～18:00 编组 41001 次。

② 等待。

③ 18:30～19:00 向货场送 10 车，取回丙及其以远 10 车，乙—甲间 10 车。

④ 19:00～19:30 解体 30051 次。

⑤ 19:30～20:00 编组 31031 次。

⑥ 20:00～20:50 机车入段整备，交接班后，取回机务段卸空的敞车 20 辆。

⑦ 20:50～21:40 解体 31038 次，在 7 道内“坐编”30052 次。

⑧ 21:40～22:10 解体 30053 次。

⑨ 22:10～22:40 货场取送，送 30 车。

⑩ 22:40～23:10 整理车场。

⑪ 23:10～23:40 编组 31033 次。

⑫ 23:40～0:20 编组 41003 次。

⑬ 0:20～1:00 安排调车组及机车乘务员吃饭。

任务三 调车作业计划

我国的铁路运输站一直都充当着铁路货场以及企业专用线作业车取送的角色。技术站的取送调车作业所执行的任务较多且繁琐，例如，取送调车作业每批次的钩数较多，非作业的走行和等待的时间都比较长，而且车站间的调车能力十分有限。这些内容就对技术站的取送调车作业计划的编制提出了高水准的要求，需要相关的人员有过硬的技术能力，并结合有关计算机技术在车站日常生产决策中的应用，选择最优的取送调车作业计划。

下面就让我们来学习编制调车作业计划的相关知识。

班计划规定了一个班的总任务；阶段计划规定了每台调车机车解编、取送等各项作业顺序和起止时间；调车作业计划则是每台调车机车的具体行动计划。

调车作业计划是保证实现阶段计划的调车作业具体行动计划。调车作业计划由调车领导人（车站调度员、调车区长或车站值班员）负责编制。

一、编制调车作业计划的要求和依据

1. 编制调车作业计划的要求

（1）符合列车编组计划、列车运行图和《技规》的规定，保证调车作业和人身安全。

（2）合理运用技术设备和先进工作方法，最大限度地实现解体照顾编组，解体照顾送车，使解、编、取、送作业密切配合。力争做到调车钩数少、调动辆数（带车数）少、占用股道少、行程短、作业方便、调车效率高（即平均钩分小）。

（3）做到及时、准确、完整。“及时”，就是及时编制和下达计划；“准确”，就是保证计划本身无漏洞、无差错，尽量不变或少变计划；“完整”，就是要求调车作业通知单字迹清楚，项目齐全。

2. 编制调车作业计划的依据

（1）阶段计划规定的各项调车作业的顺序和起止时分。

（2）到达列车确报，包括车种、车号、品名、载重、到站、收货人和特殊标记等。

（3）调车场、货场线路固定用途、容车数和停留情况。

（4）调车区现在车及其分布情况。

二、调车作业通知单的填写

调车作业通知单的填写

如表3-11所示，调车作业通知单应按铁路局规定的格式逐项填记齐全。记事栏内需要标注的各种符号按《行车组织规则》及《车站行车工作细则》的规定填记。使用电子计算机编制调车作业计划时，在记事栏内需要标注规定的各种符号，解体车列应在记事栏注明前端第一辆车号。

表3-11　调车作业通知单

5月19日　第2号　解体30051次　调1机车						
计划起止时分	自19:00　至19:30					
实际起止时分	自　至					
顺序	股道	挂车数	摘车数	作业方法	记事	残存
1	7	56			全部	56
2	13		3			53
3	10		10		4416789	43
4	11		5	推送	3047651	38
5	10		5		4129453	33
6	11		5	推送	3109436	28
7	10		3			25
8	13		7		4034572	18
9	10		7		4270431	11
10	11		11			0

调车长：________　填表人：________

1. 表头部分

（1）时间：该班所在的时间。

第×号：第几张调车作业通知单。

解体、编组：填写本张单子解编列车的车次。

调×机车：机车的编号，1调或甲调。

（2）计划起止时分：按阶段计划第一钩作业开始的时间和本张单子最后一钩作业结束的时间。

实际起止时分：调车组实际上开始作业的时间和结束作业的时间。

2. 表内各栏

（1）顺序：调车作业的钩序，“1”为第一钩。此处需连续写下去，不应空行、空格。

（2）股道：调车作业所涉及的股道。

（3）挂车数：直接写数字，不必写“+”。

（4）摘车数：直接写数字，不必写“－”。

（5）作业方法：需特别说明的作业方法。如：摘车必须推送时，要在此写明“推送”；否则，摘车默认溜放。

（6）记事：较重要，填写需特别说明的事项。

① 危险品隔离代码：⚠1～⚠9。

② 特种车辆，如表3-12所示。

表3-12　特种车辆说明

规定	禁溜车	禁止过峰车	限速连挂、窜动货物	空车	超限	跨装	凹型平车
符号	禁	㊣禁	×	车种代号	超	跨	凹
规定	特种军用	大轮车	检修车	机械保温车	人员车	禽、畜、蜜蜂	鱼苗
符号	Ⓦ	大	⊗	Ⓑ	人	活	鱼

③ 车号：车数大于或等于5辆时，为了作业方便，应注明该车车号。全部挂走时，注“全”。

解体列车应在记事栏注明前端第一辆车号。摘、挂5辆及以上车辆时，注明末位车辆的车号（中间站除外）。

（7）残存：指调机带车数，而非股道剩余的车数。所有的调车作业最后的残存都将为“0”。

三、解编调车作业计划的编制

1. 解体调车作业计划

车列的解体调车，一般是通过驼峰或牵出线，将车列按照车辆（组）的去向（重车）

或车种（空车）分解到调车场固定使用的股道内，为重新编组作业和取送车打下良好的基础。车列解体的方式包括整列解体、分部解体、解体照顾编组和解体照顾送车。

1）整列解体

在纵列式车站，利用驼峰解体时一般采用整列解体的方法。这种方法通常按照调车场线路的固定用途来编制解体调车作业计划（俗称“车辆对号入座”）。

例如，乙站调车场线路固定使用如图 3-2 所示，到达本站解体的 30051 次列车接入到发线 4 道，其确报内容如下。

丙$_3$（货 1）	丙$_{10}$	A_5	丙$_5$	A_5	丙$_3$	乙$_7$（货 2）	丙$_7$	D_2 △7	E_4	B_5

按调车场线路固定使用，整列解体 30051 次列车调车作业计划如表 3-11 所示。

2）分部解体

在横列式车站，利用牵出线解体车列时，由于受牵出线长度或机车牵引力的限制，为了缩短牵出车列的长度或降低牵引重量，通常采用分部解体的方法。分部解体时，开口位置的选择，一般遵循以下规则。

（1）当车列内有禁溜车时，应在禁溜车之后开口（远离调机端为前，靠近调机端为后，以下同）。

例如，待解车列编组顺序如下。

A_7	B_3	D_9	B_4	F_1 △8	↓ E_7	A_4	B_2 △7	↓ D_7	B_6	机车

开口位置应在 B_2 和 F_7 之后，使其成为分部后的最后一组车，调机在溜放完其他的车组后，最后将禁溜车推送至固定的线路内，避免带着长大车组推送禁溜车。

车列中带有非工作机车、轨道起重机等不易带着进行调车作业的车辆时，应选择在它们之前开口，以便第一钩将其溜出，便于后续溜放作业的顺利进行。

（2）车列内有长大车组时，应在大车组之前开口，这样可以第一钩就将大车组溜出，减少带车数。

例如，待解车列编组顺序如下。

A_1	B_5	D_2	B_4	D_6	B_7	F_4	A_4	D_2	B_1	↓ E_{15}	C_2	B_2	调机

应在长大车组 E_{15} 之前开口，这样，使其成为开口后的第一组车，第一钩作业将其溜出，减少带车数和车组重量，便于后续的作业。

当车列中带有非工作机车、轨道起重机等不易带着进行调车作业的车辆时，应怎样选择开口位置？

（3）当待解车列有“坐编”车组时，应在“坐编”车组之后开口。

例如，乙站3月18日第一班计划安排31038次坐编30052次，根据列车确报，31038次编组顺序如下。

甲$_{45}$ ↓	O_4	N_2	P_5	调机

在解体时，应在车组“甲$_{45}$”之后开口，这样该车组留在到发线不动，以此为“坐编车组”，其余车组牵出解体即可。

（4）当某调车线已经“满线”或有“堵门车”时，应避免开口后第一组车进入“满线”或“堵门车”的线路，以免调机带着过多的车辆去整理车场。如不可避免时，只能把车辆溜入活用线路，等解体作业结束后，再取回，但这样会增加作业负担。

3）解体照顾编组

横列式车站广泛采用解体照顾编组，即解编结合的方法。例如，乙站阶段计划规定解体31038次后，编组30052次，采用解编结合的方法。根据31038次列车确报，该列车内有甲$_{45}$的大车组，可以采用“坐编”的方法，这样在编组时，只需要从调车场8道再牵出11辆甲方向的车流，与“坐编”车组连挂在一起即可。调车作业计划如表3-13所示。

表3-13　调车作业通知单

3月18日　　第5号			解体31038次 编组30052次		调1机车	
计划起止时分	自20:50　至21:40					
实际起止时分	自　　　至					
顺序	股道	挂车数	摘车数	作业方法	记事	残存
1	7	11			4154354	11
2	9		11			0
3	8	11			3078654	11
4	7	11		推送	+30052 22:25开	0

调车长：＿＿＿＿　　　填表人：＿＿＿＿

4）解体照顾送车

解体照顾送车，即在解体车列时，为送车创造便利条件。例如，乙站阶段计划规定21:40～22:10解体30053次列车后去货场送作业车。

乙站13道停留的待送货210车（30051次到达），货场停留待取丙方向10车，30053次到达本站解体的列车确报内容如下。

乙$_1$（货2）	丙$_5$	D_3	乙$_3$（货3）	F_4	丙$_8$	△7 A_1 ↓	乙$_2$（货2）	丙$_7$	F_2	丙$_8$	乙$_3$（货2）	丙$_7$	乙$_1$（货2）	调机

要求分部解体30053次后，将30051和30053次到达乙站的20车，货2送17车、货3送3车，并将货场装往丙站10车取回10道。因此，应从乙$_2$（货2）后开口，以便利用机前集结，实现对口连挂，减少钩数。同时，在解体第二列车时，为减少重复作业，照顾送车，应将乙$_3$（货3）活用线路，分解到9道。调车作业计划如表3-14所示。

表3-14　调车作业通知单

3月18日　第6号			解体 30053 次 编组　　　次		调1机车	
计划起止时分	自21:40至22:10					
实际起止时分	自　　　至					
顺序	股道	挂车数	摘车数	作业方法	记事	残存
1	6	28			3001328	28
2	10		7		4155422	21
3	11		2			19
4	10		8		4100288	11
5	13		3			8
6	10		7		剩1	1
7	7	27			全部	28
8	13		1			27
9	10		5		432158	22
10	11		3			19
11	9		3		活用线路	16
12	11		4			12
13	10		8		4148688	4
14	11		1	推送	禁溜	3
15	13	14			全部	17
16	9	3				20
17	货$_3$		3		对	17
18	货$_2$	6			全部	23
19	货$_1$		6		4526878	17
20	货$_2$		17		全部对	0
21	货$_1$	10			全部	10
22	10		10		全部	0

调车长：__________　　　填表人：__________

2. 编组调车作业计划

由于解体时广泛采用了解体照顾编组、按调车场线路固定使用分解车辆的作业方法，某一去向的车辆都在固定的线路内集结。如果只要求采用单组混编的方法，一般只需要

在一条或几条线路上进行连挂车辆和车列转线两项作业即可；如果是采用分组选编的方法，则要复杂一些，必须把属于同一车组的车辆连挂在一起，选分车组消耗的时间要长一些。

而对于摘挂列车来讲，编组过程则要复杂得多。为便于摘挂列车在中间站作业，一般要求同一到站的车辆要挂在一起，而且要按到站的先后顺序编挂。然而，大部分的技术站调车场，一般只固定一条股道用于集结某一去向的摘挂车流。在这个过程中，需要对待编车列重复分解，最后，按到站成组或站顺的要求收编在一起，整个的调车作业钩数多，占用股道多，调车作业极为复杂。

为解决这一难题，在长期的生产实践和理论研究中，相关铁路工作者总结出了许多省钩、省线的先进方法，主要有“车组编号及合并使用线路法”“表格移动调车法”“看图调车法”等。

在此根据“车组编号及合并使用线路法”的基本原理，利用调车表介绍一下按站顺编组摘挂列车调车作业计划的方法。

在待编车列中，各车组间互相排列的顺序有下列四种形式。一是接连顺序，如AABBCC；二是不接连顺序，如 AACCE；三是接连反顺序，如 CCBBA；四是不接连反顺序，如 DDAA。按站顺编组摘挂列车，就是要把车组的排列顺序全部调整为接连顺序。例如，待编车组内各车组排列顺序为 EBCDFABDFECAD，经过调车作业，调整车组的排列顺序，最后编成的车列为 AABBCCDDDEEF，实现按站顺编组摘挂列车的要求。

下面用一道例题具体讲解如何编制按站顺编组摘挂列车调车作业计划。

例如，丁站在路网中的位置及调车场右端示意图如图 3-3 所示。待编车列在 11 道，其排列顺序为 $C_2B_1A_1C_2B_3E_2B_1C_1D_3$（字母表示到站，角码数字表示本车组到达该站的车数）。调车场股道为 8～14 道，13 道存有本站待送货物作业车 10 辆，其余股道空闲，调车机车在右端牵出线作业。

要求：将 11 道待编车列按站顺编组成 40102 次摘挂列车，送到发线 7 道，10:20 发车。

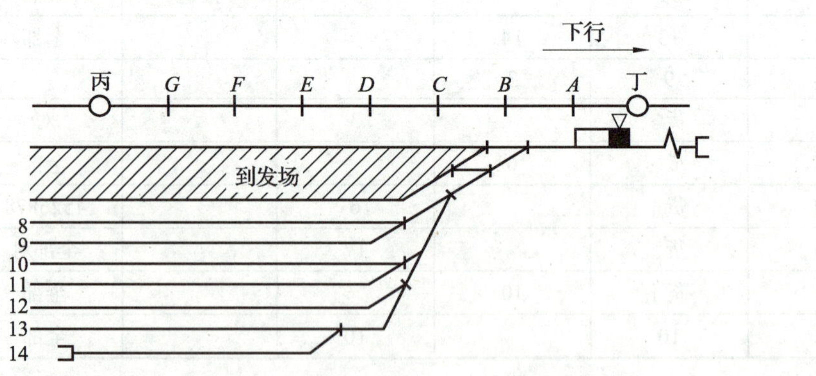

图 3-3　丁站在铁路线路上的位置及其调车场头部

编制按站顺编组摘挂列车调车作业计划的步骤和方法如下。

1）车组编号

将待编车列的车组按其到达站的先后顺序依次进行编号，编号方法是，第一个到站的

车组“A”称为首组，编为“1”号，最后一个到站的车组为“E”，称为尾组，编为“5”。编号后，待编车组的排列则变为：$3_2\ 2_1\ 1_1\ 3_2\ 2_3\ 5_2\ 2_1\ 3_1\ 4_3$。

2）排顺下落

本例题中调车机车在调车场的右端，编成后的列车向左开车，排顺下落的方法如下。

在编组摘挂列车时，为了调转顺序，需要把待编车列中的反顺序车组分解到不同线路上，这样的调车过程反映在调车表上，即为车组下落。

（1）将编号后的待编车列填写在调车表内，如表 3-15 所示。

表 3-15　调车表

下落列	3_2	2_1	1_1	3_2	2_3	5_2	2_1	3_1	4_3
一			1_1		2_3		2_1		
二		2_1		3_2				3_1	
三	3_2								4_3
四						5_2			

（2）由待编车列左端开始，从车组号最小的首组开始依次下落，每循环一次，下落“一列”。

（3）在一次循环中，只有小号车组下落完毕后，才能在其后面顺序下落次一车组，否则，另起一列，继续下落同一到站的车组。

（4）下落一列表示占用一股道，本题下落了四列，表示分解待编车列时，需占用四条道。

3）调整可移车组

车组下落完毕后，有的车组既可以下落在这一列，又可以下落到另一列而不影响站顺，这种车组称为可移车组。其调整原则是，有利（省钩）则调，无利则不调。即调整后能与相邻的车组合并成一个车组，则可以节省一个溜放钩，这样的调整就是有利的。

例题中“3_1”车组，既可以下落在第二列，也可以下落在第三列，属于“可移车组”，而其调整到第三列后，可以不拆散原待编车列中的连接顺序，与相邻的“4_3”车组合并成一个车组，达到节省一个溜放钩的目的，所以此调整是有利的。“3_2”也可以从第二列调整到第三列，“3_2”调整下来后，“2_3”也可以从第一列调整到第二列。调整可移车组后的情况，如表 3-16 所示。

表 3-16 调整后的调车表

下落列	3_2	2_1	1_1	3_2	2_3	5_2	2_1	3_1	4_3
一			1_1				2_1		
二		2_1			2_3				
三	3_2			3_2				3_1	4_3
四						5_2			

4）合并使用线路

合并使用线路，是将两列或两列以上的多个下落列暂时合并在一起（称为暂合列），共同占用一条调车线，以达到减少使用调车线的数量，从而减少挂车钩的目的。

合并使用线路时，并不是任意下落列的合并都可以实现上述目的，单独占用一股道的下落列应不能是相邻列和最大列。因此，自然下落四列时，合并的方案只有一种，即一、三单独占用一股道，二、四合并共同占用一股道。由于合并后的暂合列不符合站顺的要求，所以需要对暂合列的顺序进行调整。重复分解时，原来下落在第二列的车组向第一列后分解，原来下落在第四列的向第三列后分解，这样，就可以达到节省挂车钩和省线的目的。

5）合理安排使用线路，编制调车作业计划

由于待编车列在丁站调车场 11 道，因此，安排待编车组最左端车组（端组）“3_2”下落列（即第三列）占用 11 道，这样，端组就可以留在原线路，无需牵出。达到省钩、省线的目的。其余的二、四暂合列所在的车组借用 10 道，第一列下落的车组占用 9 道，如表 3-17 所示。

表 3-17 调车表

股道	下落列	3_2	2_1	1_1	3_2	2_3	5_2	2_1	3_1	4_3
9	一			1_1				2_1		
10	二 [四]		2_1			2_3	[5_2]			
11	三	3_2			3_2				3_1	4_3
	(四)						(5_2)			

调车作业计划编制如下。

（1）分解待编车列。

顺序	股道	摘挂车数
1	11	+14
2	10	−1
3	9	−1
4	11	−2

5 10 −5
6 9 −1
7 11 −4

（2）重复分解暂合列。

顺序	股道	摘挂车数
8	10	+6
9	9	−4（带2）

（3）按站顺收编转线。

顺序	股道	摘挂车数
10	10	+8
11	11	+6
12	7	16/待发

以上都是以调车机车在右端作业，编成的列车向左端开车为前提的。不同情况下车组排顺下落的方法如表3-18所示，其他步骤和过程都一致。

表3-18 不同情况下车组排顺下落的方法

调机所在端	列车出发方向	车组下落方法
右	左	从左至右下落，先落首组
右	右	从左至右下落，先落尾组
左	右	从右至左下落，先落首组
左	左	从右至左下落，先落尾组

从以上表格可以发现车组下落的基本规律，即车组下落时都是向着调机所在端下落的；调机所在端与列车出发方向相反时，先落首组（如例题），反之，则先下落尾组。

为提高作业效率，压缩摘挂列车编组调车作业时间，应尽量使调车作业计划挂车钩数最少，这就必须制定合理的合并线路的使用方法，如表3-19所示。

表3-19 合并使用线路的较优方案

下落列数	最少股道数	合并方案	分解暂合列	附注
四	三	二（一）、四（三）	分解二、四暂合列	一、三单独占用一股道
五	三	五（ ）、四（三）、二（一）	分解五、四、二暂合列，五列的车组分解到原股道	一、三单独占用一股道
五	三	三（ ）、五（四）、二（一）	分解三、五、二暂合列，三列的仍分解到原股道	一、四单独占用一股道
五	三	一（ ）、三（二）、五（四）	分解一、三、五暂合列，一列的仍分解到原股道	二、四单独占用一股道
六	三	① 五（ ）、四（三）、二（一） ② 六（五）、三（一）	① 分解五。四、二暂合列，五列的仍分解到原来的股道； ② 分解六、三暂合列	一单独占用一股道

（续表）

下落列数	最少股道数	合并方案	分解暂合列	附注
六	三	六（ ）、五（四）、三（ ）、二（一）	① 分解六、五、三、二暂合列，六、三列的车组仍分解到原来的股道； ② 重复分解六、三暂合列	一、四各单独占用一股道
六	三	① 五（四）、三（二）、一（ ） ② 六（四）、二（一）	① 分解五、三、一暂合列，一列的仍分解到原股道； ② 分解六、二暂合列	四单独占用一股道
七	三	① 七（六）、五（四）、三（二）、一（ ） ② 六（四）、二（一）	① 分解七、五、三、一暂合列，一列的车组仍分解到原股道； ② 分解六、三暂合列	一单独占用一股道
七	三	① 七（六）、五（四）、（三）、二、（一） ② 六（四）、二（一）	① 分解七、五、三、一暂合列，一列的车组仍分解到原来的股道； ② 分解六、二暂合列	四单独占用一股道
八	四	① 八（七）、六（五）、四（三）、二（一） ② 七（五）、三（一）	① 分解八、六、四、二暂合列； ② 分解七、三暂合列	一、五单独占用一股道

注：（）内的列数为被对口列，（）内无列数时，表示该列需分解到原股道。

在实际工作中，待编车列的排列情况复杂多变，如待编车列中有禁溜车，需要隔离的车等情况，则不能完全照搬上述方法，应根据实际情况，做出相应合理的计划。这需要经常练习，才能掌握编制调车作业计划的技巧，编制出高质量的计划。

3. 取送调车作业计划

取送调车作业计划也是以调车作业通知单的形式下达的，按照阶段计划的作业顺序、起讫时间、取送车数完成。编制作业计划时，要考虑货场的线路布置形式，从而确定调机连挂位置是推送还是牵引。为作业方便，一般先考虑机车采用推送的方式，再考虑待取车辆在装卸地点的停留情况。但应先要把待取车辆移出，避免待取车辆无法取出的情况。最后考虑取回的货物作业车的作业进度情况，接续时间是否满足要求。送到装卸地点的货物作业车要考虑装卸货位的分布情况，对好货位。

例如，乙站存车情况如图 3-4 所示，阶段计划规定，16:30～17:10 点从调车场 13 道 10 车送货 1，从货 1 和货 2 取回装往丙站的 10 车，用于编组 20133，从货 3 取回装往乙—甲间的 9 车。

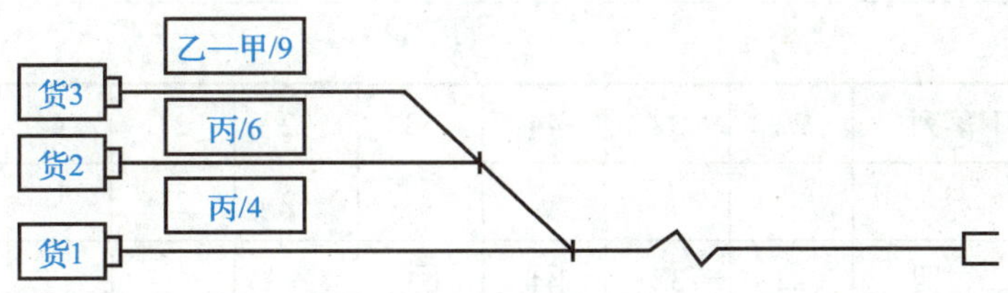

图 3-4　乙站货场存车情况

根据上述内容编制的取送调车作业计划，如表 3-20 所示。本次货物取送作业，要把货物送到货 1，由于目前货 1 内有要取回的“丙/4”，因此，需要先把“丙/4”移开，避免它被堵在里面，然后就可以把货$_1$往里面送入了，完成送车任务后，依次把要取回的货车连挂，送到相应的调车线即可。

表 3-20　调车作业通知单

3 月 18 日　　第 1 号货场取送　　调 1 机车						
计划起止时分	自 16:30 至 17:10					
实际起止时分	自　　至					
顺序	股道	挂车数	摘车数	作业方法	记事	残存
1	13	10			全部	10
2	货 1	4				14
3	货 3		4			10
4	货 1		10		对货位	0
5	货 2	6			全部	6
6	货 3	13			全部	19
7	9		9		4132567	10
8	10		10		全部	0

调车长：__________　　填表人：__________

调车机车在右端作业，编成 40012 次到发场 6 道开，8～13 道为调车线且均空闲，待编车列在 10 道，顺序为：$2_2 3_2 4_4 5_3 1_2 2_1 4_4 3_3 6_4$。根据以上内容编制编组摘挂列车调车作业计划。

按照教材给定的方法，编制如下。

待编车列 $2_2 3_2 4_4 5_3 1_2 2_1 4_4 3_3 6_4$ 排顺下落情况如表 3-21 所示。

表 3-21 调车表

股道	下落列	22	32	44	53	12	21	44	33	64
8	一					12	21			
10	二、四	22	32	[44]	[53]				33	[64]
9	三							44		
	（四）			(44)	(53)					(64)

调车作业计划如下。

（1）分解待编车列。

10　+14（留 13）

8　-3

9　-4

（2）分解暂合列。

10　+13（带 7）

8　-6

9　-7

8　-3

（3）收编。

9　+11（带 4）

8　+12

F6　-27

40012 次编好，共 10 钩，4^+，6^-。

项目自测

一、填空题

1．车站作业计划的内容包括：________、阶段计划和________。

2．班计划是车站作业的，由________编制；阶段计划是班计划分阶段的具体安排，是完成班计划的保证，由________编制；调车作业计划是实现阶段计划、指挥调车机车的具体行动计划，由________编制。

3．__________是车站调度员用以编制阶段计划和进行调度指挥的工具。

4．编制班计划的列车出发计划时，确定每一出发列车的编组内容，应以__________为依据。

二、简答题

1．班计划包括几项内容？始发编组列车的车流来源是如何确定的？

2．什么是有效卸车数，如何确定卸车计划？

三、应用题

已知，调车机车在右端作业，编成 40012 次到发场 6 道开，8～13 道为调车线且均空闲，待编车列在 10 道，顺序为：$2_5\ 3_1\ 4_4\ 5_3\ 1_2\ 2_1\ 4_4\ 3_3\ 6_4$。

根据以上内容编制编组摘挂列车调车作业计划。

项目四　调车工作

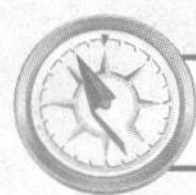

项目导入

调车工作是铁路运输过程中的重要组成部分，也是车站行车组织工作中一项重要而又复杂的内容。对技术站来说，更是其日常运输生产的重要活动。车站能否按时接发列车，充分利用设备能力，完成生产计划指标，特别是生产安全有无保障，在很大程度上取决于调车工作组织和调车作业的水平。从整个运输过程来看，车辆在车站的停留时间，在车辆周转时间中占相当大的比重。货车在一次周转中，一般要进行5～6次调车作业。因而，调车作业质量的好坏，效率的高低，调车安全的程度，不仅对完成车站的装卸工作，缩短车辆停留时间，加速车辆周转等各项指标有很大的影响，而且对保证行车安全和实现列车编组计划、列车运行图、运输方案，也有着直接关系。

知识目标

- 熟悉并掌握调车工作的基本内容。
- 熟悉并掌握牵出线调车、驼峰调车、中间站调车。
- 熟悉并掌握驼峰调车自动化的基本内容。

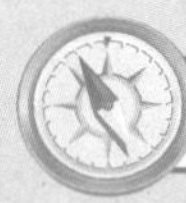

技能目标

- 能够合理地组织调车工作，在保证安全的前提下，运用不同方法尽可能提高调车工作效率。

素质目标

- 通过学习调车工作内容，提高安全意识并养成良好的团队合作精神。

任务一 调车工作概述

任务引入

武汉路局检修段，夺取调车安全年

为进一步加强调车安全管理，消除调车安全隐患，自 2017 年 9 月以来，武汉大功率机车检修段采取强化班前预想、加强作业卡控和监督检查等措施，积极开展“决战 100 天，坚决夺取调车安全年”活动，全力以赴确保调车作业安全，确保安全生产稳定。

该段依据段内检修生产的调车组织方式，完善加班、夜间等非正常情况下的调车作业方式，减少人为变更调度计划。同时，要求调车作业人员必须参加班前会、交接班会，掌握当日作业范围，根据“调车作业通知单”，对涉及生产力布局调整、生产计划临时变更、人员转岗调动，以及特殊天气、特殊环境等情况进行充分安全预想，研判排查存在的安全风险点，确保调车作业安全。

为加强调车作业现场卡控，该段严格把控信号确认、机车防溜、调车作业人员互控等关键环节，抓好调车作业时连挂、分离、牵引、进出库房等关键项点安全卡控，杜绝脱轨、超速、溜逸等事故发生。同时，对作业中发现的安全风险和隐患，分门别类入库，逐项逐条制定整改方案，迅速整改落实，做到领导负责、认真安排、落实到人、全面检查，彻底整治，消除隐患。

从以上内容可以看出，调车工作在铁路运输生产过程中的重要性，下面就让我们来学习调车工作的基本知识。

相关知识

一、调车工作的定义及分类

1. 定义

在铁路运输生产过程中，除列车在车站的到达、出发、通过及在区间运行外，凡机车车辆进行的一切有目的的移动，统称为调车。它包括列车的编组、解体、摘挂、转线，车辆的取送、转场、调移，以及机车的转线、出入库等。

2. 调车工作的分类

1）按设备分类

调车工作按其设备不同分为驼峰调车和牵出线调车。

（1）驼峰调车：指机车将车列推上驼峰，在峰顶的适当地点摘钩，使车辆利用自身获得的位能溜入峰下线路的调车作业。驼峰调车分解车列速度快、效率高，因而主要用于解体车列。

（2）牵出线调车：指利用牵出线进行的调车作业，由于牵出线多为无坡，因而又称为平面调车。牵出线调车比较灵活，主要进行车列的编组作业，也可进行解体、挑选车组作业。在站线上摘挂车辆和在货物装卸地点配对货位等作业也属于牵出线调车。

2）按调车作业范围分类

调车作业按其作业范围不同分为站内调车和越出站界调车。

调车作业一般是在站内（包括车站所衔接的专用线）进行的。在未设牵出线的中间站，可以利用正线调车，当必须调动的车数较多时，有时需要越过进站信号机或站界标进入区间，为了保证列车运行和调车作业安全，越出站界调车必须按《技规》的有关规定办理。

3）按作业目的分类

调车作业按其作业目的不同分为解体调车、编组调车、取送调车、摘挂调车和其他调车。

（1）解体调车：将到达的车列，按车组（辆）去向或车种，分解到指定的线路内。

（2）编组调车：根据列车编组计划、列车运行图、有关规章制度和特殊要求，将车辆选编成车列或车组。

（3）取送调车：为装卸货物、检修、洗刷消毒车辆等目的，向指定地点送车或取回车辆。

（4）摘挂调车：为列车进行补轴、减轴、换挂车组、车辆甩挂等作业。

（5）其他调车：包括车列转线、整理车场、对货位、机车转线、机车出入段等。

车站由于作业性质不同，完成各种调车工作的比重也不一样。例如，编组站要进行大量的解体和编组调车，而中间站一般只进行摘挂和取送调车。

二、调车工作的基本要求

车站的调车工作，应按车站的技术作业过程及调车作业计划进行。参加调车作业的人员应做到以下几点。

（1）及时编组、解体列车，保证按列车运行图规定的时刻发车，不影响接车。

小贴士

调车作业除从编组、解体方面保证列车接发以外，从行车组织的角度，还应严格执行在正线、到发线上作业的有关规定，保证调车作业不影响接发列车。

（2）及时取送货物作业和检修车辆。

（3）充分运用调车机车及一切技术设备，采用先进工作方法，用最少的时间完成调车任务。

（4）认真执行作业标准，保证调车有关人员的人身安全及行车安全。

调车工作要固定作业区域、线路使用、调车机车、人员、班次、交接班时间、交接班地点、工具数量及其存放地点。

作固定替换用的调车机车及小运转机车应符合调车机车的条件（有前后头灯、扶手把、防滑踏板等）。

三、车站调车区划分和调机分工

调车机车是调车作业的主要动力。为了解编列车和取送车辆等需要，在调车工作繁忙、站线较多的车站，一般都配有两台以上的调车机车。为了合理有效地使用调车机车，充分发挥每台调车机车的能力，应根据运输生产的需要，划分数个调车区。每个调车区有固定的调车机车和调车组。应规定每一调车区及调车机车担负的作业种类和工作任务，以及相互之间联系配合的制度和办法，以建立正常的作业秩序，保证作业安全，提高作业效率。

1. 调车场划分调车区的办法

划分调车区的方法一般有以下两种。

1）横向划分调车区

在调车场中部特设分界标或利用固定建筑物作为调车区的分界线，两端各为一个调车区，两调车区之间应设立不少于 20 m 的安全区。为了保证重点作业和适应不同作业的需要，通常把分界线划在靠近担负编组或辅助工作的一端，尽量保证担负解体或主体调车一端有较长的线路。有的车站由于线路短，不宜经常用固定分界线方法划分调车区，而是规定当线路上有停留车时，就以该线内停留车为分界标，两端调车作业均不准触动该分界车。只有当线路空闲时，才以固定的分界标为界。在横向划区的调车场任何一端调车时，越过分界线或触动分界车均为越区作业。越区作业时，须取得对方同意。

2）纵向划分调车区

调车场的任何一端都有两条以上的牵出线或驼峰溜放线，且分别配有固定的调车机车，共同担负车场一端的调车工作，或调车场两端各有一台机车，因设备、车流等原因分线束划区作业。调车区一般是按照每条牵出线或驼峰溜放线直接接通的线束来划分，每个调车区分配几条线路，规定一定的工作任务，固定一台调车机车，这样便于各台调车机车平行作业。如某调车场共有 24 条股道，可将 1～12 道划分为第一调车区，13～24 道划分为第二调车区。纵向划分时，在本区管辖的线路上可以进行溜放、推送和连挂。越区作业时，应取得对方同意。

纵向划区便于掌握调车线的使用，避免同一线路两端同时作业而产生的不安全因素。但对于线路少、车流方向多的车站，将会产生线路不足，增加重复改编作业等问题。

纵向划区适用于调车线较多的车站。而横向划区适用于调车线较长、数量较少的车站。

2. 调车场两端调车机车的分工

（1）一端解体、一端编组，或以一端解体为主，一端编组为主。

这种分工适用于调车场一端设有驼峰，另一端设有牵出线的车站。由驼峰负责解体，牵出线负责编组，可以充分发挥驼峰和牵出线设备的效能。

（2）一端负责解编某一方向的列车，另一端负责解编另一方向的列车。

这种分工适用于横列式车站，调车场两端设有简易驼峰或牵出线，而两个方向的改编作业量又大致相等的车站。其优点是可以充分利用调车设备，均衡两端调车机车负担，减少重复作业，便于采用解编结合的调车方法。

（3）以一端调车机车为主，另一端为辅。

这种分工适用于解编作业量不大的车站。解编作业基本上由主调车机车担当，另一端调车机车负责车辆取送、车组甩挂作业，必要时协助主调车机车进行解编作业。

3. 调车场同端调车机车的分工

当在调车场的任何一端，具有一条以上的牵出线或驼峰溜放线，配属一台以上的调车

机车，共同担负调车场一端的解编工作时，为使各台调车机车平行作业、互不干扰，调车场同端的调车机车的作业也应进行分工，分工方式有如下两种。

1）固定作业区域

固定调车作业区域，就是在调车作业繁忙、配线较多、配有两台或两台以上调车机车的车站，为避免调车机车同时作业而相互干扰，将每台调车机车固定在一定区域之内，专门担负一定方向的列车解体或编组工作，同时有利于调车作业人员掌握设备情况，熟悉本区作业性质。

这种方式有利于建立良好的作业秩序，作业计划组织比较简单，有利于提高调车效率和保证调车作业的安全。例如，调车场尾部有两条牵出线，两台机车作业时，可划分为两个调车区。但当各方向解编任务不够均衡或车流波动较大时，难免会产生忙闲不均、作业不够协调、调车机车能力不能充分利用等情况。

2）不固定作业区域

不固定作业区域，就是不固定每台调车机车占用的牵出线或驼峰溜放线。由于不固定作业区域，相应地也就不固定担负一定方向的解编任务，而是由调车领导人根据作业计划的要求，考虑各台调车机车的作业进度，灵活掌握、机动分配每台机车的作业区域和所担负的任务。

这种方式只要运用得当，能够克服前一种方式的缺陷，更好地发挥调车机车的生产效能。例如，双推单溜的驼峰，两台调机的作业就可不固定作业区域。但是，它也给调车作业增添了复杂性，要求调车工作领导人具备较高的计划组织水平，调车组人员具有比较全面熟练的生产技能。

四、调车工作的领导与指挥

调车工作是一项多工种联合行动的复杂工作，作业场地大，调动的车辆多种多样，作业方法灵活多变，影响调车效率的因素较多。为安全准确、迅速协调地完成调车任务，调车工作必须实行统一领导和单一指挥。

1）统一领导

车站的调车工作由车站调度员（未设车站调度员的车站由车站值班员）统一领导。各场（区）的调车工作，根据车站调度员布置的任务，由该场（区）的调车区长或驼峰区长领导。正线、到发线和机车走行线内的调车工作以及影响接发车进路的调车作业，必须与车站值班员联系，取得对方同意后方可进行。

动车段（所）调车工作的领导及指挥由铁路局规定。动车段的调车工作，可由动车段调度统一领导。

2）单一指挥

单一指挥，就是在同一时间内，一台调车机车的调车作业计划的执行、作业方法的拟定和布置，以及调车机车行动的指挥，只能由一人负责指挥，不得轮流指挥。

调车作业由调车长单一指挥。利用本务机进行调车时，可由车站值班员或助理值班员担负指挥工作。遇有特殊情况，可由有任免权限的单位鉴定、考试合格的连接员或站务员代替。

砥节砺行

北京铁路局调度指挥中心是目前亚洲最大的铁路调度生产指挥中枢，大厅面积4 050平方米，设置了245个调度工位，主要管辖京沪高铁、京广高铁等17条主要干线。

在外人看来，调度员坐在屋里，看着屏幕、点点鼠标、接接电话是一件很轻松的活儿。殊不知，他们要随时分析、处理列车运行数据，并就天气、线路运行等情况与车站、列车司机进行密切沟通；指挥列车运行，调整计划，发布调度命令，还要用一套与车站、列车司机直接联系的卫星专网通话系统不停地处理各种需要协调的请求，并确保无丝毫差错。

列车平安行驶数千千米，全都在于调度员的运筹帷幄，如此高精度的工作，更加需要调度员集中精力并拥有强烈的责任感，最终才能换来高铁线路的安全、平稳、按时开通。一个个奋战在幕后的调度员，他们正在用自己的实际行动，诠释着新时代的铁路精神。

任务二 牵出线调车

2013年10月22日9点30分，在合肥火车东站解体的36178次货车发生5节货车车辆脱线事故，其中装有危险品己二腈，铁路部门第一时间协调公安消防部门全力进行处置，无人员伤亡。

事发时，该辆列车在由西向东进行溜放编组。有关工作人员称“罐车从坡顶向下溜，来到交汇的位置应该是减速了，但是这几节罐体就是因为在溜坡减速的时候出了问题。”

记者发现，该事故发生脱轨的位置是6组铁轨交汇处，并部分有毒化学品泄漏。由此可见，在牵出线溜放车组时应格外重视安全问题。

下面让我们一起学习牵出线调车的相关知识。

相关知识

为了保证重点作业和适应不同作业的需要，通常把分界线划在靠近担负编组或辅助工作的一端，尽量使担负解体或主体调车一端保证有较长的线路。

一、牵出线调车基本因素

牵出线调车

1. 调车钩

调车钩是指机车完成连挂、摘解或溜放车辆等调车工作的基本单位。我国铁路车站编制的调车作业计划就是以调车钩为单位，按其先后顺序排列的。

调车钩按其性质不同，主要分为挂车钩和摘车钩两种。

1）挂车钩

挂车钩是指机车（或挂有车辆）驶往线路内连挂车辆后，牵出至开始进行下一项作业地点的调车钩。

2）摘车钩

摘车钩按其采用的作业方法不同，又可分为推送钩和溜放钩两种。

（1）推送钩。

推送钩是指机车将车组推送至线路内预定地点摘车后，返回至开始进行下一项作业地点的调车钩，如图4-1所示。

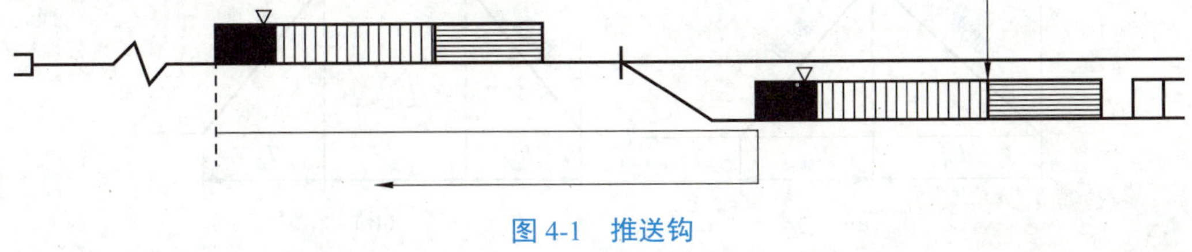

图4-1 推送钩

（2）溜放钩。

溜放钩是指机车用溜放方法完成摘车作业的调车钩，如图4-2所示。

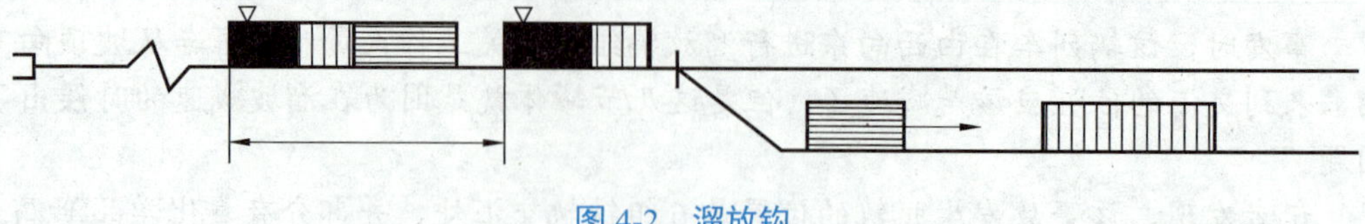

图 4-2　溜放钩

此外，调车钩还包括牵出钩和转场钩。

3）牵出钩

牵出钩是指机车去到达场连挂待解车列或去调车场连挂待编车列并牵引至牵出线的调车钩。

4）转场钩

转场钩是指机车将车列从一个车场转往另一个车场，然后返回牵出线的调车钩。

利用调车钩计算调车工作量比较简单，但不同类型的调车钩调车作业的走行距离和耗费时间不同，因而调车钩数不能确切地反映在完成某项调车工作中调车机车行程的长短、消耗燃料的量和花费时间的多少。

为了较为精确地研究和改进调车工作，可以采用调车程作为分析调车工作量的单位。

2. 调车程

调车程是指机车车辆不改变运行方向的一次调车移动。调车程的长短是衡量调车工作效率的基本因素。一般情况下，调车行程越长，机车消耗的燃料和花费的时间越多，调车工作效率越低。因此，调车工作组织的主要任务是在保证安全的基础上，尽量减少调车钩数，缩短调车行程，压缩平均完成一个调车钩所需时分（简称“钩分”），努力提高调车工作效率。

调车程的分类方式包括按其行程长短分、按其性质分和按其组成因素分。

1）按其行程长短分

调车程按其行程长短分，可以分为短调车程，如图 4-3（a）所示，和长调车程，如图 4-3（b）所示。

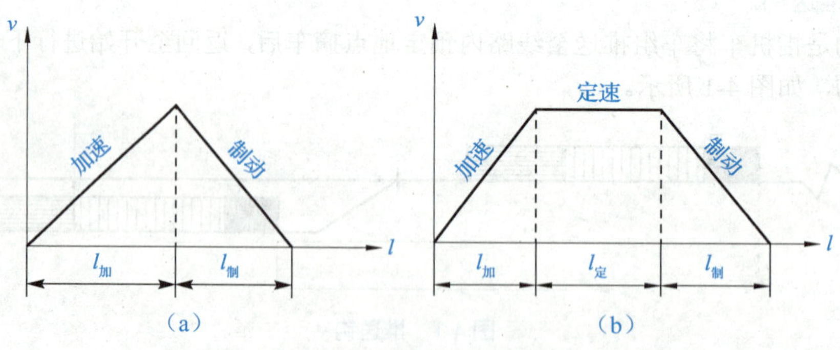

图 4-3　短、长调车程

（1）短调车程是指机车加速到一定速度后，立即制动或停车，行程较短。

（2）长调车程是指机车加速到一定速度，并保持定速运行一段距离后制动停车，行

程较长。

2）按其性质分

调车程按其性质分，可以分为以下六种。

- 空程：机车不带车从当前位置移动至适当地点的调车程。
- 重程：机车挂有车辆的调车程。
- 挂车程：机车或机车带动调车车列到车场内连挂车组的调车程。
- 牵出程：将连挂好的车列牵往牵出线的调车程。
- 推送程：将车组推送至适当地点停车的调车程。
- 溜放程：为溜放车组而进行的调车程。

3）按其组成因素分

调车程按其组成因素分，可以分为以下六种，如图 4-4 所示。

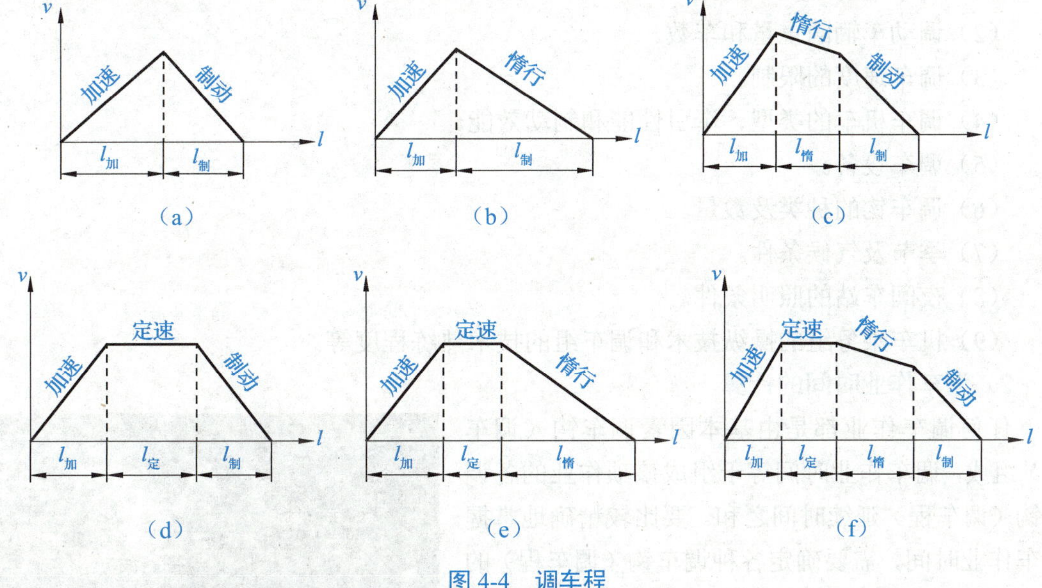

图 4-4 调车程

（1）加速-制动型，即机车加速到一定速度后立即制动，如图 4-4（a）所示。

（2）加速-惰行型，即机车加速到一定速度后以惰力运行，如图 4-4（b）所示。

（3）加速-惰行-制动型，即机车加速到一定速度后，以惰力运行一段距离，然后制动停车，如图 4-4（c）所示。

（4）加速-定速-制动型，即机车加速到一定速度，并以该速度运行一段距离后制动，如图 4-4（d）所示。

（5）加速-定速-惰行型，即机车加速到一定速度并，以该速度运行一段距离后，再以惰力运行，如图 4-4（e）所示。

（6）加速-定速-惰行-制动型，即机车加速到一定速度，并以该速度运行一定距离后，先惰行后制动停车，如图 4-4（f）所示。

各种调车作业均由若干种作业性质不同的调车程组成。例如，在牵出线上解体列车，则由若干空调车程、牵出调车程、分解调车程（按分解方法又可分为推送调车程和溜放调车程）、回拉调车程等组成。

3. 调车时间

1）影响调车作业时间的因素

完成一个调车程所需要的时间取决于以下多种因素。

（1）调车程的长度和类型。

（2）调动车辆的重量和车数。

（3）调车速度的限制。

（4）调车机车的类型、牵引性能和制动效能。

（5）调车设备。

（6）调车钩的种类及数量。

（7）季节及气候条件。

（8）夜间车站的照明条件。

（9）机车乘务组的操纵技术和调车组的技术熟练程度等。

2）调车作业时间的计算

任何调车作业都是由基本因素调车钩（调车程）组成，调车作业时间等于组成该项作业的各调车钩（调车程）延续时间之和。要比较精确地掌握调车作业时间，需要确定各种调车钩（调车程）的作业时间标准，按钩计划中使用各类调车钩（调车程）的数量和带动车数计算出该项作业需要的总调车作业时间。

对同一类型、长度相近的车列的调车程而言，调车程时间和调车车列的车数之间存在着如下线性关系：

$$t = a + bm$$

式中：

t ——调车程的延续时间，min；

a ——单机完成该类调车程所需要的时间，min；

b ——每增加调动一辆车所增加的调车程时间，min；

m——本调车程调动的车数。

二、牵出线调车作业的特点

（1）牵出线调车主要依靠机车推力（或牵引力）。

（2）在牵出线上进行溜放调车时，机车推送车列逐钩移向调车场，提钩地点范围大，不固定。

（3）在平面牵出线上溜放车辆时，车组脱离车列的初速度较高（15 km/h 左右）。调车长调节溜放速度的范围较大，车辆走行性能对溜放距离的影响较小。

（4）车组间隔主要靠调车长掌握推送速度和脱钩时机来形成，其次靠制动员拧闸来调节。

（5）牵出线调车一般为变向变速。

（6）牵出线调车效率低。

（7）牵出线调车安全性较差。

（8）牵出线调车的工作强度大。

三、牵出线调车的作业的方式

1. 推送调车法

凡使用机车将车辆由一股道送到另一股道，需停车后再进行摘车的调车方法，称为推送调车法，它是调车工作不可缺少的一种方法，如图 4-5 所示。

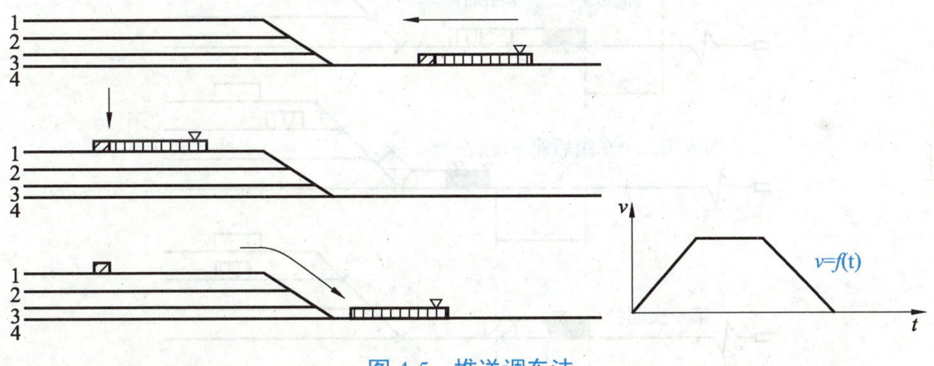

图 4-5　推送调车法

推送调车法的特点如下。

（1）采用推送调车法时，车辆在移动过程中始终和机车连挂在一起，直至车列停妥后再摘车。

（2）一钩需用两个长调车程，耗费的时间较多，平均钩分较长，调车效率较低，但是技术上简单，作业上安全。

推送调车法主要用于调移禁溜车、客车、取送车、转线、拉车、禁溜线上调车。

2. 溜放调车法

使用机车推送车列到达一定的速度，并在推进中，将计划摘解的车组提钩，使摘解的车组利用所获得的动能自行溜放到线路的指定地点的调车方法，称为溜放调车法，如图 4-6 所示。

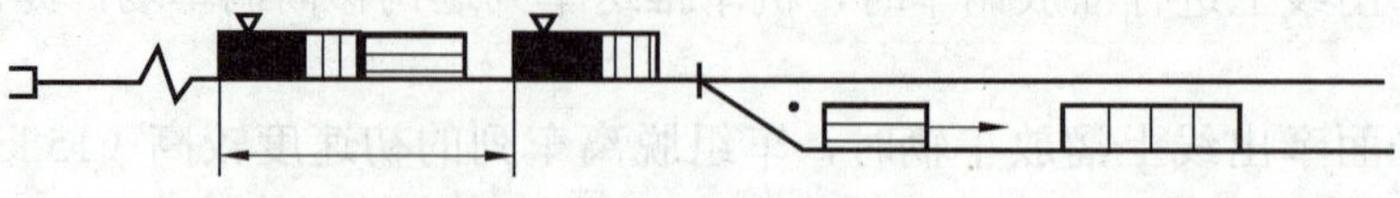

图 4-6　溜放调车法

溜放调车法按其作业方法不同，分为单钩溜放、连续溜放、多组溜放和牵引溜放调车法等。这里只简单介绍单钩溜放和连续溜放调车法。

1）单钩溜放法

机车推送车列每加速、减速一次即溜出一个车组，调车机车停轮等待该溜出车组越过分歧道岔不妨碍后续车组进路时，再进行下一车组的溜放，这种调车作业方法，称为单钩溜放法，如图 4-7 所示。

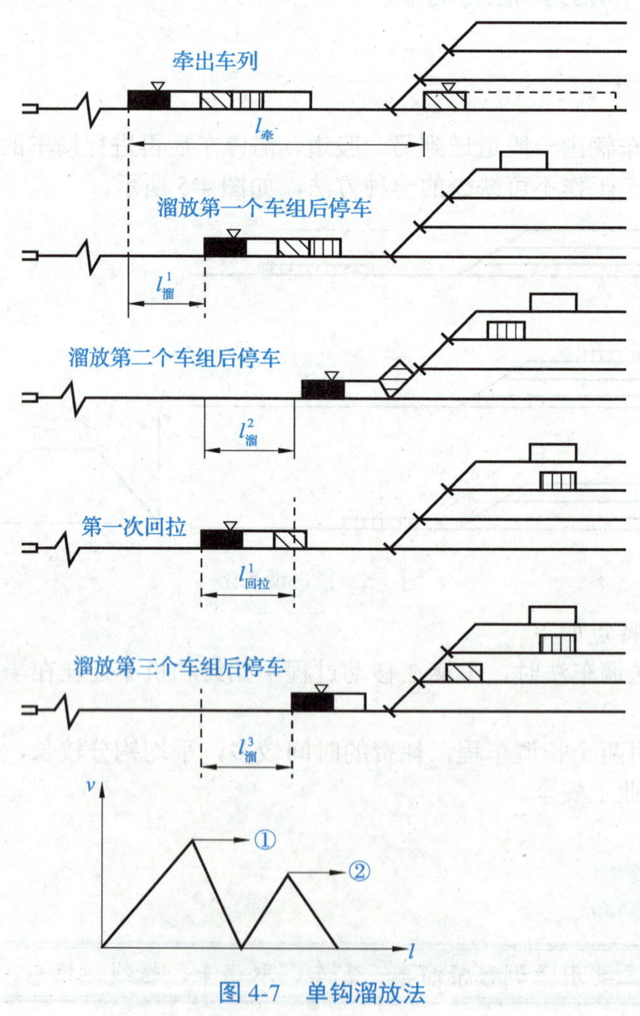

图 4-7　单钩溜放法

采用单钩溜放法分解车列时，由于摘解一个车组的调车行程比较短，其调车效率比推送法提高30%左右。但每溜出一组就需要向牵出线回拉或停轮等待开通下一个车组的溜放进路，调车效率仍不高。

单钩溜放法主要用于以下两种情况。

（1）牵出线过短的车站或车场。

（2）受调车组人数、技术水平、车列组成等条件限制，不能采用其他溜放法时。

2）连续溜放法

连续溜放法与单钩溜放法不同，它不是每溜放一组即拉回或停轮等待开通进路，而是不改变运行方向地连续加速或减速，每次加速、减速即溜出一个车组。这种连续溜放几个车组后，才向牵出线拉回一次的作业方法，称为连续溜放法，如图 4-8 所示。

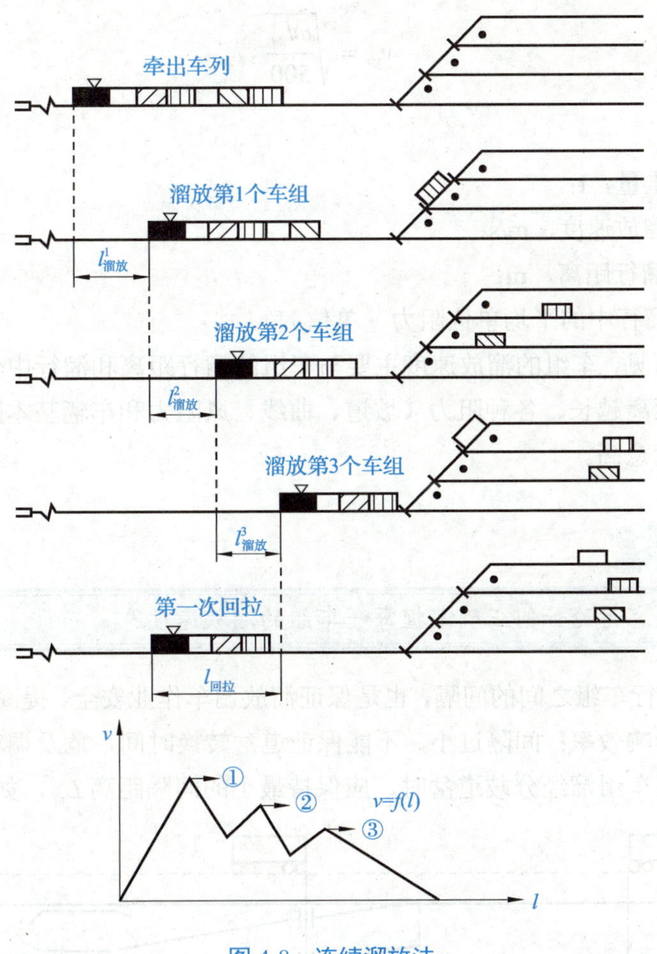

图 4-8 连续溜放法

连续溜放法特点如下。

（1）调车行程比单钩溜放法更短。

（2）减少回拉次数和停轮等待进路的时间。

（3）平均钩分小，调车效率比单钩溜放法提高 50%左右。

四、车组溜放速度和间隔距离

正确掌握车组溜放速度是保证溜放调车作业安全、提高调车作业效率的重要条件。溜放速度过低，车组不能溜到指定地点，造成堵门或压岔子，影响后续车组的溜放，降低作业效率；溜放速度过高，不仅延长调车行程，浪费动力，而且增加手闸制动难度，溜行车组有可能与停留车相撞，危及调车安全。

车组溜放速度应根据车组获得的动能与其溜行阻力功相等的条件来确定，即

$$\frac{1\,000Qv_{始}^2}{2}=Q\omega l_{溜}$$

$$v_{始}=\sqrt{\frac{\omega l_{溜}}{500}}$$

式中：

Q ——车组重量，t；

$v_{始}$ ——车组溜放速度，m/s；

$l_{溜}$ ——车组溜行距离，m；

ω ——车组溜行中的平均单位阻力，单位 N/t。

由上述公式可见，车组的溜放速度主要与车组的溜行距离和溜行中受到的各种阻力有关。需要溜行的距离越长、各种阻力（坡道、曲线、风阻力和车辆基本阻力）愈大，则溜放车组所需初速度愈高。

根据上述内容讨论如何正确掌握每一车组的溜放速度？

另外，保证溜行车组之间的间隔，也是保证溜放调车作业安全，提高效率的重要条件。车组间隔过大，影响效率；间隔过小，不能保证道岔转换时间，危及调车安全。根据安全扳道的条件，前后车组溜经分歧道岔时，应保持最小的间隔距离 $L_{间}$，如图 4-9 所示。

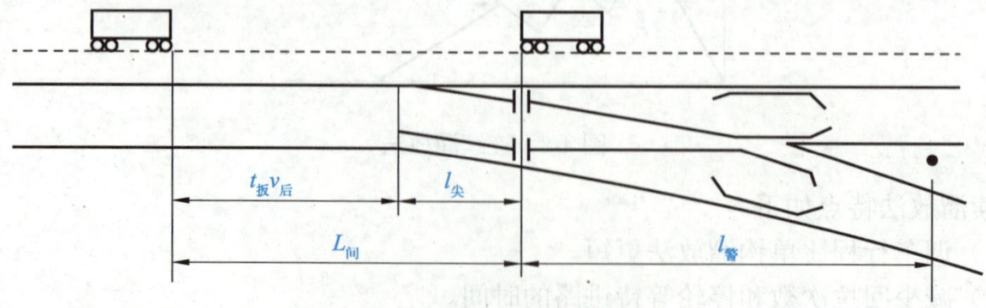

图 4-9　溜放车组最小间隔

$$L_{间} = t_{扳} v_{后} + l_{尖}$$

式中：

$t_{扳}$ ——扳动（转换）道岔的时间，s；

$v_{后}$——后行车组溜行速度，m/s；

$l_{尖}$ ——道岔尖轨的长度，m。

但是，当后行车组溜行速度高于前行车组时，则 $L_{间}$ 不仅要保证转换道岔的安全，而且还要防止后行车组在分歧道岔警冲标外方追上前行车组而发生冲突。因此，若道岔尖轨后跟至警冲标的距离为 $L_{警}$，则车组最小间隔应满足：

$$\frac{L_{间} + l_{警}}{v_{后}} = \frac{l_{警}}{v_{前}}$$

$$L_{间} = l_{警}\left(\frac{v_{后}}{v_{前}} - 1\right) \text{(m)}$$

五、溜放调车限制

溜放调车可以缩短调车行程、压缩调车钩分、提高调车效率。但为了确保人身、调车作业和货物的安全，对溜放调车有如下限制。

（1）装有禁止溜放货物的车辆，按国家和国铁集团铁路危险货物运输管理相关规定执行。

（2）对于特种车辆，如非工作机车、铁路救援起重机、大型养路机械、机械冷餐车、凹型车、落下孔车、客车、动车组和特种用途车（发电车、无线电车、轨道检查车、钢轨探伤车、试验车、通信车等），有的因车体构造特殊，不能使用铁鞋、人力制动机进行制动，或装有精密仪器，需要匀速、平稳作业，所以对这些车辆禁止溜放，并在“调车作业通知单”上注明，以便于作业中掌握。

（3）由于溜放调车时，车辆速度难以控制，容易发生冲撞等问题，为了保证旅客舒适和人身安全，对乘坐有旅客的车辆及停有该种车辆的线路，禁止溜放作业。由于动车组是独立固定编组，正常情况下不具备与其他机车、车辆连挂的条件，调车溜放时，车辆速度难以控制，容易发生与停留动车组接触、冲撞等问题，损坏动车组，因此规定停有动车组的线路，禁止溜放作业。

（4）2.5‰坡度是线路有效长内的平均坡度。溜出的车组，在这样坡道的线路上运行，会逐渐加速，不易在预计地点停车，若制动不及时，可能造成冲突等事故，所以禁止溜放。

2.5‰坡度是指 1 000 m 长的线路降低 2.5 m 的坡度。

（5）停有正在进行技术检查、修理、装卸作业车辆的线路禁止溜放。这是因为被溜

放车组的减速与停车，是靠人力制动机和铁鞋等制动来实现的，如果人力制动机失灵、铁鞋脱落或调速不当失去控制，就将严重地威胁旅客或有关作业人员的人身安全，同时车辆也可能扎上防护用具造成脱轨等事故，所以禁止溜放。

无人看守道口的线路由于车组溜出后，无法控制行人、车辆横越线路，在情况突变时，对溜放的车组也难以控制停车，容易造成人员伤亡、撞坏车辆或车辆脱线事故，所以禁止溜放。

（6）停有装载爆炸品、气体类危险货物车辆的线路禁止溜放。这是因为上述物品对撞击、摩擦特别敏感，一旦调速不当发生冲撞，可能发生爆炸或泄漏出毒气，造成人民生命财产的重大损失，所以禁止溜放。

（7）停留车辆距警冲标的长度，容纳不下溜放车辆（应附加安全制动距离）的线路禁止溜放。就是通常所说有“堵门车”的线路，由于制动距离不足，调速困难，容易造成冲撞事故，因此禁止溜放。

（8）随着我国铁路的几次大提速，列车运行速度普遍提高，中间站的作业更加繁忙，正线、到发线及与其衔接而未设隔开设备的线路上溜放车辆一旦失控，有可能进入区间，危害十分严重；同时，中间站的正线、到发线主要是进行接发列车使用，也不宜大量利用其进行调车作业，为保证接发列车作业安全，在此种情况下禁止溜放作业。

（9）调车组不足 3 人时，禁止溜放作业。在进行溜放作业时，至少要由一人指挥，一人提钩，一人制动，这样才能保证溜放调车安全。

（10）不准采用牵引溜放法调车。牵引溜放调车，是调车机车牵引调车车列快速运行，在途中摘钩后机车加速，机车与车列离开一定距离，扳动道岔，使机车与调车车列进入不同股道的调车方法（见图 4-10）。这种调车方法对司机、调车人员、扳道员相互间的配合要求较高，必须严格掌握减速、提钩、加速和扳道的时机，如果稍有不当，就可能造成前堵后追、侧面冲撞或进入“四股”脱线的后果，同时作业效率低下，因此明确规定不准采用牵引溜放法调车。

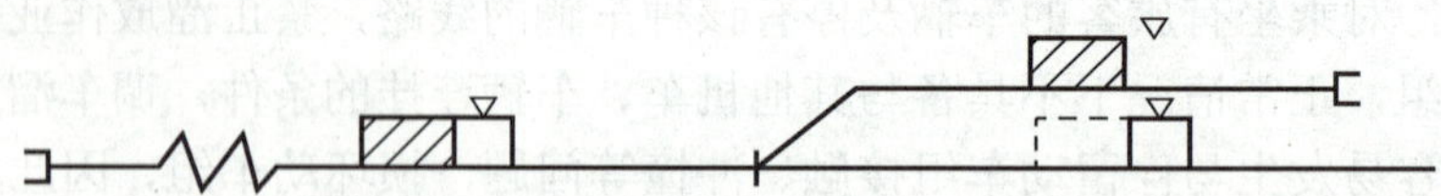

图 4-10　牵引溜放调车法示意图

六、牵出线调车的作业过程

1）连挂车列

调车机车驶往到达场连挂车列。在正线、到发线上调车时，要经过车站值班员的准许。

2）牵出车列

在核对了提钩处风管摘开、无抱闸车及溜放的第一辆车车号正确后，牵出车列，并停于便于作业的位置。

3）溜放车列

将车组溜向指定的线路。车列中有禁溜车时，还须将禁溜车推送至固定线路。

4）摘挂整场

调车机车在解体几个车列后需要整场。在连挂车辆时，及时显示“十、五、三车距离信号”（单机除外）。连续连挂时，可不停车连挂，但要确认连挂状态。

任务三 驼峰调车

任务引入

驼峰调车作业是铁路编组站安全控制的重点和难点，整个驼峰调车作业过程是一个多工种、多环节的过程，需要各个作业人员及工种间的相互配合，正确地传递和接受信息。整个驼峰调车作业的安全运行，与相关作业人员密不可分。据统计，驼峰调车作业事故的致因中，人因事故所占的比重较大，很多事故是由于作业人员工作不认真、作业前准备不充分、错误操作、相互配合不当等原因造成的。在人因事故中很多事故源头是由于工作人员的认知偏差、失误造成的。认知是行动的导向，只有认识到安全作业的重要性，正确识别危险源，才能正确处理和接受作业信号，有效防止事故的发生。

下面让我们一起学习驼峰调车的相关知识。

相关知识

一、驼峰的组成与分类

1. 驼峰的组成

驼峰一般设在调车场头部，适合于车列的解体作业。驼峰由推送部分、溜放部分、峰顶平台组成，如图 4-11 所示。

- **推送部分：**包括推送坡和压钩坡。设置这一部分是为了形成驼峰高度，并使车钩压缩，便于提钩。
- **溜放部分：**包括加速坡、中间坡、道岔区坡。该部分的作用是提高车组溜行速度和造成必要的间隔。

◈ **峰顶平台**：连接压钩坡和加速坡的一段平道。用于缓和两个不同坡段的连接，防止车钩折损。

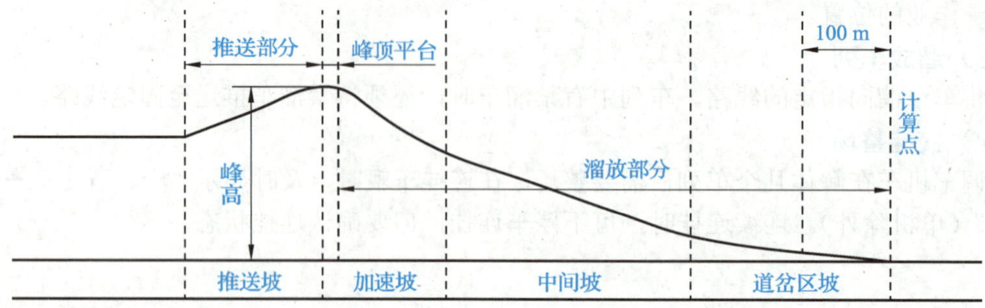

图 4-11　驼峰

2. 驼峰的分类

驼峰按其线路配置、技术装备和制动工具不同可以分为简易驼峰、非机械化驼峰、机械化驼峰、半自动化驼峰和自动化驼峰。

驼峰调车

1）简易驼峰（平地驼峰）

简易驼峰设备简单、投资少、修建快，调车效率和安全性比牵出线调车好，适用于区段站和小型编组站。制动工具以铁鞋为主，道岔采用电气集中或人工现地操纵。

2）非机械化驼峰与机械化驼峰

非机械化驼峰与机械化驼峰是编组站采用驼峰的主要类型，其纵断面比较合理，调车场头部采用对称道岔和线束，如图 4-12 所示。

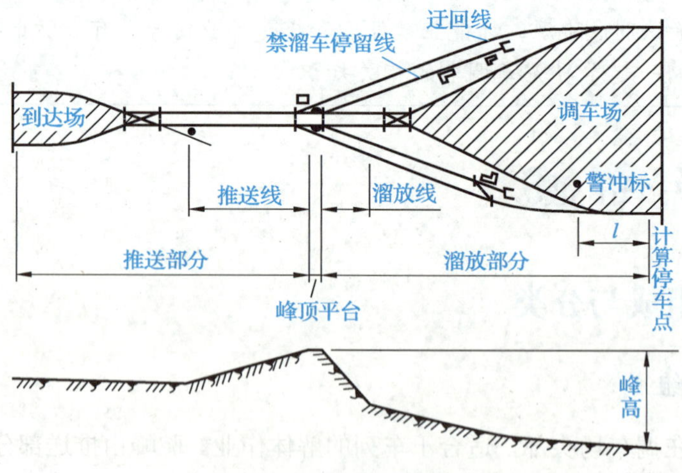

图 4-12　编组站驼峰

其道岔采用驼峰自动集中或电气集中控制。制动工具以车辆减速器制动为主。

3）半自动化驼峰和自动化驼峰

半自动化、自动化驼峰比机械化驼峰更先进，装有电子计算机和一系列自动控制设备。

二、驼峰调车的作业特点

（1）驼峰调车主要依靠车辆本身的重力，机车推力只起辅助作用。

（2）驼峰解体列车时，提钩地点基本上固定在压钩坡至峰顶这一区域内。

（3）驼峰调车时，车组脱离车列的初速度较低（5 km/h 左右），调节推峰速度的范围较小，车辆走行性能对其溜行速度、距离的影响较大。

（4）车组间隔主要靠机车变速推峰、前后车组在峰上脱钩时间间隔来形成，在车组溜行过程中，还要靠减速器或铁鞋制动来调节。

（5）驼峰调车一般为定向定速。

（6）驼峰调车效率高。

（7）驼峰调车安全性好。

（8）驼峰调车的工作强度小。

三、驼峰调车的作业过程

驼峰分解列车通常要经过连挂车列、推峰、解散车列、下峰作业等过程，如图 4-13 所示。

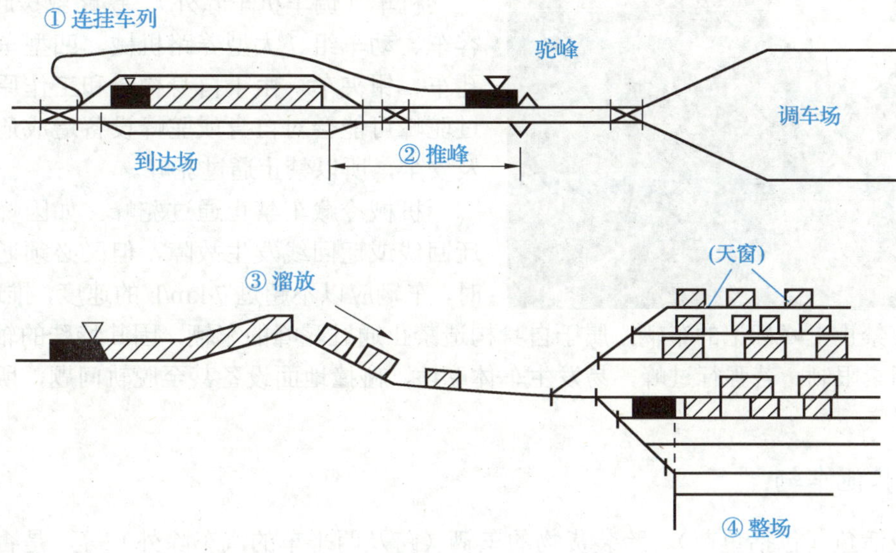

图 4-13 驼峰作业程序

1. 连挂车列

驼峰调车机车驶往到达场连挂车列。在到达场与调车场横向配列的车站，挂车后还需将车列牵引至峰前牵出线。

2. 推峰

驼峰调车机车将车列推至峰顶或预推至峰前信号机处。

3. 解散车列

驼峰机车推送车列经过峰顶，使被摘解的车组脱钩后，依靠车组本身的重力溜向调车场内指定的线路。有时在溜放的过程中还要向禁溜线内推送禁止溜放的车辆。

4. 下峰整场

驼峰机车在分解几个车列后，要下峰整理调车场。整场的目的有二：一是消除股道内停留车组之间的空档（简称“天窗”），使其连挂在一起；二是将与警冲标间的距离小于溜入车组的长度和安全距离的停留车（简称“堵门车”）推至调车场的适当位置，为驼峰继续溜放创造条件。有时，驼峰机车还要取送禁溜车和交换转场车。

四、车辆通过驼峰的限制

1. 严禁通过驼峰的车辆

机车（调车机车除外）、铁路救援起重机、客车、动车组、大型养路机械、凹型车、落下孔车、钳夹车，由于自身构造和工作原理，通过驼峰可能会对自身或驼峰设备造成危害，危及安全，所以禁止通过驼峰。

机械冷藏车禁止通过驼峰。如因峰顶未设迂回线或迂回线发生故障，但又必须通过驼峰时，车辆应以不超过 7 km/h 的速度，推送下峰。

涂打禁止上峰标记的车辆，属于自身构造禁止通过驼峰的车辆，因其特殊的轴距、车底高等因素限制，若强行过峰，易发生车体摩擦、碰撞地面设备甚至脱轨问题，所以禁止通过驼峰。

2. 其他车辆

装载活鱼（包括鱼苗）、跨装货物的车辆（跨及两平车的汽车除外）等，是否可以通过驼峰，由车站同车辆段等有关单位做出具体规定，并纳入《站细》。

五、推峰作业

1. 影响推峰速度的因素

推峰速度的大小会直接影响驼峰跳车作业的安全和效率。推峰速度太高，车组间隔太

小，道岔来不及转换，车组进错股道，甚至造成尾追冲突；推峰速度太小，会延缓车列解体时间，车组溜不进股道，在道岔区停车或入线后堵门，造成作业中断，影响驼峰效率。

影响推峰速度的主要有以下因素。

1）车辆走行性能

车辆按其走行性能和装载货物的轻重不同，可分为易行车和难行车。车辆相对单位运行阻力较小，走行较快，称为易行车；车辆相对单位运行阻力较大，走行较慢，称为难行车。

2）溜入线路阻力

根据线路阻力的大小，可将调车线分为难行线和易行线。如经过道岔、曲线较多，或溜行方向为上坡道，阻力较大的线路，称为难行线。反之，溜行阻力较小的线路，称为易行线。

3）溜行车组大小

车组大小可以分为大、中、小三种：7 辆车以上为大车组，4～6 辆为中车组，1～3 辆为小车组。通常是小车组溜行快，大车组溜行慢。

4）气温、风向和风力

如冬天低温轴油凝固或逆风时，车组溜行阻力显著增加；反之，夏天顺风阻力小，甚至起到加速作用。

5）车组溜行距离

在上述条件相同的情况下，溜行车组从峰顶到预定停车地点的溜行距离越长，需要的推峰速度越大。

车组在车列中的排列顺序、相邻车组共同溜行的距离、峰下制动员的作业条件等对推峰速度也有一定影响。

2. 驼峰溜放车组技术间隔

车组之间应保持一定的间隔，以便转换分路道岔和施行减速器制动。车组间隔太小，会危及调车安全；车组间隔太大，又会影响驼峰效率。车组技术间隔包括峰顶间隔和溜放间隔。

1）峰顶间隔

峰顶间隔是指相邻车组在峰上先后脱钩，自前行车组脱钩至后行车组脱钩，推峰机车所走行的距离，它是形成溜放间隔的基础。

2）溜放间隔

溜放间隔是指相邻车组自峰顶脱钩，直至进入分路道岔后，在溜放过程中形成的间隔距离或间隔时间。

在驼峰平纵断面一定，车组大小相同的条

件下，溜放间隔主要取决于车组走行性能和共同溜行的距离。当前后车组的走行性能相同时，其先后溜经任一地点的时间间隔保持不变，等于峰顶的间隔时间。但是，由于在同一时间内前后车组溜经的坡段不同，速度并不一样，车组间的距离间隔也是变化的。因为车组从峰顶溜出有先后，当后组车尚未溜出时，前组车已进入加速坡而加速，在同一时间内前后车组形成很大的速度差，车组间的间隔距离越来越大。

但是，当前组车进入道岔区时，坡度减缓，阻力增加，速度也就逐渐降低。此时后组车却在较陡的坡段上溜行，所受到的加速力比前组车要大，从而使两个车组的溜行速度渐趋接近。当前后车组的速度达到相同的一瞬间，车组间的间隔距离为最大。此后，由于后组车速度超过前组车，它们的间隔距离会逐渐缩短。这就是走行性能相同的前后车组在溜行过程中的时间和间隔距离变化的规律。

当前、后车组的走行性能不同时，受到的基本阻力、空气阻力和风阻力也不同，在相同的坡段上溜行速度也不一样。因此，溜放间隔会有一个更加复杂的变化。

3. 调节推峰速度的方法

机车推峰速度应使难行车能溜入难行线警冲标内方，并保证易行车进入减速器不超过安全速度（21～23 km/h），压上铁鞋不超过允许速度（18 km/h）。

1）简易驼峰调节推峰速度的方法

简易驼峰是在牵出线和梯形车场的基础上修建形成的，难、易行线的阻力相差较大，相同的推峰速度难以保证车组溜行的实际需要，因此，多采用变速推峰为主，定速与变速推峰相结合的方法。必要时，还可采取调机在峰上暂时停轮等待的方法，以增大前后车组的峰顶间隔。

（1）定速推峰。

对车组大小和走行性能基本相同的几个相邻车组，如溜入线路的阻力相差不大，一般可以采用定速推峰。此外，如遇难行车进入易行线，易行车进入难行线，或前后车组共同溜行距离较短时，也可采用定速推峰。

（2）变速推峰。

当车组排列顺序为前难后易、前远后近时，对前行车组应加速推峰，对后行车组应减速推峰；当车组排列顺序为前易后难、前近后远时，应以较低的速度溜出前行车组后暂停推峰，增大峰顶间隔，然后再以较高的速度溜放后行车组。

2）机械化驼峰调节推峰速度的方法

机械化驼峰由于平纵断面比较合理，难、易行线的阻力相差不大，峰下又设有车辆减速器或减速顶，因此，基本上可以采用 5 km/h 的定速推峰。只有遇到下列情况时，才采用变速推峰的方法。

（1）对位于小车组后面的长大车组应加速推峰，以缩短车组间隔，提高作业效率。反之，对位于大车组后面的小车组应减速推峰，以加大峰顶间隔，防止尾追。

（2）如遇车组排列顺序为前易后难、前近后远时，变速推峰的方法与简易驼峰相同。

六、提钩作业

1. 脱钩点与提钩时机

脱钩点是指车组在峰上脱开车钩、脱离车列开始溜行的地点。

脱钩时机应在车组进入脱钩点之前的压钩坡上。此时，车钩呈压缩状态，易于提开车钩；车组一旦超过脱钩点，车钩立即呈伸张状态，不易提开。

提钩时机不宜过早或过晚。提钩过早，如遇紧急情况必须及时停止溜放作业，对于已经提开车钩的车组来说，无法使其停止溜放，危及作业安全；提钩过晚，车组一旦进入或超过提钩点，车钩立即呈伸张状态，不宜提开，车列必须回拉后才能提开车钩，进而影响作业效率。

脱钩点与车组的大小和空重有关。一般规律是：小车组越峰 1/2 左右、大车组越峰 1/3 左右脱钩；车组内重、空车的排列顺序为前重后空时，按长度确定的脱钩点提前，反之，则推后。

2. 提钩方法

提钩工作由连接员根据调车作业通知单进行。一般采用“一看、二查、三提钩、四呼应”的作业方法。

- **一看：**看调车作业通知单，保证摘钩车数与计划相符；看推峰速度、车组走行性能和前行车组脱钩后溜行速度，保证峰顶间隔。
- **二查：**检查软管是否摘开，提钩杆是否良好，人力制动机是否松开，所摘车组是否为禁溜车或禁止过峰车。
- **三提钩：**先试提钩，但不要提开，以便检查钩链是否折损或死钩；然后看准提钩时机，用力提开车钩，并监督提钩情况。
- **四呼应：**由两名提钩人员负责提钩时，应做到“两人交叉提钩，钩不脱，手不离，前钩不脱，后钩不提”。前行车组脱钩后，应向后方提钩员显示“脱钩信号”。未得到信号时，后方提钩员不得提钩。

课堂讨论

“钓鱼”是指驼峰分解车辆时，一部分车辆越过峰顶平台，受重力作用，使车钩拉紧提不开车钩，车辆吊在加速坡上。

产生“钓鱼”的原因，主要是提钩点掌握不当，错过了提钩时机。其他如临时发现软管未摘、提钩链未绑好或提钩杆失灵，在提钩点以前不能提钩，也会产生“钓鱼”。

请同学们进行讨论分析处理“钓鱼”的方法有哪些？

七、驼峰作业方案

由于驼峰设备条件和配属的调车机车台数不同，驼峰作业组织就有不同的方式。对驼峰调车作业方式的共同要求是在确保驼峰调车安全的基础上，各项作业程序尽可能做到快速、平行和不间断进行，以提高驼峰调车机的效率和驼峰的解体能力。驼峰调车作业方案主要有单推单溜、双推单溜和双推双溜三种方案。

1. 单推单溜

在驼峰上只用一台机车担当驼峰分解作业的组织方式，称为单推单溜。这种方式的特点是驼峰机车没有等待时间，机车效能可充分发挥。但是驼峰设备利用率较低，改编能力较小。单推单溜作业方案如图 4-14 所示。

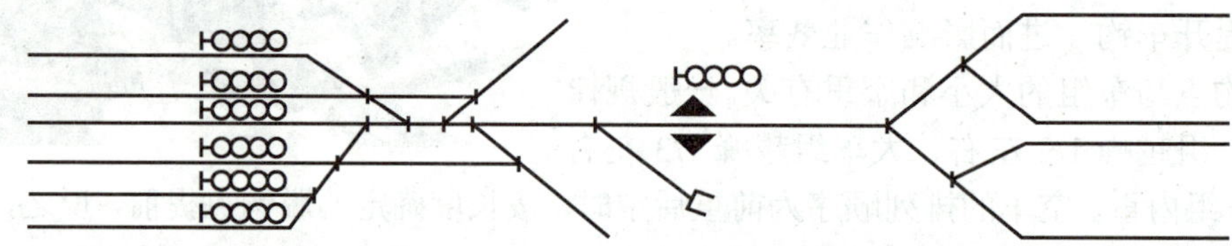

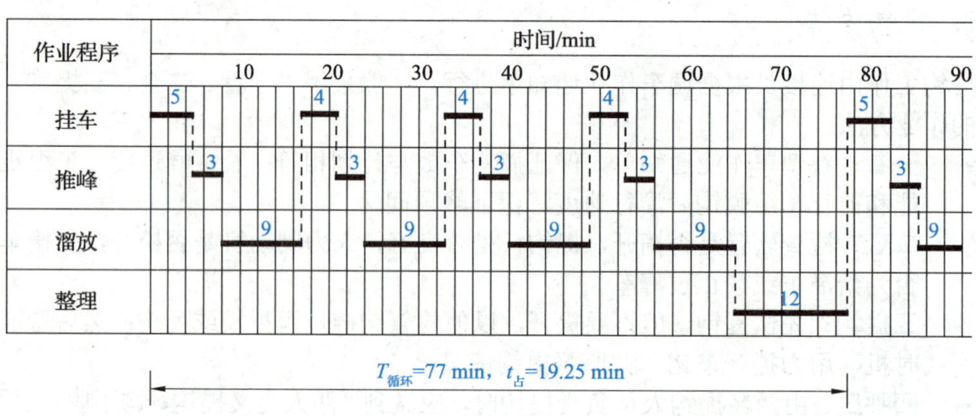

图 4-14　单推单溜

2. 双推单溜

使用两台机车担当驼峰分解作业时，一台机车进行分解作业，另一台机车可进行预推作业，这种作业组织方式称为双推单溜。采用这种作业方式，虽然驼峰调机有一部分等待时间，但大大提高了驼峰利用率，相应提高了驼峰改编能力。我国铁路编组站驼峰多采用这种方式。双推单溜的作业方案如图 4-15 所示。

3. 双推双溜

按驼峰的推送线、溜放线将到达场和调车场纵向划分为两个作业区，使之各自成为独立调车系统。两台驼峰机车可同时在自己的调车系统内进行推峰、分解及整场作业，这种作业组织方式称为双推双溜。双推双溜的特点是两套调车系统互不干扰，可提高驼峰设备和机车运用效率。但是，当车站衔接方向较多时，两调车系统之间难免产生大量交换车，大大增加了重复分解的调车作业。双推双溜作业方案如图 4-16 所示。

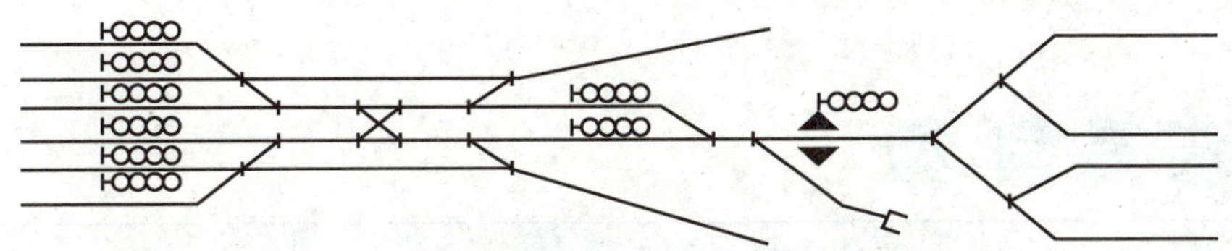

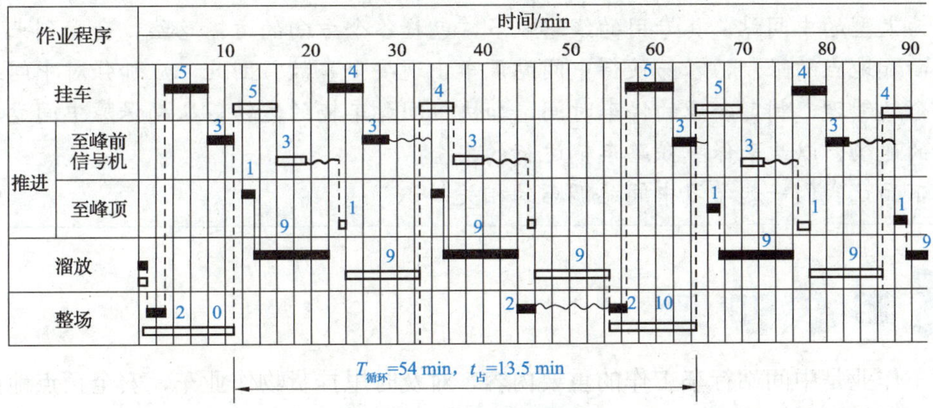

图 4-15 双推单溜

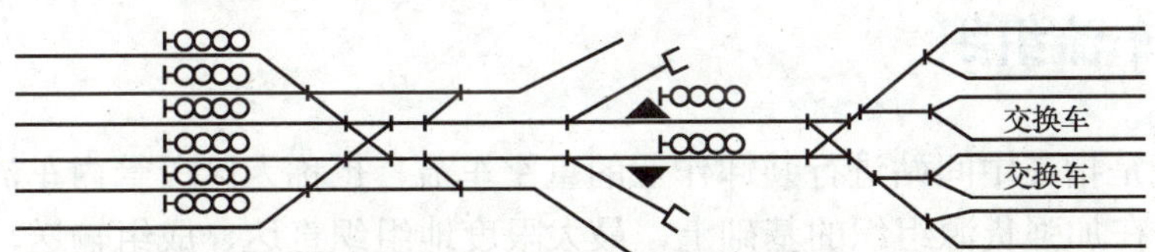

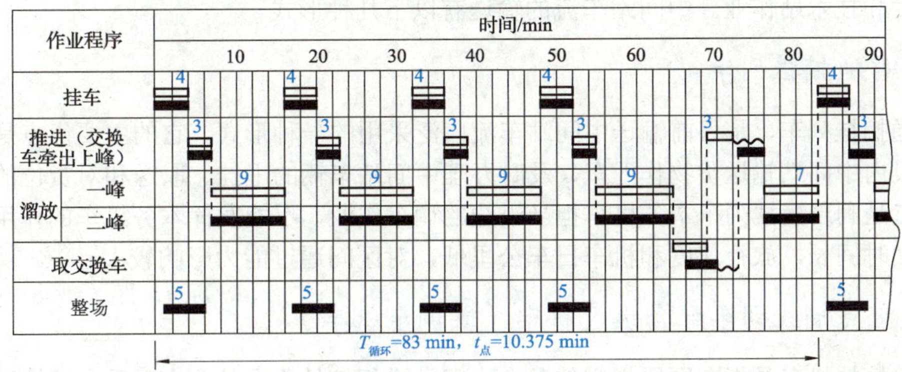

图 4-16 双推双溜

任务四 中间站调车

中间站调车工作是铁路运输生产的重要组成部分。一般来说，重要的中间站或者是较为大型的中间站，其专用的线路较多，包括各个方向的运输路线，会受到来自技术方面和地点的限制，容易使得中间站调车出现安全事故。因此，应加强对中间站调车安全的管理，制定合理的停车时间，加快中间站车辆的运转，从而保障中间站车辆运行的通畅，以此来保障铁路车辆运行的安全。

下面让我们一起学习中间站调车的相关知识。

调车作业是中间站行车工作的重要内容，对及时甩挂货物作业车，安全正点地接发列车起着重要的作用。

一、中间站车流组织

中间站车流是指在中间站进行装卸作业的重空车流，也称为区段管内车流。中间站车流组织原则是，在加强货源组织的基础上，最大限度地组织直达、成组输送，以加速车流输送速度和技术站作业。中间站车流的输送有以下几种形式。

1. 普通摘挂列车

普通摘挂列车，是目前输送中间站车流广泛采用的一种形式。它的主要优点是可以直接为区段内中间站输送货物作业车，及时办理中间站车辆的甩挂、取送和对货位的调车作业；缺点是利用摘挂列车本务机车担当沿线的调车作业，不能发挥本务机车的作用，在中间站停站时间长，旅行速度和机车日车公里低，对区间通过能力影响较大。

2. 重点摘挂列车配合调度机车（或调车机车）

重点摘挂机车是指在区段指定的几个中间站进行摘挂作业的列车。重点摘挂列车甩下的车辆，由调度机车或调车机车送往本站或邻站的货物作业地点，并同时取回待挂车辆，预先按列车编组计划的要求编成车组，待摘挂列车挂走。

重点摘挂列车配合调度机车是减少摘挂列车作业站数，缩短作业时间，提高旅行速度，

加速管内货物输送的有效方法。将调度机车的运用计划与重点摘挂列车的到开时刻密切配合（见图 4-17），将送车计划与货物作业过程相衔接，会取得较好的效果。其缺点是会增加调机台数，调机往返于各中间站会影响区间通过能力。

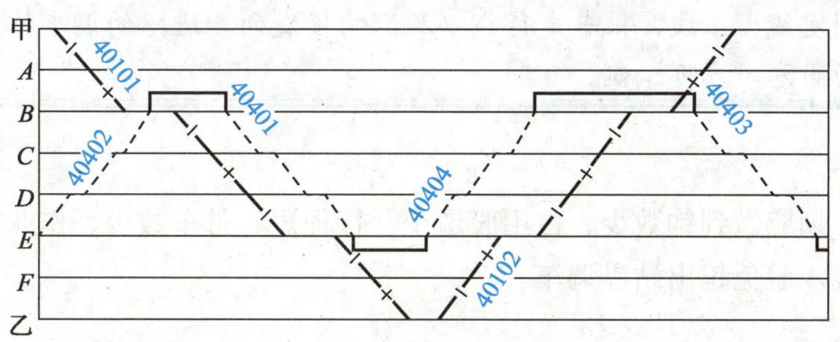

图 4-17　重点摘挂列车与调度机车的配合

3. 分段作业的摘挂列车

分段作业的摘挂列车如图 4-18 所示。当同方向每天开行两列摘挂列车时，可以组织分段作业，使第一列摘挂列车在前半段的中间站上作业，第二列摘挂列车在后半段的中间站上作业。这种车流的输送方式，能够减少摘挂列车作业站数，加速摘挂列车运行，加速区段管内车流的输送。另外，还有小运转列车、管内分组列车等形式。

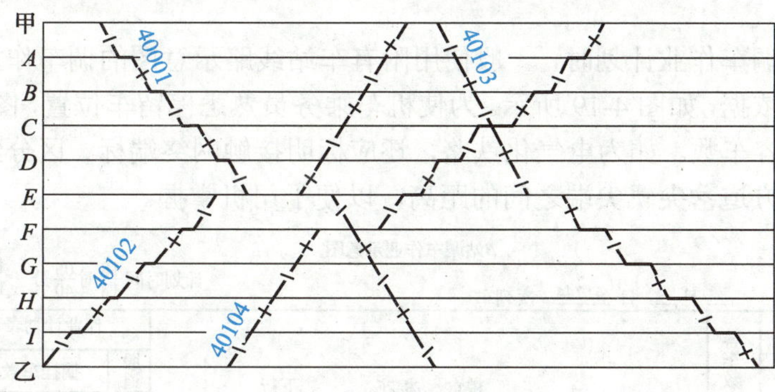

图 4-18　分段作业的摘挂列车

二、摘挂列车调车作业计划的编制

1. 编制计划

在设有车站调度员的车站，调车作业计划由车站调度员编制；不设车站调度员的车站，调车作业计划由车站值班员编制。作业量较大的中间站，一般配有调车机车或是调度机车驻站，并设有调车区长，其调车作业计划由调车区长编制。

对占用到发线、正线、机车走行线以及影响接发列车进路的调车作业，必先征得车站值班员的同意，方可编制。

2. 编制要求

调车作业计划应做到钩数少、占用股道少、行程短、带车数少、作业方便，尽可能不占用或穿越正线，避免越出站界调车。

3. 编制依据

（1）列车调度员下达的摘挂车计划，包括摘车数、挂车数、预计列车到达时间及作业要求。

（2）后方站发来的摘车确报，包括摘车数、车种、吨位、品名、收货人、车辆编挂位置。

（3）车站股道占用情况，待挂车数及其停留位置。

（4）装卸劳力、机具、作业进度和货位使用情况。

4. 编制方法

中间站编制调车作业计划时，一般使用附有车站线路示意图的调车作业通知单作为布置和传达计划的依据，如图 4-19 所示。为使机车乘务员熟悉停留车位置，图中应标明挂车、送车地点、股道容车数。如为电气化铁路，还应标明接触网终端标、区分绝缘器与有关调车信号机或最外方道岔尖轨尖端之间的距离，以便于司机掌握。

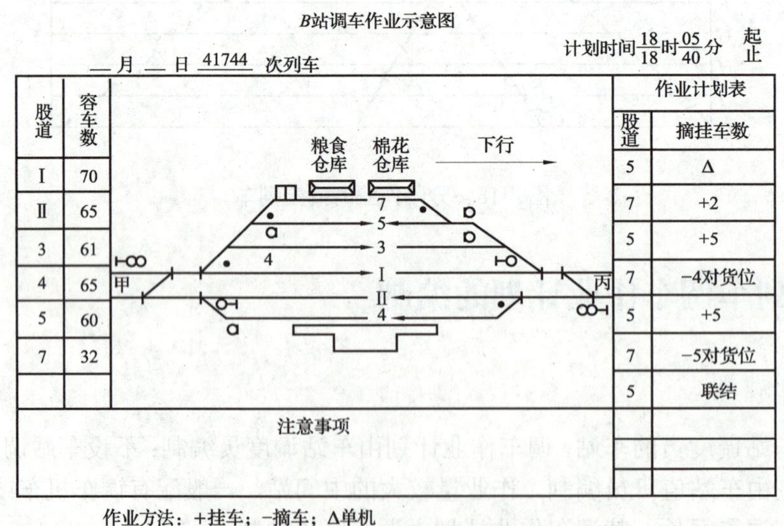
*B*站调车作业示意图

计划时间 $\frac{18}{18}$ 时 $\frac{05}{40}$ 分 起/止

__月__日 41744 次列车

股道	容车数
Ⅰ	70
Ⅱ	65
3	61
4	65
5	60
7	32

作业计划表

股道	摘挂车数
5	Δ
7	+2
5	+5
7	−4对货位
5	+5
7	−5对货位
5	联结

注意事项

作业方法：+挂车；−摘车；Δ单机

*B*站值班员_____（签名）

图 4-19　附有示意图的调车作业通知单

例如，*B* 站示意图如图 4-19 所示，7 道停有装往甲站的待挂重车 2 辆，41744 次列车在 *B* 站甩空车 9 辆，其中 4 辆空敞车装棉花，5 辆空棚车装粮食。试编制 47144 次利用列车机车进行调车作业的计划。

已知 41744 次列车编组内容如下。

机车	甲/整零 1	空/C4	空/P5	甲/20

根据 *B* 站线路固定使用，列车到达确报和待挂车停留位置，应将 41744 次列车接入靠近货物线的 5 道。列车到达后，列车机车先到货物线 7 道连挂装往甲站的重车 2 辆，然后将空敞车 4 辆送往 7 道装棉花的货位上，再将空棚车 5 辆送往 7 道装粮食的货位上，最后返回 5 道连挂车列。

三、摘挂列车作业程序

中间站设备、人员配备及分工各不相同。在未设调车组的中间站，由助理值班员担当调车作业指挥人时，摘挂列车作业程序如下。

1. 作业联系

列车到达前，车站值班员应及时向列车调度员了解摘挂列车在本站的甩挂计划和作业时间要求，根据后方站发来的摘车确报和本站待挂车情况，编制摘挂列车调车作业计划，填写调车作业通知单，向参加调车作业的有关人员传达清楚。

2. 作业准备

车站货运员应事先检查待挂车辆装卸情况，准备货运单据，送交行车室。车站助理值班员根据调车作业计划，提前出动至接车线，指挥列车停在便于调车的地点，如图 4-20 和图 4-21 所示。

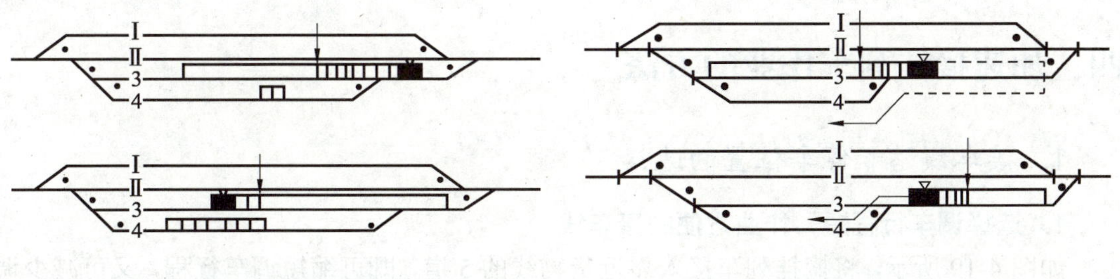

图 4-20 摘挂列车停车位置之一　　图 4-21 摘挂列车停车位置之二

3. 动车准备

列车到达停妥，助理值班员向司机传达调车作业计划后立即开始调车作业。在动车前，车站应按规定准备调车进路并确认进路正确。

4. 指挥运行

调车指挥人员指挥机车在车站进行摘挂作业。

5. 作业检查

机车车辆在进入装卸地点前，必须停车，待调车人员检查线路、道岔、停留车位置后方可进入。在车辆连挂好以后，应检查车列通风情况。

6. 摘挂车辆及摘装列尾装置

调车人员根据调车作业计划摘挂车辆（需重新摘装列尾装置时，应摘装列尾装置）。在进行摘挂车辆时，还应做好车辆的防溜措施。

7. 车辆及货运单据交接

车站与司机交接车辆及货运单据，修改列车编组顺序表，检查所挂车辆技术状态、编挂位置是否符合规定，车站值班员向前方作业站进行摘车预报。

8. 准备发车及发车

车站发车人员在司机简略试风，确认发车条件完备后，向司机显示发车信号，督促司机及时动车。

9. 作业后处理

调车作业完成后，应及时将道岔恢复定位，并向车站值班员报告车辆停留位置及防溜措施。

四、加速摘挂列车作业的方法

1. 接车线路和停车位置的选择

1）选择调车行程短、作业方便的接车线

如图 4-19 所示，将摘挂列车接入靠近货物线的 5 道，既可缩短调车行程，又可减少调车作业与接发列车进路的干扰。

2）选择行程短、作业方便的停车位置

如图 4-20 所示，当摘挂列车编组辆数少时，如将列车接入 3 道，并指挥列车停于图中所示位置，可以大大缩短调车行程。

如图 4-21 所示，当摘挂列车前部摘车数较多、挂车数少时，应指挥列车停于接车线末

端警冲标或出站信号机内方。这样，可缩短调车行程。反之，当摘车数少于挂车数时，列车前部或后部应预留挂车多于摘车所增加的距离，以免挂车后列车前部或后部越过出站信号机或警冲标，给发车作业带来困难，延长列车停站时间。

2. 组织车站调机与列车机车配合作业

在有调车机车的中间站，组织调机与列车机车配合作业，能加速摘挂列车调车作业。例如，调机事先准备待挂车组，在邻线等候，摘挂列车到达后列车机车负责前部甩车，调机在尾部挂车。对摘下的车组，由调机负责分送至货物作业地点。

3. 不摘车装卸作业的组织

利用列车在中间站停留的时间，车辆在站进行装卸作业后，随原列车挂走的作业方法，称为不摘车装卸作业。不摘车装卸作业的货车在站停留时间，按零统计。它是压缩货车在中间站停留时间的有效措施。若在到发线上组织不摘车装卸作业，还能减少调车作业，节省调车费用。

组织不摘车装卸作业时，列车调度员应加强与车站的联系，及时准确地掌握列车运行情况，不摘车装卸的车数、车种、吨位、品名、编挂位置，提前准备机具、劳力，在指定地点等候，待列车进站停妥或将车辆送至指定地点，立即开始装卸作业，大力缩短装卸作业时间。

组织不摘车装卸作业虽然压缩了该货车在站停留时间，但有可能延长列车在站停留时间。因此，列车调度员应权衡利弊，全面考虑列车运行情况后再作决定，不能因组织不摘车装卸作业而打乱列车运行秩序，影响机车交路或造成乘务组超劳。

任务五　驼峰调车自动化简介

2017 年 5 月，国家铁路局发布了《铁路驼峰信号及编组站自动化系统设计规范》（TB 10069—2017）行业标准，自 2017 年 7 月 1 日起实施。《铁路驼峰信号设计规范》（TB 10069—2000）同时废止。

《铁路驼峰信号及编组站自动化系统设计规范》是在全面贯彻铁路技术政策、充分借鉴我国铁路驼峰信号及编组站自动化信息系统工程建设及运营实践经验的基础上修订而成的，该标准与《铁路信号设计规范》（TB 10007—2017）共同构成了我国铁路信号工程系列设计标准。

本规范对驼峰信号基础设备、驼峰信号控制等主体工程内容以及传输线路、运行环境等配套工程内容都进行了修改和完善；进一步规范了驼峰信号基础设备命名规则；同时根据我国成都北、武汉北、新丰镇等编组站工程建设现状新增了编组站自动化系统设计要求。该规范适用于铁路驼峰信号及编组站自动化系统工程设计。

下面让我们一起学习驼峰自动化的相关知识。

一、自动化驼峰的主要设备

自动化驼峰调车控制是利用计算机控制机车推峰速度、货车溜放速度、货车溜放进路的系统。这种系统可以由一台大型计算机集中控制，也可按功能由多台微机分别控制（分布式系统）。在驼峰调车自动控制中，随时掌握溜放车组在溜放过程中的实际位置和溜放状况是十分必要的，所以该系统与编组站的数据处理系统连通，能从数据处理系统取得车列的解体计划和组成信息，并将解体结果返回到数据处理计算机系统。系统中按控制内容与调车区划分为多个子系统，每个子系统由一台微机控制。各微机之间的信息交换、控制机与编组站信息处理系统等的信息交换通过管理计算机进行。

1. 驼峰调车机车推峰速度自动控制设备

驼峰调车机车的推峰速度一般是由司机根据驼峰信号机的显示进行操纵，而自动化驼峰调车机车的推峰速度则通过无线电遥控装置进行自动控制。推峰速度的大小，一般是由电子计算机根据车组大小、排列顺序、走行性能和溜放距离等因素，计算出每个车组的推峰速度并通过无线电发射机送给驼峰调车机车。驼峰调车机车内的无线电接收机接收后，通过速度自动控制系统，自动控制调车机车的推峰速度。

驼峰调车长和调车司机可通过监督设备，随时确认和监视作业过程及实际完成的情况，遇有特殊情况时，可从控制台上直接控制调车机车推峰速度。

2. 自动提钩、摘制动软管设备

自动化驼峰调车的提钩、摘制动软管一般是由电子计算机根据调车计划等因素，计算出每一车组的脱钩点（距离峰顶的长度），通过控制装置控制机械手自动提钩。同时，由于改进了制动软管连接器装置，车组脱钩后，制动软管即被自动摘开。

3. 溜放进路自动控制设备

目前，我国铁路机械化驼峰均采用道岔自动集中装置，溜放进路已实现人工预排的半自动控制，即由驼峰操作员根据调车作业计划将溜放进路预先储存进去，在解体过程中，道岔自动集中装置能按照计划规定的钩序自动开通调车进路。因此，只要将目前的人工预排装置加以改造，由电子计算机预排，即可实现溜放和自动控制。

溜放进路自动控制系统从现车管理自动化系统主机调入解体调车作业计划通知单后，由驼峰调车长用键盘命令指定解体车次，该车次的解体调车作业计划自动输入溜放进路控制机储存，从而实现溜放进路自动预排。驼峰调车长可以在溜放前和溜放中修改调车作业通知单内的系统或进路，并按修改后的顺序开通进路。如遇发生错溜股道、摘错辆数、追钩等故障时，控制系统会发出警报和做出处理，并做好记录，便于返钩时查找。

4. 溜放速度自动控制设备

溜放速度自动控制设备是驼峰自动化的核心，其主要设备包括调速工具和控制系统两大部分。

1）调速工具

调速工具按其作用不同，可以分为以下三类。

（1）只能起减速作用的调速工具，如车辆减速器和减速顶。

（2）只能起加速作用的调速工具，如加速顶、钢索牵引推送装置和牵引小车。

（3）既能减速又能加速的调速工具，如加减速顶和线性电机加减速小车等。

我国铁路编组站驼峰调速工具多采用车辆减速器和减速顶，少数编组站驼峰设置绳索牵引小车、加速顶和加减速顶。

2）自动控制系统

除使用加减速顶和线性加减速小车的自动化驼峰外，其他一般都有以下自动控制设备。

（1）计算机及过程接口设备。

采用集中控制的自动化驼峰，多使用小型计算机；采用发布式控制的自动化驼峰，多使用微型计算机。计算机利用本身高速运算能力，实时地通过各种接口，将现场的各种状态采集到机器内加工成命令输出，实现对车组速度的控制；同时，计算机还利用它强大的逻辑功能对采集的数据进行分析，实现对多种设备状态控制过程的监测。

(2) 测重设备。

测重设备设在峰下第一分歧道岔入口前，用于测定溜放车组重量等级（一般分为四级），通过电子计算机加工，变成控制减速器的命令输出。

(3) 测速设备。

测速设备用于测定溜放车组在减速区段的实际速度，与车辆减速器给出的出口速度进行比较，为计算机自动控制车辆减速器对车组施行制动或缓解提供数据。车组溜放速度一般采用雷达进行测量。

(4) 踏板。

一般在峰下测重区段装有两块踏板，作为测定车组轴数和轴距的工具；在道岔绝缘保护区段内装一块踏板，以判定车组是否追钩。减速器的入口、出口装一块踏板，以测定车组入口、出口速度。当雷达测速装置发生故障时，用踏板测定的速度代替雷达测速。

(5) 测长设备。

测长设备用于测定调车线内停留车的位置，确认线路空闲的长度，为控制车辆减速器施行目的制动提供可靠依据。目前，采用的测长设备主要有音频测长器、轨道电路测长器和计轴测长器三种。

(6) 测阻及测风设备。

测阻和测风设备分别用于测定不同车辆走行阻力、风速和风向。

二、自动化驼峰目的制动调速方式

目前，各国铁路驼峰自动化的调速方式不尽相同，主要是在解决目的制动的制动方式上有所不同。各国现有的自动化、半自动化驼峰头部咽喉区，一般都采用车辆减速器方案，即在咽喉区设置一个或两个减速器制动位。至于调车场内的目的制动，则根据各国铁路的驼峰运营条件和科学技术水平，采用各种不同的调速方式。

1. 全减速器方式

全减速器方式（又称为点式）的特点是在每股调车线上设置 1～2 组车辆减速器，用于对入线后的车组进行目的制动。

如图 4-22 所示，驼峰溜放速度自动控制方式采用了四个减速器制动位，其中第Ⅰ，Ⅱ制动位设在驼峰头部咽喉区，以间隔制动为主；Ⅲ，Ⅳ制动位设在车场股道内，以目的制动为主。

电子计算机根据溜放车组的重量、阻力、溜行距离等因素，计算出各制动位的出口速度 $v_{计出}$。当雷达测定的实际出口速度 $v_{实出} > v_{计出}$ 时，自动控制装置能使车辆减速器对车辆进行制动；当 $v_{实出} \leqslant v_{计出}$ 时，车辆减速器自动缓解。

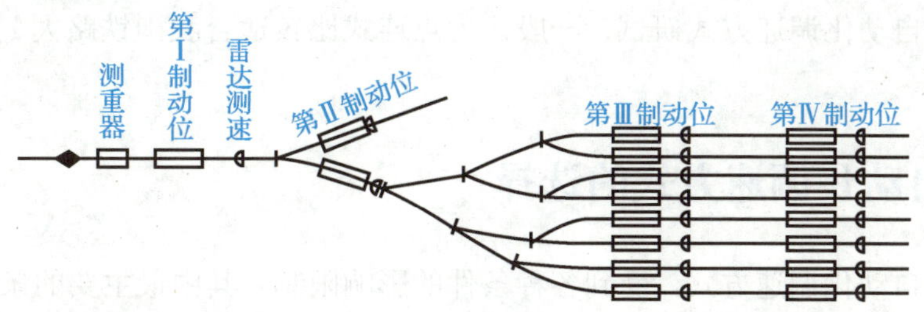

图 4-22　全减速器方式

全减速器方式的优点是单位制动能力大，能提高推峰速度和溜放速度，作业效率较高；控制灵活，适应性强；车辆减速器对驼峰调车机车下峰整理和峰尾调车机车牵出车列的速度没有限制。缺点是需要一套自动控制、测量、计算设备，投资较大；控制范围受到一定限制，当控制范围较大时，安全连挂率较低。

2. 全减速顶方式

全减速顶方式（又称连续式）的特点是调车场内不装设车辆减速器，用密集装设的减速顶代替车辆减速器。如图 4-23 所示为全部采用减速顶的控制方式。另外，还有采用加减速顶或加减速小车等调速工具的连续式方案。

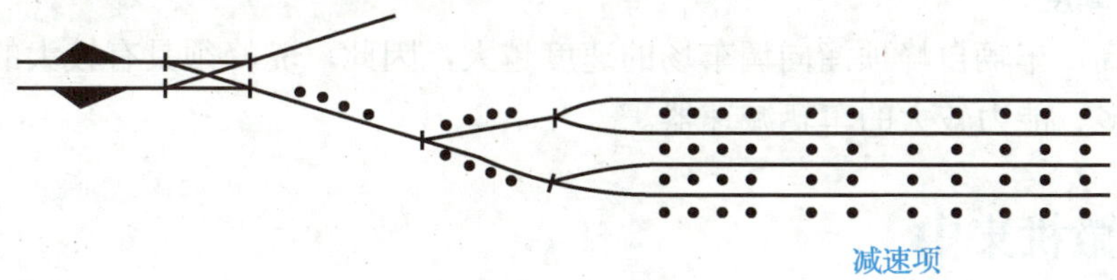

图 4-23　全减速顶方式

3. 减速器-减速顶方式

减速器-减速顶（又称点连式）方式的特点是驼峰溜放部分仍采用车辆减速器控制，而调车场内第Ⅲ制动位装设车辆减速器，第Ⅳ部位装设减速顶或牵引小车，目的制动采用点加连续式控制方式，如图 4-24 所示。

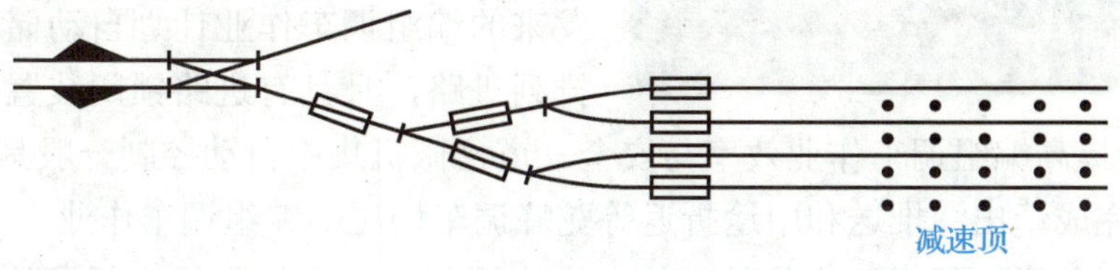

图 4-24　点连式制动方式

它与全减速顶方式比较，优点是第Ⅲ部位制动能力大，调节速度范围宽，有利于提高车辆通过道岔区的速度，从而提高驼峰解体能力；可以减少调车场股道内调坡工程量和安装减速顶的数量，从而节省改建工程投资。

经过三种自动化调速方式研试，一般认为点连式比较适合我国铁路大、中型驼峰运营条件。

三、驼峰自动化调速方式的选择

选择驼峰自动化调速方式，受到各种条件的影响限制，其中最主要的条件有以下几个方面（统称为驼峰运营条件）。

1）驼峰溜放难行车和易行车的阻力差别

难行车和易行车之间的阻力差别越小，驼峰溜放速度越容易实现自动控制。

2）车辆互相连挂的容许速度

车辆互相连挂的容许速度越大，目的制动调速范围就越小，安全连挂率也越高。近几年来，我国逐步淘汰小型货车，货物装载日趋牢固，安全连挂容许速度已由 3 km/h 提高到 5 km/h。

3）调车线长度（即自动控制范围）

对自动化驼峰来说，调车线越短，目的制动控制范围越小，越容易实现车钩安全连挂。我国铁路编组站调车线较长，一般为 850 m 左右。

4）驼峰高度

驼峰越高，车辆自峰顶溜向调车场的速度越大，因此，驼峰须具有较大的制动能力，设置数量较多、能力较大的车辆减速器。

四、峰尾微机集中

过去，峰尾道岔无联锁，采用人工扳道，不仅作业效率低，而且安全条件差。后来，不少编组站调车场尾部采用 6502 电气集中，安全条件虽有改善，但作业效率仍感不足。近几年来，部分编组站驼峰尾部采用道岔微机集中自动控制，与现车信息管理系统联机后，能按其发来的编组调车作业计划自动储存钩序，自动排列进路，且具有进路锁闭装置，可进行溜放作业，进一步提高编组调车作业效率与安全。道岔微机集中自动控制一般具有以下功能。

（1）能完成牵出、推送和中途折返等驼峰调车场尾部编组调车作业。

（2）每一条牵出线设一个溜放按钮，允许不同的牵出线平行进行溜放作业。车组溜出后，前进方向的进路随着车组进入、出清逐段解锁，提高作业效率；但机车退路保持锁闭，确保安全。

（3）溜放进路的办理有单办和储存两种方式。按编组调车作业计划人工储存钩序后，

微机集中自动排列进路，在储存和溜放过程中，能对储存进路加以修改。在储存进路的同时，还可以办理其他调车进路。如与现车管理系统联机，即能按其发来的调车作业计划自动储存钩序。

（4）具有检错、诊断、记录、打印、报警等功能；便于查找、分析故障，利于维修；屏幕显示清晰明了。继续保持原有 6502 电气集中设备，与微机集中设备互为替代。当微机集中发生故障后，通过切换电路，仍可由 6502 电气集中进行控制。

项目实训

中间站 *D* 站在甲—乙区段的位置及线路示意图，如图 4-25 所示。

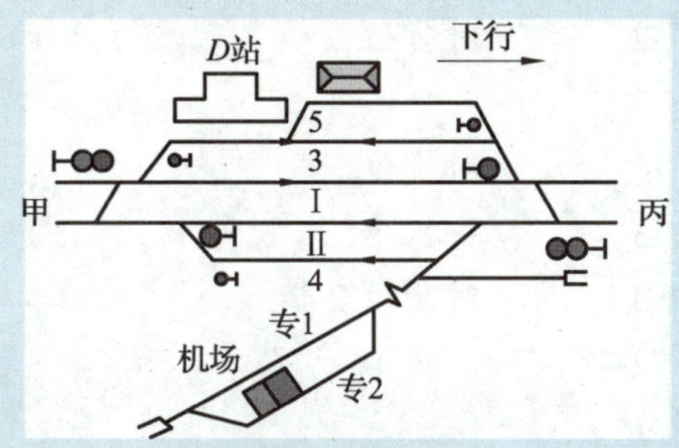

图 4-25 *D* 站在甲—乙区段的位置及线路示意

41003 次摘挂列车在 *D* 站甩重车 7 辆，挂空罐车 2 辆，编组内容为如表 4-1 所示。以及其以远 23 辆，共计 30 辆。

表 4-1 编组内容

机后	吨位	车种辆数	到站品名收货人
60	P	2	*D* 整零百货公司
60	C	2	*D* 圆木林木加工厂
50	G	1	*D* 机油机场
50	G	2	*D* 汽油机场

要求：整零在 5 道仓库卸，圆木在 5 道仓库外卸，汽油在专 1 卸，机油在专 2 卸，待挂车在专 2，其他股道空线。

试确定摘挂列车的接车股道，并编制调车作业计划。

解析：

（1）首先确定接车股道。

本站用于接发下行列车的线路只有 3 和 I 两道，从方便作业的角度，摘挂列车应接入 3 道，因其靠近货物线 5 道。（双线区段的中间站应设一条双进路到发线，以方便接发列车，通常是靠近货物线的到发线。）

（2）摘挂车分析。

摘车7辆，挂车2辆。机后的4辆要送到货物线5道卸车，后面3辆要送机场专用线卸车；同时要挂的车也在机场专用线。

（3）注意问题。

在货物线5道卸车的两组车，不可一次送入，整零怕湿要放进5道内侧的仓库，圆木放仓库外，要分两次送。

去机场专用线必须一次完成，因路途较远，能一次完成，决不能去两次。注意专2有车占用，需合理安排专1、专2的使用。

本务机调车：

3	+	2	
5	–	2	对货位
3	+	2	
5	–	2	对货位
3	+	3	去机场
专1	–	3	对货位2辆
专2	+	2	
专1	+	1	
专2	–	1	对货位

3道连结

共9钩

注意：此题涉及机车换端的问题和防溜的问题。在单机走行时，司机应保持正向驾驶，一进一出就涉及司机调换驾驶端的问题。在机车带有车辆时不存在这个问题，因为此时有调车组的人员协助作业。调车作业中也存在防溜的问题，每作业一钩都需要采取好防溜措施，这就存在尽量减少对整列车的作业，最好一次要拉走就都拉走，一次完成。

案例延伸：

若41003次列车9:00到，10:20开。而作业时间为：传达计划2 min，调车钩分2 min（涉及机车换端另加2 min），对货位1 min，机场往返一次纯走行20 min，试风发车5 min。摘挂列车停留时无其他列车通过。

试计算调车作业所需时间，41003次能正点发车吗？

案例分析：

此计划共计9钩，调车钩分需18 min；对货位4次，需4 min；机场往返走行需20 min；传达计划2 min；试风发车5 min。上述时间合计53 min。

该摘挂列车9:00到，最早9:53即可发车，正点10:20时间非常富余。

一、填空题

1. 除列车在车站到达、出发、通过及在区间运行外，凡____________统称为调车。我国铁路目前最基本的调车作业方式为____________。

2. 牵出线调车作业方法主要有__________和__________两种。

3. 调车按作业目的分为解体调车、编组调车、__________调车、__________调车和其他调车。

4. 调车钩是指机车完成____________等调车工作的基本单位。

5. 驼峰分解车列通常要经过连挂车列、__________、__________和下峰整场四个作业程序。驼峰调车作业组织方式分为单推单溜、__________和__________三种。

6. 我国铁路调车工作中采用的制动工具有人力制动机、__________、__________等。

二、判断题

1. 列车进行补轴、减轴作业属于摘挂调车。（　　）

2. 驼峰调车可采用溜放调车法，牵出线调车不允许使用溜放调车法。（　　）

3. 空车本身较轻，走行较快，为易行车。（　　）

4. 车组的大小对溜行速度有影响，通常大车组溜行快，小车组溜行慢。（　　）

5. 连续溜放法每加减速一次要溜放出多个车组。（　　）

三、名词解释

1. 调车钩。

2. 调车程。

3. 推送调车法。

4. 溜放调车法。

5. 单钩溜放法。

四、应用题

1. 已知：*E* 站为甲—乙区段的中间站，其车站线路如图 4-26 所示。41164 次列车编挂 36 辆车，从机车起的编组顺序为：*E*/1（专 1），*E*/2（专 2），甲/33。*E* 站 5 道有甲/2 由 41164 次挂走。其他线路空闲。

要求：试安排接车股道并编制调车作业计划。

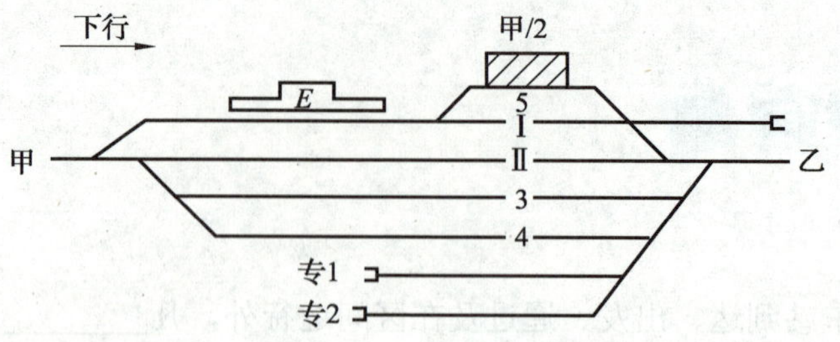

图 4-26　*E* 站线路

2．已知：*A* 站为中间站，车站线路示意图如图 4-27 所示。42011 次接入 *A* 站 3 道，机车后第 12，13，14 位为 *A* 站卸车，送 6 道对货位；1 道站存的 *E*/P2，C1，因隔离需挂机后第 7，8，9 位；6 道站存空 C2 也挂走，位置不限。

要求：编制中间站调车作业计划。

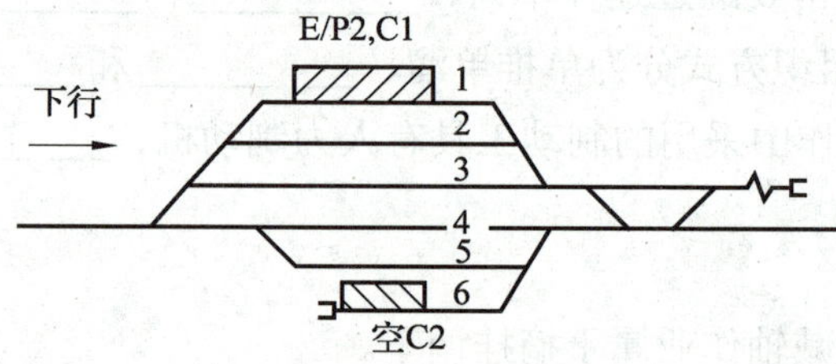

图 4-27　*A* 站线路示意

项目五　车站工作统计

情景导入

铁路货车统计是铁路统计的重要组成部分，是根据国家统计局有关制度、铁路运输生产和经营管理的具体情况而建立的。铁路货车统计应适应铁路运输生产管理和产品结构的发展变化，使用科学的统计方法和先进的统计手段，及时、全面、准确地收集、加工、分析、提供铁路货车统计资料，为铁路运输生产管理、企业经营管理和宏观决策等提供依据。

车站工作统计中的各种报表，均以北京时间为标准，采用 18:00 结算制，即自上一日 18:00（不含）起至当日 18:00（含）止 24 h 为统计报告日。各种报表通过网络传输逐级上报。车站工作统计的主要内容包括：现在车统计、装卸车统计和货车停留时间统计等。

知识目标

- 掌握现在车的定义及分类，熟悉车站出入的货车规定。
- 了解车站装卸车统计的有关规定。
- 了解增加使用车和增加卸空车的统计规定。
- 掌握货车停留时间的分类及计算方法。
- 了解区间装卸车停留时间统计方法。

技能目标

- 能运用号码制、非号码制统计方法完成货车在站停留时间统计。

素质目标

- 通过学习车站工作统计相关内容，培养统计分析意识，能通过收集、加工、统计、分析解决实际问题。

任务一 现在车统计

任务引入

2008 年 5 月，四川汶川发生地震后，铁路部门备用 2 800 辆空车随时待命，一旦有需求，立即投入使用，前往灾区。

地震后不到 3 天，铁路部门便装运了 578 车（包括铁路物资 6 车、钢轨 4 车、发电机 2 车、发电机 28 台），其中民用帐篷 115 车，共计 55 935 顶，救灾用油品 6 列，共计 283 车，食品 12 车，其他物资 6 车。这时，正在装运或有计划装运的救灾物资还有 203 车，其中帐篷 18 车，共计 10 000 顶，油品 80 车，食品 10 车，饮用水 30 车，衣被 35 车，以及其他物资 30 车。

以上这些备用车均属现在车范畴，下面让我们一起学习现在车统计的相关知识。

相关知识

现在车是指货车在车站、铁路局或全路某一时刻的现有数及其运用情况。如 18:00 现在车、6:00 现在车等。现在车统计是反映车站、铁路局、铁路局管内以及合资、地方铁路每日 18:00 货车现在数及运用情况，可作为日常调度指挥，编制运输工作计划，调整运力配置以及经营管理的依据。现在车统计既要统计货车总数，又要按照一定的种类和运用状况统计各类货车的数量。

一、现在车分类

现在车统计

现在车分类的方式包括按产权所属分类和按运用状况分类。

1. 按产权所属分类

现在车按产权所属分为国铁货车、企业自备货车、内存货车和外国铁路货车。内存货车比照企业自备货车进行统计。

1）国铁货车

国铁货车是指凡属国铁集团资产，涂有铁路路徽，按国铁集团统一规定涂打车型标记、编号的货车。

2）企业自备货车

企业自备货车是指凡属于企业（包括国家铁路运输企业、合资铁路、地方铁路及其下

属企业）资产并取得“自备铁路车辆经国家铁路过轨运输证”（以下简称“过轨运输证”）的货车。

企业自备货车的货车车号左起第一位为“0”，第二位非“0”，车体标明“×××自备货车”，没有铁路路徽的货车。

军方特殊用途货车（车体标明客车基本记号者除外）比照企业自备车办理。

3）内存货车

内存货车是指属于企业（包括合资、地方铁路及其下属企业）资产但未取得“过轨运输证”，仅在本企业内承担社会运输任务的货车。

4）外国铁路货车

外国铁路货车是指凡属于国外铁路资产的货车。

2. 按运用状况分类

现在车按运用状况分为运用车和非运用车，如图 5-1 所示。

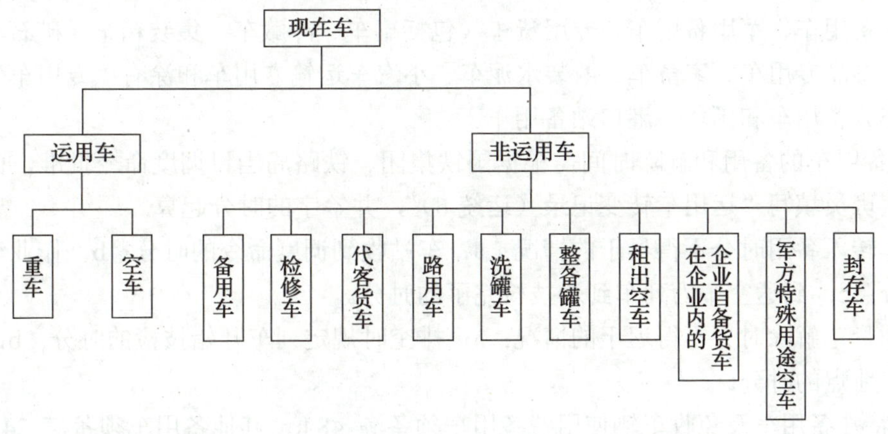

图 5-1　现在车分类

1）运用车

运用车是指参加铁路营业运输的国铁货车、企业自备货车、外国铁路货车，内存货车、企业租用、军方特殊用途重车。运用车按重空状态可分为重车和空车。

（1）重车。

具有以下特征的货车为重车。

① 实际装有货物并具有货票的货车。

② 卸车作业未完的货车。

③ 倒装作业未卸完的货车。

④ 以“特殊货车及运送用具回送清单”手续装载整车回送铁路货车用具（国铁篷布、空集装箱及军用备品等）的货车。

⑤ 填制货票的游车。

（2）空车。

具有以下特征的货车为空车。

① 实际空闲的货车。

② 装车作业未完的货车。

③ 倒装作业未装完的货车。

④ 运用状态下的机械冷藏车的工作车。

2）非运用车

非运用车是指不参加铁路营业运输的国铁集团的国铁货车（包括租出空车）、在专用线和专用铁路内已获得“过轨运输证”的企业自备货车、在站装卸作业企业自备空车、在本企业内的内用空车、军方特殊用途空车以及国铁特种用途车。

（1）备用车。

备用车指为了保证完成临时紧急任务的需要所储备的技术状态良好的国铁空货车。其包括特殊备用车、军用备用车、专用货车（包括罐车、冷藏车、集装箱车、矿石车、长大货物车、毒品专用车、家畜车、散装水泥车、小汽车运输专用车和涂有“专用车”字样的一般货车）备用车和国境、港口站备用车。

① 备用车的备用和解除时间需根据国铁集团、铁路局当日调度命令批准，由车站调度员或值班员填写“运用车转变记录（运统 6）”，并签字的时分起算。

货车转入备用时分不得早于的情况：a. 车站收到调度命令的时分；b. 作业车卸车完了的时分；c. 到达空车为列车到达技检完了的时分。

备用货车解除时分不得迟于的情况：a. 排空时规定列车开始技检的时分；b. 装车时调入装车地点的时分。

② 特殊备用车及免收车辆使用费备用车须备满 48 h，其他备用车须备满 24 h，才能解除备用。备用时间不满或无令动用时，自备用时起按运用车统计。

因紧急任务需要，经国铁集团调度命令批准解除时，不受上述要求限制。

③ 备用车必须停放在国铁集团批准的备用基地内。港口、国境站备用车必须停放在指定的港口、国境站。凡未停放在指定地点的均不能统计为备用车。

④ 备用车在不同基地间不得转移。根据命令在同一备用基地内转移时，备用时间不连续计算，原存放站及新存放站均需备满规定时间。

⑤ 不准将重车、租出空车列入备用车。

⑥ 违反规定动用备用车时，必须调整运用车数和货车停留时间。

例 5-1

某站当日 2:00 接国铁集团、路局调度命令，要求备用罐车 60 辆（其中当日 2:00 到空罐车 20 辆、3:00 到空罐车 20 辆、昨日到卸罐车 20 辆当日 2:00 卸完）；解除前日备用平车 50 辆（备用 50 h），3:00 开始调本站某专用线军用，6:00 开 91001 次列车。本站到、发技检时间均为 30 min。

车站在计算备用车时，重点要把握“运用车转变记录（运统 6）”转变时分。

当日到达 20 辆空罐车 2:00 到，应增加技检时间 30 min，2:30 开始转变。

当日到达 20 辆空罐车 3:00 到，应增加技检时间 30 min，3:30 开始转变。

另 20 辆卸车因重车不能备用，只能等卸车完了 2:00 开始转变。

（2）检修车。

为定检到期或过期而扣下修理、摘车临修、事故破损、等待报废和回送检修等的铁路货车，根据车辆部门填发的“车辆检修通知单（车统 23）”或“检修车回送单（车统 26）”统计为检修车。

① 在铁路营业线内的外国铁路货车在运行过程中临时发生故障而摘车临修时，按检修车统计。

② 成组运行的铁路货车，发生故障需扣留时，应逐辆填发“车辆检修通知单（车统 23）”，按检修车统计。修竣后，对未修理的车辆，在“检修车辆竣工验收移交记录（车统 33 并车统 36）”上注明“撤销”字样。

③ 整备罐车超过整备规定时间（6 h）继续整备时，从超过时起按检修车统计。

（3）代客货车。

代客货车是指根据国铁集团命令用以运送人员、行李及包裹的货车。

① 车站接到命令后，由车站和检车人员在“运用车转变记录（运统 6）”上签字时起由“运用车”转入“代客”，使用后（指卸空，包括备品）填制“运用车转变记录（运统 6）”转回运用车。

② 代客空车根据调度命令以客运车次回送时，按代客统计；以货运车次回送时，按挂运凭证（回送清单、调度命令等）实际统计，无挂运凭证按运用车统计。

③ “代客货车”装载货物填制货票时，自代客或回送到达时起按运用车统计。

（4）路用车。

路用车是指经过国铁集团批准作为铁路各单位运送非营业运输物资或用于特殊用途的货车。其分为特种用途车和其他路用车。

特种用途车指因为路内特殊用途需要专门制造不能装运货物的特种用途车（包括试验车、发电车、轨道检查车、检衡车、除雪车等）。除前述车辆以外的路用车为其他路用车。

① 经国铁集团批准的“路用车使用证明书”是统计路用车的依据。使用单位应按规定涂打路用车使用标记。路用车只准在批准的使用期限、区段和用途范围内使用，对违反使用规定的路用车，按运用车统计。

② 路用车的转变时分自使用单位收到车辆并在“运用车转变记录（运统 6）”上签字时起，至使用完交回车辆并填制“运用车转变记录（运统 6）”转回运用车时止，之后按路用车统计。

③ 路用车装运货物并填制货票时，在重车状态下按运用车办理。

④ 防洪备料车是根据国铁集团（铁路局）命令为汛期防洪抢险指定储备一定数量防洪备料的重车，在重车储备停留状态下按路用车统计，其他状态按运用车统计。

（5）洗罐车。

洗罐车是指为进行清洗的良好罐车。

① 运用车由洗罐单位填制“车辆装备单（车统 24）”送交车站签字时起计算为洗罐车；洗刷后，由车站人员在“罐车洗刷交接记录单（车统 89）”上签字时起转回运用车。

② 企业自备车发生洗罐时，洗罐单位一律填发“企业自备车装备单（车统 24Q）”统计为洗罐车，洗刷后，填发“企业自备车洗刷交接记录单（车统 89Q）”转回运用车。

③ 为进行检修而洗罐时，应列入检修车内。

④ 由企业自行洗罐不能执行上述办法时，由国铁集团规定平均洗罐时间（最长不能超过 4 h），自货车送入洗罐交接地点至规定时间止按洗罐车统计。

（6）整备罐车。

整备罐车是指在指定地点进行技术整备的整列（成组）固定编组石油直达罐车。

① 其在到达整备站时，按运用车统计。

② 送入配属段整备线进行技术整备时，根据车辆部门填发的“车辆装备单（车统 24）”送交车站签字时起，6 h 内按整备罐车统计；超过 6 h 车辆部门应填发“车辆检修通知单（车统 23）”按检修车统计。

③ 整备完成后由车站在“检修车辆竣工验收移交记录（车统 33 并车统 36）”上签字时起转回运用车。

④ 如固定编组石油直达罐车更换车辆时，须由车辆部门及时通知车站。

（7）租出空车。

以下情况货车按租出空车统计：企业租用的国铁货车空车；新造及由国外购置的货车在交付使用前的试运转空车；部队训练使用的国铁货车。

① 使用停留车辆训练，按轴、按日核收使用费时，由交付使用至使用完成交回时止，按企业租用空车统计。

② 在训练期间随同列车挂运核收 80%运费时，自列车出发时起至到达时止，对装运

物资的货车按运用车统计，运送人员的棚车按“代客货车”统计。

③ 用铁路机车单独挂运核收机车使用费时，按企业租出空车统计。

④ 出租车及退租车由车站与使用单位在“运用车转变记录（运统6）”上签字时起转入企业租用车或转回运用车。

（8）在企业内的企业自备货车。

在企业内的企业自备货车是指在本企业专用线、专用铁路内的已取得“过轨运输证”的该企业自备货车。其包括没有（租用）专用线、专用铁路企业的回到过轨站的自备空车以及在车站进行装卸作业的自备空车，在本企业内的内用空车在此项反映。

（9）军方特殊用途空车。

军方特殊用途空车是指军方用于军事运输等特殊用途的空货车（车体基本记号标明为客车的除外）。

（10）封存车。

封存车是指按国铁集团调度命令封存的货车。分为免收车辆使用费的封存车和不免收车辆使用费的封存车。

日新月异

近年来，随着社会的不断进步，人民对生活品质的要求也在不断提升，这不仅推动了网购事业的快速发展，也加大了对运输行业的迫切需求。铁路由于具有运输能力大、运行速度快、运输成本低的优点，已成为商家运输的首选。自2016年以来，国铁集团已连续多年参与承担了“双十一”电商黄金周运输工作。

为了提高快递时效，满足日益增长的物流服务需求，铁路部门积极顺应形势，除了像往年一样预留部分动车组列车车厢外，更是推出了复兴号列车全列运输。此外，面对境外消费者，还开通了“菜鸟号专列”，让包裹通过中欧班列，走出国门。

同时，围绕市场需求、列车开行、疫情防控等多方面，铁路部门积极启动应急预案，充分运用载客动车组上的高铁快运柜、铁路特快货物班列，更加精准快速地将货物送达目的地。在此基础上，积极拓展货物运输服务，主动扩大冷链运输服务范围，确保水果、水产等需要冷鲜保存的食品在送到人民手中时依旧是新鲜的。

“解民所急，便民所需，为民所忧”，这一系列措施无不彰显“国之铁路为人民”的责任与担当。

二、现在车掌握

为确保现在车统计的准确性，各部门必须做好以下工作。

1. 车站

（1）车号员对到发列车必须严格执行“列车编组顺序表（运统1）”、货运票据与现车核对制度。安装有车号自动识别系统（AEI）的车站还应与识别车辆进行核对。对车数、车种、车号、重或空、非运用种别、车辆使用属性等逐项核对，发现错误及时订正。

车号自动识别系统

铁路车号自动识别系统（AEI）自从2000年开始在路内推广至今，全路范围内正式运行的AEI设备已超过2 000余套。

其功能有以下几方面。

（1）实现车次、车号自动识别，为铁路运输管理系统提供车次、车号等实时的基础信息。

（2）代替人工抄录车号，保证数据真实性、及时性、准确性和连贯性。

（3）提高作业效率，减轻作业人员的劳动强度。

（4）提供运输确报信息，实现运输确报现代化管理。

AEI由车辆电子标签、地面AEI设备、车站CPS设备、客货列检复示系统、AEI监控中心、标签编程网络等部分组成。

（1）车辆电子标签安装在被识别车辆的底部中梁上，每辆车安装一个。作为车辆的主要配件，其内部存储器中存有车号及车辆的技术参数的信息。

（2）地面AEI设备主要由室外的车轮传感器、地面天线和室内的RF射频装置、读出主机、电源防雷、通讯及信号防雷等部分构成。地面AEI设备安装在铁路干线运行区间站和车站、编组站等处所，实时准确地完成对列车及车辆电子标签信息的采集，并将采集的信息进行处理，通过专线传至车站CPS设备。

（3）车站CPS设备安装在局、客站，编组站，大小货站主机房，完成AEI采集数据的处理，并向列检复示系统和铁路运输管理信息系统（TMIS）转发数据。

（4）列检复示系统负责显示地面读出装置工作状况，接收并处理CPS设备发过来的过车数据，并提供快捷、详细的数据查询、统计、打印等功能。

（5）AEI监控中心负责监测AEI设备的工作状态，协调、指挥AEI设备维护，确保AEI设备工作状态良好，实时接收本局交界口AEI设备采集的列车和车号数据，并接收各台AEI设备产生的故障信息和设备状态信息，以便及时了解地面AEI设备的工作状态，及时处理故障。此外，它还可以监测客、货车电子标签的工作状态。

（6）标签编程网络是标签安装前，将车辆信息写入标签内存的网络系统，可在车辆段、厂和站修所对标签进行编程写入。其作用是防止出现错号车、重号车，并对丢失损坏的标签进行补装。

（2）统计人员应与站调、值班员、车辆段调度或列检值班员等有关人员建立相互核对现在车和检修车制度，并定时与铁路局统计人员逐列核对货车出入数，达到实际数与推定数一致。

（3）各编组站、区段站及较出入量较大的车站必须建立“集中掌握、分场管理”或“到、发列车编组顺序表对号销”等有效方法掌握现在车。

（4）对新购货车，车站、车辆段与工厂必须建立交接核对制度。

（5）对企业自备车的掌握要严格按照“过轨运输证”核准的有效期限，建立企业自备车过轨台账，准确地将其加入或退出。对收回“过轨运输证”的车辆由过轨站和存放站根据国铁集团电报核实现车后及时退出。

（6）对内存货车，接轨或交接车站与企业必须建立过轨转换核对制度。

2. 铁路局

（1）要认真掌握国铁货车与企业自备货车、内存货车，新购货车及报废车，出租车及退租车等的情况。

（2）要认真执行“货车动态表（运统 11）”中掌握货车数的方法。

三、现在车统计

货车出入数是平衡货车现有数和计算货车停留时间的依据。

1. 出入的货车

1）随同列车（包括单机、轨道车，下同）出入的货车

（1）铁路局：负责统计经分界站与邻局及国外相互交接的货车。

（2）编组站、区段站：负责统计在该站进行列车编解或有中转技术作业（指更换机车或换机车乘务员或进行列车车辆技术检查，下同）列车上的货车。

列车运行图规定在该站有中转技术作业的列车临时变为通过或虽有停站时间但不进行中转技术作业时，均不计算货车出入；但列车在枢纽地区临时变更发、到站所经过的编组站发生中转技术作业时，计算货车出入；运行图未规定有中转技术作业的列车，虽有停站时间或临时停车，均不计算货车出入。

一个自然站划分为多个车场的，18:00 运输统计报告仍按一个车站统计上报；对场与场间因货车转场或取送作业开行的列车，均不计算货车出入。

（3）中间站：负责统计实际摘挂的货车以及始发、终到或停运列车上的货车。

小贴士

停运列车：列车未到达运行区段终止站，亦未到达整列火车装卸作业站而在中间站停运并摘走机车的列车（因自然灾害、事故等机车不能摘走，根据调度命令可视同机车摘走）。

中间站始发、终到的列车不包括在中间站临时更换机车或变更车次继续运行的列车。

中间站利用列车停站时间进行装卸作业的货车（循环快运货物列车挂运的零快货车及沿途零担车除外），虽未进行摘挂，亦统计为货车出入。

在中间站进行组合或拆组的重载（长大）列车上的货车，统计为货车出入。

2）不随同列车出入的货车

不随同列车出入的货车包括：① 新购货车；② 报废货车；③ 拨交货车；④ 加入、退出的企业自备货车。

2. 货车出入的时分

1）随同列车的货车出入时分

随同列车的货车出入时分以列车实际出发、到达或通过时分为准。

列车发出站界后因故退回或列车在区间分部运行的货车出入时分按以下规定统计。

（1）列车发出站界后因故退回摘下部分车辆时，摘下的车辆视为未发出；加挂车辆时，对加挂的车辆以挂车后再次发出时分为准。

（2）因列车分部运行，先到达前方站的车辆挂于其他列车发出时，该部分车辆以实际到达时分为准；如车辆分别拉向两端车站时，后方站到达的车辆以实际到达时分为准。

2）不随同列车的货车出入时分

（1）新购入的货车。

新购入的货车由车站在“新造车辆竣工验收移交记录（车统 1 并车统 13）”上签字时起将其加入。

（2）报废车。

报废车根据国铁集团批准的“货车报废记录单（车统 3）”，车站由接到统计部门或车辆部门通知的时分起将其剔出。报废车未解体前，车辆部门必须在车号下方涂打“报废车”字样及国铁集团报废车命令号，严禁编入列车越出站界。

（3）拨交货车。

根据国铁集团命令拨交其他部门或由其他部门拨交国铁集团的货车，以双方在“车辆

资产移交记录（车统 70）”上签字时起分别计算转出或转入。

（4）企业自备车的加入、退出。

① 企业自备车的加入。

a．对新取得“过轨运输许可证”的自备车，由该企业自备车过轨车站根据“过轨运输许可证”“车辆检修合格证明”“检修车辆竣工验收移交记录（车统 33 并车统 36）”，核实现车并填制货票将其加入。

b．新出厂的自备车，自车站在“新造车辆竣工验收移交记录（车统 1 并车统 13）”上签字时起将其加入。

c．一次性过轨的自备车，自车辆送到车站并填妥货票时起将其加入。

② 企业自备车的退出。

a．对“过轨运输许可证”到期交回注销的自备车，过轨车站、车辆存放车站应根据国铁集团定期公布的“不再参加铁路局、控股合资铁路过轨运输的企业自备货车”的相关内容，核实现车后将其退出。

b．一次性过轨的自备车，自车辆到达货票记载车站时起将其退出。

c．运行图中报废的企业自备货车由统计现在车的单位将其退出，电报通知自备车管理部门并办理过轨站销帐。

（5）内存货车的加入、退出。

① 新购内存货车（含一次性过轨后的货车）自到达本企业时起将其加入。

② 自内存货车报废时起将其退出，已办理一次性过轨的货车自离开本企业时起将其退出。

四、货车出入登记簿（运统 4）

1．作用

货车出入登记簿（见表 5-1）用于在分界站、编组站、区段站以及大量装卸站登记货车出入情况，并作为编制“分界站货车出入报表（运报 1）”和“现在车报表（运报 2）”以及登记“非号码制货车停留时间登记簿（运统 9）”的资料。

2．填记依据

（1）随同列车出入的货车，根据“列车编组顺序表（运统 1）”填记。

（2）不随同列车出入的货车，根据“不随同列车的货车出入时分”的规定填记。

表 5-1　货车出入登记簿（运统 4）

2017 年 2 月 18 日　　　乙站

方向	列车车次	到发时间	标准换算小时	入																																											守车	记事
				合计		其中								运用重车											运用空车											非运用车												
				车数	标准换算小时	作业车		无调中转		有调中转		非运用		计	棚车	敞车	平车	毒品车	罐车	其中		冷藏车	集装箱	其他	计	棚车	敞车	平车	毒品车	罐车	其中		冷藏车	集装箱	其他	计	棚车	敞车	平车	毒品车	罐车	其中		冷藏车	集装箱	其他		
						车数	标准换算小时	车数	标准换算小时	车数	标准换算小时	车数	标准换算小时							轻油	粘油										轻油	粘油										轻油	粘油					
1	2	3	4	5	6	7	8	9	10	11	12	13	14	15	16	17	18	19	20	21	22	23	24	25	26	27	28	29	30	31	32	33	34	35	36	37	38	39	40	41	42	43	44	45	46	47	48	49
甲	30051	18:20	0.7	56	39.2	10	7.0			46	32.2			56	21	35																																
丙	21010	18:58	0	56	0			56	0					56	20	30	6																															
丙	31038	20:20	0.8	56	44.8					56	44.8			56	31	25																																
甲	21009	20:35	0.4	56	22.4			56	22.4					56		26			30	30																												
甲	30053	21:05	0.9	55	49.5	10	9.0			45	40.5			55	10	39	6																															
甲	21011	22:00	0	56	0			56	0					56	21	20			15	15																												
丙	21012	22:10	0.8	56	44.8			56	44.8					56	16	40																																
丙	31040	0:20	0.7	55	38.5	10	7.0			45	31.5			55	24	26	5																															
丙	21014	1:10	0.8	56	44.8			56	44.8					56	21	35																																
甲	30055	1:15	0.8	55	44.0	10	8.0			45	36.0			55	6	49																																
甲	21013	1:40	0.3	56	16.8			56	16.8					56	16	30			10	10																												
丙	31042	2:10	0.8	56	44.8					56	44.8			56	15	31	10																															
甲	30057	3:30	0.5	55	27.5					55	27.5			55	20	30	5																															
甲	21015	4:00	0	56	0			56	0					56	20	30	6																															
丙	31044	4:30	0.5	55	27.5	20	10.0			35	17.5			55	20	35																																
丙	21016	5:05	0.9	56	50.4			56	50.4					56	10	40	6																															

（续表）

方向	列车车次	到发时间	标准换算小时	入																																											守车	记事
				合计		其中								运用重车											运用空车											非运用车												
						作业车		无调中转		有调中转		非运用								其中											其中											其中						
				车数	标准换算小时	车数	标准换算小时	车数	标准换算小时	车数	标准换算小时	车数	标准换算小时	计	棚车	敞车	平车	毒品车	罐车	轻油	粘油	冷藏车	集装箱	其他	计	棚车	敞车	平车	毒品车	罐车	轻油	粘油	冷藏车	集装箱	其他	计	棚车	敞车	平车	毒品车	罐车	轻油	粘油	冷藏车	集装箱	其他		
甲	41011	6:01	1.0	32	32.0	8	8.0			24	24.0			32	8	20	4																															
甲	21017	6:35	0.4	56	22.4			56	22.4					56	26	30																																
丙	41002	8:25	0.6	36	21.6	6	3.6			30	18.0			36	6	30																																
甲	21019	11:30	0.5	55	27.5			55	27.5					55	9	40	6																															
甲	30059	12:05	0.9	56	50.4	11	9.9			45	40.5			56	21	35																																
丙	31046	14:00	0	55	0	5	0			50	0			55		55																																
丙	21018	14:55	0.1	55	5.5			55	5.5					55	9	26			20	20																												
甲	41013	15:00	0	36	0					36	0			36	6	30																																
丙	21020	16:45	0.3	56	16.8			56	16.8																56					56	56																	
丙	41004	17:20	0.7	37	25.9	8	5.6			29	20.3			37	7	30																																
		合计		1365	697.1	98	68.1	670	251.4	597	377.6			1309	363	817	54		75	75					56					56	56																	

3. 填记方法

（1）方向（1 栏）：分别填记列车到发方向，按出入时分顺序填记。

（2）车次（2 栏）：填记到发列车的车次。对不随同列车出入的货车填记出入的种别，如“新造车”“企业自备车”等。

（3）到发时分（3 栏）：根据“行车日志（运统 2、运统 3）”填记。不随同列车出入的货车，则根据规定的出入时分填记。

（4）出（入）货车：凡计算车站出入的货车，均填记在各有关栏内。

（5）专业运输公司租用车：本栏根据到发列车中各专业运输公司租用车合计及租用作业转变的情况填入，并作为填记“专业运输公司租用货车报表”（运报 2-ZY）的资料。

（6）各换算车小时栏，按下列方法填记。

将货车出（入）的实际分钟数换算成十进位小时数填记在本栏中，换算方法有正算法（见表 5-2）和逆算法（见表 5-3）两种，各站可采用 1 h，3 h，6 h 等不同结算制的办法填记。

表 5-2　正算十进位小时换算表

实际分数	1～2	3～8	9～14	15～20	21～26	27～32	33～38	39～44	45～50	51～56	57～60
十进位小时	0	0.1	0.2	0.3	0.4	0.5	0.6	0.7	0.8	0.9	1.0

表 5-3　逆算十进位小时换算表

实际分数	58～60	52～57	46～51	40～45	34～39	28～33	22～27	16～21	10～15	4～9	1～3
十进位小时	0	0.1	0.2	0.3	0.4	0.5	0.6	0.7	0.8	0.9	1.0

正算法：

$$\text{十进位标准换算小时}=\frac{\text{本统计阶段开始至货车出(入)时刻的分钟数}}{60}$$

逆算法：

$$\text{十进位标准换算小时}=\frac{\text{货车出(入)时刻至本统计阶段末的分钟数}}{60}$$

假设某货车 18:20 出（入），以 1 h 结算制为例，统计阶段为 18:01～19:00，则其正算法的标准换算小时为 $20\div60=0.3$；逆算法标准换算小时为 $40\div60=0.7$。

若为 3 h 结算制，统计阶段为 18:01～21:00，则其正算法标准换算小时为 $80\div60=1.3$，逆算法标准换算小时为 $100\div60=1.7$。

若为 6 h 结算制，统计阶段为 18:01～0:00，则其正算法标准换算小时为 $80\div60=1.3$，逆算法标准换算小时为 $280\div60=4.7$。

① 标准换算小时（4 栏）：1 h 结算制的车站以本小时内出入的实际时分，按十进位小时填记。

② 以标准换算小时（4 栏）分别乘各栏（5，7，9，11，13 栏）的车数，将各项乘积填记在各换算车小时栏内（6，8，10，12，14 栏）。这几栏之间的关系为 6 栏 = 8 栏 + 10 栏 + 12 栏 + 14 栏。

4. 结算

每日 18:00 结束时，应将本日入、出的各项分别加总，并分出其中随同列车的入、出以及各种不随同列车的入、出合计数，作为填报“现在车报表（运报 2）”的依据。

五、现在车报表（运报 2）

现在车报表（运报 2）用于统计铁路局、车站每日 18:00 当时的货车按运用别、重空别、车种别的现在车数，作为各级运输调度指挥人员调整运用车保有量，计算货车运用指标及编制运输工作计划的重要依据，如表 5-4 所示。

1. 编制依据

（1）车站编制现在车报表的依据包括：列车编组顺序表（运统 1）、行车日志（运统 2 或运统 3）、货车出入登记簿（运统 4）、检修车登记簿（运统 5）、运用车转变记录（运统 6）、运用车非转变记录（运统 6-1）、非运用车登记簿（运统 7）、部备用货车登记簿（运统 7-A）、号码制货车停留时间登记簿（运统 8）、非号码制货车停留时间登记簿（运统 9）、新造车辆竣工验收移交记录（车统 1 并车统 13）、车辆报废通知等有关资料。

（2）铁路局编制现在车报表的依据包括：分界站货车出入报表（运报 1）、车站的现在车报表（运报 2）、18:00 在途列车确报、货车动态表（运统 11）。

2. 编制说明

（1）现在车报表分别按国铁货车（BYB-2）、企业自备车（QYB-2）、内存货车（NYB-2）、综合（YB-2）逐级上报。其中企业自备货车现在车报表中的非运用车数只填记检修车、洗罐车、在企业内货车、军方特殊用途空车栏；内用货车现在车报表中的非运用车数只填记检修车、在企业内货车栏。

（2）企业租用车的加入和退出，按路企双方签订的租用合同办理。途中发生报废时，在发生站退出，同时通知签订租用合同的车站销账。

（3）铁路局及其所属企业的自备货车空车填报在 QYB-2“租出空车”栏（90 栏）。回到过轨站、装卸作业站的企业自备货车空车填报在 QYB-2“在企业内货车”栏（91 栏）。内存空车填报在 NYB-2“在企业内货车”栏（91 栏）。

（4）其他部门拨交铁路或铁路拨交其他部门的货车在“其他”栏（5 及 9 栏）填报。

（5）国外铁路货车在交付使用前的试运转空车、由车辆工厂向企业或国外回送的新造及修复的货车（装载在货车上的车辆除外），在 QYB-2 第 5 栏、第 9 栏中填报。

（6）本表为日、旬、月、季、年报。

为确保检修车数的准确，列检与车站、车辆调度及铁路局统计应核对一致后再将信息上报。

表 5-4　现在车报表

局名或月日	昨日结存	现在车									运用车合计	运用车																														
		入				出				现在车合计		重车																		空车												
		到达	新购货车	新许可加入	其他	发出	报废车	退出企业自备车	其他			计	棚车	敞车	普通平车	两用平车	轻油罐车	粘油罐车	其他罐车	冷藏车	集装箱车	矿石车	长大货物车	毒品车	家畜车	散装水泥车	散装粮食车	特种车	其他	计	棚车	敞车	普通平车	两用平车	轻油罐车	粘油罐车	其他罐车	冷藏车	集装箱车	矿石车	长大货物车	毒品车
													P	C	N	NX	GQ	GN	GT	B	X	K	D	W	J	U	L	T			P	C	N	NX	GQ	GN	GT	B	X	K	D	W
	1	2	3	4	5	6	7	8	9	10	11	12	13	14	15	16	17	18	19	20	21	22	23	24	25	26	27	28	29	30	31	32	33	34	35	36	37	38	39	40	41	42

					非运用车																																												
					非运用车合计	备用车																		检修车																		代客货车	行包专用货车	路用车	洗罐车	整备罐车	租出空车	在企业内货车	军方特殊用途空车
家畜车	散装水泥车	散装粮食车	特种车	其他		计	棚车	敞车	普通平车	两用平车	轻油罐车	粘油罐车	其他罐车	冷藏车	集装箱车	矿石车	长大货物车	毒品车	家畜车	散装水泥车	散装粮食车	特种车	其他	计	棚车	敞车	普通平车	两用平车	轻油罐车	粘油罐车	其他罐车	冷藏车	集装箱车	矿石车	长大货物车	毒品车	家畜车	散装水泥车	散装粮食车	特种车	其他								
J	U	L	T				P	C	N	NX	GQ	GN	GT	B	X	K	D	W	J	U	L	T			P	C	N	NX	GQ	GN	GT	B	X	K	D	W	J	U	L	T									
43	44	45	46	47	48	49	50	51	52	53	54	55	56	57	58	59	60	61	62	63	64	65	66	67	68	69	70	71	72	73	74	75	76	77	78	79	80	81	82	83	84	85	86	87	88	89	90	91	92

编表单位：　　　　编表人：　　　　单位领导：　　　　上报日期：　　年　　月　　日

（盖章）　　　　　　　　　　（签章）

3. 编制方法

（1）昨日结存（1栏）：填记昨日第10栏的现在车合计数。

例如，乙站2月17日18:00现在车合计（10栏）为181车，则在2月18日的运报2第1栏中填181车。

（2）到达（2栏）：填记当日“货车出入登记簿（运统4）”中随同列车到达车站的货车总数。

（3）新购货车（3栏）及报废车（7栏）：分别填记当日新购入及报废的货车数。

（4）新合同加入企业自备车（4栏）及退出企业自备车（8栏）：分别按新合同批准过轨的企业自备车及合同到期退出企业自备车数填记。

（5）其他（5，9栏）：填报当日其他部门拨交铁路（5栏）或铁路拨交其他部门（9栏）的货车数。

（6）发出（6栏）：填记当日“货车出入登记簿（运统4）”中随同列车发出的货车总数。

（7）现在车合计（10栏）：填记当日18:00当时现在车合计数，即

现在车合计＝运用车合计＋非运用车计（车）

或　　现在车合计＝昨日结存＋入各栏之和－出各栏之和（车）

（8）运用车合计（11栏）：填记当日18:00运用车数中重车（12栏）与空车（24栏）之和，即

运用车合计＝重车计＋空车计（车）

或　　运用车合计＝昨日结存＋到达＋转入－发出－转出（车）

（9）重车计、空车计、非运用车计以及其中的车种别车数各栏：可按“昨日结存”加上当日的“入”再减去当日的“出”填记。

六、18:00重车去向报表

18:00重车去向报表（运报3）反映18:00管内重车及移交重车去向，可作为铁路局组织卸车及掌握重车车流的依据。

1. 编制依据

车站根据18:00当时运用重车货票、列车编组顺序表或其他货运单据上记载的到站编制；铁路局根据车站报送的“18:00现在重车去向报表（运报3）”（见表5-5）及18:00在途列车确报编制。

表 5-5　18:00 重车去向报表

<table>
<tr><th rowspan="3">局名或月日</th><th colspan="5">自局管内卸车</th><th colspan="8">移交外局车数</th><th rowspan="3">合计
重车数</th></tr>
<tr><th rowspan="2">车
数</th><th colspan="4">其中</th><th rowspan="2">局</th><th rowspan="2">局</th><th rowspan="2">局</th><th rowspan="2">局</th><th rowspan="2">局</th><th rowspan="2">局</th><th rowspan="2">…</th><th rowspan="2">移交重车
合计</th></tr>
<tr><th>棚
车</th><th>敞
车</th><th>平
车</th><th>罐
车</th></tr>
<tr><td>7月6日</td><td>1</td><td>2</td><td>3</td><td>4</td><td>5</td><td>6</td><td>7</td><td>8</td><td>9</td><td>10</td><td>11</td><td>…</td><td>24</td><td>25</td></tr>
</table>

编表单位：　　　　编表人：　　　　单位领导：　　　　上报日期：　　年　　月　　日

（盖章）　　　　　　　　　　　　　（签章）

2. 编制说明

（1）整车分卸按最终到站统计。

（2）对到达国外、合资、地方铁路的重车按所到达分界站（无分界站时为交接站）所属局统计。

（3）到达本局管内的重车经由邻局运送时，按到达邻局统计。

（4）重车到站不明时，按到达列车运行方向前方编组站径路统计。

（5）本表合计重车数应与现在车报表（运报 2）重车数一致。

（6）本表为日、旬、月、季、年报。

七、分界站货车出入报表

分界站货车出入报表（运报 1）反映铁路局、国内与国外铁路间的列车、货车出入情况，可作为统计铁路运输企业货车现有数、考核列车、货车交接计划完成情况及经营管理的依据，如表 5-6 所示。

1. 编制依据

（1）列车编组顺序表（运统 1）。

（2）行车日志（运统 2，3）。

（3）货车出入登记簿（运统 4）或号码制货车停留时间登记簿（运统 8）。

2. 编制说明

（1）本表分别按部属铁路货车（BYB-1）、企业自备车（QYB-1）和综合（YB-1）填报，格式同 YB-1。

（2）列车列数为实际出入分界站的货物列车（小运转列车除外）列数。根据列车车次分别按国铁集团所属列车和企业自备车列车统计。

快运货物班列、货物快运列车入出列数分别为货物列车入出列数的其中数。挂有跨局零散货物快运车辆的直通、直达和区段货物列车（X*****）仍按原列车属性统计，入出列车数不在快运列车入出栏反映。

表 5-6 分界站货车出入报表

局名或月日	入																																												
			运用车																																					非运用车					
			合计	重车																		空车																		合计	其中				
	列车列数	货车合计		计	棚车	敞车	普通平车	两用平车	轻油罐车	粘油罐车	其他罐车	冷藏车	集装箱车	矿石车	长大货物车	毒品车	家畜车	散装水泥车	散装粮食车	特种车	其他	计	棚车	敞车	普通平车	两用平车	轻油罐车	粘油罐车	其他罐车	冷藏车	集装箱车	矿石车	长大货物车	毒品车	家畜车	散装水泥车	散装粮食车	特种车	其他		检修车	代客货车	路用车	租出空车	军方特殊用途空车
	1	2	3	4	5	6	7	8	9	10	11	12	13	14	15	16	17	18	19	20	21	22	23	24	25	26	27	28	29	30	31	32	33	34	35	36	37	38	39	40	41	42	43	44	45

出																																													入		出	
		运用车																																					非运用车									
		合计	重车																		空车																		合计	其中								
列车列数	货车合计		计	棚车	敞车	普通平车	两用平车	轻油罐车	粘油罐车	其他罐车	冷藏车	集装箱车	矿石车	长大货物车	毒品车	家畜车	散装水泥车	散装粮食车	特种车	其他	计	棚车	敞车	普通平车	两用平车	轻油罐车	粘油罐车	其他罐车	冷藏车	集装箱车	矿石车	长大货物车	毒品车	家畜车	散装水泥车	散装粮食车	特种车	其他		检修车	代客货车	路用车	租出空车	军方特殊空车	行包专列列数	行包专用货车数	行包专列列数	行包专用货车数
46	47	48	49	50	51	52	53	54	55	56	57	58	59	60	61	62	63	64	65	66	67	68	69	70	71	72	73	74	75	76	77	78	79	80	81	82	83	84	85	86	87	88	89	90	91	92	93	94

编表单位：　　　　编表人：　　　　单位领导：　　　　上报日期：　　年　　月　　日

（盖章）　　　　　　　　　　　　（签章）

（3）货车出入数为出入分界站的所有列车（包括旅客列车、快速班列、单机和路用列车）上所挂货车以及在货车上装载的回送国铁检修车。

快运货物班列、货物快运列车入出车数分别为货物列车入出车数的其中数，挂有跨局零散货物快运车辆的直通、直达和区段货物列车（X*****）中的零散货物快运车数需在快运列车入出车数栏反映。

（4）出入货车按运用车、非运用车分别统计。

（5）对出入的整车装运铁路货车用具（篷布、空集装箱及军用备品等）的货车，按重车统计。

（6）分界站、铁路局对在国境外和设有分界站的地方铁路、合资铁路内的货车现有数按日逐级上报。

（7）对国际联运的外国铁路货车出入，在分界站企业自备货车出入报表（QYB-1）中，按运用车列报。

（8）合资、地方铁路分界站，要完善通讯、网络传输设施，按要求核对出入现车和线内结存货车数。

（9）分界站上报双方铁路局货车出入报表的数字必须核对一致。报出后如发现错误，需双方协商确认，由分界站订正当日统计数字或在次日报告中调整。未经双方同意，不准单方修改，必须以分界站上报数字为准。

（10）本表为日、旬、月、季、年报。由分界站每日上报双方铁路局，铁路局按规定向国铁集团报送。

现在车统计，不仅可以考核车站运用车保有量是否超过规定标准，而且可供铁路局推算各站货车保有量和去向别的移交重车数、编制和检查运输工作日常计划、组织卸车和调整车流之用。

任务二 装卸车统计

2017 年 12 月 26 日国家发改委称，自 2018 年 1 月 1 日起，铁路集装箱、零担各类货物运输价格，以及整车运输的矿物性建筑材料、金属制品、工业机械等 12 个货物品类运输价格实行市场调节，由铁路运输企业依法自主制定。

根据《国家发展改革委关于深化铁路货运价格市场化改革等有关问题的通知》，2018 年 1 月 1 日起，将执行国铁统一运价，电气化路段收取的电力附加费并入国铁统一运价，不再单独收取。实行政府指导价的整车运输各货物品类基准运价不变，铁路运输企业可以国家规定的基准运价为基础，在上浮不超过 15%、下浮不限的范围内，根据市场供求状况自主确定具体运价水平。集装箱、零担车以及整车货物在运输时均须计算装卸车数。

那么装卸车应如何统计呢？通过本任务的学习，下面同学们可以了解装卸车统计的相关知识。

相关知识

装卸车统计反映了铁路完成的货车装卸作业和货运量情况，据以考核经营实绩，为改善运输组织，改进货物运输工作提供统计信息和资料。

一、装车数统计

凡在铁路货运营业站承运并填制货票，以运用车运送货物的装车，均统计为装车数。其分为整车货物、整装零担车、集装箱货物和国家铁路运输企业、合资铁路、地方铁路装车数。

扫一扫

装车数统计

1. 整车货物

具有以下情况的装车，均为整车货物。

（1）由营业站承运的装车。

（2）港口站的装车及不同轨距联轨站换装货物的装车。

（3）填制货票的游车。

（4）填制货票免费回送货主的货车用具和加固材料的整车装车。

（5）按 80%核收运费的企业自备车、企业租用车和路用车的装车（按轴公里计费的除外）。

（6）填制货票核收运费的站内搬运的装车。

2. 整装零担车及零散快运货物

在装车站装载的一站直达整零的装车或在装车站装载自站发送货物占全部货物重量一半及其以上的装车。

按照列车编组计划或以调度命令指定挂运的零散货物快运车辆，在装车站装载自站发送货物（超过 10 t 为标准）占全部货物一半及以上，统计为“零快”装车数。

3. 集装箱货物

集装箱货物是指整车集装箱在装车站装载自站发送集装箱，其换算箱数占全部换算箱数一半及其以上的装车。

提示

各类型集装箱换算箱数的计算按“集装箱技术参数表”的规定进行。

4. 铁路局、合资铁路、地方铁路装车数

1）铁路局

在铁路局车站自站的装车（包括在铁路局分界站、接轨站制票运往合资、地方铁路的装车）统计为承运装车数。

由非控股合资铁路、地方铁路、国境接入并填制有货票的重车或换装货物的装车（不包括通过合资、地方铁路运输的重车及到达分界站或接轨站卸车的重车）应统计为交接装车数。

2）合资铁路

（1）管内装车数（包括装往铁路局分界站、接轨站卸车的装车）。

- **国铁货车：**使用国铁货车在本合资铁路管内自装自卸所产生的装车。
- **企业自备货车：**使用企业自备货车在本合资铁路管内自装自卸所产生的装车。
- **内存货车：**使用内存货车并填制正式货票（国家铁路货票或地方税务部门监制的票据）在本合资铁路管内自装自卸所产生的装车。

（2）输出装车数。

输出装车数是指与全路办理一票直通货物运输的合资铁路自管内装往铁路局或其他合资、地方铁路所产生的装车。

3）地方铁路

（1）管内装车数（包括装往铁路局、合资铁路分界站或接轨站卸车的装车）。

- **国铁货车：**使用国铁货车在本地方铁路管内自装自卸所产生的装车。
- **企业自备货车：**使用企业自备货车在本地方铁路管内自装自卸所产生的装车。
- **内存货车：**使用内存货车并填制正式货票（国家铁路货票或地方税务部门监制的票据）在本地方铁路管内自装自卸所产生的装车。

（2）输出装车数。

输出装车数是指与全路办理一票直通货物运输的地方铁路自管内装往铁路局或其他合资、地方铁路所产生的装车。

（3）交接装车数。

由铁路局合资铁路或其他地方铁路接入或通过并填制货票的重车统计为交接装车数。

二、卸车数统计

凡填制货票以运用车运送到达铁路货运营业站的卸车，均统计为卸车数。

1. 整车货物

具有以下情况的装车，均为整车货物。

（1）到达营业站货物的卸车。

（2）港口站的卸车及不同轨距联轨站换装货物的卸车。

（3）填制货票的游车。

（4）填制货票免费回送货主的货车用具和加固材料的整车卸车。

（5）按 80%核收运费的企业自备车、企业租用车和路用车的卸车（按轴公里计费的除外）。

（6）填制货票核收运费的站内搬运的卸车。

2. 整装零担车

在终到站到达的一站直达整零的卸车或在终到站到达自站货物占全部货物重量一半及其以上的卸车。

3. 集装箱货物

整车集装箱在终到站到达自站集装箱，其换算箱数占全部换算箱数一半及其以上的卸车。

4. 铁路局、合资铁路、地方铁路卸车数

1）铁路局

在铁路局营业站的卸车，包括由合资、地方铁路接入到达分界站（接轨站）的卸车。

2）合资铁路

（1）管内卸车数（不包括管内装车到达铁路局、合资铁路分界站或接轨站的卸车）。

- **国铁货车：**使用国铁货车在本合资铁路管内自装自卸所产生的卸车。
- **企业自备货车：**使用企业自备货车在本合资铁路管内自装自卸所产生的卸车。
- **内存货车：**使用内存货车并填制正式货票（国家铁路货票或地方税务部门监制的票据）在本合资铁路管内自装自卸所产生的卸车。

（2）输出卸车数。

输出卸车数是指由铁路局或其他合资铁路、地方铁路与本合资铁路办理一票直通货物运输的重车到达本合资铁路管内的卸车。

3）地方铁路

（1）管内卸车（不包括管内装车到达铁路局、合资铁路分界站或接轨站的卸车）。

- **国铁货车**：使用国铁货车在本地方铁路管内自装自卸所产生的卸车。
- **企业自备货车**：使用企业自备货车在本地方铁路管内自装自卸所产生的卸车。
- **内存货车**：使用内存货车并填制正式铁路货票或地方税务部门监制的票据，在本地方铁路管内自装自卸所产生的卸车。

（2）输入卸车数。

输出卸车数是指由铁路局或其他合资、地方铁路与本地方铁路办理一票直通货物运输的重车到达本地方铁路管内的卸车。

凡到达铁路营业站的重车在本统计报告日内实际尚未卸完的，均统计为待卸车数。

三、增加使用车和增加卸空车的计算

增加使用车、增加卸空车为车站因装卸中转零担货物、零散快运货物、铁路货车用具或货物倒装等，而使用或卸空的车辆。除以下规定的，一律不得统计为增加使用车和增加卸空车。

1. 整装零担车

（1）在装车站装载中转货物超过全部货物重量一半的装车按增加使用车计算。

（2）在终到站到达中转货物超过全部货物重量一半的卸车按增加卸空车计算。

2. 零散快运车

（1）按照列车编组计划或以调度命令指定挂运的零散货物快运车辆，在装车站装载中转货物（以超过 10 t 为标准）占全部货物重量一半以上，统计增加使用车数。

（2）按照列车编组计划或以调度命令指定挂运的零散货物快运车辆，在卸车站到达中转货物（以超过 10 t 为标准）占全部货物重量一半以上，统计为增加卸空车数。

3. 集装箱车

（1）在装车站装载中转集装箱，其换算箱数超过全部换算箱数一半的装车按增加使用车计算。

（2）在终到站到达中转集装箱，其换算箱数超过全部换算箱数一半的卸车按增加卸空车计算。

4. 铁路货车用具

整车装运铁路货车用具（篷布、空集装箱及军用备品等）的装卸按增加使用车或增加卸空车计算。

5. 倒装作业

运用重车在运送途中发生倒装作业(不包括装载整理）的计算方法如下。

（1）一车倒装两车时计算增加使用车一辆，两车倒装一车时计算增加卸空车一辆。

（2）当日卸车后不能当日装车时，当日计算增加卸空车一辆,装车时可再计算增加使用车一辆。

（3）当日一车倒装一车时不计算增加使用和增加卸空车数。

四、装卸作业次数的计算

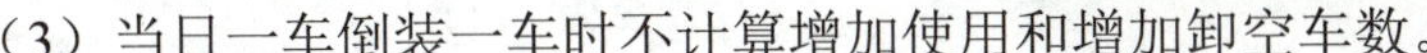

装卸作业次数为车站在一定时期内所完成的装车、卸车作业及其他货车作业的总次数。

（1）凡计算装卸车数的，均计算作业次数。

（2）货物倒装车、整车装卸铁路货车用具和按增加使用及增加卸空车计算的整装零担车、零散快运车、整装集装箱，均按实际作业车数计算作业次数。整车货物倒装全部卸空后，又原车装运时，按两次作业计算。

（3）整车分卸的货车在运送途中站进行卸车时，按一次作业计算。

（4）零散快运装卸作业车数的计算。

① 在运送途中站摘下进行装卸作业，随另一列车挂出时，按一次作业计算。

② 运送途中的编组站、区段站进行装卸作业时，按实际作业车数计算作业次数。

不计算装卸车数和作业次数的货车：

（1）各种非运用车的装卸（按一般货运手续办理的装车应转为运用车）;

（2）变更到站的重车;

（3）不论是否摘下而进行货物装载整理的货车;

（4）在本企业专用线内或不经过铁路营业线的两个企业间进行搬运货物装卸的货车。

任务三 货车停留时间统计

货物作业停留时间是货车周转时间的组成部分，约占货车周转时间的35%。大力缩短货物作业停留时间对于提高运输效率具有十分重要的意义。

因此，应加强各车站之间的信息沟通，提高标准化作业水平，保证充足的作业人员供给，以及使用先进的信息技术系统和管理系统，使货车作业停留时间最小化，以促进运输效率的提升。

下面就让我们来学习货车停留时间的相关知识。

货车停留时间统计反映了运用车的货物作业时间和中转停留时间的情况，可作为检查、分析、改善车站的运输组织工作，提高货车使用效率的依据。

凡计算车站出入的运用车，均应统计货车停留时间。中间站利用列车停站时间进行装卸，装卸完了仍随原列车继续运行时，只计算作业次数不计算停留时间。

一、货车停留时间统计指标

由到达、转入或加入时起至发出、转出或退出时止的全部停留时间（不包括其中转入非运用车的停留时间）均应统计货车停留时间。货车停留时间按作业性质不同，可以分为货物作业停留时间和中转停留时间。

1. 货物作业停留时间

货物作业停留时间为运用车在站线（包括区间，下同）及专用线（包括路产专用线，下同）内进行装卸、倒装作业所停留的时间。

1）统计指标

车站主要统计一次货物作业平均停留时间，即停时。

2）货物作业停留时间作业过程

（1）入线前停留时间：指由货车到达时起至送到装卸地点时止，双重作业货车由卸车完成时起至送到另一装车地点时止的时间。

其决定因素主要取决于到达、解体和送车等技术作业的效率，由车站运转部门负责组织进行。

（2）站线作业停留时间：指由货车送到装卸地点时起至装卸作业完成时止的时间。

其决定因素主要取决于车站组织装卸作业的效率，由车站货运部门、装卸部门负责组织进行。

（3）专用线作业停留时间：指由货车送到装卸地点时起至装卸作业完成时止的时间。如规定以企业自备机车取送车辆时，以双方将货车送到规定地点的时分计算。

其决定因素主要取决于专用线组织装卸作业的效率，由专用线货运部门、装卸部门负责组织进行。

（4）出线后停留时间：指由货车装卸作业完成时起至发出时止的时间。

其决定因素主要取决于取车、集结、编组和出发等技术作业的效率，也由车站运转部门负责组织进行。

3）一次货物作业平均停留时间计算公式

$$t_{货} = \frac{\sum Nt_{货车}}{u_{装} + u_{卸}}\text{(h)}$$

式中：

$\sum Nt_{货车}$——当日（本班）本站货物作业车总停留车小时，车·h；

$u_{装}$，$u_{卸}$——当日（本班）装、卸作业次数（或车数）。

2. 中转停留时间

中转停留时间为货车在车站进行解体、改编、中转技术作业及其他中转作业（包括变更到站、装载整理、专为加冰及洗罐消毒的货车，按规定进行洗罐的罐车除外）所停留的时间。计算中转停留时间的货车包括无调中转货车和有调中转货车。

计算中转停留时间的货车应为本站计算出入的货车。

1）统计指标

车站主要统计中转车平均停留时间，即中时。中转车含无调中转车及有调中转车两类，中时应为其停留时间的加权平均值。

2）无调中转货车

无调中转货车包括：在编组站或区段站原列到开的列车上的货车（摘走的车辆除外）；在编组站或区段站进行补、减轴调车作业的原中转列车上的货车（补、减轴的车辆除外）；停运列车上的货车。

无调中转货车中转停留时间的计算公式为

$$t_{无} = \frac{\sum Nt_{无}}{\sum N_{无}}\text{(h)}$$

式中：

$\sum Nt_{无}$ ——当日无调中转车总停留车小时，车·h；

$\sum N_{无}$ ——当日无调中转车总数。

3）有调中转货车

凡不符合上述无调中转作业条件的中转货车均按有调中转货车统计。

有调中转货车中转停留时间的计算公式为

$$t_{有}=\frac{\sum Nt_{有}}{\sum N_{有}}\text{(h)}$$

式中：

$\sum Nt_{有}$ ——当日有调中转车总停留车小时，车·h；

$\sum N_{有}$ ——当日有调中转车总数。

4）中转车平均停留时间计算公式

$$t_{中}=\frac{\sum Nt_{有}+\sum Nt_{无}}{\sum N_{有}+\sum N_{无}}=\frac{\sum Nt_{有}+\sum Nt_{无}}{(N_{中到}+N_{中发})/2}\text{(h)}$$

式中：

$N_{中到}$，$N_{中发}$——当日到达、发出的中转车数。

必须指出的是，在中间站产生下列中转作业时必须统计中转停留时间（不论是否有中转停留时间指标计划）：停运列车上的货车；列车在中间站折返原方向所挂的不属于本站办理装卸作业的货车；不是本站装卸作业而摘下的货车。

二、货车停留时间统计方法

目前，各种货车停留时间的统计方法有号码制和非号码制两种。

1. 号码制统计方法

1）方法内容

根据当日发出车辆的实际情况，按车号逐车统计货车由实际到达时起，至发出时止的全部停留时间、作业车数、作业次数及中转车数。

2）形式

号码制统计方法的形式为“号码制货车停留时间登记簿（运统 8）”。

号码制货车停留时间登记簿（运统 8）的作用是统计货车停留时间，以及使用“非号码制货车停留时间登记簿（运统 9）”的车站用以统计货物作业车的作业过程，可作为编制“货车停留时间报表（运报 4）”的资料，如表 5-7 所示。

表 5-7 号码制货车停留时间登记簿（运统 8）

2017 年 2 月 6 日

货车		到达			调入站线		站线作业完了		调入专用线		专用线作业完了		发出			作业种类	中转车停留时间	作业车停留时间	货物作业过程别				非运用			记事
车种	车号	车次	月日	时分	月日	时分	月日	时分	月日	时分	月日	时分	车次	月日	时分				入线前时间	作业时间 站线	作业时间 专用线	出线后时间	时间转入月日	时间转出月日	停留时间	
1	2	3	4	5	6	7	8	9	10	11	12	13	14	15	16	17	18	19	20	21	22	23	24	25	26	27
C_{62}	4114882	40101	5/2	12:59	5/2	14:10	5/2	15:10	5/2	18:00	5/2	21:00	40104	6/2	5:00	双		16.01	4.01	1.00	3.00	8.00				
C_{62}	4133174	40101	5/2	12:59	5/2	17:00 14:10	5/2	21:00 16:00					40104	6/2	5:00	双		16.01	2.11	4.00 1.50		8.00				
P_{60}	3031432	40102	5/2	16:38	5/2	17:50	5/2	19:50					40103	6/2	2:20	装		9.42	1.12	2.00		6.30				
N_{60}	5011892	40102	5/2	16:38	5/2	17:50	5/2	19:50					40103	6/2	2:20	卸		9.42	1.12	2.00		6.30				
P_{62}	3232663	40103	6/2	0:22	—	—	—	—	—	—	—	—	40103	6/2	2:20	分卸		—	—	—	—	—				不摘车作业
P_{13}	3053576	40103	6/2	0:22	6/2	2:12	6/2	3:52	6/2	5:02	6/2	8:52	40101	6/2	14:10	双		13.48	3.00	1.40	3.50	5.18				
P_{60}	3034114	40104	6/2	3:40	6/2	8:00	6/2	10:00					40101	6/2	14:10	倒		2.20	0.20	2.00	—	—	6/2 4:00 6/2 10:00	6/2 8:00 6/2 14:10	8.10	倒装卸后挂走
C_{62}	4118637	40104	6/2	3:40									40104	6/2	5:00	无	1.20									
P_{64}	3409891	40103	6/2	0:22									40104	6/2	5:00	有	4.38									
C_{62}	4123235	40101	6/2	12:59	6/2	14:00	6/2	16:30					40102	6/2	18:10	装										
															合计		5.58	65.14	11.36	12.30	6.50	34.18				
															进整		6	65	12	13	7	34				
															调整		6	65	12	12	7	34				
													过程不	全	货车			2	0	2						

3）号码制货车停留时间登记簿的填记依据

（1）列车编组顺序表（运统 1）中的列车车次、车种、车号。

（2）行车日志（运统 2，3）中的列车到发时分。

（3）装（卸）车清单（货统 2）及货车调运单（货统 46）或专用线取送车辆记录中的货车调到交接地点及装卸完成的时分。

（4）运用车转变记录（运统 6）及非运用车登记簿（运统 7）中的转变时分。

4）号码制货车停留时间登记簿的填记方法

（1）货车的到、发和转变以及各种货物作业过程的起止时分均填记实际时分。

（2）在站线卸车后调入专用线装车或专用线卸车后调入站线装车时分，分别填记其各个作业过程的起止时分。

（3）在站线卸车后调入另一站线装车或在专用线卸车后调入另一专用线装车时，在第 6～9 栏或第 10～13 栏内，另以分子形式填记第二次的起止时分。

（4）作业过程不全的货物作业车的，需在第 6～13 栏及第 20～23 栏内划一横线。

（5）作业种类（17 栏）按下列简称填记。

装车，“装”；卸车，“卸”；双重作业，“双”；货物倒装，“倒”；无调中转，“无”；有调中转，“有”。

（6）货车发出后，根据第 17 栏的记载，按下列办法结算其停留时间。

① 中转车停留时间（18 栏）及作业车停留时间（19 栏）填记发出时分（15，16 栏）与到达时分（4，5 栏）的差数，再减去转入非运用车（26 栏）的停留时间。

② 入线前停留时间（20 栏）填记调入装卸地点时分（6，7 栏或 10，11 栏）与到达时分的差数。

③ 站线作业时间（21 栏）及专用线作业时间（22 栏）填记作业完成时分（8，9 栏或 12，13 栏）与调入装卸地点时分（6，7 栏或 10，11 栏）的差数。

④ 出线后停留时间（23 栏）填记发出时分（15，16 栏）与作业完成时分（8，9 栏或 12，13 栏）的差数。

⑤ 双重作业车按第 6～13 栏的记载，将自卸车完成起至调入装车地点时止的时间加入第 20 栏内。

（7）当日 18:00，将当日发出的货车（已填记第 14～16 栏）加以结算。

① 各项停留时间（18～23 栏）加总后，1 h 以下满 30 min 的进为 1 h，30 min 以下的舍去。

② 货物作业车中在第 6～13 栏及第 20～23 栏划有横线的车数与停留时间，须单独加以结算。

③ 作业过程各停留时间进为小时后的合计，与货物作业车停留时间（19 栏）尾数不等时，按第 19 栏调整各作业过程时间。

④ 货物作业次数按17栏加总计算，并按装卸作业次数的统计规则确定。

（8）为便于总结，应将昨日未发出的货车用红笔移入当日最前部，然后再继续填记当日到发货车数。

5）号码制统计方法的优缺点

（1）优点：较准确；能反映作业车各作业过程的停留时间，便于分析。

（2）缺点：不能准确反映当日工作的实绩；工作繁琐，作业量大。

（3）适用场合：货车出入较少的车站。

例 5-2

已知：乙站2月6日出发的货车停留及作业情况如下。

（1）C62，车号4114882，2月5日12:59随40101次列车到达，当日14:10送到货物线作业，15:10作业完毕；又于18:00送入专用线作业，21:00专用线作业完毕。于2月6日5:00随40104次列车出发。

（2）C62，车号4133174，2月5日12:59随40101次列车到达，当日14:10送到货物线作业，16:00作业完毕；又于17:00送入另一货物线作业，21:00作业完毕。于2月6日5:00随40104次列车出发。

（3）P60，车号3031432，2月5日16:38随40102次列车到达，当日17:50送到货物线装车，19:50作业完毕；于2月6日2:20随40103次列车出发。

（4）N60，车号5011892，2月5日16:38随40102次列车到达，当日17:50送到货物线卸车，19:50作业完毕；于2月6日2:20随40103次列车出发。

（5）P62，车号3232663，2月6日0:22随40103次列车到达，在乙站进行不摘车装卸（分卸），于2月6日2:20随40103次列车出发。

（6）P13，车号3053576，2月6日0:22随40103次列车到达，当日2:12送到货物线作业，3:52作业完毕；又于当日5:02送入专用线作业，8:52作业完毕。于2月6日14:10随40101次列车出发。

（7）P60，车号3034114，2月6日3:40随40104次列车到达，当日8:00送到货物线作业，10:00作业完毕；于2月6日14:10随40101次列车出发。此车为倒装车，但只卸不装，卸后挂走。于2月6日4:00转为非运用车，当日8:00转回运用车，又于10:00转为非运用车，14:10转为运用车。

（8）C62，车号4118637，2月6日3:40随40104次列车到达，当日5:00随40104次列车出发。

（9）P64，车号3409891，2月6日0:22随40103次列车到达，当日5:00随40104次列车出发。

（10）C62，车号4123235，2月6日12:59随40101次列车到达，当日14:00送到货物线装车，16:30作业完毕；于2月6日18:10随40102次列车出发。

要求：试利用号码制货车停留时间登记簿（运统8）对该站货车停留时间进行统计，计算有调中转车平均停留时间、一次货物作业平均停留时间及货物作业过程别的平均停留时间。

解析： 本题中共两对摘挂列车，在该站到发的时间如表 5-8 所示。

表 5-8　两对摘挂列车在该站到发的时间

车次	到达	出发
40101 次	12:59	14:10
40102 次	16:38	18:10
40103 次	0:22	2:20
40104 次	3:40	5:00

当日完成的中时、停时和货物作业过程别的平均停留时间如下。

（1）中转作业停留时间。

① 无调中转车平均停留时间：

$$t_{无}=1.0\ (\text{h})$$

② 有调中转车平均停留时间：

$$t_{有}=5.0\ (\text{h})$$

③ 中转车平均停留时间：

$$t_{中}=\frac{6}{2}=3.0\ (\text{h})$$

（2）货物作业停留时间。

① 一次货物作业平均停留时间：（含作业过程不全的货车）。

$$t_{货}=\frac{67}{10}=6.7\ (\text{h})$$

② 货物作业过程其他平均停留时间（作业过程不全的货车不含，需另算）。

a. 入线前平均停留时间：

$$t_{线}^{入}=\frac{12}{5}=2.4\ (\text{h})$$

b. 站线作业平均停留时间：

$$t_{站}=\frac{12}{6}=2.0\ (\text{h})$$

c. 专用线作业平均停留时间：

$$t_{专}=\frac{7}{2}=3.5\ (\text{h})$$

d. 出线后平均停留时间：

$$t_{线}^{出}=\frac{34}{5}=6.8\ (\text{h})$$

该统计方法要求凡该日出发的货车的停留时间才统计，不在该日出发不统计。而且，该出发货车所有的停留时间都要算在这天。即使实际上有昨天、前天的停留，也要一并算在该日。反之，不在该日出发的货车，即使其确实在这天产生了停留时间，也不能算在这天，而只能算在该货车出发的那天。

2. 非号码制统计方法

1）方法内容

按换算小时逐列统计当日货车所停留的时间、作业次数和中转车数。

2）形式

非号码制统计方法的形式为“非号码制货车停留时间登记簿（运统 9）”（见表 5-9）或“综合统计表”。

非号码制货车停留时间登记簿（运统 9）的作用是统计货物作业停留时间及中转停留时间，可作为编制“货车停留时间报表（运报 4）”的资料。

3）非号码制货车停留时间登记簿的填记依据

（1）“货车出入登记簿（运统 4）”中的货车到发时分、车数及换算小时。

（2）“检修车登记簿（运统 5）”“非运用车登记簿（运统 7）”“备用车登记簿（运统 7-A）”中的货车转变时分。

4）非号码制货车停留时间登记簿的填记方法

（1）凡计算出入车数的一切运用及非运用车，均需在本簿内登记。

（2）每日 18:00 开始登记前，先将昨日各项结存车数移入本日“昨日结存”行各栏内。

（3）各到达和发出的车数、换算小时栏：根据“货车出入登记簿（运统 4）”结算每 1 h 随同列车和不随同列车出入的车数和换算车小时的总数，填入本小时的有关栏内。

（4）各转入和转出的车数、换算车小时栏：根据“检修车登记簿（运统 5）”“非运用车登记簿（运统 7）”“备用车登记簿（运统 7-A）”及装卸车情况，结算每 1 h 由运用车转入非运用车、非运用车转回运用车以及中转车转入作业车、作业车转入中转车的车数和换算车小时总数，填入本小时有关栏内。

（5）转入、转出各栏按下列规定填记。

① 由非运用转回运用的货车，按转入非运用前的作业种别填记，但进行装车时，必须转入作业车（包括解除备用时间不满的货车）；到达的非运用车和由运用转非运用车、非运用转回运用车前后作业种别不同时，则按转回运用的实际作业种别填记。

② 由于转入、转出需要倒退时间订正时，为了简化手续，不倒退时间涂改，可在记事栏内注明原因、车数及时间，在当日总结时一次调整计算；同 1 h 内产生转入、转出时，也应在记事栏注明原因。

表 5-9　非号码制货车停留时间登记簿（运统 9）

2 月 18 日　　　　乙站

项目 / 每小时合计	货车出入总数						其中																																				记事
	到达		发出		结存	停留时间	货物作业车										无调中转车						有调中转车										非运用车										
							入				出				结存	停留时间	到达		发出		结存	停留时间	入				出				结存	停留时间	入				出				结存	停留时间	
							到达		转入		发出		转出										到达		转入		发出		转出				到达		转入		发出		转出				
	车数	换算小时	车数	换算小时			车数	换算小时	车数	换算小时	车数	换算小时	车数	换算小时			车数	换算小时	车数	换算小时			车数	换算小时	车数	换算小时	车数	换算小时	车数	换算小时			车数	换算小时	车数	换算小时	车数	换算小时	车数	换算小时			
1	2	3	4	5	6	7	8	9	10	11	12	13	14	15	16	17	18	19	20	21	22	23	24	25	26	27	28	29	30	31	32	33	34	35	36	37	38	39	40	41	42	43	44
昨日结存	—	—	—	—	181	—	—	—	—	—	—	—	—	—	59	—	—	—	—	—	0	—	—	—	—	—	—	—	—	—	110	—	—	—	—	—	—	—	—	—	12	—	
18:01～19:00	112	39.2	43	25.8	250	194.4	10	7.0			10	6.0			59	60.0	56	0			56	0	46	32.2			33	19.8			123	122.4									12	12.0	
19:01～20:00	0	0	86	35.2	164	214.8									59	59.0			56	11.2	0	44.8					30	24.0			93	99.0									12	12.0	
20:01～21:00	112	67.2	56	16.8	222	214.4					10	3.0			49	56.0	56	22.4			56	22.4	56	44.8			46	13.8			103	124.0									12	12.0	
21:01～22:00	111	49.5	56	33.6	275	235.9	10	9.0							59	58.0	56	0	56	33.6	56	22.4	45	40.5					4	2.0	144	141.5			4	2.0					16	14.0	
22:01～23:00	56	44.8	168	50.4	163	269.4									59	59.0	56	44.8	112	16.8	0	84.0					56	33.6			88	110.4									16	16.0	
23:01～0:00	0	0	0	0	163	163									59	59.0					0	0									88	88.0									16	16.0	
0:01～1:00	55	38.5	55	33.0	163	168.5	10	7.0			20	12.0			49	54.0					0	0	45	31.5			35	21.0			98	98.5									16	16.0	
1:01～2:00	167	105.6	87	24.8	243	243.8	10	8.0							59	57.0	112	61.6	56	0	56	61.6	45	36.0			31	24.8			112	109.2									16	16.0	
2:01～3:00	56	44.8	96	53.6	203	234.2					9	4.5			50	54.5			56	33.6	0	22.4	56	44.8			31	15.5			137	141.3									16	16.0	
3:01～4:00	111	27.5	0	0	314	230.5									50	50.6	56	0			56	0	55	27.5							192	164.5									16	16.0	
4:01～5:00	55	27.5	112	33.6	257	307.9	20	12.0							70	60.0			56	16.8	0	39.2	35	17.5			56	16.8			171	192.7									16	16.0	
5:01～6:00	56	50.4	111	42.2	202	263.2					20	12.0			50	58.0	56	50.4	56	11.2	0	39.2					35	21.0			136	150.0									16	16.0	
6:01～7:00	88	54.4	0	0	290	256.4	8	8.0							58	58.0	56	22.4			56	22.4	24	24.0	6	4.8					166	164.8							6	4.8	10	11.2	

（续表）

项目 / 每小时合计	货车出入总数						其中																																				记事
	到达		发出		结存	停留时间	货物作业车										无调中转车						有调中转车										非运用车										
							入				出				结存	停留时间	到达		发出		结存	停留时间	入				出				结存	停留时间	入				出				结存	停留时间	
							到达		转入		发出		转出										到达		转入		发出		转出				到达		转入		发出		转出				
	车数	换算小时	车数	换算小时			车数	换算小时	车数	换算小时	车数	换算小时	车数	换算小时			车数	换算小时	车数	换算小时			车数	换算小时	车数	换算小时	车数	换算小时	车数	换算小时			车数	换算小时	车数	换算小时	车数	换算小时	车数	换算小时			
7:01～8:00	0	0	56	28.0	234	262.0									58	58.0			56	28.0	0	28.0									166	166.0									10	10.0	
8:01～9:00	36	21.6	0	0	270	255.6	6	3.6							64	61.6					0	0	30	18.0							196	184.0									10	10.0	
9:01～10:00	0	0	56	22.4	214	247.6					12	4.8			52	59.2					0	0					44	17.6	6	3.6	146	174.8			6	3.6					16	13.6	
10:01～11:00	0	0	0	0	214	214.0									52	52.0					0	0									146	146.0									16	16.0	
11:01～12:00	55	27.5	55	49.5	214	192.0					8	7.2			44	44.8	55	27.5			55	27.5					47	42.3			99	103.7									16	16.0	
12:01～13:00	56	50.4	111	61.3	159	203.1	11	9.9							55	53.9			55	16.5	0	38.5	45	40.5			56	44.8			88	94.7									16	16.0	
13:01～14:00	55	0	0	0	214	159.0	5	0							60	55.0					0	0	50	0							138	88.0									16	16.0	
14:01～15:00	91	5.5	56	0	249	219.5					10	0			50	60.0	55	5.5			55	5.5	36	0			46	0			128	138.0									16	16.0	
15:01～16:00	0	0	55	16.5	194	232.5									50	50.0			55	16.5	0	38.5									128	128.0									16	16.0	
16:01～17:00	56	16.8	56	28.0	194	182.8									50	50.0	56	16.8			56	16.8			4	3.2	56	28.0			76	103.2							4	3.2	12	12.8	
17:01～18:00	37	25.9	56	28.0	175	191.9	8	5.6							58	55.6			56	28.0	0	28.0	29	20.3							105	96.3									12	12.0	
合计	1365	697.1	1371	584.7	/	5356.4	98	68.1			99	49.5			/	1342.6	670	251.4	670	212.2	/	541.2	597	377.6	10	8.0	602	323	10	5.6	/	3129			10	5.6			10	8.0	/	343.6	

（6）每行的出入车数及换算小时数填记完后，按下列方法结算。

① 将上一行的各结存栏车数加本行“入”的车数，减本行“出”的车数，等于本行各结存车数；各类别作业车数的和应等于总的结存车数。

② 将上一行的各结存换算小时加本行“入”的换算小时数，减本行“出”的换算小时数，等于本行的各停留时间；各类别作业停留时间的和，应等于总的停留时间。

（7）每日 18:00 后，结存车数（6 栏）及（42 栏）应与“现在车报（运报 2）”的现在车数（10 栏）及非运用车数（36 栏）核对一致。

（8）每日结束后，将一日内的各行数字加总（结存栏不加昨日结存车数），填记在合计行内，并按以下方法编制“货车停留时间报表（运报 4）”。

① 分别将无调中转、有调中转到达与发出栏合计车数（不加转入与转出栏的车数）除 2，求得当日的无调、有调中转车数（小数后一位四舍五入），再将结果加和为合计中转车数。

② 用货物作业、无调中转和有调中转停留时间合计数，作为各该作业种别的全日停留时间数。无调中转与有调中转的和为中转车合计停留时间。

5）非号码制统计方法的优缺点及采用情况

（1）优点：手续简便；能反映当日货车运用效率。

（2）缺点：结果不够精确；且不能反映货物作业车各作业过程及其停留时间。

（3）适用场合：货车出入较多的车站。

例 5-3

已知：（1）乙站 2 月 17 日 18:00 结存运用车 169 车，其中货物作业车 59 车，有调中转车 110 车。

（2）乙站 2 月 17 日 18:01 至 2 月 18 日 18:00 货车出入情况，如表 5-9 所示。

（3）乙站 2 月 17 日 18:00 结存检修车 12 车，21:30 扣修有调中转车 4 车，2 月 18 日 6:15 修竣有调中转车 6 车，9:25 扣修有调中转车 6 车，16:10 修竣有调中转车 4 车。

（4）乙站 2 月 18 日卸 100 车，装 75 车。

要求：填记乙站非号码制货车停留时间登记簿，并计算其中时、停时。

解析：根据上述条件填记乙站 2 月 18 日非号码制货车停留时间登记簿（运统 9），当日完成的中、停时为如下。

（1）中转车部分：

$$t_{无} = \frac{541.2}{670} \approx 0.8\ (\text{h})$$

$$t_{有} = \frac{3129}{600} \approx 5.2\ (\text{h})$$

$$t_{中} = \frac{541.2 + 3129}{670 + 600} \approx 2.9\ (\text{h})$$

（2）作业车部分：

$$t_{货} = \frac{1\,342.6}{100 + 75} \approx 7.7\ (\mathrm{h})$$

三、区间装卸车停留时间统计方法

在区间内的正线上进行货物装卸作业的货车，由办理货运手续站统计装卸车数和货物作业停留时间，非办理货运手续站的货车出入及其停留按中转车统计。在非营业站内的装卸视同区间装卸。

1. 随同货物列车（包括小运转列车）进入区间的装卸

1）本站办理货运手续

（1）货车由本站挂入列车发往区间。

货车到达时算入，发往区间时算出，同时也为装卸作业完成时刻。从货车到达本站时起至发往区间时止，统计为货物作业停留时间。

（2）随同列车挂来经过本站进入区间。

以列车发出和通过时刻同时计算出入，并作为装卸作业完成时刻，本站只计算作业次数，不统计货物作业停留时间。

（3）货车由邻站随同列车进入区间。

① 若作业完成经过本站继续运行，以列车到达和通过本站时刻同时计算出入，并作为装卸作业完成时刻，本站只计算作业次数，不统计货物作业停留时间。

② 若货车在本站摘下或列车到达本站终止，列车到达本站时算入，并作为装卸作业完成时刻，货车发出时算出，从列车到达本站时起至货车发出时止，本站统计货物作业停留时间。

（4）货车由邻站随列车进入区间，装卸作业未完，随列车经过本站进入下一区间继续装卸时，以列车通过（或本站发出）时刻同时计算出入，并作为装卸作业完了时刻，本站只计算作业次数，不统计货物作业停留时间。

若列车在本站折返原区间继续装卸时，列车到达时算入，列车发出时算出，并作为装卸作业完了的时刻，从列车到达本站时起至由本站发出时止，本站统计为货物作业停留时间。

2）邻站办理货运手续

（1）货车由本站挂入列车发往区间。

货车到达时算入，列车发出时算出，从货车到达时起至列车发出时止，本站统计中转停留时间。

（2）货车由邻站随同列车进入区间，装卸作业完成列车到达本站终止或货车摘下。

列车到达本站时算入，货车发出时算出，从列车到达本站时起至货车发出时止，本站统计中转停留时间。

（3）货车随列车经过本站进入区间，或由邻站随列车进入区间，装卸作业完成，列车经过本站继续运行，列车在本站不论停留与否，均不统计中转车数和中转停留时间。

2. 按调车作业调入区间的装卸

凡随同货物列车（包括小运转列车，下同）以外的车次进入区间，或以货物列车进入区间，在两个营业站之间装卸后原方向返回时，均视为调车作业进入区间装卸。

1）本站办理货运手续

（1）货车由本站调入区间。

① 若装卸作业完成返回本站，返回到本站的时刻为装卸作业完成时刻。由本站发出时算出，从货车到达本站时起至区间作业完成返回本站再由本站发出时止，本站统计为货物作业停留时间。

② 若装卸作业完了调往邻站，到达邻站时算出，同时为装卸作业完成时刻，从货车到达本站时起至由邻站发出时止，邻站统计为中转停留时间，并将到达时间通知办理货运手续的车站。

（2）货车由邻站调入区间。

① 若装卸作业完成返回邻站，由邻站调入区间时本站算入，返回邻站时本站算出，同时为装卸作业完成时刻，从货车由邻站调入区间时起至区间作业完了返回邻站时止，本站统计为货物作业停留时间；从货车到达邻站时起至调入区间时止及区间作业完成返回邻站时起至由邻站发出时止，邻站统计为中转作业停留时间及两次中转次数，并将调入区间的时间和装卸作业完了时间通知办理货运手续站。

② 若装卸作业完了调往本站，货车由邻站调入区间时本站算入，装卸作业完成调到本站时刻为装卸作业完成时刻，本站发出时算出，从货车由邻站调入区间时起至区间作业完成开往本站再由本站发出时止，本站统计为货物作业停留时间；从货车到达邻站时起至调入区间时止，邻站统计为中转作业停留时间，并将调入区间的时间通知办理货运手续站。

2）邻站办理货运手续

货车由本站调入区间且装卸作业完成返回本站时，货车到达本站时算入，调入区间时

算出，装卸作业完成调到本站时算入（同时为装卸作业完成时刻），由本站发出时算出，从货车到达本站时起至调入区间及装卸完成调到本站时起至由本站发出时止，本站统计货物作业停留时间及两次中转次数，并将调入区间的时间和装卸作业完成时间通知办理货运手续站；邻站从调入区间时起至装卸完成时止，邻站统计货物作业停留时间。

在区间装卸作业完成以前的各站往返，均不计算货车出入。

四、货车停留时间报表（运报 4）

货车停留时间报表（运报 4），反映了车站一次货物作业和中转车停留时间完成情况，对于装卸量较大的车站，为了分析货物作业车各个作业过程的车辆运用情况，还需反映其作业过程别的一车平均停留时间。

货车停留时间报表（见表 5-10），每日由车站、铁路运输企业逐级汇总编制。

表 5-10 货车停留时间报表

<table>
<tr><td rowspan="4">局名或日月</td><td colspan="3">一次货物作业停留时间</td><td colspan="9">中转停留时间</td></tr>
<tr><td rowspan="2">作业次数</td><td rowspan="2">车辆小时</td><td rowspan="2">一次平均</td><td colspan="3">无调中转</td><td colspan="3">有调中转</td><td colspan="3">合计</td></tr>
<tr><td>车数</td><td>车辆小时</td><td>一车平均</td><td>车数</td><td>车辆小时</td><td>一车平均</td><td>车数</td><td>车辆小时</td><td>一车平均</td></tr>
<tr><td>1</td><td>2</td><td>3</td><td>4</td><td>5</td><td>6</td><td>7</td><td>8</td><td>9</td><td>10</td><td>11</td><td>12</td></tr>
<tr><td colspan="15">装卸量较大的车站货物作业车作业过程</td></tr>
<tr><td rowspan="2">作业次数</td><td rowspan="2">车辆小时</td><td rowspan="2">一次平均</td><td colspan="3">入线前停留时间</td><td colspan="3">站线作业时间</td><td colspan="3">专用线作业时间</td><td colspan="3">出现后停留时间</td></tr>
<tr><td>车数</td><td>车辆小时</td><td>一车平均</td><td>车数</td><td>车辆小时</td><td>一车平均</td><td>车数</td><td>车辆小时</td><td>一车平均</td><td>车数</td><td>车辆小时</td><td>一车平均</td></tr>
<tr><td>13</td><td>14</td><td>15</td><td>16</td><td>17</td><td>18</td><td>19</td><td>20</td><td>21</td><td>22</td><td>23</td><td>24</td><td>25</td><td>26</td><td>27</td></tr>
</table>

编表单位：　　编表人：　　单位领导：　　上报日期：　　年　月　日
（盖章）　　　　　　　　（签章）

1. 编制依据

（1）号码制货车停留时间登记簿（运统 8）。

（2）车号自动识别系统。

（3）车站现车管理信息系统。

（4）非号码制货车停留时间登记簿（运统 9）。

（5）装卸车报表（货报 1）。

2. 编制方法与说明

本表由车站采取号码制编制。未上现车信息管理系统的出入货车较多的车站，亦可按非号码制编制。

（1）货车停留时间的统计方法：根据当日发出车辆的实际情况，按车号逐车统计货车由实际到达时起至发出时止的全部停留时间、作业车数、作业次数及中转车数。

采用非号码制计算停留时间时，按换算小时统计当日货车所停留的时间、作业次数和中转车数。

（2）中转车转为货物作业车或货物作业车转为中转车：由实际到达时起转入。

采用非号码制计算停留时间的车站，当日到达的由到达时起转入；当日以前到达的，则由当日 18:01 起转入。

（3）采用非号码制的车站，作业次数（第 1 栏）根据“装卸车报表（货报 1）”第 43 栏的数字填写。第 1～12 栏根据非号码编制，13～27 栏一律用号码制填写。

（4）本表车数、车辆小时栏：以整数填记。车辆小时满 30 min 进为 1 h，不满 30 min 舍去；平均停留时间算至小数第一位，小数后第二位四舍五入。

（5）本报表中的各项平均停留时间计算方法如下。

① 一次货物作业平均停留时间（3 栏）= 货物作业车辆小时（2 栏）/货物作业次数（1 栏）。

② 无调中转车平均停留时间（6 栏）= 无调车辆小时（5 栏）/无调车数（4 栏）。

③ 有调中转车平均停留时间（9 栏）= 有调车辆小时（8 栏）/有调车数（7 栏）。

④ 中转车平均停留时间（12 栏）= 中转车辆小时（11 栏）/中转车数（10 栏）。

⑤ 货物作业车及其中作业过程的一车平均停留时间 = 车辆小时/车数。

（6）本表为日、旬、月、季、年报。分别按部属铁路货车（BYB-4）、企业自备车（QYB-4）、综合（YB-4）编制并逐级汇总上报，格式同 YB-4。

例 5-4

已知：（1）乙站采用号码制方法统计货物作业车作业过程，2 月 6 日发出货物作业车的车数及停留车小时、分作业过程别的货车及停留车小时，如表 5-11 所示。

（2）乙站采用非号码制方法统计中转车停留时间，当日到达无调中转车数 655 车，发出无调中转车数 645 车；当日到达有调中转车数 468 车，发出有调中转车数 432 车。无调中转车产生的停留车小时为 686 车小时，有调中转车产生的停留车小时为 2 160 车小时。

要求：编制乙站 2 月 6 日的货车停留时间报表（运报 4）。

解析：根据上述资料，编制乙站 2 月 6 日的货车停留时间报表，如表 5-11 所示。

表 5-11　乙站 2 月 6 日的货车停留时间报表

局名或月日	一次货物作业停留时间			中转停留时间								
				无调中转			有调中转			合计		
	作业次数	车辆小时	一次平均	车数	车辆小时	一车平均	车数	车辆小时	一车平均	车数	车辆小时	一车平均
	1	2	3	4	5	6	7	8	9	10	11	12
2 月 6 日	10	67	6.7	650	686	1.1	450	2 160	4.8	1 100	2 846	2.6

装卸量较大的车站货物作业车作业过程														
作业车数	车辆小时	一车平均	入线前停留时间			站线作业时间			专用线作业时间			出线后停留时间		
			车数	车辆小时	一车平均	车数	车辆小时	一车平均	车数	车辆小时	一车平均	车数	车辆小时	一车平均
13	14	15	16	17	18	19	20	21	22	23	24	25	26	27
7	67	9.6	5	12	2.4	6	12	2.0	2	7	3.5	5	34	6.8

编表单位：　　　　编表人：　　　　单位领导：　　　　上报日期：　　年　　月　　日

（盖章）　　　　　　　　　　　　（签章）

学习准备

附注：常见的统计报表名称

运统 1——列车编组顺序表
运统 2——中间站行车日志
运统 3——编组站（区段站）行车日志
运统 4——货车出入登记簿
运统 5——检修车登记簿
运统 6——运用车转变记录
运统 7——非运用车登记簿
运统 8——号码制货车停留时间登记簿
运统 9——非号码制货车停留时间登记簿
运统 10——列车运行分析表
运统 11——货车动态表
运报 1——分界站货车出入报表
运报 2——现在车报表
运报 3——18:00 现在重车去向报表
运报 4——货车停留时间报表
货报 1——装卸车报表

项目实训

已知： 某中间站利用号码制统计货物作业停留时间，6月份停时指标为8.0 h（523车·h），已知6月29日结算时，累计完成装车20车，卸车30车，停时8.1 h（403车·h），30日5:28摘挂列车41001次甩下该站重车10辆，计划卸完后再装5车，就刚好完成本月的装车任务。

要求： 若该批车辆按计划装卸完毕后随另一列挂走，该列车最晚何时发出才能使本月的停时正好完成月度计划指标？（该日无其他作业车停留。）

解析：

本月的装卸任务：装车 $20+5=25$（车）；卸车 $30+10=40$（车）。

30日的货车停留时间为

$$\sum Nt_{货}=全月-已完成=523-403=120\ (车\cdot h)$$

本月只有10个作业车，即 $120=10(t-5:28)$，$t=17:28$。

故：该列车最晚17:28发出才能使本月的停时正好完成月度计划指标。

项目自测

一、填空题

1．车站工作统计的内容主要有：________统计、________统计和________统计。

2．车站工作统计中的各种报表，以________时间为准，采用________结算制。

3．现在车按产权分类分为__________、__________、__________。

4．现在车按运用状况，分为__________和__________两大类。

5．运用车按__________状态，又可进一步分为__________和__________两类。

6．货物作业停留时间，车站主要统计的指标是____________，单位是__________。

7．中转作业停留时间，车站主要统计的指标是____________，单位是__________。

8．统计货车停留时间时，逐车统计的方法是______________；逐列统计货车停留时间的方法是________________。

二、判断题

1．实际没装货物的车辆，不可能按重车统计。（　　）

2．实际装有货物的车辆，就可按重车统计。（　　）

3．站线作业时间是指货车送到站线（装卸地点）时起，至装卸作业完了时止的时间，其中包括等待装卸的时间。（　　）

4．号码制统计方法只统计当日发出货车的停留时间，非当日发出的货车则不在当日统计，即使其在当日实际上产生了停留时间。（　　）

5．企业自备和租用的货车，无论重空均应按非运用车统计。（　　）

6．站线作业停留时间长短，主要取决于车站组织装卸作业的效率。（　　）

三、简答题

1．重车和空车的统计规则是如何规定的？

2．针对号码制统计方法和非号码制统计方法的特点，你认为货物作业车最好用哪种方法统计？中转车呢？为什么？

3．号码制统计方法有什么优缺点？适用于何种车站？

4．货物作业过程其他的停留时间分哪几个过程？每个作业过程的起止时间是怎样规定的？

▷项目六　车站通过能力与改编能力◁

项目导入

为了实现运输生产过程，完成国家规定的运输任务，铁路必须具备一定的运输能力，铁路运输能力一般是指铁路通过能力和输送能力。其中，铁路通过能力由车站通过能力和改编能力两部分组成。

为了适应运量的需求，协调车站各项设备之间的作业，查出车站设备和作业组织上的薄弱环节，科学合理地运用各项技术设备组织运输生产，必须查定和计算车站通过能力与改编能力。这是车站技术管理的一项重要内容，也是车站行车组织工作的一项重要任务。

知识目标

- 熟悉车站到发车流及特征。
- 掌握车站咽喉道岔组的确定及咽喉通过能力的计算。
- 掌握车站到发线通过能力的计算方法。
- 掌握车站改编能力的计算方法。
- 熟悉提高车站能力的方法和措施。

技能目标

- 能结合现场实际，正确计算车站通过能力和车站改编能力。
- 能运用所学知识，通过对现场实际情况的分析，提出加强车站通过能力和改编能力方法和措施。

素质目标

- 通过学习车站通过能力与改编能力，养成较强的团队精神和协作意识。

任务一　概　述

任务引入

每年春运时期，票都非常难买，都让人很头疼。那么就会有人问，春运这么挤，为什么不能再多加开一些列车？这是由于铁路通过能力有限，加开车次过多会造成线路压力，降低运输安全。因此，车次不是想加开多少就能加多少。

那么铁路通过能力是什么？其具体内容有哪些？下面让我们带着这些问题开始本次课程。

相关知识

一、铁路通过能力和输送能力

1. 铁路通过能力

1）定义

铁路通过能力是指在采用一定类型的机车车辆和一定的行车组织方法的条件下，铁路区段的各种固定设备，在单位时间内（通常指一昼夜）所能通过的最多列车数或列车对数。

2）区段通过能力的影响因素

（1）人为因素：主要包括广大铁路职工技术熟练程度、协同精神，管理水平，行车组织方法。

（2）硬件因素：包括区间、车站、机务设备和整备设备以及电气化铁路供电设备。

3）铁路通过能力的分类

在铁路实际工作中，通常把铁路通过能力分为三种，即设计通过能力、现有通过能力和需要通过能力。

- **设计通过能力：**指预计新线修建以后或现有铁路技术改造以后，铁路区段固定设备所能达到的通过能力。
- **现有通过能力：**指在现有固定设备、现行的行车组织方法和现有的运输组织水平的条件下，铁路区段可能达到的通过能力。
- **需要通过能力：**指在一定时期内，为了适应国家建设和人民生活的需要，铁路区段所应具备的通过能力。

2. 铁路输送能力

铁路输送能力指在一定固定设备、机车车辆类型和行车组织方法的条件下，按照机车车辆和乘务人员的现有数量，在单位时间内所能输送的最多货物吨数。它通常以在一年内所能通过的万吨数计算。

通过能力和输送能力统称为铁路运输能力，两者之间既有区别又有联系，两者之间的关系如下。

（1）通过能力着重从固定设备衡量线路的能力，未考虑活动设备和职工因素，通过能力也会受这些因素的制约，输送能力相反。

（2）输送能力的实现要以通过能力为依托，并受其限制。通过能力具有地区固定性，不能调拨，其发展一般呈阶跃式增长；决定输送能力的机车车辆和职工配备是分散的，流动的，其数量增长一般是渐进式的。

本书将着重研究铁路通过能力的计算与加强。

二、车站通过能力和改编能力

车站通过能力和改编能力

1. 定义

车站通过能力是指在车站现有设备条件下，采用合理的技术作业过程，车站咽喉道岔及到发线于一昼夜内所能通过或接发各方向的货物列车数和运行图规定的旅客列车数。它包括咽喉通过能力和到发线通过能力。

车站改编能力是指在合理使用技术设备的条件下，车站的固定调车设备（驼峰、牵出线以及车场的调车线路）一昼夜内能够解体和编组各方向的货物列车数或车数。车站改编能力由驼峰解体能力和尾部编组能力组成。

2. 查定和计算车站能力的目的

（1）为了有效地利用现有技术设备，正确地组织列车接发，合理地分配列车解编任务。

（2）查明车站工作组织和技术设备中的薄弱环节，采取相应措施，挖掘设备潜力、提高作业效率和加强车站能力。

（3）为了加强车站技术管理，编制列车编组计划和列车运行图，以及现有技术设备进行改建和扩建提供依据。

（4）确定新建车站的能力是否满足计算年度运量的要求。

（5）查明车站各项设备间以及车站与区间通过能力是否协调，以便制定加强措施。

3. 影响车站能力的主要因素

（1）车站现有设备情况。如站场类型和咽喉进路布置、到发线数量和有效长度、调车设备类型和数量、信号联锁闭塞设备类型等。

（2）车站作业组织情况。如各种列车的技术作业过程，所采用的工作方法，各项作业占用设备的时间标准，各车场分工和线路固定用途等。

（3）车站办理各方向的列车种类和数量、计划行车量的分配方案等。

（4）货物列车到发的均衡程度。货物列车到发的不均衡性与列车运行图和车站衔接方向数有关，随着不均衡性的增加，车站通过能力将降低。

（5）到发线的空费时间。到发线一昼夜不能被用来接发列车的空闲时间称为空费时间。它是由于列车到发的不均衡、列车各作业环节不紧密等原因产生的。

4. 占用车站设备的各种作业

各种因素对车站能力的影响基本上可以集中表现在各项作业占用设备的次数和每次占用的时分两项数据上。这两项数据是计算车站能力的原始数据，为了计算车站能力，应将占用设备的全部作业划分为主要作业和固定作业两类。

1）主要作业

主要作业的内容包括各种列车（旅客列车和摘挂列车编组除外）的到达、解体、编组、出发和机车出入段等作业。这一类作业占用设备次数较多，随着行车量的变化，占用设备次数的增减范围也较大。

2）固定作业

固定作业是指与行车量增减无关的作业。计算车站（客运站除外）通过能力与改编能力时，以下各项按固定作业计算。

（1）旅客列车到、发、调移及其本务机车出入段等作业。

（2）摘挂列车编组作业（一般仅限于列车运行图中规定的作业次数，随运量变化而有显著变化者除外）。

（3）向车辆段、机务段和货物装卸地点定时取送车辆的作业。

（4）调车组和机车乘务组交接班、吃饭及调车机车整备作业时间。

计算客运站通过能力时，运行图规定的货物列车到发及其本务机出入段等作业应按固定作业计算。

5. 计算方法

计算车站通过能力和改编能力的方法有以下三种。

1）直接计算法

直接计算法是根据每一列车到发作业或改编作业占用某项技术设备的平均时间，利用公式直接计算出该设备的能力。当某项技术设备担当的作业种类比较单一时，可采用直接计算法。

2）利用率计算法

利用率计算法是以列车、机车、车辆不间断地均衡占用技术设备为前提，并考虑设备占用有一定空费时间或妨碍时间，先求出该项设备能力的利用率，再用利用率求出车站能力。这是计算车站能力最常用的方法，它能反映出在完成规定任务的条件下，车站各项设备的利用程度。该计算方法简便，但计算结果有一定的误差，当作业性质复杂、种类繁多时可采用利用率计算法。

在实际查定和计算设备能力时，由于利用率计算法能反映出完成规定任务的情况下，车站各项设备的利用程度，因此，这是目前计算车站设备能力的基本方法。

3）计算机模拟法

计算机模拟法以排队论为理论基础，以计算机模拟为基本手段，把列车到、解、编、发各项作业过程作为一个相互关联的排队系统，模拟输出计算车站通过能力和改编能力的回归方程，然后计算出既有车站的能力。这是解决多因素问题求解的比较先进的方法。它不但克服了上述两种方法的缺陷，而且还可以解决车站与区间之间、车站内各项技术设备之间的协调问题，是车站能力计算方法的发展方向。

当车站通过能力利用率达到85%，改编能力利用率达到90%时，应按阶段或小时计算车站能力并作图解验算分析，采取加强车站能力的措施。

6. 计算精度要求

（1）能力利用率 K，保留小数点后两位，第三位四舍五入。

（2）作业时间标准，保留小数点后一位，第二位四舍五入。

（3）按方向别和列车种类别计算的能力值，以列数表示时，保留小数点后一位，第二位四舍五入；以辆数表示时，小数点后舍去不计。

三、车站到发车流及其特征

车流作为车站主要的作业对象，无论其流量、流向、不同性质车流的比重以及对其的组织方法等，对于车站的技术作业、设备运用以及车站能力都有重大的影响。通过分析车站到发车流，掌握其变化的规律，可以合理地制定车站技术设备使用方案和安排技术作业过程，从而科学地计算车站能力，或者针对某些作业环节、某项设备运用采取调整措施，强化车站能力，以适应一定时期的车流特征，保证车站运输生产的顺利进行。因此，分析车站到发车流，是计算和强化车站通过能力与改编能力的重要依据。

分析车站到发车流，应以车流汇总表所列的车站计划车流资料为依据。现以乙站（区段站）车流汇总表为例（见表 6-1），简要说明其内容和车流的分析方法。

表 6-1　乙站车流汇总表

由＼往		甲方向			丙方向			到达本站	合计
		乙—甲	甲及其以远	计	乙—丙	丙及其以远	计		
甲方向	有调车	—	—	—	—	327	327	—	327
	无调车	—	—	—	40	$\frac{65}{15}$	$\frac{105}{15}$	40	$\frac{145}{15}$
	计	—	—	—	40	$\frac{392}{15}$	$\frac{432}{15}$	40	$\frac{472}{15}$
丙方向	有调车	—	328	328	—	—	—	—	328
	无调车	40	90	130	—	—	—	35	165
	计	40	418	458	—	—	—	35	493
本站发出		5	20	25	5	$\frac{10}{35}$	$\frac{15}{35}$	—	$\frac{40}{35}$
合计		45	438	483	45	$\frac{402}{50}$	$\frac{447}{50}$	75	—

注：分子表示重车，分母表示空车。

乙站在路网上的位置如图 6-1 所示。

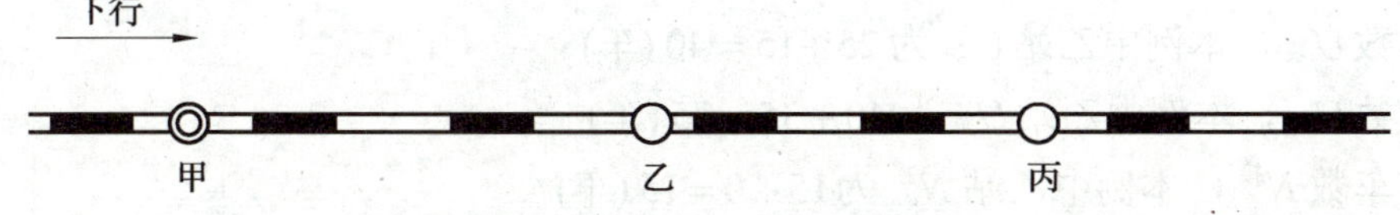

图 6-1　乙站在路网上的位置

车流汇总表中粗线以上部分是车站接入的重空车流，左边各栏为衔接方向接入的按列车编组计划规定去向的有调和无调的中转重空车数，右边是各衔接方向到达本站的作业车数；粗线下方为本站发出的作业车数。

车流汇总表中的主要指标及计算方法如下。

1. 车站办理车数（$N_{办}$）

$$N_{办} = N_{重空}^{接} + N_{重空}^{发}\ (车)$$

式中：

$N_{重空}^{接}$——接入重空总车数，车；

$N_{重空}^{发}$——发出重空总车数，车。

本例中乙站办理车数为

$$N_{办} = (472+15+493)+(483+447+50) = 1\,960\ (车)$$

2. 中转重车数（$N_{重}^{中}$）

$$N_{重}^{中} = N_{重}^{无} + N_{重}^{有}\ (车)$$

式中：

$N_{重}^{无}$——无调中转重车数，车；

$N_{重}^{有}$——有调中转重车数，车。

本例中乙站中转重车数为

$$N_{重}^{中} = (105+130)+(327+328) = 890\ (车)$$

3. 中转空车数（$N_{空}^{中}$）

$$N_{空}^{中} = N_{空}^{无} + N_{空}^{有}\ (车)$$

式中：

$N_{空}^{无}$——无调中转空车数，车；

$N_{空}^{有}$——有调中转空车数，车。

本例中乙站中转空车数为

$$N_{空}^{中} = 15+0 = 15\ (车)$$

4. 装、卸车数与接、排空车数

装车数$U_{装}$，本例中乙站$U_{装}$为$25+15=40$ (车)

卸车数$U_{卸}$，本例中乙站$U_{卸}$为$40+35=75$ (车)

接空车数$N_{空}^{接}$，本例中乙站$N_{空}^{接}$为$15+0=15$ (车)

排空车数$N_{空}^{排}$，本例中乙站$N_{空}^{排}$为$15+35=50$ (车)

5. 无调中转车数（$N_{无}$）、无调中转车占总车数的比重（$\alpha_{无}$）

$$N_{无} = N_{重}^{无} + N_{空}^{无}\ (车)$$

$$\alpha_{无} = \frac{N_{无}}{N_{重空}^{接}}$$

本例中乙站无调中转车数为

$$N_{无} = (105+130)+15 = 250\ (车)$$

本例中乙站无调中转车占总车数的比重为

$$\alpha_{无} = \frac{250}{427+15+493} = \frac{250}{980} \approx 25.5\%$$

6. 改编车数（$N_{改}$）、改编车数占总车数的比重（$\alpha_{改}$）

$$N_{改} = N_{重}^{有} + N_{空}^{有} + U_{卸} + \Delta N_{空}\ (车)$$

$$\alpha_{改} = \frac{N_{改}}{N_{重空}^{接}}$$

式中：

$\Delta N_{空}$——本站装车用的补充空车数，在接入空车数大于通过空车数时，取两者之差，否则取零。

本例中乙站改编车数为

$$N_{改} = (327 + 328) + 0 + 75 + 0 = 730\ (车)$$

本例中乙站改编车数占总车数的比重为

$$\alpha_{改} = \frac{730}{980} \approx 74.5\%$$

砥节砺行

高铁、动车的发展让许多人回家过年变得不再艰难，春运中大众对旅客列车的开行十分关注。然而，铁路运输不仅有客运列车，货物列车也是铁路运输中重要的一部分，煤炭、石油、木材、粮食等与人们生活息息相关的物品都需要通过货物列车运输。

春运中货物列车的运输也十分繁重，需要广大铁路职工坚守岗位，才能保证运输安全。为保证货物运输不受影响，铁路相关部门加强运输组织，优化人员配置，确保运输安全有序。以中国铁路济南局集团有限公司济南西机务段为例，该段担当的京沪线运输任务在春运期间满图运行，每天需要的机班比平时要多 5 个，加上春运期间的应急机班，该段每天至少要多准备十几个机班，在人员供应紧张的情况下，该段从内部挖潜，精心安排休息计划，合理搭配机班，提高计划兑现率，加强机车检修和整备的组织，确保机班、机车供应正常。

除了机务部门外，涉及货运列车运输的其他部门也要增加相应的人员和力量，来确保货物列车的正常运输。春运中他们虽然远离大众视线，但是依然坚守在自己的岗位上，为保障企业生产和民众生活的需要贡献了自己的力量。

向每一位默默坚守在岗位的铁路人致敬，正是因为有了他们兢兢业业、勤勤恳恳的工作，才确保我们度过一个个平安祥和的春节。

任务二 咽喉道岔组通过能力

由于车站咽喉区布置复杂、作业量大、设备利用率不高、不易进行扩建，致车站的通过能力受其咽喉通过能力的影响很大。

咽喉区位于车站两端，是通过各种道岔将各站线衔接在一起的地方，因此布置了大量的道岔组和交叉渡线。行车作业、调车作业以及列车车底取送都要经过咽喉道岔组，在整个车站中位于咽喉道岔组的设备和作业互相的制约和影响最大，是整个车站的最薄弱环节，所以咽喉道岔组通过能力直接影响整个车站的能力。

下面让我们一起学习咽喉道岔组通过能力的相关知识。

咽喉道岔组是指车站某方向某接、发列车进路上作业最繁忙（作业占用时间最长）的一组道岔。

咽喉道岔组通过能力是指某方向接、发列车进路上最繁忙的道岔组一昼夜能够接、发该方向的货物列车数和运行图规定的旅客列车数。

车站咽喉区的通过能力是指咽喉区各进路咽喉道岔组通过能力之和。计算车站咽喉区通过能力，应先计算咽喉道岔组通过能力。

一、占用咽喉道岔组的时间标准

占用咽喉道岔组的时间按作业性质不同，可分为接车占用、发车占用和调车占用三种。

1. 接车占用咽喉道岔组的时间 $t_{接车}$

$$t_{接车} = t_{准} + t_{进} \ (\text{min}) \tag{6-1}$$

式中：

$t_{准}$——准备接车进路（包括开放信号）的时间，取值如表 6-2 所示；

$t_{进}$——列车通过进站距离的时间，是指自接车进路准备完毕时起至列车腾空该咽喉道岔组或该进路解锁时止的一段时间，min。

表 6-2　列车准备接发车进路时间

序号	作业名称	时间（min）	
1	准备进路办理一个道岔的时间	非集中连锁	0.1～0.2
		集中连锁	0.1～0.2
2	集中联锁准备一条进路的时间	0.1～0.15	
3	开放信号时间	色灯信号机	0.1
		臂板信号机	0.25

如图 6-2 所示，$t_{进}$ 可采用写实查定方法或按式（6-2）计算：

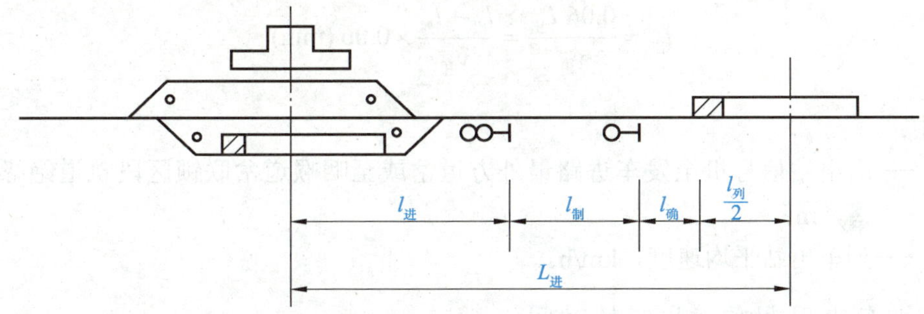

图 6-2　列车进站走行距离

$$t_{进}=\frac{0.06L_{进}}{v_{进}}=\frac{l_{确}+l_{制}+l_{进}+0.5l_{列}}{v_{进}}\times 0.06\,(\text{min}) \tag{6-2}$$

式中：

$L_{进}$ ——列车进站距离，m；

$l_{确}$ ——司机确认预告信号的时间内列车所走行的距离，m；

$l_{制}$ ——列车制动距离，m；

$l_{进}$ ——由进站信号机起至车站中心线的距离，m；

$l_{列}$ ——列车长度，m；

$v_{进}$ ——列车进站平均速度，km/h；

0.06——km/h 换算为 m/min 的单位换算系数。

2. 发车占用咽喉道岔组的时间 $t_{发车}$

$$t_{发车}=t_{准}+t_{出}\,(\text{min}) \tag{6-3}$$

式中：

$t_{准}$ ——准备发车进路（包括开放信号）的时间，min；

$t_{出}$ ——列车通过出站距离的时间，是指自发车进路准备完毕后列车启动时起至列车尾部离开该发车进路最外方道岔或离开咽喉道岔联锁区轨道电路绝缘节时止所占用咽喉的时间，min。

如图 6-3 所示，$t_{出}$ 可采用写实查定方法或按式（6-4）计算：

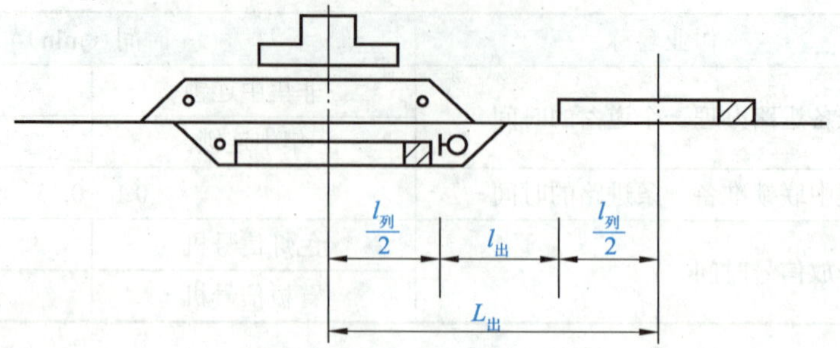

图 6-3　列车出站走行距离

$$t_{出}=\frac{0.06\,L_{出}}{v_{出}}=\frac{l_{出}+l_{列}}{v_{出}}\times 0.06\,(\text{min}) \tag{6-4}$$

式中：

$l_{出}$——由出站信号机至发车进路最外方道岔或至咽喉道岔联锁区段轨道绝缘节的距离，m；

$v_{出}$——列车出站平均速度，km/h。

3. 调车占用咽喉道岔组的时间

1）车列牵出时间 $t_{牵}$

车列牵出时间是指到达解体车列自准备进路由到发线向牵出线牵出启动时起，至车列尾部腾空该线时止所占用咽喉道岔组的时间。其可用查定方法或按式（6-5）计算：

$$t_{牵}=t_{准}+\frac{L_{牵}}{v_{牵}}\times 0.06\,(\text{min}) \tag{6-5}$$

式中：

$L_{牵}$——车列牵出时行经的距离，m；

$v_{牵}$——车列牵出平均速度，km/h；

$t_{准}$——准备进路时间，预先准备好进路时可不计。

2）车列转线时间 $t_{转}$

车列转线时间是指自编车列自准备由牵出线向到发线的转线进路时起，至整个车列停在到发线的警冲标内方提钩停车时止所占用咽喉道岔组的时间。其可采用查定方法或按式（6-6）计算：

$$t_{转}=t_{准}+\frac{L_{转}}{v_{转}}\times 0.06\,(\text{min}) \tag{6-6}$$

式中：

$L_{转}$——车列转线时行经的距离，m；

$v_{转}$ ——车列转线平均速度，km/h。

3）取车（送车）占用咽喉道岔组时间 $t_{取(送)}$

取车（送车）占用咽喉道岔组时间是指自准备取（送）进路时起，至车列离开该咽喉区进路解锁时止所占用咽喉道岔组的时间。其可采用写实查定的方法确定。

4. 机车占用咽喉道岔组的时间 $t_{机}$

机车占用咽喉道岔组的时间包括机车出段、入段占用咽喉道岔组的时间。二者分别指自准备进路时起至机车进入到发线警冲标内方或机务段内进路解锁时止所占用咽喉道岔组的时间。其可采用写实的方法查定。

5. 咽喉道岔妨碍时间

为了较为合理地计算咽喉道岔组的通过能力，不仅要考虑各种作业占用咽喉道岔的时间，而且还要考虑由于开通敌对进路而需要中断使用该咽喉道岔的时间，该时间称为咽喉道岔的妨碍时间。

咽喉道岔的妨碍时间可以分为直接妨碍时间和间接妨碍时间两种。

1）直接妨碍时间

当开通敌对进路，使该咽喉道岔在定、反位两个方向均有中断使用时间，这项时间称为咽喉道岔的直接妨碍时间。如图 6-4 所示，34，36 号道岔为咽喉道岔组，当调车作业（一）由 1 道经由 44，42 号以及 40，38 号道岔反位，横切 1，2 道时，致使 36，34 号道岔的定、反位均有中断使用时间，这项中断时间就是直接妨碍时间。

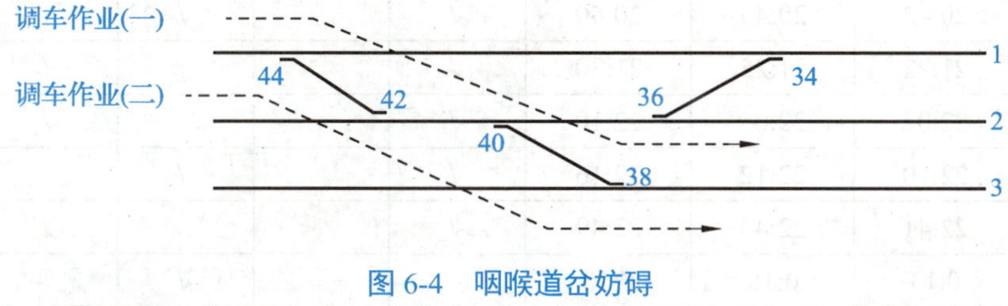

图 6-4 咽喉道岔妨碍

2）间接妨碍时间

当开通敌对进路，使该咽喉道岔只有定位或反位一个方向需中断使用，另一个方向没有影响，这项中断时间称为间接妨碍时间。如图 6-4 所示，当调车作业（二）由 2 道经由 42 号定位，40，38 号反位时，对 34 号道岔定位没有影响，只影响 34 号反位使用，这项 34 号道岔反位的中断使用时间即为间接妨碍时间。

3）咽喉道岔各项妨碍时间的确定

对咽喉道岔各项妨碍时间，可根据写实资料确定。采用写实法查定接车、发车和调车作业占用咽喉道岔组的时间标准，一般分为写实、资料汇总和定标三个步骤。

（1）写实。

写实一般要工作人员连续 3 昼夜进行采点。例如，乙站丙端咽喉区如图 6-5 所示，《站细》规定到发线固定使用为：1，Ⅱ道接发旅客列车，3，4 道接发直通货物列车，5 道为机车走行线，6，7 道接发区段、摘挂列车。各项作业占用丙方向咽喉道岔组的时间写实摘录如表 6-3 所示。

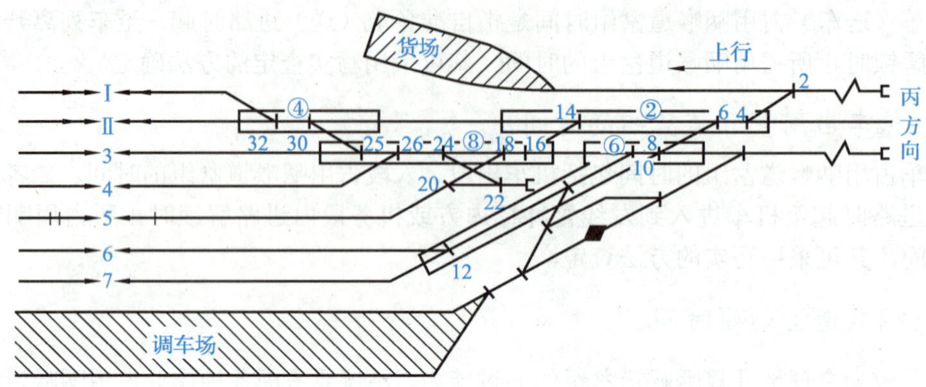

图 6-5　乙站丙方向咽喉区

表 6-3　乙站丙方向咽喉区道岔组占用时间写实表（摘录）

6 月 18 日 20 时 01 分—6 月 21 日 20 时 00 分

作业项目	准备进路	开始占用	道岔解锁	占用咽喉道岔组号码				备注
				②	④	⑥	⑧	
Ⅰ	Ⅱ	Ⅲ	Ⅳ	Ⅴ				Ⅵ
接 30138	20:02	20:04	20:10	√		√		
发 30131	20:42	20:45	20:50	√		√		
发 20109	21:22	21:25	21:30	√			√	
接 20112	22:02	22:05	22:10	√			√	
货场送车	22:10	22:12	22:16	√		√		
发 20111	22:41	22:44	22:49	√			√	
接 30140	0:13	0:15	0:20	√		√		
⋮	⋮	⋮	⋮	⋮	⋮	⋮	⋮	⋮

表 6-3 第Ⅰ栏“作业项目”，简单记明有关作业名称。第Ⅱ栏“准备进路”，记录扳道员或信号员开通进路或控制台上该进路亮白色光带的时刻。第Ⅲ栏“开始占用”，接车时记录列车接近或进入预告信号机的时刻；发车时记录列车启动时刻；调车时记录车列或机车起动时刻。第Ⅳ栏“道岔解锁”，记录道岔占用表示灯（光带）熄灭或解除进路锁闭的时刻。第Ⅴ栏“占用咽喉道岔组号码”，为作业实际占用的道岔，写实时，可在该进路经过的咽喉道岔组的空格内记录对勾。第Ⅵ栏“备注”，填记需要说明的情况。

（2）资料汇总。

采点写实结束后，应对写实表中各项数字进行分析，保留其中的合理部分，剔除不合理部分，然后按不同作业项目（接车、发车、调车）分别汇总。接车和发车还应按车站衔接方向、客货列车分别汇总。

例如，乙站丙方向货物列车接车占用咽喉道岔组时间汇总摘录如表 6-4 所示。

表 6-4　乙站丙方向接车占用咽喉道岔组时间汇总表（摘录）

列车车次	准备进路	开始占用	道岔解锁	实际占用（min）	最小占用（min）	备注
Ⅰ	Ⅱ	Ⅲ	Ⅳ	Ⅴ	Ⅵ	Ⅶ
30138	20:02	20:04	20:10	8	6	
20112	22:02	22:05	22:10	8	5	
30140	0:13	0:15	0:20	7	5	
20114	1:02	1:04	1:10	8	6	
⋮	⋮	⋮	⋮	⋮	⋮	⋮
合计：69 列				539	395	
每次平均				7.8	5.7	

（3）定标。

将连续三昼夜的写实表资料填入汇总表内，检查核对无误后，即可求出接车、发车和调车一次占用咽喉道岔组的平均时间。经过进一步分析研究，参考作业中经常出现的、符合安全操作要求的时分标准，通过讨论，最后确定最优的平均时间标准，这项工作就称为定标。

例如，从表 6-4 可知，乙站丙方向 3 d 共接入货物列车 69 列，实际占用咽喉道岔组的总时间为 539 min，平均每列为 7.8 min；最小占用的总时长为 395 min，平均每列占用 5.7 min，两者相差 2.1 min。如按最小占用时间定标，信号员必须在列车接近预告信号机时开放进站信号，这是很难实现的，故不宜采用。如按实际占用时间定标，则数值偏大，浪费车站通过能力，故亦不宜采用。因此，一般采用两者的平均值，作为接车占用咽喉道岔组的时间标准。在电气集中设备的车站，准备接车进路的时间一般采用 0.15 min，则乙站丙方向接车占用咽喉道岔组的时间标准为

$$t_{接车}=t_{准}+t_{进}=0.15+\frac{7.8+5.7}{2}=6.9\ (\text{min})$$

计算结果保留小数点后一位。定标时一般采用 7 min。

二、咽喉道岔组的确定

为避免逐个道岔进行计算，减少计算工作量，可将咽喉区的许多道岔划分为若干个道岔组，通过计算比较，找出各方向各接发列车进路上的咽喉道岔组。

道岔分组的基本原则如下。

（1）不能被两条进路同时分别占用的道岔，应合并为一组。如图 6-6（a）所示，当其中任何一副道岔被占用时，其余道岔均无法同时开通其他进路，这些道岔应划为一组。

（2）两条平行进路上的道岔和渡线两端的道岔不能并为一组，如图 6-6（b）所示。

（3）可以被两条进路同时分别占用，以及辙叉尾部相对且分布在线路两侧的相邻道岔不能并为一组，如图 6-6（c）所示。

（4）交叉渡线一端的道岔应合并为一组，如图 6-6（d）所示。

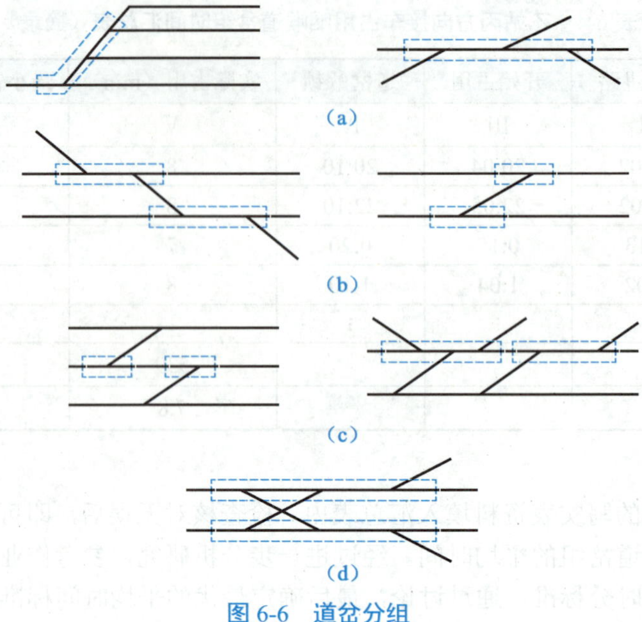

图 6-6　道岔分组

以乙站丙方向咽喉为例，根据道岔分组的原则和方法，可将该咽喉区的道岔划分为②号、④号、⑥号和⑧好四个道岔组，如图 6-5 所示。

咽喉区道岔分组后，应编制咽喉区道岔组占用时间计算表（见表 6-5）。将各组道岔号填入第Ⅰ栏，根据车站技术作业过程、线路固定使用的规定，将该咽喉区全部作业进路依次填入第Ⅱ栏，将作业次数、每次占用的时间标准填入第Ⅲ，Ⅳ栏，第Ⅲ栏和第Ⅳ栏的乘积填入第Ⅴ栏和第Ⅵ栏被占用的有关道岔组内。最后将各道岔组被占用的时间分别加总，并分别计算利用率，其中，列入计算的列车数相对应的利用率最高的道岔组为该方向接发列车进路上的咽喉道岔组。

例如，根据乙站车流汇总表，该站甲、丙方向行车量均为：直通货物列车 12 对、区段列车 9 对、摘挂列车 2 对；图定旅客列车 8 对；按上述写实查定法，各项作业占用道岔组的时间标准如表 6-5 第Ⅳ栏所示。该站丙端咽喉区道岔组占用时间计算如表 6-5 所示。

表 6-5　乙站丙端咽喉区道岔组占用时间计算表

编号	作业进路名称	占用次数	每次占用时间（min）	总占用时间（min）	咽喉道岔组占用时分			
					②	④	⑥	⑧
Ⅰ	Ⅱ	Ⅲ	Ⅳ	Ⅴ	Ⅵ			
1	下行旅客列车出发	8	5	(40)	(40)	(40)		
2	上行旅客列车到达	8	6	(48)	(48)	(48)		
3	下行直通列车出发	12	6	72	72	72		72
4	上行直通列车到达	12	7	84	84	84		84
5	下行区段列车出发	9	6	54	54		54	

（续表）

编号	作业进路名称	占用次数	每次占用时间（min）	总占用时间（min）	咽喉道岔组占用时分			
					②	④	⑥	⑧
6	上行区段列车到达	9	7	63	63		63	
7	下行摘挂列车出发	2	6	12	12		12	
8	上行摘挂列车到达	2	7	14	14		14	
9	下行旅客列车机车出入段	16	3	（48）		（48）		（48）
10	下行直通列车机车出入段	24	3	72				72
11	下行区段列车机车出入段	18	3	54			54	54
12	下行摘挂列车机车出入段	4	3	12			12	12
13	解体区段列车转线	18	6	108			108	
14	解体摘挂列车转线	4	6	24			24	
15	货场取送车	12	6	（72）	（72）		（72）	
16	调车机车出入段	4	3	（12）			（12）	（12）
合计		总时分 $T_{总}$			459	292	425	354
		其中	$\sum t_{固}$		（160）	（136）	（84）	（60）
			$\sum t_{妨}$			156		

表 6-5 中第Ⅴ，Ⅵ栏括号内的数字表示固定作业占用时间，“口”内的数字表示妨碍作业时分。由于固定作业而产生的妨碍时间，计入固定作业时间内。

从表 6-5 可以看出，第②号道岔组（包括 4，6，14 号道岔）被占用的总时分最长，经过计算其利用率最高。因此确定②号道岔组为乙站丙方向咽喉道岔组。

三、咽喉道岔组通过能力计算

计算咽喉道岔组通过能力一般采用利用率计算法，其步骤与方法如下。

1. 计算一昼夜全部作业占用各道岔组的总时间 $T_{总}$

$$T_{总} = n_{接}t_{接车} + n_{发}t_{发车} + n_{机}t_{机} + \sum t_{调} + \sum t_{妨} + \sum t_{固}\ (\text{min}) \tag{6-7}$$

式中：

$n_{接}$，$n_{发}$——接入、发出占用道岔组的货物列车数；

$n_{机}$，$t_{机}$——占用道岔组的单机数及每次占用总时间（包括在 $\sum t_{固}$ 中的除外）；

$\sum t_{调}$ ——调车作业占用道岔组的总时分（包括在 $\sum t_{固}$ 中的除外），min；

$\sum t_{妨}$ ——由于列车、调车和机车占用与道岔组有关进路上的道岔，而需要停止使用该道岔组的总时间，min；

$\sum t_{固}$ ——固定作业占用道岔组的总时间，min。

2. 计算咽喉道岔组通过能力利用率 K

各道岔组通过能力利用率应按方向、接车与发车进路分别计算。i 方向、j 接车或发车进路咽喉道岔组利用率 K_{ij} 为

$$K_{ij}=\frac{T_{总}-\sum t_{固}}{(24\times 60-\sum t_{固})(1-\gamma_{空})} \tag{6-8}$$

式中：

$\gamma_{空}$——咽喉道岔组空费系数，值取为 0.15～0.20。

计算完毕后，取利用率最大的 K_{ij} 作为咽喉道岔组通过能力利用率 K。

3. 计算咽喉道岔组通过能力

咽喉道岔组通过能力也应按方向、接车与发车进路分别计算。各进路咽喉道岔组通过能力之和，即为该方向咽喉通过能力。i 方向、j 接车与发车进路咽喉道岔组通过能力计算公式为

$$N_{接}^{ij}=\frac{n_{接}^{ij}}{K_{ij}}\ (列) \tag{6-9}$$

$$N_{发}^{ij}=\frac{n_{发}^{ij}}{K_{ij}}\ (列) \tag{6-10}$$

式中：

$n_{接}^{ij}$，$n_{发}^{ij}$——i 方向、j 进路上接入、发出的货物列车数。

例 6-1

以图 6-5 乙站丙方向咽喉区为例，根据表 6-5 资料及计算结果，$\gamma_{空}$ 取 0.20，试计算该方向咽喉道岔组通过能力。

分析：根据表 6-5 计算结果，通过计算利用率，确定②号道岔组为乙站丙方向接发车进路上的咽喉道岔组，采用利用率计算法计算其通过能力。

（1）计算丙方向咽喉道岔组通过能力利用率。$K_{丙}$ 为

$$K_{丙}=\frac{T_{总}-\sum t_{固}}{(1\,440-\sum t_{固})(1-\gamma_{空})}=\frac{459-160}{(1\,440-160)(1-0.20)}\approx 0.29$$

（2）计算丙方向咽喉道岔组通过能力。

丙方向一昼夜所能接、发的货物列车数为

$$N_{接}^{丙}=\frac{n_{接}^{丙}}{K_{丙}}=\frac{12+(9+2)}{0.29}=41.4+37.9=79.3\ (列)$$

$$N_{发}^{丙} = \frac{n_{接}^{发}}{K_{发}} = \frac{12+(9+2)}{0.29} = 41.4 + 37.9 = 79.3\,(列)$$

上述接发车能力中，无调中转列车 41.4 列，改编列车 37.9 列。

任务三 到发线通过能力

任务引入

到发线通过能力也是车站通过能力的重要组成部分，对运输畅通和运输效率影响重大。车站应严格按照作业时间进行调车作业，力争运输效率最大化，实现到站列车的快解快编，腾空到发线不间断接发列车，努力提高车站到发线通过能力。

那么到发线通过能力是什么？它有哪些标准？如何计算到发线通过能力？下面让我们带着这些问题开始本次课程。

相关知识

到发线通过能力是指到达场、出发场、直通场或到发场中，办理列车到发作业的线路，于一昼夜所能够接、发各方向的货物（旅客）列车数和运行图规定的旅客（货物）列车数。

到发线通过能力包括货物列车到发线和旅客列车到发线通过能力。技术站、货运站主要计算货物列车到发线通过能力；客运站主要计算旅客列车到发线通过能力。本书主要讲解货物列车到发线通过能力。

一、货车列车占用到发线时间标准

1. 无调中转列车占用到发线时间标准 $t_{中占}$

$$t_{中占} = t_{接车} + t_{停} + t_{出}\ (\text{min}) \tag{6-11}$$

式中：

$t_{停}$——无调中转列车在到发线上停留时间（图定或查定），自列车到达停妥时起，至列车出发启动时止，min；

$t_{出}$——列车出发占用到发线的时间，自列车启动时起至腾空该到发线时止，min。

2. 部分改编中转列车占用到发线时间标准$t_{部占}$

$$t_{部占}=t_{接车}+t'_{停}+t_{出}\ (\text{min}) \tag{6-12}$$

式中：

$t'_{停}$——部分改编中转列车在到发线上停留时间，自列车到达停妥时起，至列车出发启动时止，min。

3. 解体列车占用到发线时间标准$t_{解占}$

$$t_{解占}=t_{接车}+t''_{停}+t_{转}\ (\text{min}) \tag{6-13}$$

式中：

$t''_{停}$——解体列车在到发线上的停留时间，自列车到达停妥时起，至列车出发启动时止，min；

$t_{转}$——解体列车转线或推峰占用到发线时间，自车列转线或推峰启动时起，至腾空该到发线时止的一段时间，min。

4. 始发列车占用到发线时间标准$t_{编占}$

$$t_{编占}=t'_{转}+t'''_{停}+t_{出}\ (\text{min}) \tag{6-14}$$

式中：

$t'_{转}$——编组转线占用到发线时间，自准备转线调车进路时起，至整个列车转入发车线警冲标内方停妥时止的一段时间，min；

$t'''_{停}$——始发列车在到发线上的停留时间，自列车转入出发线停妥时起，至列车出发启动时止的一段时间，min。

5. 单机占用到发线时间标准$t_{机占}$

按运行图规定，接发单机占用到发线的时间$t_{机占}$可采用写实的方法查定。

二、货车列车到发线通过能力

计算货物列车到发线通过能力一般采用利用率计算法，其步骤与方法如下。

1. 计算一昼夜全部作业占用到发线的总时间$T_{总}$

$$T_{总}=n_{中}t_{中占}+n_{部}t_{部占}+n_{解}t_{解占}+n_{编}t_{编占}+n_{机}t_{机占}+\sum t_{固}+\sum t_{其他} \tag{6-15}$$

式中：

$n_{中}$，$n_{部}$，$n_{解}$，$n_{机}$——占用到发线的无调、部分改编、解体、始发列车数以及单机数；

$t_{机占}$——图定接、发单机占用到发线的时间，min；

$\sum t_{固}$——固定作业占用到发线的总时间，min；

$\sum t_{其他}$——其他作业占用到发线的总时间，包括机车走行线能力不足或未设走行线时机车出入段占用、合理的坐编占用时间等，min。

> 某些到达列车本身包含前方去向的超大车组，到达后超大车组不用解体到调车场，只需要停留在到发线上，由机车再加挂一些同一去向的车凑够牵引定数的要求之后，直接从到发线出发的这种列车称为坐编列车，这种编组的方式称为坐编。
>
> 不过需要注意的是，到发线上进行调车作业必须要征求车站值班员的允许，而且到达和出发的车次的接续时间需要比较紧密，否则不能采取坐编的方法编组列车。

2. 计算货物列车到发线通过能力利用率 K

$$K=\frac{T_{总}-\sum t_{固}}{(1\,440m_{到发}-\sum t_{固})(1-\gamma_{空})} \tag{6-16}$$

式中：

$m_{到发}$——扣除机车走行线后可用于接发货物列车的线路数；

$\gamma_{空}$——到发线空费系数，值取为0.15～0.20。

3. 计算货物列车到发线通过能力

货物列车到发线通过能力应按方向别分别计算接车和发车能力。到发场接、发i方向货物列车到发线通过能力为

$$N_{接}^{i}=\frac{n_{接}^{i}}{K}\,(列) \tag{6-17}$$

$$N_{发}^{i}=\frac{n_{发}^{i}}{K}\,(列) \tag{6-18}$$

式中：

$n_{接}^{i}$，$n_{发}^{i}$——列入计算的i方向接入、发出的货物列车数。

例 6-2

本题仍以乙站为例，到发场线路固定使用和行车量的相关内容与上述咽喉通过能力的例题资料相同。各项作业占用到发线的时间标准如表6-6所示，$\gamma_{空}$取0.15。试计算乙站丙方向货物列车到发线通过能力。

表 6-6　各项作业占用到发线时间标准（min）

时间标准 列车种类	$t_{接车}$	$t_{停}$	$t_{出发}$	$t_{转}$	合计
无调中转列车	7	45	5		57
解体列车	7	40		6	53
始发列车		30	5	6	41
旅客列车	6	12	5		23

分析： 采用利用率计算法。

（1）计算一昼夜占用到发线的总时间。

$$T_{总}=n_{中}t_{中占}+n_{部}t_{部占}+n_{解}t_{解占}+n_{编}t_{编占}+n_{机}t_{机占}+\sum t_{固}+\sum t_{其他}$$

$$=24\times57+0+22\times53+22\times41+0+0+0=3\,436\ (\text{min})$$

（2）计算货物列车到发线通过能力利用率。

$$K=\frac{T_{总}-\sum t_{固}}{(1\,440m_{到发}-\sum t_{固})(1-\gamma_{空})}=\frac{3\,436-0}{(1\,440\times4-0)(1-0.15)}=0.70$$

（3）计算货物列车到发线通过能力。

乙站一昼夜接、发丙方向货物列车到发线通过能力为

$$N_{接}^{丙}=\frac{n_{接}^{丙}}{K}=\frac{12+(9+2)}{0.70}=17.1+15.7=32.8\ (列)$$

$$N_{接}^{发}=\frac{n_{接}^{发}}{K}=\frac{12+(9+2)}{0.70}=17.1+15.7=32.8\ (列)$$

上述接发车能力中，无调中转列车 17.1 列，改编列车 15.7 列。

三、编发线的发车能力

在调车场内划出一部分调车线与正线接通，兼作发车线，该调车线称为编发线。在编发线上集结某一到达站车流满轴时，连挂成列，挂上列尾装置，在完成列车出发作业后，即可在编发线上直接发车。这样减少了车列编成后的转场作业，缩短了编组时间，提高了峰尾编组能力。

编发线发车能力的确定方法有两种：一种是通过车站作业规律和完成实绩分析确定；二是采用直接计算法计算确定。下面主要介绍直接计算法确定编发线发车能力。

编发线发车能力 $N_{编发}$ 计算公式为

$$N_{编发}=\frac{(1\,440m_{编发}-\sum t_{固})(1-\gamma_{空})}{t_{编发}}\ (列) \tag{6-19}$$

式中：

$m_{编发}$——编发线数；

$t_{编发}$——列车平均占用编发线的时间，min；

$\gamma_{空}$——编发线空费系数，值取为 0.15～0.20。

任务四　车站改编能力

任务引入

车站改编能力是根据车站技术作业过程和列车编组计划的要求，计算得到的车站编组场各项调车设备（如驼峰、牵出线）每昼夜所能解体和编组的最大货物列车数或车辆数。车站可以通过改造驼峰平纵断面，更新调速设备，准确掌握现在车信息，合理使用调车线路，改善车站调车场的照明条件等对策，来提车站改编能力。

那么车站改编能力的具体内容有哪些？计算方法是什么？下面让我们带着这些问题开始本次课程。

相关知识

车站改编能力应按驼峰或牵出线分别计算，当驼峰或牵出线担当的调车作业比较单一时多采用直接计算法；反之，则采用利用率计算法。

一、驼峰解体能力

驼峰在现有技术设备、作业组织方法及调车机车数量条件下，一昼夜能够解体的货物列车数或车数，称为驼峰的解体能力。主要担当解体作业的驼峰，其解体能力可根据不同的作业方案，采用直接计算法进行计算。

1. 使用一台调车机车实行单推单溜的解体能力（$N'_{解}$或$B'_{解}$）

$$N'_{解}=\frac{(1\,440m_{编发}-\sum t'_{固})(1-\alpha_{空})}{t^{单单}_{解占}}\text{(列)} \tag{6-20}$$

$$B'_{解}=N'_{解}m_{解}\text{ (辆)} \tag{6-21}$$

式中：

$\alpha_{空}$ ——驼峰空费系数，由于列车到达不均衡、作业间不协调以及设备故障等原因所引起的驼峰无法利用的空费时间（不包括调车组交接班等驼峰作业中断期间内产生的空费）占一昼夜时间的比重，一般采用0.03～0.05；

$\sum t'_{固}$ ——一台调机单推单溜固定作业时间；

$t^{单单}_{解占}$ ——采用单推单溜作业方案时解体一个车列平均占用驼峰的时间，min；

$m_{解}$ ——解体车列的平均编成辆数。

其中，$\sum t'_{固}$ 的计算方法为

$$\sum t'_{固}=\sum t_{交接}+\sum t_{吃饭}+\sum t_{整备}+\sum t_{客妨}+\sum t^{占}_{取送}\ (\mathrm{min}) \tag{6-22}$$

式中：

$\sum t_{交接}$，$\sum t_{吃饭}$ ——调车组和乘务组的交接班、吃饭时间，min；

$\sum t_{整备}$ ——一台机车一昼夜的整备时间，min；

$\sum t_{客妨}$ ——一昼夜旅客列车横切峰前咽喉妨碍驼峰解体的时间，min；

$\sum t^{占}_{取送}$ ——列入固定作业的取送等调车作业占用或中断驼峰使用的时间，min。

$t^{单单}_{解占}$ 的计算方法为

$$t^{单单}_{解占}=t_{空程}+t_{推}+t_{分解}+t_{禁溜}+t_{整场}+t_{妨}\ (\mathrm{min}) \tag{6-23}$$

式中：

$t_{空程}$——调车机车自驼峰作业地点启动时起经到达场入口咽喉折返与到达场车列连挂并完成试牵引时止的时间，min；

$t_{禁溜}$——每解体一车列平均摊到的解、送禁溜车时间，min；

$t_{整场}$——每解体一车列平均摊到的整场时间，min；

$t_{妨}$——每解体一车列平均摊到的妨碍时间，min。

2. 使用两台调车机车实行双推单溜的解体能力（$N''_{解}$ 或 $B''_{解}$）

$$N''_{解}=\left(\frac{1\,440-\sum t''_{固}}{t^{双单}_{解占}}+\frac{2\sum t_{整备}+\sum t^{未占}_{取送}}{t^{单单}_{解占}}\right)(1-\alpha_{空})\ (列) \tag{6-24}$$

$$B''_{解}=N''_{解}m_{解}\ (辆) \tag{6-25}$$

式中：

$\sum t''_{固}$——两台调机双推单溜固定作业时间，min；

$t^{双单}_{解占}$ ——采用双推单溜的作业方案时解体一个车列平均占用驼峰的时间，min。

其中，$\sum t''_{固}$ 的计算方法为

$$\sum t''_{固}=\sum t_{交接}+\sum t_{吃饭}+2\sum t_{整备}+\sum t_{客妨}+\sum t^{占}_{取送}+\sum t^{未占}_{取送}\ (\mathrm{min}) \tag{6-26}$$

式中：

$\sum t^{未占}_{取送}$ ——驼峰调车机车应担当的取送作业中未占用或未中断使用驼峰的时间，min。

$t^{双单}_{解占}$ 的计算方法为

$$t^{双单}_{解占}=t_{分解}+t_{禁溜}+t_{整场}+t_{妨}+t_{间隔}\ (\mathrm{min}) \tag{6-27}$$

式中：

$t_{间隔}$——驼峰间隔时间，min。

3. 使用三台及以上调车机车实行双推单溜的解体能力（$N'''_{解}$或$B'''_{解}$）

$$N'''_{解}=\frac{(1\,440-\sum t'''_{固})(1-\alpha_{妨})}{t^{双单}_{解占}}\ (列) \tag{6-28}$$

$$B'''_{解}=N'''_{解}m_{解}\ (辆) \tag{6-29}$$

式中：

$\sum t'''_{固}$——三台以上调机采用双推单溜固定作业时间，其计算方法为

$$\sum t'''_{固}=\sum t_{交接}+\sum t_{吃饭}+\sum t_{客妨}+\sum t^{占}_{取送}\ (min) \tag{6-30}$$

二、调车场尾部编组能力

调车场尾部牵出线在现有技术设备、作业组织方法及调车机车数量的条件下，一昼夜能够编组的货物列车数或车数，称为峰尾编组能力。

调车场尾部牵出线的编组能力可以采用直接计算法或利用率计算法计算。

1. 直接计算法

$$N_{编}=\frac{(1\,440M_{机}-\sum t_{固})(1-\alpha_{妨})}{t_{调占}}+N_{摘}\ (列) \tag{6-31}$$

$$B_{编}=N_{编}m_{编}\ (辆) \tag{6-32}$$

式中：

$M_{机}$——调车场尾部编组调车机车台数；

$\sum t_{固}$——尾部调车机一昼夜固定作业时间，min；

$m_{编}$——编组车列的平均编成辆数。

其中，$\sum t_{固}$的计算公式为

$$\sum t_{固}=\sum t_{交接}+\sum t_{吃饭}+\sum t_{整备}+\sum t_{取送}+\sum t_{摘挂}\ (min) \tag{6-33}$$

式中：

$\sum t_{取送}$——一昼夜担当取送调车作业的总时间，min；

$\sum t_{摘挂}$——一昼夜编组摘挂列车的总时间，min；

$\alpha_{妨}$——调车机的妨碍系数，两台调机时取0.06～0.08，三台调机时取0.08～0.12；

$t_{编占}$——编组一个车列（摘挂列车除外）平均占用的时间，min；

$N_{摘}$——一昼夜编组的摘挂列车数。

2. 利用率计算法

$$N_{编}=\frac{n_{调}}{t_{调占}}+N_{摘}\ (列) \tag{6-34}$$

$$B_{编}=N_{编}m_{编}\ (辆) \tag{6-35}$$

式中：

$n_{编}$ ——列入计算的每昼夜编组货物列车数（不包括摘挂列车）及交换车总列数；

K ——峰尾牵出线编组能力利用率，按下式计算：

$$K=\frac{T_{总}-\sum t_{固}}{(1\,440M_{机}-\sum t_{固})(1-\alpha_{妨})} \tag{6-36}$$

其中：$T_{总}$ ——一昼夜峰尾牵出线的总作业时间（不含妨碍时间），min。

三、简易驼峰（或牵出线）能力

既担当解体又担当编组作业的简易驼峰或牵出线的改编能力，可以采用利用率计算法，其计算步骤和方法如下。

1. 计算一昼夜占用简易驼峰（或牵出线）的总时间 $T_{总}$

$$T_{总}=n_{解}t_{解}+n_{编}t_{编}+n_{调}t_{调}+\sum t_{整场}+\sum t_{固} \tag{6-37}$$

式中：

$n_{解}$，$n_{编}$ ——简易驼峰或牵出线解体、编组（摘挂列车除外）的列车数，部分改编中转列车按其作业时间折合列数计算；

$t_{解}$，$t_{编}$ ——解体、编组（摘挂列车除外）一个车列的作业时间，min；

$n_{调}$，$t_{调}$ ——除解体、编组作业以外占用驼峰或牵出线的其他调车作业次数及平均每次作业时间，min。

2. 计算简易驼峰（或牵出线）改编能力利用率 K

$$K=\frac{T_{总}-\sum t_{固}}{(1\,440M_{机}-\sum t_{固})(1-\alpha_{妨})} \tag{6-38}$$

3. 计算简易驼峰（或牵出线）改编能力

$$N_{解}=\frac{n_{解}}{K}\ (列) \tag{6-39}$$

$$B_{解}=N_{解}m_{解}\ (辆) \tag{6-40}$$

$$N_{编}=\frac{n_{调}}{K}+N_{摘}\ (列) \tag{6-41}$$

$$B_{编}=N_{编}m_{编}\ (辆) \tag{6-42}$$

四、改编能力的确定

（1）纵列式编组站驼峰担当解体、尾部牵出线担当编组作业时的改编能力，按经过合理调整峰上、峰尾作业负担后的驼峰解体能力、尾部编组能力二者中较小者的两倍计算。

（2）横列式技术站或两端的简易驼峰和牵出线既编又解时的改编能力，按两端解体、编组能力之和计算。

（3）具有两套解编系统的双向编组站应分别按上、下行系统确定其改编能力，全站的改编能力按两系统改编能力之和计算。

（4）担当重复解体转场车的驼峰，应按含转场车和不含转场车分别表示其解体能力。

例 6-3

如图 6-5 所示，乙站丙端设有简易驼峰，配备调机一台，主要担当解体和货场取送作业；甲端设平面牵出线，配备调机一台，担当编组和专用线、机务段取送作业。

已知：一昼夜各项作业次数及每次占用简易驼峰、牵出线的时间如表 6-7 和表 6-8 所示。试分别采用直接计算法和利用率计算法计算乙站的改编能力。

表 6-7 简易驼峰占用时间计算表

作业项目	作业次数	每次占用时分（min）	总占用时分（min）		每列平均编成辆数
			总时分	其中固定作业	
解体区段列车	18	40	720		45
解体摘挂列车	4	40	160		40
货场取送车	6	30	180	180	
站修线取送	2	15	30	30	
调车场整理	4	10	40		
整备、交接班	2	40	80	80	
吃饭	2	30	60	60	
合计			$t_{总}=1\,270$	$\sum t_{固}=350$	

表 6-8 牵出线占用时间计算表

作业项目	作业次数	每次占用时分（min）	总占用时分（min）		每列平均编成辆数
			总时分	其中固定作业	
编组区段列车	18	35	630		45
编组摘挂列车	4	35	140	140	40
专用线取送	6	30	180	180	
机务段取送	2	30	60	60	
其他调车	4	15	60		
整备、交接班	2	40	80	80	
吃饭	2	30	60	60	
合计			$t_{总}=1\,210$	$\sum t_{固}=520$	

分析：分别求出简易驼峰解体能力和牵出线编组能力，然后加总得乙站改编能力。

（1）直接计算法

① 计算简易驼峰解体能力。

$$t_{解占}=\frac{18\times40+4\times40+4\times10}{22}\approx42\,(\text{min})$$

$$m_{解}=\frac{18\times45+4\times40}{22}\approx44\,(辆)$$

$$N_{解}=\frac{(1\,440M_{机}-\sum t_{固})(1-\alpha_{空})}{t_{解占}}=\frac{(1\,440\times1-350)(1-0.05)}{42}\approx24.7\,(列)$$

$$B_{解}=N_{解}m_{解}=24.7\times44\approx1\,086\,(辆)$$

② 计算牵出线编组能力。

$$t_{编占}=\frac{18\times35+4\times15}{18}\approx38\,(\text{min})$$

$$m_{编}=\frac{18\times45+4\times40}{22}\approx44\,(辆)$$

$$N_{编}=\frac{(1\,440M_{机}-\sum t_{固})(1-\alpha_{妨})}{t_{编占}}+N_{摘}=\frac{(1\,440\times1-350)(1-0.05)}{38}+4=27.0\,(列)$$

$$B_{编}=N_{编}m_{编}=27.0\times44=1\,188\,(辆)$$

③ 计算乙站改编能力。

$$N_{改}=2\times\min\{N_{解},N_{编}\}=2\times24.7=49.4\,(列)$$

$$B_{改}=2\times\{B_{解},B_{编}\}=2\times1\,086=2\,172\,(辆)$$

（2）利用率计算法

① 计算简易驼峰解体能力。

$$K=\frac{T_{总}-\sum t_{固}}{(1\,440M_{机}-\sum t_{固})(1-\alpha_{空})}=\frac{1\,270-350}{(1\,440\times1-350)(1-0.05)}\approx0.89$$

$$N_{解}=\frac{n_{解}}{K}=\frac{18+4}{0.89}\approx24.7\,(列)$$

$$B_{解}=N_{解}m_{解}=24.7\times44\approx1\,086\,(辆)$$

② 计算牵出线编组能力。

$$K=\frac{T_{总}-\sum t_{固}}{(1\,440M_{机}-\sum t_{固})(1-\alpha_{妨})}=\frac{1\,210-520}{(1\,440\times1-520)(1-0.05)}\approx0.79$$

$$N_{编}=\frac{n_{调}}{K}+N_{摘}=\frac{18}{0.79}+4\approx26.8\,(列)$$

$$B_{编}=N_{编}m_{编}=26.8\times44\approx1179\,(辆)$$

③ 计算乙站改编能力。

$$N_{改}=2\times\min\{N_{解},N_{编}\}=2\times24.7=49.4\,(列)$$

$$B_{改}=2\times\{B_{解},B_{编}\}=2\times1\,086=2\,172\,(辆)$$

任务五　提高车站能力的措施

任务引入

车站是铁路办理客、货运业务的主要场所，车站能力是铁路运输能力的重要组成部分，提高车站能力有利于提高铁路运输效率，促进铁路运输事业的全面、健康、稳定发展。

那么车站能力的具体内容有哪些？如何提高车站能力？下面让我们带着这些问题开始本次课程。

相关知识

一、车站能力汇总

车站能力是指在现行作业组织方法及调机配备情况下，各车场、驼峰或牵出线及整个车站所具有的通过能力和改编能力。

1. 车站通过能力汇总

汇总车站通过能力的目的在于查明车站咽喉、到发线接发各方向各种列车的能力。车站咽喉区各进路咽喉道岔组通过能力加总后，列入该方向咽喉通过能力。一个方向的列车接入车站的几个车场或从几个车场出发时，各车场该方向到发线通过能力加总后，列入全站该方向到发线通过能力。各方向咽喉、到发线通过能力加总后列入全站的咽喉、到发线通过能力。

例如，根据任务二、三例题的计算结果，乙站通过能力汇总如表 6-9 所示。

2. 车站改编能力汇总

汇总车站改编能力的目的在于查明该站调车设备解体和编组各方向列车的能力。当一个方向的列车由两个及以上的调车设备进行解体或编组时，该方向的改编能力应等于各调车设备该方向的改编能力之和。驼峰、牵出线的改编能力，按任务四所述方法确定后，汇总列入全站改编能力。

例如，根据任务四中例题的计算结果，乙站改编能力汇总如表 6-10 所示。

表 6-9　乙站通过能力汇总表

方向	接车或发车	咽喉通过能力（列）					到发线通过能力（列）				限制能力（列）				受何限制
		号码	客	货			客	货			客	货			
				有调	无调	计		有调	无调	计		有调	无调	计	
丙	接	②	8	37.9	41.4	79.3	8	15.7	17.1	32.8	8	15.7	17.1	32.8	到发线
	发	②	8	37.9	41.4	79.3	8	15.7	17.1	32.8	8	15.7	17.1	32.8	
甲	接	①、③	8	30.6	33.3	63.9	8	15.7	17.1	32.8	8	15.7	17.1	32.8	
	发	①、③	8	30.6	33.3	63.9	8	15.7	17.1	32.8	8	15.7	17.1	32.8	
全站	接		16	68.5	74.7	143.2	16	31.4	34.2	65.6	16	31.4	34.2	65.6	
	发		16	68.5	74.7	143.2	16	31.4	34.2	65.6	16	31.4	34.2	65.6	

注：甲方向咽喉通过能力为假设数字。

表 6-10　乙站改编能力汇总表

驼峰或牵出线名称	解体能力		编组能力		改编能力		调机类型及台数
	列	辆	列	辆	列	辆	
简易驼峰	24.7	1 086			24.7	1 086	DF_5 型 1 台
牵出线			26.8	1 179	26.8	1 179	DF_5 型 1 台
全站合计	24.7	1 086	26.8	1 179	51.5	2 265	DF_5 型 2 台

注：表中数字是采用利用率计算法的结果。

二、提高车站能力的措施

提高车站能力的措施

铁路通过能力直接关系着运输生产过程的实现，而车站通过能力和改编能力是铁路通过能力的重要组成部分。因此，铁路必须科学而有计划地加强车站能力，以保证其能够适应国民经济发展和运输市场的需要。

提高车站通过能力和改编能力的措施有技术组织措施和改建措施两类。

1. 提高车站能力的技术组织措施

根据车站通过能力和改编能力的计算公式，对影响车站能力的各种因素进行分析，其主要技术组织措施如下。

1）调整车站技术设备使用方案，均衡设备作业负担

通过调整车场分工和到发线使用方案，重新

分配驼峰、牵出线工作，调整调机分工及其作业区域，调整咽喉道岔的作业负担，使各项技术设备的作业负担均衡并减少敌对进路的干扰，从而提高和协调车站咽喉通过能力、到发线通过能力和驼峰、牵出线的改编能力。

例如，根据上述车站通过能力汇总，乙站丙方向咽喉通过能力为接、发各 79.3 列，到发线通过能力为接、发各 32.8 列。丙方向的通过能力受到发线通过能力的限制，但通过对到发线现行使用办法分析得知，原定Ⅰ，Ⅱ道只接发旅客列车，一昼夜接发旅客列车占用到发线的时间为 $23\times16=368\ (\text{min})$，尚有 $1\,440\times2-368=2\,512\ (\text{min})$ 的潜力。若Ⅰ，Ⅱ道兼接发货物列车，则

$$T_{总}=3\,436+368=3\,804\ (\text{min})$$

$$\sum t_{固}=368\ (\text{min})$$

$$K=\frac{T_{总}-\sum t_{固}}{(1\,440m_{到发}-\sum t_{固})(1-\gamma_{空})}=\frac{3\,804-368}{(1\,440\times6-368)(1-0.15)}\approx0.49$$

$$N_{接}^{丙}=\frac{n_{接}^{丙}}{K}=\frac{12+(9+2)}{0.49}=24.5+22.4=46.9\ (列)$$

$$N_{接}^{发}=\frac{n_{接}^{发}}{K}=\frac{12+(9+2)}{0.49}=24.5+22.4=46.9\ (列)$$

可见，能力与行车量的分配（技术设备使用方案）关系密切，通过调整以后，该方向车站通过能力接车与发车各提高了 14.1 列。但必须注意的是，在到发线通过能力重新调整计算后，应根据新的分配方案，对咽喉道岔组的作业占用时分予以验算，检查咽喉通过能力有无变化。

同理，当某咽喉道岔组限制了车站通过能力时，亦可通过充分利用平行进路来调整原来的接车、发车和调车进路，减轻该咽喉道岔组的作业负担，以提高车站通过能力。

当驼峰或牵出线的改编能力紧张，或遇车流增大时，可以有计划地调整驼峰、牵出线的作业负担，根据技术设备条件，活用固定线路，合理固定调车作业区域，充分发挥调车设备的效能，提高其改编能力。

2）压缩各项作业占用技术设备的时间

采用先进的工作方法，改进各种列车的技术作业过程和调车作业方法，采取解体照顾编组、解体照顾送车、取车照顾编组、解编结合等方法，利用车辆集结过程预编、预检车组等，实现流水作业和最大限度的平行作业，在压缩单项作业时间的同时，减少或消除等待和妨碍作业时间。

3）改进运输组织工作

加强车站作业计划与调度指挥，根据列车编组内容和到发时间，有预见、有计划地组织车流和装卸作业，合理组织调车机工作，充分发挥调车机效率，减少固定作业占用时间。

改善车流组织方法，结合车流到发规律，大力组织挂线装车，组织成组装车和直达列车，扩大技术站无调中转列车的比重。改善劳动组织，加强联劳协作，使各部门、各工种之间作业紧密配合，以提高工作效率，大力压缩各种非生产等待时间。

4）对车站现有设备进行少量技术改造

在工程量和投资不大的情况下，可在咽喉区增铺或改铺道岔，移设信号机，增加咽喉平行进路，延长牵出线，增加辅助调车机车等，以加强车站通过能力和改编能力。

2. 提高车站能力的改建措施

（1）改造车站咽喉。改进车站咽喉布置，增设联络线，增加平行进路。在必要和可能时，采用立体交叉，以疏解列车进路，使各方向客货列车接发、机车出入段、解编和取送调车等能够最大限度地平行作业。

（2）改建或扩建站场线路。改进车场布置，增加或延长到发线、调车线，分别设置货物列车到达场、出发场，或在办理直通货物列车较多的车站增设直通车场等。

（3）改造现有固定调车设备。改造牵出线、驼峰设备的平纵断面，增设预推线、禁溜线和尾部牵出线，抬高驼峰高度，采用先进的峰下制动设备，如采用减速器、加减速顶调速设备等。

（4）采用各种新技术，装设先进的信、联、闭设备。

（5）修建自动化驼峰，实现编组站作业自动化，全面提高车站改编能力。

已知： X 站丙方向某进路咽喉道岔组空费系数 0.20，直通货物列车 11 对、区段列车 9 对，作业量及作业时间标准如表 6-11 所示。

表 6-11 X 站丙方向某进路咽喉道岔组作业量及作业时间标准

作业量次数	$n_{货接}$	$n_{货发}$	$n_{客接}$	$n_{客发}$	$n_{货机}$	$n_{取送}$
	20	20	5	5	10	10
作业时间标准	$t_{货接}$	$t_{货发}$	$t_{客接}$	$t_{客发}$	$t_{货机}$	$t_{取送}$
	7	6	5	4	2	10

要求： 计算该进路咽喉道岔组通过能力。

解析： 计算咽喉道岔组通过能力一般采用利用率计算法。其步骤与方法如下。

（1）计算一昼夜全部作业占用各道岔组的总时间（$T_{总}$），有

$$T_{总} = n_{接}t_{接车} + n_{发}t_{发车} + n_{机}t_{机} + \sum t_{调} + \sum t_{妨} + \sum t_{固} \text{ (min)}$$

则 $$T_{总} = 20\times7 + 20\times6 + 10\times2 + 10\times10 + 0 + 0 + 5\times5 + 5\times4 = 425 \text{ (min)}$$

（2）计算咽喉道岔组通过能力利用率（K）。

X 站丙方向某进路接车或发车道岔组利用率 K 为

$$K = \frac{T_{总} - \sum t_{固}}{(1\,440 - \sum t_{固})(1-\gamma_{空})}$$

则
$$K = \frac{425-0}{(1\,440-0)(1-0.20)} \approx 0.37$$

（3）计算咽喉道岔组通过能力。

X站丙方向某进路接车与发车进路咽喉道岔组通过能力为

$$N_{接}^{丙} = \frac{n_{接}^{丙}}{K} = \frac{20}{0.37} \approx 54.1\,(列)$$

$$N_{发}^{丙} = \frac{n_{发}^{丙}}{K} = \frac{20}{0.37} \approx 54.1\,(列)$$

一、填空题

1．铁路运输能力包括__________和__________。

2．车站能力包括__________和__________。

3．车站通过能力包括__________和__________。

4．__________计算法仅限于某项技术设备只负担单一种类的作业时使用。

5．计算车站能力的主要方法有__________和__________。

6．占用咽喉道岔组的时间作业性质不同，可归纳为__________、__________和调车占用三种。

7．利用率计算法计算车站能力时，其一般步骤为：__________、__________、__________。

8．为了计算车站能力，占用车站设备的全部作业可划分为__________和__________。

二、判断题

1．铁路通过能力主要受固定设备影响。（　）

2．主要作业随着行车量的变化其数量增减也很大。（　）

3．最大区间就是限制区间。（　）

4．旅客列车到发作业属于固定作业。（　）

5．能力利用率K，保留小数点后两位，第三位四舍五入。（　）

三、简答题

1．计算车站能力时，哪些属于固定作业？哪些属于主要作业？

2．铁路技术设备通过能力的分析计算法有哪两种？它们分别在什么条件下采用？

项目七　列车编组计划编制

项目导入

货物列车编组计划（以下简称编组计划）是全路的车流组织计划。其作用是统一安排全路的车流组织方案，具体规定货运站、编组站、区段站等编组货物列车的要求、方法和内容，可作为编制列车运行图、运输方案、日班计划及改善站场布局的依据，是加强货运营销工作的重要手段。

知识目标

- 掌握货物列车编组计划的作用和内容。
- 了解装车地直达列车编组计划的编制方法。
- 掌握技术站列车编组计划编制的基本原理和方法。
- 掌握违反列车编组计划的七种情况。

技能目标

- 能熟练运用表格计算法，正确编制技术站列车编组计划。
- 能结合现场实际，正确执行列车编组计划，合理编组列车。

素质目标

- 通过学习列车编组计划编制相关内容，培养遵章守纪的习惯和认真负责的工作态度。

任务一　列车编组计划认知

铁路网上每天产生的重、空车流最终要以列车的形式向装、卸地点输送。列车编组计划就是全路的车流组织计划，它把全路复杂的重、空车流，分别按到站和方向，组织成不同种类的列车，协调、有序地完成运输生产。列车编组计划既是车流组织计划，又是站场设备的运用计划；既是路网各车站分工的战略部署，又是调节铁路方向和站场工作负担，缓和运输紧张状况的有效手段。

那么列车编组计划具体涉及哪些内容，以及如何编制呢？

一、货物列车编组计划的作用和任务

车流组织是铁路行车组织的一项重要工作，它包括车流径路的选择、货物列车编组计划的制定以及日常车流推算与控制等主要内容。

在铁路网上，装车站把装出的重车向卸车地点输送就构成了重车流；卸车站把卸后的排空车送往装车地点又形成了空车流。列车是铁路运输生产的基本单元，这些重、空车流的输送最终要以列车的形式完成。所以车流必须要转变为列车流，然后才有可能为各种列车安排运行计划，从而实现货流的流动。这种把车流转变为列车流的工作就称为车流组织。换句话说，车流组织要解决的核心问题，就是如何把车流变为列车流。

车流组织有两种最简单的方法。一种不管车流数量大小、去向远近，一律编入摘挂列车或区段列车。这种做法可以使车流在始发站的集结消耗减小，但势必造成远距离车流逐站或逐段进行改编作业，既延误远程车流的在途时间，又增加有关技术站的改编作业负担，引起不必要的增加设备的投资和用于调车作业的人力物力消耗。

另一种是不管各个去向的车流大小，一律在装（卸）车站分别集结，编开到达卸（装）

车站的始发直达（空车直达）列车。这样，由于车流在途中技术站不必进行改编作业，固然可以节省一些时间有利于压缩车流在途时间。但如果始发站某些方向车流量很小，车辆集结成列的时间可能很长，这显然是不经济的，从设备条件上也是不可能的。显然。上述两种极端的车流组织方法既不合理又不经济，都是不可取的。

正确的车流组织方法应该是根据车流的大小和性质，结合各站设备条件，采取不同的车流组织形式：在装车量大、流向集中的地点或联合邻近的几个装车站组织始发直达列车；将未纳入始发直达列车的剩余车流（或需继续运送）送到就近的技术站集中，通过对车流各种组合方案的计算比较，确定出既在编车站集结时间消耗少，又在途中运行快的列车编组方案，按车辆去向的远近，由技术站分别编开技术直达、直通、区段列车；对到达中间站的车辆或中间站挂出的车辆，则一般编入摘挂列车。

货物列车编组计划是指规定各站编、解列车的任务和编组列车的性质、内容及编挂方法的车流组织计划。

1. 列车编组计划的作用

（1）把全路复杂的重、空车流分别按到站和去向的不同，组织到不同种类的列车中，有节奏地组织运输生产。

（2）规定了各站的作业任务、作业方法和车站技术设备的使用办法，对车站工作组织起着决定性的作用。

（3）规定了各站间的相互关系和联合动作，是全路车站分工的战略部署。

（4）既是铁路运输组织工作的主要内容，也是铁路与国民经济其他部门紧密联系的一个重要环节。

（5）列车编组计划与列车运行图有密切的联系，它是编制列车运行图的基础。没有列车编组计划的行车量和列车分类，运行图难以铺画。同时，列车编组计划又有赖于列车运行图来体现。两者密切结合，成为行车组织工作的基本技术文件。

2. 货物列车编组计划的任务

（1）在装车站最大限度地组织直达列车和成组装车，以减少技术站的改编作业量。

（2）根据车流特点、设备条件和作业能力，正确规定装车站和技术站编组列车的办法，最大限度地减少车辆的改编作业次数、加速车辆周转。

（3）合理分配技术站的调车工作任务，尽量将调车作业集中到技术设备先进、解编能力大、作业效率高的路网性编组站上进行，以便充分发挥设备能力、减少人力消耗、降低运输成本。

（4）在具有平行径路的铁路方向上，按照运输里程及区段通过能力的使用情况，规定合理的车流径路，以平衡各铁路线路的任务，减轻主要铁路方向的负担。

（5）合理地组织管内零散车流，加速管内车流的输送。

另外，根据国民经济发展计划中对铁路运输的要求，预见车流将来可能发生的变化，有计划、有准备地调整某些站场的分工，必要时从合理组织车流的实际出发，提出新建或扩建站场的计划，也是列车编组计划的一项重要任务。

二、列车编组计划的主要内容

扫一扫

列车编组计划

列车编组计划的主要内容如表 7-1 所示。

表 7-1　甲站列车编组计划（示例）

发站	到站	编组内容	列车种类	定期车次	附注
甲	丁	丁及其以远	技术直达		
甲	丙	① 丙及其以远（不包括丁及其以远）； ② 空棚车	直通		
甲	乙	乙及其以远（不包括丙及其以远）	区段		
甲	乙	① *A—D* 间按站顺； ② 乙及其以远	摘挂		按组顺编组

从表中得知，列车编组计划主要有以下内容。

（1）发站，指列车编组始发的车站。

（2）到站，指列车的终到站（解体站）。

（3）编组内容，规定该列车用哪些车流编组列车及车辆的编挂方法。该栏规定的列车中车辆的编挂方法，通常有以下几种。

① 单组混编，即该列车到达站及其以远的车辆，不分到站、不分先后混合编挂。

② 分组选编，即一个列车中分为两个及其以上的车组，属于同一组的车辆必须编挂在一起；对车组的排列无特殊要求的，可以不按组顺编挂。

③ 到站成组，即在列车中同到站的车辆必须编挂在一起。

④ 按站顺编组，即在列车中除同一到站的车辆必须挂在一起外，还要求按车辆到站的先后顺序进行编挂。

以上各种列车编挂方法，是根据有关车站的能力以及列车的性质分别确定的，从而达到加速周转和货物送达的目的。

（4）列车种类，表示该列车的种类。

（5）定期车次，若该列车为装（卸）车地组织的直达列车，则表示该列车开行期间的固定车次。

（6）附注，对编组内容栏加以补充说明，常见的说明如按站顺、按组顺、规定基本组重量、开行列数等。

三、列车编组计划的编制程序及资料

编制列车编组计划是一项细致复杂的工作。编制工作通常分为三个阶段进行，即准备资料阶段、编制阶段和实行前的准备阶段。列车编组计划的编制质量在很大程度上取决于编制资料的准备工作。只有充分掌握可靠的编制资料，才能编制出经济有利、切实可行的列车编组计划。

1. 列车编组计划的编制程序

编制阶段的工作分两个步骤进行：第一步，在国铁集团的领导下，各铁路局共同编制跨局的列车编组计划；第二步，在跨局列车编组计划的基础上，各铁路局自行编制本局管内的列车编组计划。编制程序的具体内容如下。

（1）确定日均计划重车车流量。在审批各铁路局提出的品类别、发到站别运输计划后，编制计划重车车流表。

（2）编制装车地直达列车编组计划。

（3）编制空车列车编组计划。计算较大的装卸站或区段不同车种空车的余缺，按合理调整空车的原则，分配空车并编制计划空车车流表，确定空车直达列车编组计划。

（4）编制快运货物列车编组计划。

（5）编制技术站列车编组计划。

（6）检查装车地直达列车编组计划同技术站列车编组计划的配合情况，并修正不配合的装车地直达列车编组计划。

（7）规定直达列车补轴、减轴的办法。

（8）最后确定列车编组计划，计算各项指标。

2. 列车编组计划的编制资料

为正确编制编组计划，在编制前，各铁路局有关业务主管部门要根据职责分工，在编组计划负责部门的协调下，做好准备工作，提供下列资料。

（1）根据年度、月度运输计划主要物资货源货流资料，并参照规划运量提出编组计划实行期间的运输计划和说明。

（2）根据上述运输计划和说明，结合实际车流规律，编制分主要品类、分到局、分主要发到站和技术站间的计划车流；根据计划车流编制始发直达、煤炭直达、石油直达列车开行计划。

（3）根据货流、车流及市场营销需求，提出快运货物班列资料及开行计划。

（4）各线路、区段的区间通过能力、牵引质量、列车换长。

（5）车站能力、设备资料、技术标准。

① 主要装卸站的装卸能力，包括主要专用线装卸线长度、容车量，平均每日装卸分批次数、车数、时间等。

② 主要技术站的（编组站、主要区段站）技术设备资料，包括车站平面示意图、车场分工、股道（股道数、有效长、容车数、现在用途）、调车机台数、改编能力及其利用程度。

③ 主要技术站有关作业时间标准和实际完成情况，包括按到站和方向别的列车平均编组辆数、集结系数、无改编节省时间。

（6）编组计划执行情况分析报告及改进意见。

砥节砺行

你知道吗？铁路人的故事也会出现在高考试卷上。2012 年高考，北京卷的作文是这样的：

老计一个人工作在大山深处，负责巡视铁路，防止落石、滑坡、倒树危及行车安全，每天要独自行走二十多公里。每当列车经过，老计都会庄重地向疾驰而过的列车举手敬礼。此时，列车也鸣响汽笛，汽笛声在深山中久久回响……

大山深处的独自巡视、庄重的敬礼、久久回响的汽笛声……这一个个场景带给你怎样的感受和思考？请在材料含意范围之内，自定角度，自拟题目，自选文体（诗歌除外），写一篇不少于 800 字的文章。

老计是什么人？是不是一个虚拟的人物？其实，老计名叫计文革，是哈尔滨铁路局加格达奇工务段漠河线路的一名巡守员。那么，高考作文为什么选择老计？这是因为，老计身上体现了普通职工平凡中的伟大，体现了一线劳动者的执着和坚守，体现了日常工作中的人性光辉，这些打动了命题者。

实际上，老计的故事是不可计数的铁路职工的写照。铁路职工可能只负责一节车厢的卫生、一段钢轨的维护、一个小站的接车，也可能像老计一样，终年只在一个山头上守望。当旅客们坐在舒适的车厢里欣赏窗外的风景时，当货主们看到列车驶进货场时，他们可能不知道，正是这些他们看得见和看不见的人，默默地在自己的岗位上坚守，保障着万里铁道线的畅通。

讲述铁路故事，传递铁路精神，有助于我们理解铁路职工是怎样的一群人，以怎样的一种精神，在时时守望安全，用辛勤的劳动支撑着铁路安全有序地正常运转；有助于我们理解“安全是铁路的‘饭碗工程’，服务是铁路的本质属性”不是一句简单的口号，而是无数铁路人辛勤汗水的结晶。老计身上体现着铁路精神，也体现着全社会认同和推崇的价值观。

任务二 列车编组计划要素

任务引入

货物列车编组计划的正确编制应以对车流性质、站场布局、设备能力、作业条件的调查研究为基础，以车流径路方案为前提，以技术经济分析和计算为依据进行方案优选。在制定列车编组计划前，要对列车编组计划的要素进行认真的查定和计算。

那么列车编组计划中涉及的要素有哪些，怎样才能确定这些要素呢？

相关知识

货物列车编组计划的编制涉及面很广，其中主要因素有：列车编组计划实行期间的计划车流；车流径路方案；各铁路方向别的重车列车、重空混编与空车列车的编成辆数；各技术站大、小运转列车的车辆集结参数；车辆无改编通过各技术站的节省时间标准；各技术站的线路配置及改编作业能力；主要装卸站的装卸能力。在编制货物列车编组计划前，有必要对这些要素进行认真的查定或计算，以确保货物列车编组计划的编制质量。

一、计划车流

计划车流是编制编组计划的重要依据。应尽量使之与列车编组计划实行期间的实际车流相符合。为了使车流有一定的稳定性，一般选用第二或第三季度的平均车流量作为编制依据。

1. 计划车流的编制

计划车流的编制过程一般包括以下内容。

（1）国铁集团根据国家经济发展规划、大宗物资流向、铁路所占运输市场份额、铁路运输能力等因素，拟定出运输计划轮廓并下达给各铁路局。

（2）各铁路局在货源调查、核实运量的基础上，提出品类别、到局别的运输计划上报国铁集团。

（3）国铁集团召开运输计划会议，各铁路局参加，按照发送与到达、运能与运量相结合，反复落实，综合平衡的方法，对各局提报的计划车流进行调整，同时处理好中央与地方、重点与一般的关系，最终审定计划运量，并计算出编组计划实行期间的日均计划重车数。

（4）各局制定品类别、发到别计划车流表，并相互交换车流资料。

（5）确定计划重车流的径路方案，各局据此编制重车车流表。

（6）按各分界站交接差和各局的装卸差调整局间的排空车数，制定装卸站、区段和技术站的空车车流计划，最后汇总为各方向主要技术站间的计划车流表。

（7）编制技术站间的计划车流表，分方向绘制车流梯形图。

编制装车地直达列车编组计划所需的车流，从品类别、发到站别的计划车流资料中查定；编制技术站列车编组计划所需的车流，从技术站间车流表中查定，技术站间车流表是根据重车车流表编制出来的。

2. 计划车流的确定

技术站间车流与装车站的车流不同，除本站产生和消失的车流外，大部分是中转车流，技术站间的计划车流确定如下。

1）每一技术站发出的车流

（1）该站自装车流。

（2）该站与其后方相邻技术站间各站及衔接支线所装车流。

（3）该站衔接支线所装车流。

（4）到达该站解体的装车地直达列车中需继续运送的车流。

2）到达每一技术站的车流

（1）到达该站所卸车流。

（2）到达该站与其前方相邻技术站间各站及衔接支线所卸车流。

（3）到达该站衔接支线所卸车流。

技术站间车流不包括被装车地直达列车吸收的车流及同一和相邻区段到发的摘挂车流。

根据上述技术站车流包括的内容，对发到站别的重车车流表进行车流归并和整理后，便可编制技术站间计划车流表。如表7-2所示，为甲—丁方向重车车流表，经归并整理后编制出甲—丁方向技术站间计划重车车流（见表7-3），已被装车地直达列车吸收的车流应从有关数字中减去。

表 7-2　甲—丁方向重车车流表（日均车数）

往 由	甲	甲—乙	乙	乙—K	乙—丙	丙	丙—H	丙—丁	丁	计
甲		28	170	10	40	100	10	55	470	883
甲—乙	25	1	10	4	5	5	2	3	10	65
乙	230	5		10	5	35	3	2	185	475
乙—K	10	2	1	2	10	5	2	3	5	40
乙—丙	20	3	1	4	3 1	2	4	3	55	96
丙	30	2	40	3	2		10	5	35	127
丙—H	15	3	4	2	6	1	1	1	15	48
丙—丁	5	2	3	3	4	2	3		5	27
丁	250	25	165	10	10	70	15	3		548
计	585	71	394	48	86	220	50	75	780	2 309

表 7-3　甲—丁方向技术站间计划重车车流表

往 由	甲	乙	丙	丁	计
甲		170＋10＋40＝220	100＋10＋55＝165	470－220＝250	635
乙	230＋10＋20＝260		35＋3＋2＋5＋2＋3＋5＋2＋3＝60	185＋10＋5＝200	520
丙	30＋15＋5＝50	40＋2＋3＋4＋3＋2＋3＋2＋3＝62		35＋55＋15－55＝50	162
丁	250	165＋25＋10＝200	70＋10＋15＝95		545
计	560	482	320	500	1 862

为醒目起见，应分别按上、下行方向绘制车流梯形图。以下行方向为例，甲—丁下行方向车流梯形图如图 7-1 所示，其中图 7-1（a）为分开式的，图 7-1（b）为合并式的。

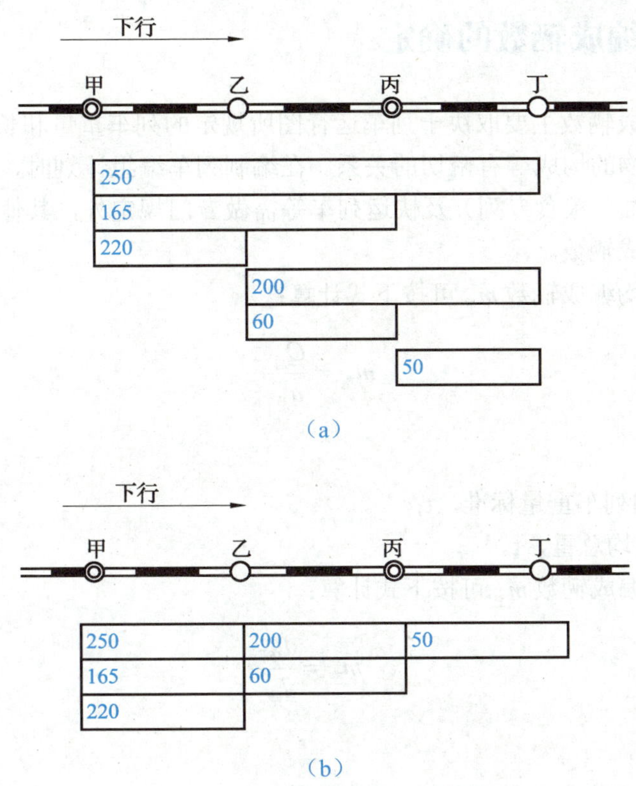

图 7-1 甲—丁下行方向车流梯形图

二、车流径路的选择

车流径路是编制货物列车编组计划最主要的依据之一。车辆从始发站被输送到终到站所经过的路线称为车流运行径路，简称车流径路。现行车流径路通常分为车流最短径路、车流特定径路和车流迂回经路三种。车流最短径路是指运输距离最短，运输周期最短，或运输最经济的一条径路；由于有些区段通过能力不足或因某种需要（例如保温车加油，阔大货物的运输），需指定径路输送时，这类指定径路相对于最短径路而言称为特定径路；车流迂回径路是指在日常运输生产过程中，由于某些铁路线运营条件发生临时性变化而临时指定的一些车流径路。

最短径路作为基本部分，特定径路作为补充部分构成车流输送的正常径路。迂回径路是在日常调度指挥中进行车流调整时临时指定的经由路线，属非正常径路。

三、列车平均编成辆数的确定

货物列车的编成辆数主要取决于列车运行图所规定的列车重量和长度标准，并与各吨位车种的比例、货物的构成等有密切的关系。在编制列车编组计划时，除对固定车底循环运用的专列（如石油、粮食专列）及快运列车等需做专门规定外，其他列车应按到站及其种类分别查定其编成辆数。

重车列车的平均编成辆数 $m_{重}$ 可按下式计算：

$$m_{重} = \frac{Q_{总}}{q_{总}} \tag{7-1}$$

式中：

$Q_{总}$——规定的列车重量标准，t；

$q_{总}$——列车平均总重，t。

空车列车平均编成辆数 $m_{空}$ 可按下式计算：

$$m_{空} = \frac{L_{列}}{l_{空}} \tag{7-2}$$

式中：

$L_{列}$——规定的列车换算长度标准；

$l_{空}$——货车平均换算长度。

重空混编列车平均编成辆数 $m_{混}$ 则应为

$$m_{混} = m_{重组} + m_{空组} \tag{7-3}$$

式中：

$m_{重组}$——重空混编列车中的重车数；

$m_{空组}$——重空混编列车中的空车数。

四、集结参数 c 的查定

货车集结时间 $T_{集}$ 是编制列车编组计划的主要数据之一。

一个到达站一昼夜消耗的车小时只与货车系数和列车平均编成辆数有关，而与参加集结的车流量无关；每车平均集结时间与车流量成反比。

另外，对于技术站而言，其总的集结车小时消耗与其编组列车的到达站数有关，即多开一个到达站的列车，就多消耗一个 $T_{集}$，少编开一个到达站的列车，就少消耗一个 $T_{集}$。

为便于计算 $T_{集}$，各技术站均应查定集结系数。集结参数 c 与车流配合到达情况（即货车集结过程）有关，但影响很小。因此，可通过现有的货车集结过程查定集结系数，以便在编制列车编组计划时使用。

集结参数 c 应按车站编组的列车到达站分别查定，然后再计算全站平均集结系数。

摘挂列车和小运转列车，由于不要求其必须满轴开车，因而可以不必查定其集结参数。

根据公式$T_{集}=cm$，有$c=\frac{T_{集}}{m}$，所以，查定集结参数c必须先查定每一列车到达站一昼夜的集结车小时$T_{集}$和列车编成辆数m。为查定$T_{集}$，可以在调车场记录每组车辆的调入时间，从而计算出货车集结过程中消耗的车小时，也可按各个车组随列车到达车站的时间来推算货车集结过程中消耗的车小时，本站货物作业车应按装卸完了的时刻计算参加集结过程。不管用哪一种办法，均应选择车流比较稳定、工作比较正常且连续不少于5 d的情况进行查定，以提高其准确度。

五、货车无改编通过技术站的节省时间

有调中转车在技术站一般需要经过到达、解体、集结、编组、出发等几项作业，而无调中转车则只需经过与中转列车相同的一次作业。显然，货车编入直达列车或直通列车，无改编通过技术站时，只办理无改编中转列车技术作业，这将会节省在站的中转停留时间。据统计，全路主要编组站的无调中转车的平均停留时间为1.5 h左右，而有调中转车的停留时间却高达7 h左右，后者是前者的4倍多。货车因编入直达或直通列车在所经技术站上进行无调中转作业比有调中转作业平均每车减少的停留时间，称为货车无改编通过技术站的节省时间，用$t_{节}$表示，下面以一道例题讲解$t_{节}$的计算方法。

例 7-1

现以具有甲、乙、丙三个技术站的甲—丙方向为例，计算$t_{节}$。该方向下行共有三支车流，两种编组方案，如图7-2所示。

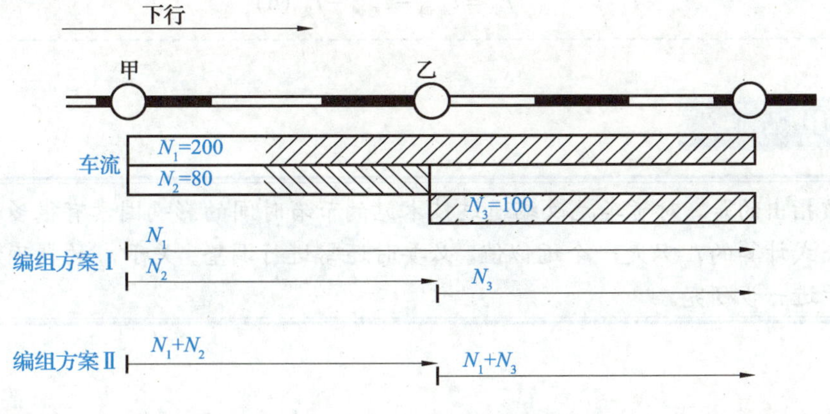

图7-2　三个技术站方向上编组方案

假设乙站$t_{有调}$为 6 h，$t_{无调}$为 1 h，$T_{集}=cm=600$（车·h）。

采用第一种编组方案时，甲站将甲—丙车流N_1以直达（直通）列车输送，列车无改编通过乙站时将得到中转车小时的节省$T_{节}$，其值为

$$T_{节}=N_1(t_{有调}-t_{无调})=200\times(6-1)=1\,000\ (车\cdot h)$$

但是，与第二方案比较，N_1车流单独划出开行直达列车后，将使乙站每辆货车的平均集结时间因车流量减少而增大。

N_1不开直达列车时，乙站每车平均集结时间为

$$t_{集}=\frac{cm}{N_1+N_3}=\frac{600}{200+100}=2\ (h)$$

N_1开直达（直通）列车后，N_1车流不再参加乙站的货车集结，乙站开往丙站的车流则只剩下N_3，此时，乙站的每车平均集结时间为

$$t'_{集}=\frac{cm}{N_3}=\frac{600}{100}=6\ (h)$$

这表明，由于编开直达（直通）列车后，使乙站每车平均集结时间增大了$t'_{集}-t_{集}$，则增加的集结车小时为

$$T_{增}=N_3(t'_{集}-t_{集})=N_3\left(\frac{cm}{N_3}-\frac{cm}{N_1+N_3}\right)=\frac{N_1cm}{N_1+N_3}=N_1t_{集}=200\times2=400\ (车\cdot h)$$

这样来看，N_1编开直达直通列车时，虽然在乙站得到车小时的节省，同时，也给乙站造成损失。其纯节省为

$$\begin{aligned}T'_{节}&=T_{节}-T_{增}=N_1(t_{有调}-t_{无调})-N_1t_{集}=N_1(t_{有调}-t_{无调}-t_{集})\\&=200\times(6-1-2)=600\ (车\cdot h)\end{aligned}$$

因此，货车N_1无改编通过技术站时，每车平均节省的时间为

$$t_{节}=\frac{T'_{节}}{N_1}=t_{有调}-t_{无调}-t_{集}=6-1-2=3\ (h) \qquad (7\text{-}4)$$

由例 7-1 可以得出$t_{节}$的计算公式为

$$t_{节}=t_{有调}-t_{无调}-t_{集}\ (h)$$

应该指出的是，对货车无改编通过技术站的节省时间的影响因素有很多，因此利用上述公式计算的$t_{节}$只是一个近似值，必要时还需进行调整。关于$t_{节}$的精确计算方法还有待于进一步研究。

任务三　装车地直达列车编组计划编制

从装车地组织直达列车是最经济、最有效、最合理的车流组织形式，也是全路提高运输服务质量，扩大运输市场占有份额的最主要技术组织措施之一。在装车地如何组织直达列车，组织哪些种类的直达列车，这与市场需求、车流构成、设备条件有关，从整体上也存在与装车地车流配合的问题，应在编制列车编组计划时统一考虑。

下面让我们一起学习装车地直达列车编组计划编制的相关知识。

在我国铁路运输的货物中，约有 2/3 左右属于大宗货物，如煤、焦炭、矿石、石油、粮食、建材等。这就为组织装车地直达运输创造了条件。

装车地直达列车，是装车站利用自装车流组织的直达列车。按其组织条件的不同，可以分为一个站组织的始发直达列车、邻近几个站组织的阶梯直达列车、装车基地组织的基地直达列车。按列车内货车到站的不同，可以分为直达一个站卸车的列车、到达两个或几个邻近站卸车的列车（通称“反阶梯直达列车”）和到达技术站解体的列车。

整列短途列车虽不属于直达列车，但因其系一站装一站卸，运输效率较高，在编制装车地直达列车编组计划时应一并研究。

一、装车地直达列车的优越性及组织条件

1. 装车地直达列车的优越性

组织装车地直达列车，尤其是从装车站组织直达卸车站的直达列车，是一种经济有利的车流组织形式。装车地直达列车主要具有以下优越性。

（1）能减少有关技术站的改编作业负担和有关区段的摘挂列车数量，缓解铁路通过能力的紧张程度。

（2）能加速车辆周转和货物的送达，提

高车辆运用效率，降低运输成本。

（3）始发直达列车能直接配合生产的需要运送货物，使生产-运输-生产的过程更好地衔接起来，保证运输对生产的良好服务。

2. 装车地直达列车的组织条件

装车地直达列车的优点是显著的，应当大力组织。但是，并非所有装车站都可以组织直达列车，如装车能力不足、货位少或空车来源没有保证的车站就不宜组织装车地直达列车。组织装车地直达列车，一般应具备以下条件。

（1）直达货流充足而稳定，车流去向集中。

（2）装卸车站的装车设备（货位、场库、线路等）和装卸能力，能满足整列或成批装卸。如果不能进行整列装和卸，而进行分批装卸，将产生大量的车辆等待停留时间。

（3）有足够的符合车种要求的空车供应，以满足装车需要。

（4）直达列车运行途中如果需要增加重量时，有合适的补轴车流。

（5）如果组织到达技术站解体的直达列车，应符合前方技术站列车编组计划的有关规定。

例如，甲—己方向列车编组计划规定：甲站编组到达己站的技术直达列车，编组内容为己站及其以远；到达丁站的直通列车，编组内容为：① 丁站及其以远，② 庚站及其以远；到达乙站的区段列车，编组内容为乙站及其以远；其他技术站都编开区段列车，如图 7-3 所示。

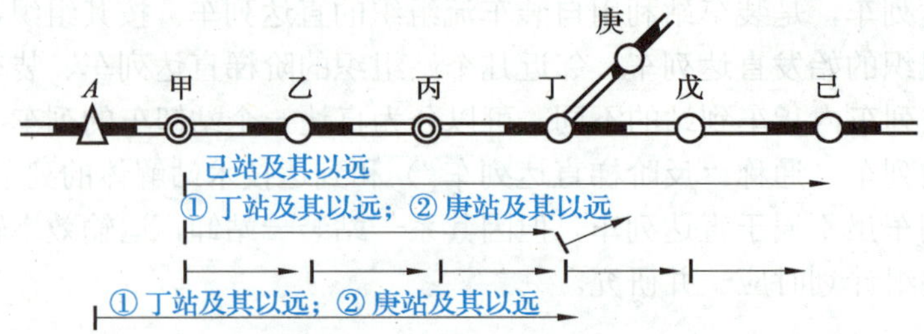

图 7-3　始发直达列车与前方技术站列车编组计划配合

如 *A* 站组织开到丁站解体的始发直达列车，所吸收的车流及分组选编的办法应符合甲技术站列车编组计划的规定，即不得编入己及其以远的车流，也不得把庚及其以远和丁及其以远的车流混编在一起。否则，将延缓到达己站车流的运送，增加了丁站和戊站的改编作业量，会使有关技术站的作业因车流条件变化而受到影响。所以，这种列车到达甲站后就可能被提前解体，将车流分别编入开往己站和丁站的列车。

二、装车地直达列车编组计划的编制

装车地直达运输是最经济有效的车流组织形式。为了提高它在总装车数中所占的比重，国铁集团在下达年度运输计划及审定各铁路局上报的计划时，会规定各铁路局应完成的装车地直达运输任务。

各铁路局根据国铁集团下达的任务，从所采用的计划车流中查出品类别和发到站别的直达车流，结合装卸站的设备条件、装卸能力，参考以往实绩并与有关厂矿企业共同研究协商，拟定出装车地直达列车计划草案报国铁集团，经国铁集团平衡、调整后确定。

编制始发直达列车编组计划方案时，应从产、运、销整体利益出发，结合装卸条件，综合考虑经济效益，本着“能高不低、先远后近”的原则，采取以下做法。

（1）先组织直接面向市场和有特殊条件要求的直达列车。如行包专列、行邮特快专列、集装箱直达列车等。

（2）先组织一个发站、一个发货单位装的直达列车，再组织同一发站、几个发货单位装的直达列车，最后组织几个车站联合开行的直达列车。

（3）先组织到达同一卸车地点、同一到站的直达列车，而后组织到最远技术站解体的直达列车。

（4）在一定条件下采用建立直达基地或联合发车区的方法，把零散的车流汇集起来组织多个点合开的直达列车。

例如，甲—丁方向上煤炭装车计划如表 7-4 所示，已知主要装、卸站装卸能力充足，空车来源有保证。

表 7-4　甲—丁方向煤炭装车计划表（日均车数）

卸车站 装车站	甲	乙	丙	丁	*R*	*S*	*T*	合计
X	3			2	（165）	㉕		195
Y		5					㉚	35
M			4	□30				34
N					□10	□10	□5	25
合计	3	5	4	32	175	35	35	289

编制装车地直达列车编组计划时，先组织一站（*X* 站）装至一站（*R* 站）卸的 165 辆（表中带“（）”的），再组织两站（*X*，*Y* 站）装至两站（*S*，*T* 站）卸的 55 辆（表中带“○”的），最后组织 *M*，*N* 两站装至丁站解体的（表中带“□”的）共 55 辆，如图 7-4 所示。

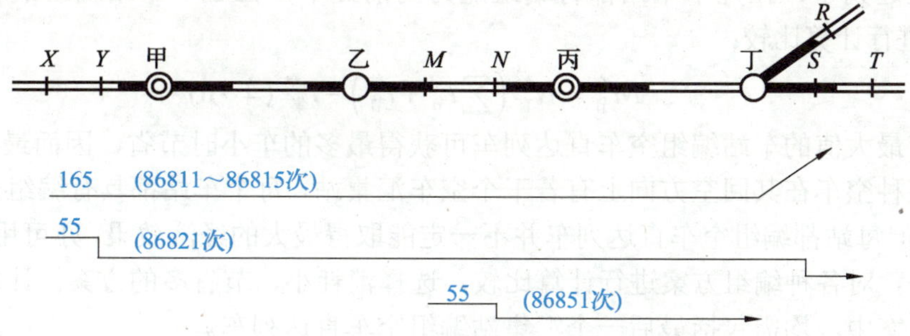

图 7-4　甲—丁方向装车地直达列车编组计划

三、空车直达列车编组计划

为了保证装车地直达列车需要的空车，一般以空车直达列车的方式组织供应。空车直达列车，应按重车直达列车需要的车种进行组织。所以，大部分空车直达列车是由一种空车组成。例如，送往石油装车站的空车直达列车由空罐车组成，送往煤炭装车站的空车直达列车由空敞车组成。

空车直达列车的编成辆数，一般按运行区段的列车计长确定。但原列折返装车站的空车直达列车，其编成辆数应当与重车直达列车的编成辆数相同。

确定空车直达列车的组织地点时，应按各个空车车种（如空敞车等）单独研究。组织空车直达列车的最适宜地点是大量卸车站。因为这些车站卸车的数量大，空车来源稳定可靠，集结空车直达列车所消耗的车小时不多，组织空车直达列车比较有利。对于有大量卸车的铁路枢纽，如卸车分散，则可指定枢纽内收集空车比较方便且具有编组能力的车站编组空车直达列车。

任何车站编开空车直达列车时，均应满足式（7-5）的条件：

$$N_{空}=\left(\sum t_{节}^{空}+t_{节}^{装}\right)\geqslant T_{集}^{空} \tag{7-5}$$

式中：

$N_{空}$ ——一昼夜编组空车直达列车的车流量；

$\sum t_{节}^{空}$ ——开行空车直达列车时，无改编通过沿途技术站每车节省的时间之和；

$T_{集}^{空}$ ——开行空车直达列车时，在空车编车站一昼夜的集结车小时；

$t_{节}^{装}$ ——开行空车直达列车时，在列车的到达站（即直达列车装车站）每车节省的时间，其值按下式求得：

$$t_{节}^{装}=t_{站}^{\prime装}-t_{站}^{装} \tag{7-6}$$

其中：

$t_{站}^{\prime装}$ ——不开空车直达列车时，平均每车在装车站的停留时间；

$t_{站}^{装}$ ——开行空车直达列车时，平均每车在装车站的停留时间。

空车直达列车，在几个车站都有编组能力的前提下，在哪一车站编组最有利，应按式（7-7）进行计算比较：

$$Nt_{节}^{空}=N_{直}^{空}\left(\sum t_{节}^{空}+t_{节}^{装}\right)-T_{集}^{空}\ (车\cdot h) \tag{7-7}$$

$Nt_{节}^{空}$ 有最大值的车站编组空车直达列车可获得最多的车小时节省，因而最有利。

如果某种空车在其回空方向上有若干个空车汇集站，每个车站都具有编组空车直达列车的能力，但每站都编组空车直达列车并不一定能取得最大的经济效果，亦可用公式（7-7）的基本原理，对各种编组方案进行计算比较，选择消耗小、节省多的方案。计算时应注意任何一种方案中，均需包括最后一个汇集站编组空车直达列车。

任务四　技术站列车编组计划编制

任务引入

未被装车地直达列车吸收的车流，到达技术站解体的装车地直达列车内的远程车流，以及卸车地未能组织空车专列的零星空车，都要在技术站集中。各技术站所产生的车流以不同的组合方式编入适当的列车开往各自的目的地，这些车流的每一种组合方式即为一个编组计划方案。通过列车编组计划方案的具体计算，最终可以选出既经济有利，又切实可行的列车编组计划方案。

下面让我们一起学习如何确定最优的技术站列车编组计划。

相关知识

没有被装车地直达列车吸收的车流，都要到相应的技术站上汇集，到达技术站解体的装车地直达列车中的远程车流，也要在技术站集结重新编组。技术站发出的车流，除了上面两类车流外，还包括本站装卸完毕的重、空车流。经过车流归并，便可得到技术站间的计划车流。对技术站发出的各支车流，按照去向别编组成不同到站、不同种类的列车，直接或逐步送到目的地。照例，每个铁路区段都要开行区段列车和摘挂列车，因此，这里主要研究在什么情况下应编开技术直达列车和直通列车，这就是技术站列车编组计划的基本任务。

一、列车编组方案的意义

一个线路方向上有数个技术站，每个技术站又有数支车流，这些车流按照它们的共同运行经路可以有各种组合方法，各技术站间的各种到达站的列车之间，又互相衔接密不可分。这种动态的相互联系的编开列车的方法，称为列车编组方案。

例如，在甲—丁方向上的车流情况如图 7-5 所示，图中（a）、（b）就是两种不同的编组方案。方案（a）是将 N_1 和 N_2 合并开行甲—丙方向的列车，N_3，N_4，N_5 各自单独开行，丙—丁的列车除编挂 N_6 的车流外，因 N_1 随甲—丙的列车送到丙站，尚未送到目的地，所以还要和 N_6 合并挂于丙—丁的列车内送至丁站。

以上甲、乙、丙三站编开的这 5 个到达站的列车，互相配合衔接，就构成一种列车编组方案，并将车站的代号和车流组合方式以数字表示出来（见图 7-6），称为编组方案特征。

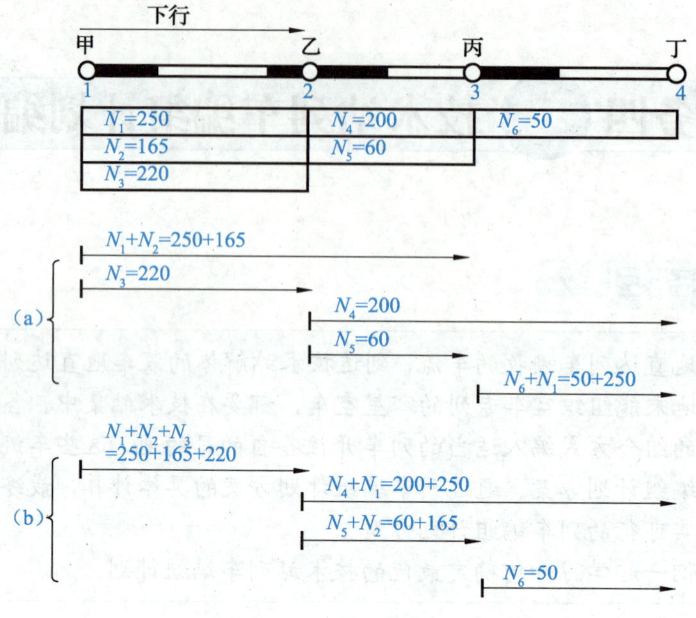

图 7-5　列车编组方案

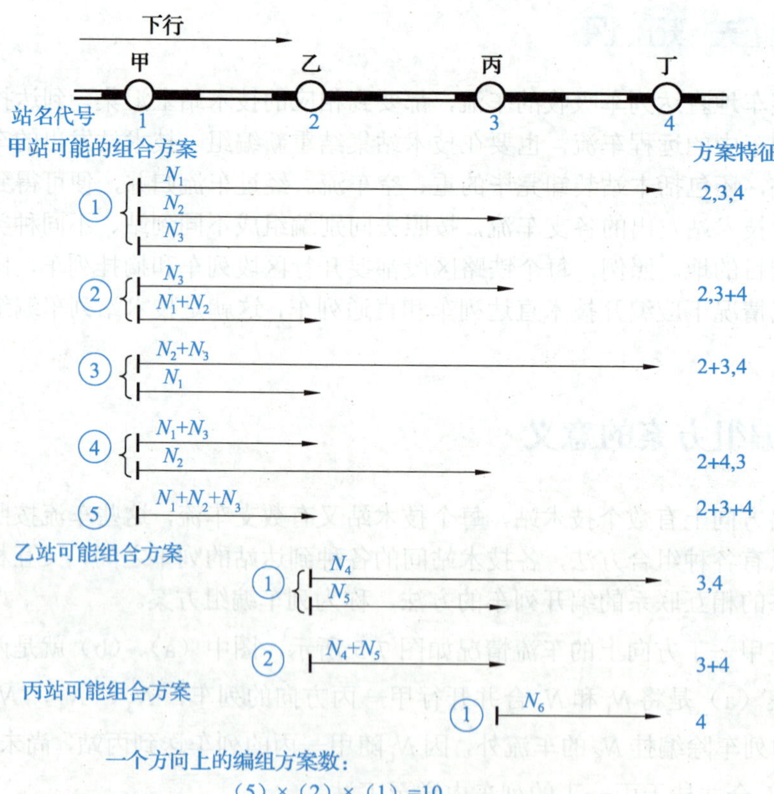

图 7-6　四个技术站方向上可能的编组方案

由图 7-6 可以看出，上述列车编组方案特征如下。

① “2，3+4”表示甲站开两种列车，一种到第 2 站，另一种为第 3 站和第 4 站的车流合并开到第 3 站。

② “3，4”表示乙站开两种列车，一种到第 3 站，一种到第 4 站。

③ “4”表示丙站开一种列车，到达第 4 站。

在编组方案中，任何一个技术站的列车编开方法发生变化，都可能影响其他站，导致其他列车也可能随之发生变化。例如，甲站改变以上列车的编开方法，将 N_1，N_2，N_3 三种车流合并只开一个到达站的列车，如图 7-5（b）所示。因 N_1 和 N_2 均未送到目的地，所以就增加了乙站的改编工作量，即需将 N_1 和 N_4 合并后开到丁站，将 N_2 和 N_5 合并后开到丙站；由于 N_1 和 N_4 编入了直达（直通）列车，在丙站不再进行改编作业，所以丙站编组到丁站的列车也只有 N_6 一支车流了。这样，就又构成了另一种列车编组方案。

在一个方向上，编组方案的数量与技术站数有关。在有 4 个技术站的方向上，甲站有 3 支车流，有五种可能的车流组合方案；乙站有两种可能的车流组合方案；丙站有 1 支车流，只有一种编开方案。该方向可能的编组方案数为各技术站车流组合方案数的乘积，即 $5\times2\times1=10$ (种)。如果方向上有 5 个技术站，第一站就有 4 支车流，就有 15 种可能的车流组合方案，则整个方向上就有 150 种列车编组方案，即 $15\times5\times2\times1=150$ (种)。

对上述过程进行演绎归纳得出，有 $n+1$ 个技术站的直线方向以及各站的车流支数如图 7-7 所示。

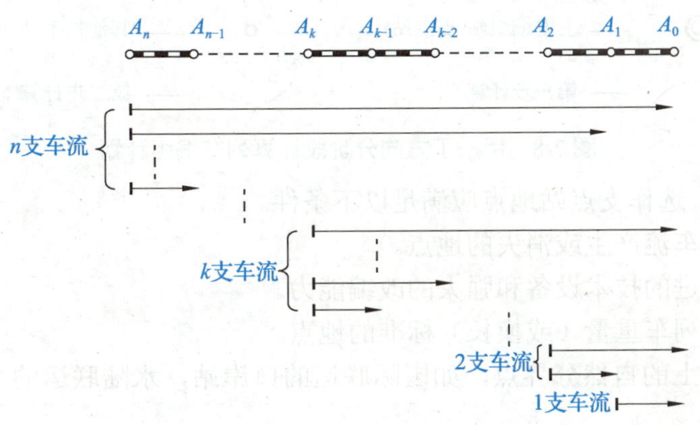

图 7-7　方向上有 $n+1$ 个技术站的车流支数

如表 7-5 所示，技术站数越多，列车编组方案数也越多，而且，编组方案数增加的幅度要比技术站数增加的幅度大得多。

表 7-5　直线方向上列车编组方案数

技术站数目 $n+1$	全部编组方案数	
	第一站编组方案数 $f(n)=\sum_{i=0}^{n-1}c_{n-1}^{i}f[(n-1)-i]$	方向上全部编组方案数 $q(n)=\prod_{n=2}^{n}\sum_{i=0}^{n-i-1}c_{n-1}^{i}f[(n-1)-i]$
2	1	1
3	2	2
4	5	10
5	15	150
6	52	7 800
7	203	1 583 400
8	877	1 388 641 800
9	4 140	5 748 977 052 000

表 7-5 列出了 $n=2\sim9$ 的直线方向列车编组方案数。从表中可以看出，随着参与计算的技术站数目的增加，方案数目爆炸式增长。为了减少计算工作量，通常采用的方法是分阶段计算法，即根据车流集散规律把全路划分成多个地区或方向，使每个地区或方向包含少数几个主要编组站（称为支点站），第一步，计算支点站的列车编组计划，第二步，分别计算各相邻支点站之间的编组计划，如图 7-8 所示。

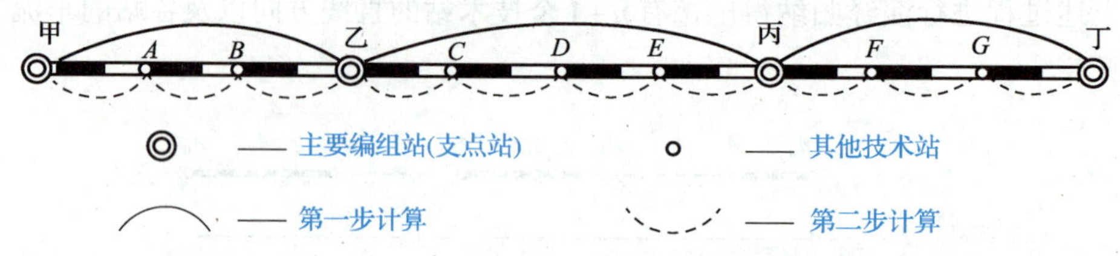

图 7-8　甲—丁方向分阶段计算列车编组计划

一般情况下，选作支点站地点应满足以下条件。

（1）是大量车流产生或消失的地点。

（2）具有先进的技术设备和强大的改编能力。

（3）是变更列车重量（或换长）标准的地点。

（4）是地理上的自然分界点，如国际联运的口岸站，水陆联运的交接站，铁路方向的起讫点等。

（5）处于几条铁路线的交汇地点。

二、选择技术站开行列车最优编组方案的基本方法

数十年来，国内外专家对如何从众多的列车编组方案中选出最优的方案，进行了大量的研究，并提出了各种各样的确定最优方案的计算方法。在传统算法中主要是以手工方式完成的，基本上可概括为两大类：一类是绝对计算法，即对所有可能方案都加以计算，而

后从中择优选用；另一类是分析计算法，即按一定的原则与程序对各具体编组去向及车流有利组合方式进行分析比较，然后确定取舍。

技术站列车编组计划的传统算法是一类面向手工操作的局部优化算法。由于目前在实际工作中技术站列车编组计划的确定，大多是依据车流和技术设备的变化情况以及车流径路的改动情况，通过对原有的列车编组计划进行相应的局部调整来完成的，因此传统算法仍具有十分重要的使用价值。

1. 绝对计算法

绝对计算法主要通过对每一种可能方案的车小时消耗进行计算，最终找出节省车小时最多（或消耗车小时最少）、与车站能力相适应的方案作为最优方案。寻求节省车小时最多的编组方案的计算公式为

$$Nt_{节}=\sum\left(N_{直}\sum t_{节}\right)-\sum T_{集} \tag{7-8}$$

式中：

$\sum\left(N_{直}\sum t_{节}\right)$——该编组方案所有编入直达（直通）列车到达站的车流在沿途技术站无改编通过的车小时总节省；

$\sum T_{集}$——该编组方案所有直达（直通）列车到达站的集结车小时总消耗。

$Nt_{节}$有最大值的列车编组方案纯节省车小时最多，为最经济的方案。现以甲—丁方向上有 4 个技术站、10 种列车编组方案为例，计算每种方案消耗的车小时后，得出的结果如表 7-6 所示。比较计算结果可知，第 1，3，6，8 四个方案的 $Nt_{节}$ 为最多，均为 1 090 车·h。

表 7-6　四个技术站列车编组方案计算比较

方案号	编组方案特征	甲 乙 丙 丁 1 2 3 4 cm 660 600 $t_{节}$ 4.0 3.0 250 200 50 165 60 220	直达列车集结时间总和$\sum T_{集}$（车·h）	沿途各技术站节省小时之和$\sum\left(N_{直}\sum t_{节}\right)$（车·h）	$\sum\left(N_{直}\sum t_{节}\right)-\sum T_{集}$（车·h）	直达车流在沿途站改编车数	
						乙站	丙站
1	2，3，4 3，4 4	250 165 220 200 60 50	660×2＋600＝1 920	250×7＋165×4＋200×3＝3 010	1 090	—	—
2	2，3＋4 3，4 4	165+250 220 200 60 50+250	660＋600＝1 260	415×4＋200×3＝2 260	1 000	—	250
3	2＋3，4 3，4 4	220+165 250 200 60+165 50	660＋600＝1 260	250×7＋200×3＝2 350	1 090	165	—

（续表）

方案号	编组方案特征	甲 乙 丙 丁 1 2 3 4 c_m 660 600 $t_节$ 4.0 3.0 250 200 50 165 60 220	直达列车集结时间总和$\sum T_集$（车·h）	沿途各技术站节省小时之和$\sum\left(N_直\sum t_节\right)$（车·h）	$\sum\left(N_直\sum t_节\right)-\sum T_集$（车·h）	直达车流在沿途站改编车数	
						乙站	丙站
4	2+4，3 3，4 4	165 220+250 200+250 60 50	$660+600=1\,260$	$165\times4+450\times3=2\,010$	750	250	—
5	2+3+4 3，4 4	220+165+250 200+250 60+165 50	600	$450\times3=1\,350$	750	165+250=415	—
6	2，3，4 3+4 4	250 165 220 200+60 50+200	$660\times2=1\,320$	$250\times7+165\times4=2\,410$	1 090	—	200
7	2，3+4 3+4 4	250+165 220 200+60 50+200+250	660	$415\times4=1\,660$	1 000	—	250+200=450
8	2+3，4 3+4 4	220+165 250 200+60+165 50+200	660	$250\times7=1\,750$	1 090	165	200
9	2+4，3 3+4 4	165 220+250 60+200+250 50+200+250	660	$165\times4=660$	—	250	250+200=450
10	2+3+4 3+4 4	220+165+250 60+200+165+250 50+200+250	—	—	—	165+250=415	250+200=450

在实际工作中，车小时消耗最少的方案，并不一定是可以实现的。考虑到方案的可行

性，往往要选择车小时消耗与之接近并能在各站间合理分配编解调车工作任务的方案作为最佳方案。上例中，为寻求最优方案，应在考虑最经济的 4 个方案和各站改编能力相适应的前提下选择改编车数最少的编组方案，即为最优方案。通过比较可知，第 1 方案在乙、丙两站均不产生改编车数，因而是最优方案。

如果 $Nt_{节}$ 最多的编组方案，在沿途技术站改编车数较多，有关车站改编能力不能适应时，应选择节省车小时次之、改编能力适应的其他方案。总之，最优方案应是既经济有利、又切实可行的编组方案。

2. 分析计算法

随着技术站数量的增加，编组方案数量也将大大增加，绝对计算法的计算工作将会非常繁杂，这时可以采用分析计算法对列车编组方案进行优选。分析计算法又可分为表格分析法、直接计算法等。本书主要讲解表格分析法。

1）分析计算法的理论基础

分析计算法就是按一定的步骤和方法首先建立一个初始方案，然后在此基础上，以某支车流能否满足必要条件、充分条件和绝对条件为依据，对初步建立的各具体编组到达站进行检查和分析，确定该支车流是否应划为单独的直达编组到达站。

（1）必要条件。

任何一支远程车流单开或多支远程车流合并开行直达列车到达站，其必要条件是：在沿途技术站无改编通过获得的车小时总节省必须大于或等于该直达列车到达站在始发站的集结车小时消耗，即

$$N_{直}\sum t_{节}\geqslant T_{集} \tag{7-11}$$

或

$$\sum N_{直}\left(\sum t_{节}\right)\geqslant T_{集} \tag{7-12}$$

必要条件是检查远程车流能否开行直达列车到达站的基本条件。不满足必要条件的车流，单独开行直达列车到达站是不利的。

（2）充分条件。

单支或几支合并的远程车流不与某支短程车流合并的充分条件是：远程车流在其超行区段无改编通过技术站的车小时总节省不小于该车流编开直达列车在始发站的集结车小时消耗。这里所谓“超行区段”，是指远程车流比短程车流多运行的那部分区段。具体情况可用下式表示：

$$N_{远}\sum t_{节}^{超}\geqslant T_{集} \quad 或 \quad \sum N_{远}\left(\sum t_{节}^{超}\right)\geqslant T_{集} \tag{7-13}$$

式中：

$N_{远}$，$\sum N_{远}$——单支或合并的远程车流的流量；

$\sum t_{节}^{超}$——和共同运行径路上相互衔接的较短编组到达站组相比较，远程车流无改编通过各短程列车衔接站所得的车小时节省。

充分条件是用来检查远程直达车流是否适宜单独开行直达列车到达站的条件。任何一支远程车流，如果在它的运行径路上有较短直达列车到达站（始发站和终到站均不超过该远程直达车流的始发站和终到站）时，那么，只有对所有较短直达列车到达站都满足了充分条件，才能单独开行直达列车到达站。

（3）绝对条件。

绝对条件又称必开条件，单支车流无改编通过其运行途中任何一个技术站所得的车小时节省都能补偿其在编车站的集结车小时消耗时，就称这支车流满足了绝对条件。表示为

$$N_{远}\sum t_{节}^{最小} \geqslant T_{集} \tag{7-14}$$

式中：

$t_{节}^{最小}$——沿途各技术站的 $t_{节}$ 值中最小者。

满足绝对条件的车流应单独开行直达列车到达站，而不与任何其他较短的直达车流合并。同时，满足绝对条件的到达站对小股远程车流有很大的吸收能力，它将有助于简化计算工作。因此，方向上列车编组计划的计算应从检查各单支车流是否满足绝对条件开始，并在必开到达站的基础上研究车流的有利组合问题。

2）表格分析法

表格分析法利用特制的表格为工具，首先按必要条件和绝对条件求得最大可能的直达方案作为初始方案，然后根据充分条件依次比较，通过各种不同的压缩直达距离的方式而得到越来越有利的车流组合方案，直到不可能取得更多的车小时节省为止，即可得到最经济有利的方案。

表格计算法的计算表格一般形式如图 7-9 所示。计算表格分成上、下两部分，上半部分每个表格内填记的是各支直达车流量 $N_{直}$ 与途中技术站的 $t_{节}$ 的乘积 $N_{直}t_{节}$。下半部分用以填记各站可供该方向使用的最大改编能力及该编组计划方案下各站产生的改编车数、改编车小时消耗、编组列车到达站数及集结车小时消耗，以及方案的总消耗等。在分析计算过程中表的下半部分可不必填写，以减少计算工作量。

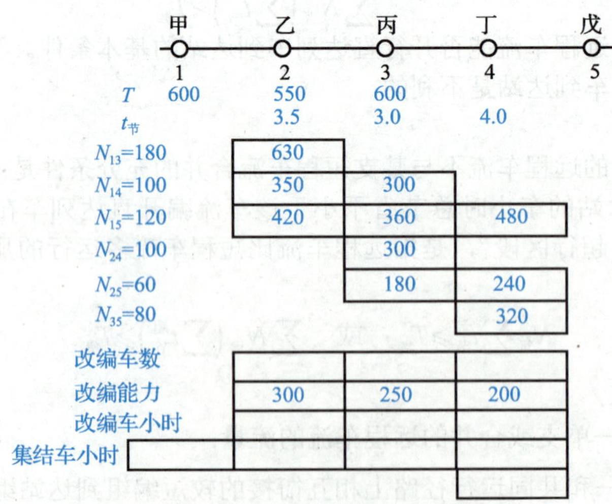

图 7-9 表格计算法的计算表格示例

利用表格分析法计算列车编组计划的步骤及方法如下。

（1）第一步确定初始方案。

① 按照各支车流的流量大小与各支点站的$t_{节}$，分别计算出全部的$N_{直}t_{节}$值，并填入计算表的相应格内。

② 依次检查每一单支车流是否满足绝对条件，并在满足绝对条件车流的每一$N_{直}t_{节}$值格内画上“△”标记，表示该支车流永远在该站不改编。

③ 继续依次对各单支车流进行检查，凡满足必要条件者在该车流所有$N_{直}t_{节}$格内画上“○”标记，表示该编组到达站具有竞争能力。

④ 对不满足必要条件的单支车流，检查能否通过多支车流合并后满足必要条件。若有，则在参与合并的各支车流无改编通过站的格内画上“○”记号。

⑤ 对其他剩余车流使其与共同运行径路上已满足绝对条件或必要条件的短程车流合并。当有几种合并方式时，应选择有利方式，并在该支车流合并后无改编通过的相应格内标以“○”记号。

至此，就得到了一个直达到达站数最多的一个编组计划方案，称为“初始方案”。

（2）第二步调整初始方案，逐步寻求最优方案。

调整工作可直接在计算表上进行。调整的实质是利用必要条件和充分条件，寻找更为有利的车流组合方式。根据车流分合原理，依次比较通过压缩某些车流直达运行距离或变更某些车流组合方式的得失，逐步寻找节省车小时最多的方案。具体方法如下。

① 压缩到站、压缩发站或同时压缩发站及到站，即将不满足充分条件的远程车流开行的直达列车到达站取消，将车流并入较短的直达列车到达站。

② 切割，即将不满足充分条件的远程车流在两短程直达到达站的衔接站上改编。

③ 分流，即将多支车流组成的合开到达站撤销，使其中一部分车流单独编组远距直达列车，另一部分车流与较短到达站合并。

④ 移站，即把直达到达站的始发站和终到站同时向左或向右移动一站。

⑤ 调流，在不变更已定列车编组到达站的条件下，调整车流的组合方式以获得较多的车小时节省，或改变远程车流的改编作业地点以平衡各站的作业负担。

每变更一次车流组合方式即可得出一个“过渡方案”。由于此步所采取的决策与方法对下一步决策有影响，因此逼近最优方案的路线将是多种多样的，即过渡方案的个数和内容能有所不同。

（3）第三步检查最优方案，确定最佳方案。

方案调整到最后，找不到车小时节省更多的方案，即得到了经济上最有利的方案，将该方案的各项指标填记在计算表下半部分的有关格内并与各站的编能力相校对，如有的车站不能适应时，则应改选车小时消耗与之接近而各站编组数量与改能力都满足要求的可行方案。

例 7-2

已知：甲—戊方向技术站分布、车流及计算资料如图 7-9 所示，对此确定列车组计划。

解析：

（1）确定初始方案。

① 根据给定数据计算所有的$N_{直}t_{节}$值，并填入计算表相应格内。

② 按绝对条件检查各单支车流。在满足绝对条件的N_{13}车流的$N_{直}t_{节}$值格内画上“△”标记。

③ 再按必要条件检查各单支车流，有N_{14}和N_{15}分别满足了必要条件，在其每一$N_{直}t_{节}$值格内画上“○”标记。其余车流均不满足必要条件，多支车流合并也不满足必要条件，也没有车流可以向已开行的直达列车到达站归并，故不填任何记号。因此初始方案开行甲—丙，甲—丁和甲—戊三个直达列车到达站，如图 7-10 所示。

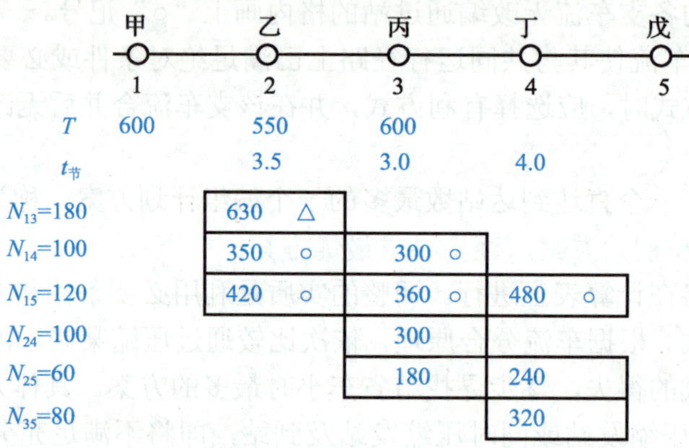

图 7-10　初始方案计算表

（2）方案调整。

① 压缩到站。N_{15}车流对甲—丁直达列车到达站不满足充分条件，应压缩其到站与N_{14}车流合并。将$N_{15}t_{节}^{4}$格内的“○”标记去掉，减少一个列车到达站。节省$600-480=120$（车·h），如图 7-11 所示。

630 △		
350 ○	300 ○	
420 ○	360 ○	480
	300	
	180	240
		320

图 7-11　过渡方案①

② 分流。取消甲—丁直达列车到达站，将N_{15}单独开行直达列车到达站，将N_{14}车流并入甲—丙直达列车到达站。节省$480-300=180$（车·h）。在$N_{15}t_{节}^{4}$格内画“○”标记，将$N_{14}t_{节}^{3}$格内的“○”标记去掉，如图 7-12 所示。

③ 切割。将甲—戊直达列车到达站取消，使 N_{15} 与甲—丙车流合并，在丙站改编，这样取消了甲—戊，改开丙—戊，直达列车到达站数不变。由于甲站和丙站的 $T_{集}$ 值相同，故节省 240 + 320 − 360 = 200 (车·h)。将 $N_{15}t_{节}^{3}$ 格内的“○”标记去掉，在 $N_{25}t_{节}^{4}$ 和 $N_{35}t_{节}^{4}$ 格内画“○”标记，如图 7-13 所示。

630 △		
350 ○	300	
420 ○	360 ○	480 ○
	300	
	180	240
		320

图 7-12　过渡方案②

630 △		
350 ○	300	
420 ○	360	480 ○
	300	
	180	240 ○
		320 ○

图 7-13　最经济方案

至此，变更车流组合方式已不可能得到车小时节省，因此，该方案就是最经济的方案。

（3）检查最优方案，确定最佳方案。

将沿途各技术站的改编车数和改编能力分别填入计算表格下部的第一行和第二行，发现均能适应，因此该方案即为经济有利、切实可行的最佳方案。如图 7-14 所示。

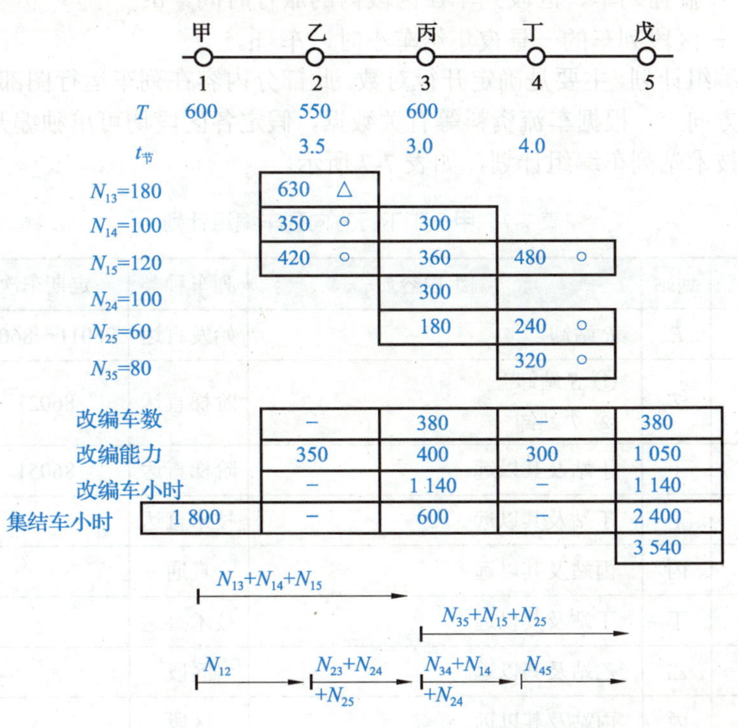

图 7-14　甲—戊方向列车编组计划最优方案

随着计算机技术及运筹学的迅速发展和广泛应用，20 世纪 60 年代以来，最优化技术的应用已深入到铁路运输计划与管理的各个领域。在列车编组计划编制工作方面，也提出了许多可用计算机求解的新算法。尽管这些算法目前还存在着这样或那样的问题，但必将在实践中逐得到迅速发展而日臻完善。

三、区段列车和摘挂列车编组方案

区段列车和摘挂列车编组方案，具体解决的是区段车流是和区段管内车流合开摘挂列车，还是自单独开行专门化列车的问题。因为只要在区段内中间站办理货运业务，一般区段总要开行摘挂列车。

在区段车流单独编开区段列车时，就要在技术站多消耗一个 $T_{集}=cm$；如果区段车流与区段管内车流合并编开摘挂列车时，虽在技术站少消耗一个 $T_{集}=cm$，但区段车流运行速度变慢，同样会损失一定数量的车小时。当满足式（7-13）条件时，单独开行区段列车和摘挂列车是有利的：

$$N_{区}(t_{摘}-t_{区})\geqslant T_{集} \quad (7\text{-}13)$$

式中：

$N_{区}$ ——区段车流量，车；

$t_{摘}$，$t_{区}$——摘挂列车、区段列车在区段内的旅行时间，h；

$T_{集}$ ——区段列车的一昼夜集结车小时，车·h。

摘挂列车编组计划，主要是确定开行对数。此部分内容在列车运行图部分做详细介绍。

在甲—丁方向上，根据车流资料等有关数据，假定各区段均可单独编开区段列车和摘挂列车，纳入技术站列车编组计划，如表 7-7 所示。

表 7-7 甲—丁下行方向列车编组计划

顺号	发站	到站	编组内容	列车种类	定期车次	附注
1	X	R	R 站卸	始发直达	86011～86015	每日 3 列
2	X，Y	T	① S 站卸 ② T 站卸	阶梯直达	86021	每日 1 列
3	M，N	丁	丁站及其以远	阶梯直达	86051	每日 1 列
4	甲	丁	丁站及其以远	技术直达		
5	甲	丙	丙站及其以远	直通		
6	乙	丁	丁站及其以远	技术直达		
7	甲	乙	乙站及其以远	区段		
8	乙	丙	丙站及其以远	区段		
9	丙	丁	① 丁站卸 ② 丁站及其以远	区段		按组顺编组

（续表）

顺号	发站	到站	编组内容	列车种类	定期车次	附注
10	甲	乙	① 甲—乙间站顺 ② 乙站及其以远	摘挂		
11	乙	丙	乙—丙间站顺	摘挂		
12	丙	丁	丙—丁间站顺	摘挂		

四、列车编组计划的最终确定

在装车地直达列车编组计划和技术站列车编组计划编制完成以后，应检查其互相配合情况。装车地直达列车编组计划，应符合技术站列车编组计划中有关列车到达站的车流组织办法、列车编组方法等规定，否则将被提前解体而达不到预期目的。另外，还应检查各技术站的改编能力是否适应改编车数的要求，特别是装车地直达列车和技术站编组列车的共同解体站，更应注意审核。对改编能力不适应的技术站的，应制定解决办法，如对到达解体列车规定分组选编办法等。若不便解决时，应调整部分列车编组计划。

列车编组计划最终确定后，可绘制列车编组计划图（见图 7-15），印制列车编组计划手册，发至有关人员学习和执行。

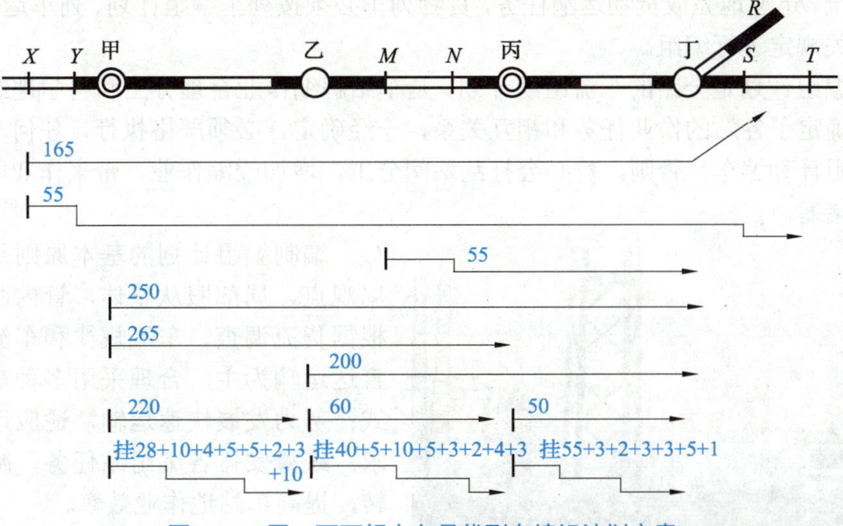

图 7-15 甲—丁下行方向最优列车编组计划方案

全路的货物列车编组计划手册只包括跨局的列车编组计划；各局的货物列车编组计划手册包含本局所有车站编组列车的编组计划。

任务五 列车编组计划的执行

任务引入

列车编组计划是全路的车流组织计划，涵盖了全路各站编解作业、合理分工和正确组织车流的制度，它规定了各站的作业任务和相互关系。任何一个车站如不按规定编组列车或违反列车编组计划的有关规定，必将打乱站间分工、增加改编作业量、影响运输秩序。因此，在执行前要做好充分的准备，在执行过程中要认真考核分析，切实维护列车编组计划的严肃性。

下面让我们一起学习列车编组计划的有关规定。

相关知识

为安全、迅速地完成货物运输任务，货物列车必须按列车编组计划、列车运行图和《技规》的有关规定进行编组。

列车编组计划是全路的车流组织计划，是车站解编作业合理分工和科学地组织车流的办法。它确定了各站的作业任务和相互关系，一经确定，必须严格执行，任何车站不得违反列车编组计划编车，否则，势必会打乱站间分工，增加改编作业，带来作业困难，甚至造成枢纽堵塞。

编制编组计划的基本原则是：坚持全局观点，局部服从整体，管内服从跨局；根据货流调查、车流规律和车流径路，以直达运输为主，合理采用多种车流组织方式；努力发展快速运输，适应运输市场需求；统筹安排各编组站任务，减少车辆中转，提高车站地作业效率。

编组计划不得经常变更。如因车流或技术设备发生较大变化而必须调整时，要有计划、有准备地进行，并及时向有关单位传达。铁路局变更编组计划时，变更内容要报国铁集团备案。只有下列人员有权变更编组计划：国铁集团运输局长有权变更跨局列车编组计划；铁路局主管处长有权变更本局管内编组计划，在征得有关铁路局同意后有权变更跨局区段、摘挂、小运转列车编组计划，变更后应报国铁集团运输局。

一、执行货物列车编组计划的有关规定

（1）编组列车应按列车运行图规定的列车牵引质量或换长满轴编组，尾数波动执行有关规定。运行区段牵引定数不一致的直达列车，当编组计划指定列车牵引质量、换长时，按编组计划指定的牵引质量、换长编组。摘挂列车、小运转列车允许欠轴开行。

列车编组计划的执行

（2）分组列车不受车组号顺位的限制（单独指定编挂位置者除外）。临时排送的空车，应单独选编成组（摘挂、小运转列车除外）。按回送单据向指定到站回送的空车（特殊规定者除外），按该到站的重车办理。

（3）在摘挂列车的始发站，应将到达途中各站的车组挂于列车前部（特殊规定者除外），并为途中留轴。留轴尚有余轴时，可加挂指定车流。

限速的机车、车辆，虽属直达、直通或区段车流，亦可利用摘挂列车挂运。

（4）列车的补轴（包括超轴）除另有规定外，应利用与该列车相同到站的车流补轴，相同车组应连挂在一起。如没有相同到站的车流补轴时，可利用符合编组计划规定的最远到站车流补轴，但补轴车组的到站不得超过该列车的到达站。

（5）车辆应按规定径路运行，对需要加油的冷藏车，可视作前方加油站的重车办理（特定者除外）。

（6）需要快运鲜活易腐货物的运送，为加速到达中间站（包括中间站挂出），可优先用直达、直通、区段列车挂运。如有特殊需要，各局可在列车编组计划中指定车次，利用直达、直通、区段列车甩挂中间站车辆。

二、违反货物列车编组计划的有关规定

凡有下列情况之一者（除另有规定外）均为违反列车编组计划。

（1）直达的车流编入直通、区段、摘挂和小运转列车；直通列车的车流编入区段、摘挂和小运转列车；区段列车的车流编入摘挂和小运转列车。

以上把远程车流编入近途列车的做法，会造成远程车流在沿途技术站重复改编，延缓货物运送和车辆周转，打乱站间分工。

（2）直通、区段、摘挂和小运转列车的车流，编入直达列车；区段、摘挂和小运转列车的车流编入直通列车；摘挂和小运转列车的车流编入区段列车。

以上把近途车流编入远途列车的做法，使远途列车在有关技术站提前改编，同样延缓货物的运送和车辆的周转，破坏站间分工。

（3）未按规定选分车组或未执行指定的编挂顺序（由于执行隔离限制，确实难以兼顾时除外）。主要有以下几种情况。

① 分组列车和按规定选分车组的单组列车，未选分车组。

② 应按站顺编挂的摘挂列车，未按站顺编挂。

③ 指定连挂位置的车组，未按指定的位置连挂。

发生上述情况，将打乱站间分工，造成有关站作业困难，延长列车停留时间，降低运输效率。

（4）未按补轴、超轴规定编组列车。

列车在变更重量和长度的车站补轴时，应尽量用与该列车编组内容相同的车流补轴，或者按规定补轴。

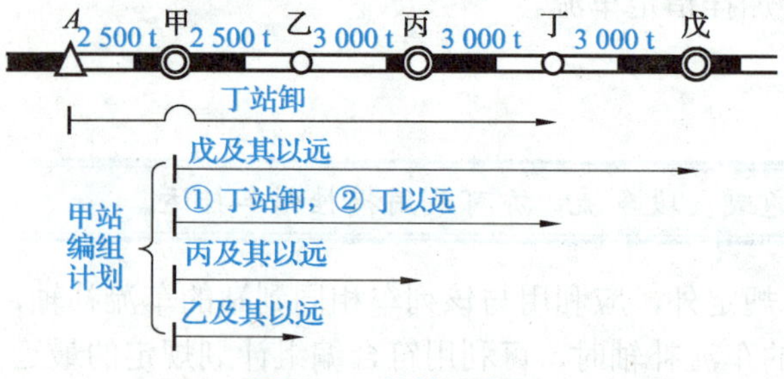

图 7-16　补轴示意图

如图 7-16 所示，*A* 站编组 *A*—丁的直达列车，编组内容为丁站卸。在甲站补轴时，应尽量用丁站卸车流补轴，如果无丁站卸的车流，编组计划有规定可用丁站以远的车流补轴时，则可用该车流补轴。如果未用丁站卸或丁站以远车流补轴而用其他车流补轴时，则违反了编组计划。如果甲站不编开到达丁站的列车，则应用最远到达站但不远于补轴列车解体站的车流补轴，即用丙到达站车流补轴。若用乙或戊到达站车流补轴，也是违反列车编组计划的。

（5）违反车流径路，将车辆编入异方向列车。

因为在编组计划中，根据各方向区间通过能力、运输距离、列车重量标准和运行速度等因素，规定了各支车流经济合理的径路。如果车站不按规定的径路编组，将加剧通过能力紧张的状况，增加有关技术站的作业负担，降低运输效率。例如，对有平行径路的车流，未按规定的径路编组或错误地将上行车流编入下行列车等，都算违反编组计划。

（6）未达到列车运行图或编组计划规定的列车（基本组）牵引重量、长度（摘挂列车、小运转列车除外）。

例如，甲—乙区段的列车重量标准为 4 200 t，乙—丙区段为 3 500 t，丙—丁区段为 3 000 t，由于重量标准不统一，在列车编组计划中规定甲—丁的直达列车基本组重量为 3 000 t，甲站用乙站及其以远 700 t、丙站及其以远 500 t 分组补轴，如图 7-17 所示。

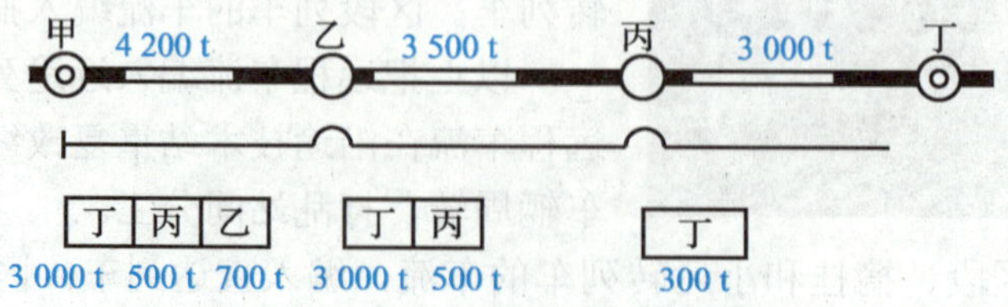

图 7-17　按基本组重量编组列车

如果甲站编组甲—丁的直达列车，基本组只编了 2 500 t，未达到规定的基本组重量，势必会造成在乙站补轴或改编。若乙站无车流可补轴时，还有可能拆散这一直达列车，因此算作违反列车编组计划。

（7）其他未按编组计划规定编组的列车。

以上情况均属于违反列车编组计划的编车，在日常工作中，各有关人员均应严格执行编组计划，加大考核力度，对违反列车编组计划的编车，及时做出处理。

各铁路局应经常对职工进行运输纪律的教育，建立和健全监督检查和分析考核制度。各级列车调度人员，应组织站、段严格按编组计划规定编车，随时掌握直达列车和定期列车运行情况，发现违反编组计划时，应及时督促车站纠正。车站调度员、车站值班员、调车区长等有关人员，应严格执行编组计划，不得违反。如发现违反编组，应查明原因，立即纠正。

各铁路局应组织主管编组计划的有关人员，应经常深入现场调查研究，总结分析车流动态、货源货流变化、直达列车开行、技术站作业、能力使用及编组计划执行等情况，不断总结经验，及时提出改进意见。

技术站对正确执行编组计划负有特别重要的责任。在日常工作中，车站调度员和调车区长应按照列车编组计划的规定，正确编制阶段计划和调车作业计划；调车人员在编组列车的过程中，应考虑所挂车辆是否符合列车编组计划；车号员在编制列车编组顺序表和核对现车时，要检查其中编挂的车辆及编组方法是否符合列车编组计划，发现问题及时汇报。

列车调度员应监督车站按编组计划编组列车，如发现违反编组计划，应及时督促车站改正，不得滥发承认违反编组计划的命令。在日常工作中的个别情况下，必须承认违反编组计划时，跨局列车由国铁集团调度、局管内列车由铁路局调度下达书面命令，对违反编组计划的列车，应记录车次、原因、责任者，以便核查。

车站对所有始发、到达或交接的列车完成列车编组计划的情况，应逐日、逐列在专门的登记簿上进行统计，并上报铁路局。对其中违反编组计划的列车，只要未纠正，不论是否有承认违编的调度命令，不论是否开车，均视为违编列车，均应注明违编性质、原因、承认违编的调度命令号码和调度员姓名、采取的纠正措施等。铁路局则根据车站上报的资料编制主要站完成列车编组计划的报告，并按月、按旬进行分析，查明违反列车编组计划的情况和原因。

已知： 某局甲—丁区段的有关资料：（1）甲—丁区段各站位置示意图，如图 7-18 所示；（2）甲—丁车流梯形图，如图 7-19 所示；（3）甲—丁间有关技术站的货车集结时间、货车无改编通过技术站的节省时间及改编能力，如表 7-8 所示。

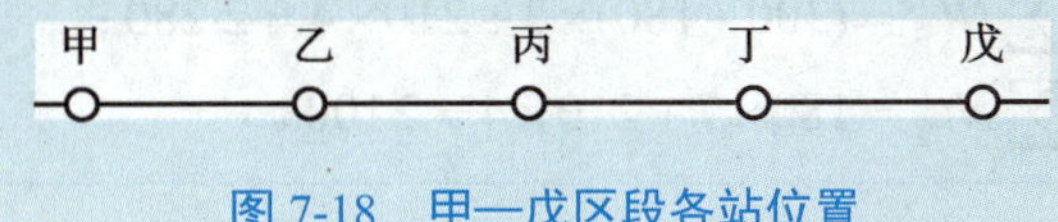

图 7-18　甲—戊区段各站位置

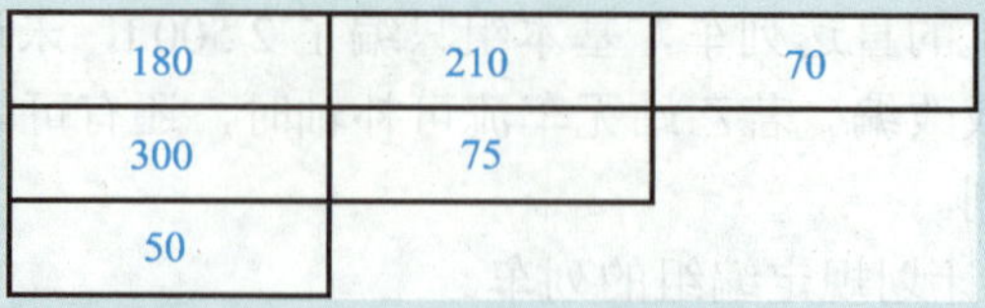

180	210	70
300	75	
50		

图 7-19　甲—丁车流梯形图

表 7-8　甲—戊间有关技术站的货车集结时间、货车无改编通过技术站的节省时间及改编能力

$T_{集}$	650	600	550
$t_{节}$		3.0	4.0
$N_{改}$		200	300

要求：填写表 7-11，并选出两个方案中的最优方案。

解析：由上述已知条件可以得出列车编组方案，如表 7-9 所示。

表 7-9　列车编组方案（单位：车·h）

顺号	方案特征	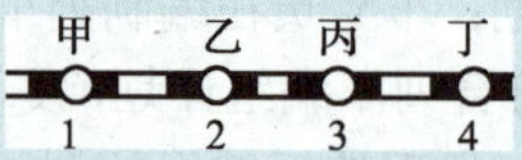 甲 1　乙 2　丙 3　丁 4	$\sum T_{集}$	$\sum Nt_{节}$	$\sum T_{集}-\sum Nt_{节}$	直达列车途中改编车数	
						乙站	丙站
1	2,3+4 3,4 4	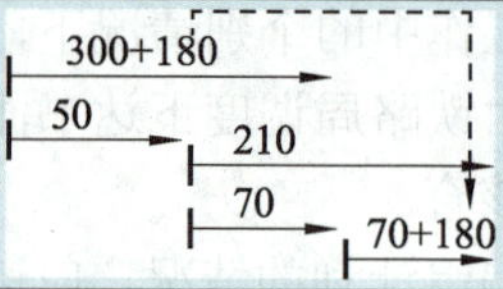 300+180 50 210 70 70+180	1 250	2 280	1 030	0	180
2	2+3,4 3,4 4	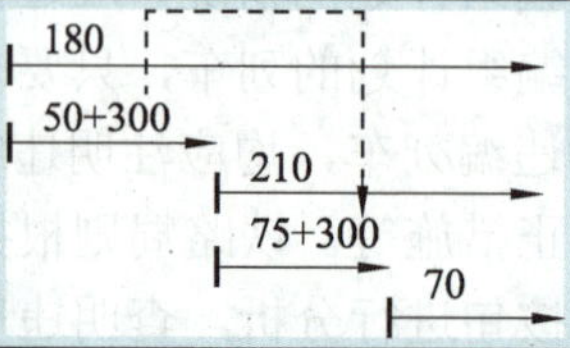 180 50+300 210 75+300 70	1 250	2 100	850	300	0
最优方案：							

列车编组计划最优方案，应该是既经济有利、又切实可行的方案。

（1）计算$\sum T_{集}$，为列车编组计划方案各技术站开行编开直达（直通）列车的集结车小时消耗之和。

表中方案 1 和 2 的$\sum T_{集}=650+600=1\,250$。

（2）计算$\sum Nt_{节}$，为各直达（直通）列车在沿途技术站产生的车小时节省。

① 表中方案 1 的$\sum Nt_{节}=(300+180)\times 3+210\times 4=2\,280$；

② 表中方案 2 的$\sum Nt_{节}=180\times 7+210\times 4=2\,100$。

（3）计算$\sum T_{集}-\sum Nt_{节}$，为该方案的最终车小时节省。

① 表中方案1的$\sum T_{集}-\sum Nt_{节}=2\,280-1\,250=1\,030$；

② 表中方案2的$\sum T_{集}-\sum Nt_{节}=2\,100-1\,250=850$。

通过计算结果，可以看出方案1最终节省的车小时大于方案2的。

（4）确定列车编组计划方案在沿途技术站产生的改编车数。

从表中看出，方案1中的甲—丁车流180车，在丙站改编且小于该站的改编能力300车。方案2中的甲—丙车流300车，在乙站改编大于该站的改编能力200车。因此，方案2不可行。

最后通过比较，方案1比方案2更经济有利且可行，方案1为最优方案。

一、单项选择题

1.（　　）是车流组织的具体体现。

A．月度货运计划　　B．列车运行图

C．列车编组计划　　D．技术计划

2．将车流合理组织成列车流，是（　　）所要解决的核心问题。

A．货运组织　　B．车流组织

C．列流组织　　D．运输方案

3．单支或多支合并的远程车流，对较短直达列车到达站的（　　），是其在超行区段获得的无改编通过技术站的节省大于或等于在始发站集结的车小时消耗。

A．必要条件　　B．充分条件

C．充要条件　　D．绝对条件

4．货车无改编通过技术站的节省时间$t_{节}$为（　　）。

A．$t_{有调}+t_{无调}+t_{集}$　　B．$t_{有调}+t_{无调}-t_{集}$

C．$t_{有调}-t_{无调}-t_{集}$　　D．$t_{有调}-t_{无调}-T_{集}$

5．承认局管内列车违反编组计划的书面命令由（　　）下达。

A．国铁集团调度　　B．路局调度

C．车站调度　　D．车站值班员

二、多项选择题

1．货物列车编组计划规定的内容有（　　　）。

A．在那些车站编组列车　　B．编组到达哪些车站的列车

C．列车种类　　D．列车编组内容

E．列车编组方式

2. 区段管内工作列车的主要形式（　　）。

A. 直通列车　　B. 区段列车
C. 摘挂列车　　D. 小运转列车
E. 调度机车

3. 列车编组计划的要素包括（　　）。

A. 计划车流　　B. 车流径路
C. 列车平均编成辆数　　D. 货车集结参数
E. 货车无改编通过技术站的节省时间

4. 列车中车辆的编挂方法有（　　）。

A. 单组混编　　B. 分组选编
C. 到站成组　　D. 按站顺编组
E. 按车种编组

5. 下列情况，属于违反列车编组计划的是（　　）。

A. 将直通列车的车流编入区段列车
B. 将摘挂列车的车流编入直达列车
C. 违反车流径路，将车辆编入异方向
D. 未按规定选分车组
E. 将本站货物作业车与中转车混编同一列车

三、简答题

1. 简述货物列车编组计划的任务和作用。
2. 组织装车地直达列车的基本条件有哪些？
3. 简述列车编组计划要素。
4. 简述违反列车编组计划的有关规定。

项目八 列车运行图及区间通过能力

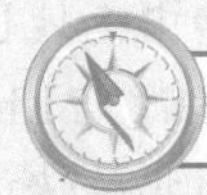

情景导入

列车运行图是铁路运输工作的综合计划和行车组织工作的基础。科学合理地编制列车运行图，对保证行车安全，适应市场需求，提高运输能力、效率和效益，具有重要意义。

知识目标

- 掌握列车运行图的原理。
- 理解列车运行图各组成因素及其确定方法。
- 掌握列车运行图的铺画步骤及方法。
- 掌握铁路区段通过能力的计算及提高通过能力的措施。

技能目标

- 能够正确编制单线、双线列车运行图。
- 能够根据列车运行图技术资料计算区段通过能力。
- 能够提出提高铁路区段通过能力的措施和方法。

素质目标

- 通过学习列车运行图及区间通过能力，培养应变能力以及认真、严谨的工作态度。

任务一 列车运行图认知

任务引入

从2017年1月5日起，我国铁路已实行新的列车运行图，增开旅客列车135对。运行图调整后，全国铁路开行旅客列车总数达3 570.5对，其中动车组列车2 332.5对。随着沪昆高铁贵阳北—昆明南段、南昆客专百色—昆明南段等新线的开通运营，沪昆高铁全线贯通，云南省连入全国高速铁路网，我国西南地区与华南、华东和中南地区的时空距离大幅缩短。昆明南—北京西最快运行时间较现行直达特快列车压缩约21 h；昆明南—上海虹桥最快运行时间较现行普速列车压缩约22 h；昆明南—深圳北最快运行时间较现行普速列车压缩约22 h。

下面让我们一起对列车运行图进行基本的认知学习。

相关知识

一、列车运行图的定义及其作用

列车运行图是列车运行的图解，是用以表示列车在铁路区间运行及在车站到发或通过时刻的技术文件，是全路组织列车运行的基础。它规定各次列车占用区间的顺序，列车在区间的运行时分，列车在各个车站的到达、出发（通过）时刻，列车的会让、越行，列车的重量和长度标准、机车交路等。

列车运行图事实上规定了与列车运行有关的各部门的工作。例如，车站根据列车运行图所规定的列车到达和出发时刻，安排车站的行车工作、调车工作和全站的运输工作计划；机务部门根据运行图的需要，确定每天需要派出的机车台数、派出时刻，并安排机车的整备和乘务员的作息计划；供电等部门应按列车运行图的要求组织施工及维修工作等。因此，列车运行图既是行车组织工作的基础，又是联系各部门工作的纽带，也是铁路运营管理工作的综合性计划。

二、列车运行图的格式

1. 我国铁路列车运行图采用的图形表示形式

列车运行图

列车运行图是运用坐标原理表示列车运行的时间、空间关系的图

解形式。列车运行图通常有两种图形表示：第一种形式以横轴表示时间，纵轴表示距离，这时，列车运行图上的横线表示车站的中心线，垂线表示时间；第二种则以横轴表示距离，纵轴表示时间，这时，运行图上的横线表示时间，垂线为车站的中心线。

目前我国铁路列车运行图采用上述第一种图形表示形式：以垂直线等分横轴表示时间，按每一等份表示的时间不同，用横线将纵轴按一定比例加以划分，每一横线表示一个车站的中心线，技术站或有技术站车站用粗线表示，中间站用细线表示。由于列车速度的不断变化本来是一条不规则的曲线，为简化起见而将列车运行线画为斜直线。以上这种用横、竖、斜三种线分别代表车站、时间和列车运行的图表，就构成了列车运行图的基本结构。

在列车运行图上，乘降所用虚线表示，两股道车站用红线表示。

2. 列车运行图的三种格式

为了适应使用上的不同需要，运行图在使用上分为二分格运行图、十分格运行图和小时格运行图三种格式。

1）二分格运行图

二分格运行图主要在编制新运行图时作草图使用。在这种运行图上，横轴以 2 min 为单位，并用细线加以划分，十分钟格和小时格都用粗线表示。其时分标记，不需填写时分数字，而是以规定的符号表示，如图 8-1 所示。

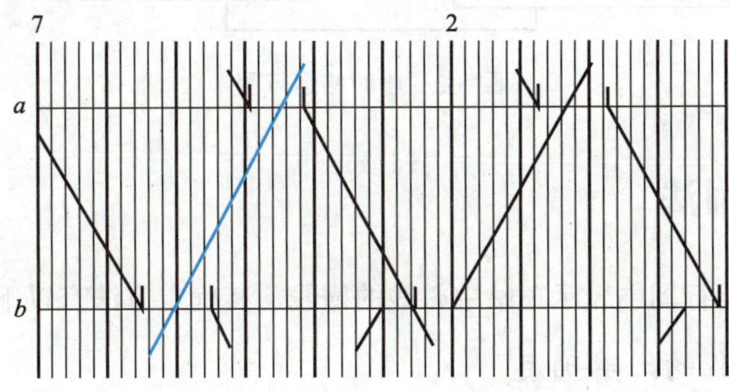

图 8-1　二分格运行图

2）十分格运行图

十分格运行图主要用于调度员绘制实际运行图。在这种运行图上，横轴以 10 min 为单位，用细竖线加以划分，半小时格用点线、小时格用粗线表示。列车到发时刻只填写 10 min 以下的数字，如图 8-2 所示。

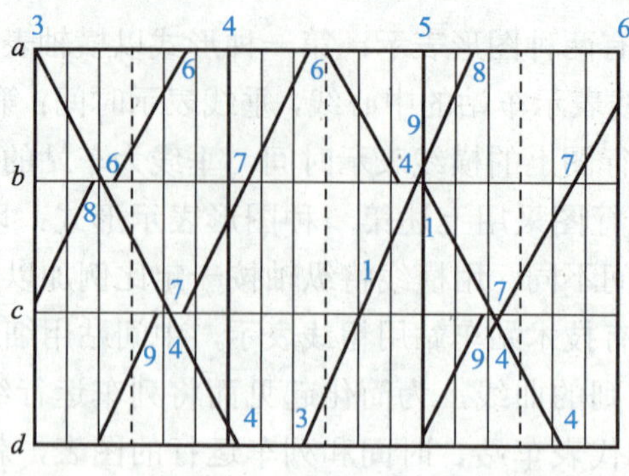

图 8-2　十分格运行图

3）小时格运行图

小时格运行图主要在编制旅客列车方案图和机车周转图时使用。在小时格运行图上，横轴以 1 h 为单位，用竖线加以划分，列车到发时刻需将 60 min 以下数字全写出来，如图 8-3 所示。

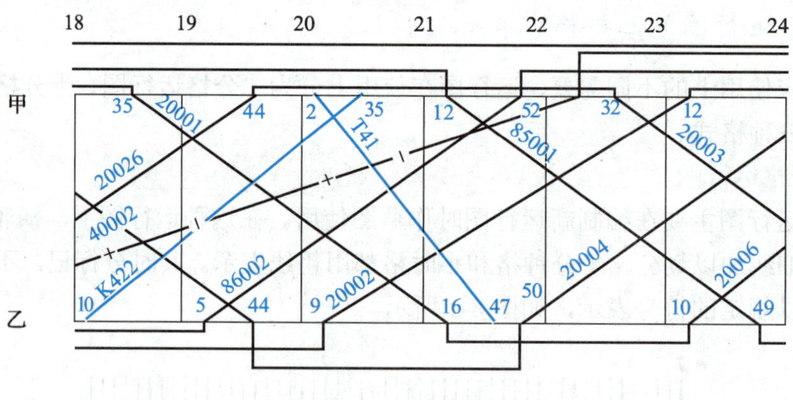

图 8-3　小时格运行图

三、站名线的画法

站名线即列车运行图中表示车站中心线的横线，其确定方法有以下两种。

1. 按区间里程的比率确定

按区间里程的比率确定，即按整个区段内各车站间实际里程的比率来画横线，每一横线即表示一个车站的中心线。采用这种方法时，运行图上站名线间的距离能明显地反映出站间距离的大小。但由于各区间线路的平面和纵断面情况不一，列车运行速度有所不同，列车在整个区段上的运行线往往是条斜折线，既不整齐，也不容易发现铺画中的错误。所以，一般不采用这种方法。

2. 按区间运行时分比率确定

按区间运行时分比率确定即按整个区段内下行（或上行）列车在各区间运行时分（当上下行运行时分差别较大时，可加以调整）的比率来画横线，如图 8-4 所示。采用这种方法时，可以使列车在整个区段的运行线基本上是一条斜直线，既整齐美观，又便于发现运行时分上的问题，所以多被采用。

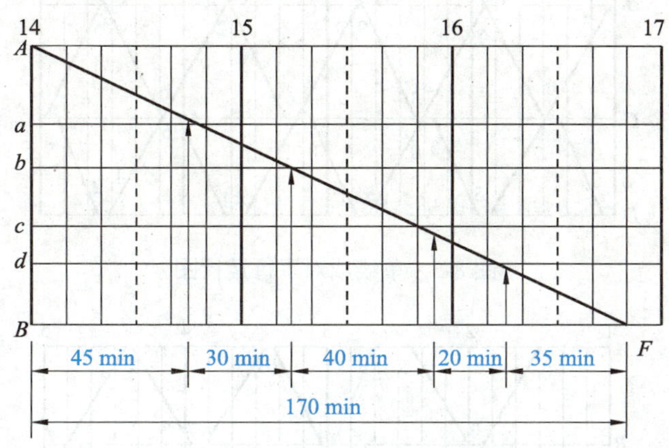

图 8-4　按区间运行时分比率确定车站中心线

例如，图 8-4 中 *A*—*B* 区段下行方向货物列车运行时分共计 170 min。作图时首先确定技术站 *A*，*B* 的位置，然后在代表 *B* 站的横线上向右截取相当于 170 min 的线段，得 *F* 点。连接 *A*，*F* 两点，得一斜直线。最后按照下行货物列车在各区间的运行时分标出各车站的位置，通过这些点，即可画出代表 *a*，*b*，*c*，*d* 车站的横线。

图上列车运行线（斜线）与车站中心线（横线）的交点即为列车到、发或通过车站的时刻。列车始发、到达时刻填记在列车运行线与车站中心线相交的钝角内，列车通过车站的时刻填记在列车运行线与车站中心线相交出站一端的钝角内。

当在一张既有旅客列车又有货物列车，既有快车又有慢车的运行图上，为了区分不同种类的列车，规定各种列车用不同符号和不同颜色表示，并对每一列车冠以规定的车次，标在区段的首末两端区间相应列车运行线的上方。本书中旅客列车运行线用双线表示。

四、列车运行图分类

列车运行图根据铁路线路的技术设备（如单线、双线）、列车运行速度、上下行方向的列车数目、列车运行方式等条件，可以分为多种不同的类型。

1. 按照区间正线数目分

列车运行图按照区间正线数目不同可分为单线运行图、双线运行图和单双线运行图。

1）单线运行图

单线运行图（见图 8-5、图 8-6）是指在单线区段采用的运行图。列车的交会、越行只能在车站进行。

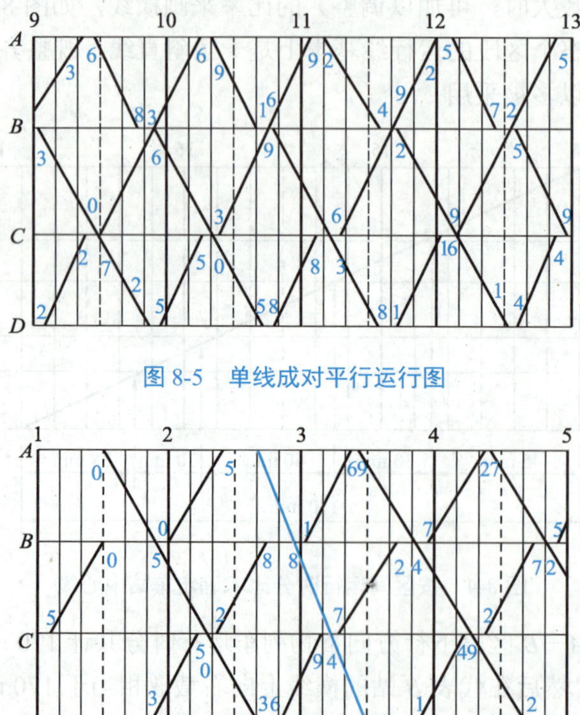

图 8-5　单线成对平行运行图

图 8-6　单线非平行运行图

2）双线运行图

双线运行图（见图 8-7）是指在双线区段采用的运行图。列车的交会可以在区间或车站上进行，但列车的越行必须在车站上进行。

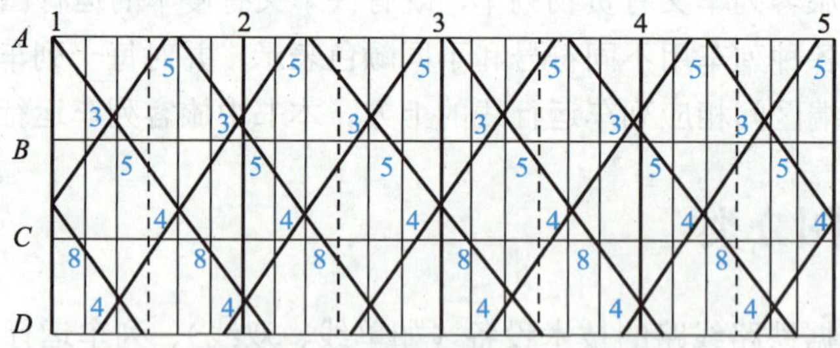

图 8-7　双线成对平行运行图

3）单双线运行图

有单线区间也有双线区间的区段称为单双线区段。为单双线区段编制的运行图称为单双线运行图，如图 8-8 所示。它兼有单线运行图和双线运行图的特征。

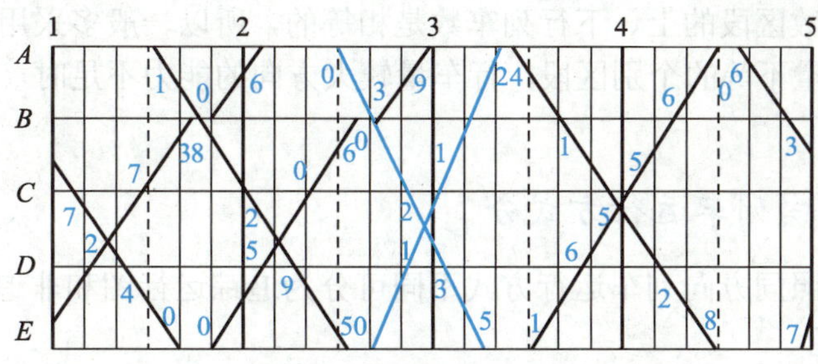

图 8-8 单双线运行图

2. 按列车运行速度分

列车运行图按列车运行速度不同可分为平行运行图和非平行运行图。

1）平行运行图

在平行运行图上同一区间内，同方向列车的运行速度相同，因而列车运行线相互平行，且区段内无列车越行，如图 8-5 和图 8-7 所示。

2）非平行运行图

在非平行运行图上铺有各种不同速度和不同种类的列车，因而部分列车运行线互不平行，在区段内可能产生列车越行，如图 8-6 所示。

由于我国普速铁路目前大多是客货列车共线运行，而旅客列车运行速度一般高于货物列车，所以广泛采用的是非平行运行图。

3. 按照上、下行方向列车的数目分

列车运行图按照上、下行方向列车的数目不同可分为成对运行图和不成对运行图。

1）成对运行图

在成对运行图中，同一区段内上、下行方向列车数目是相等的，如图 8-6 和 8-7 所示。

2）不成对运行图

在不成对运行图中，同一区段内上、下行方向的列车数目是不相等的，如图 8-9 所示。

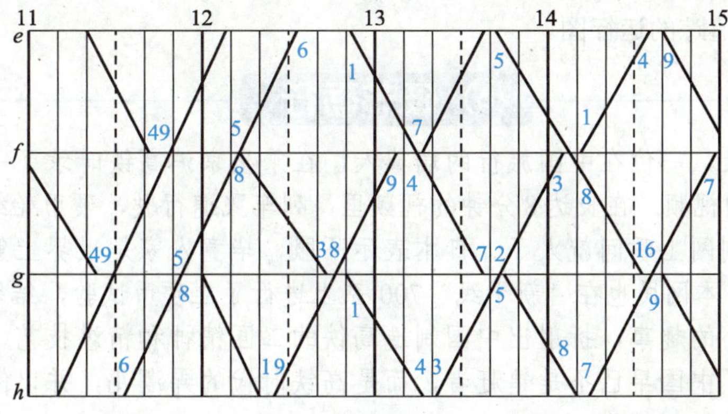

图 8-9 不成对运行图

我国铁路大多数区段的上、下行列车数是相等的，所以一般多采用成对运行图。只有在上、下行方向运量不等的个别区段，行车量较大方向的能力不足时，才会采用不成对运行图。

4. 按照同方向列车运行方式分

列车运行图按照同方向列车运行方式不同可分为追踪运行图和非追踪运行图。

1）追踪运行图

在自动闭塞区段，同方向的列车是以闭塞分区为间隔运行的，在追踪运行图上，一个站间区间内允许同时有几个列车按追踪方式运行。双线追踪非平行运行图如图 8-10 所示。

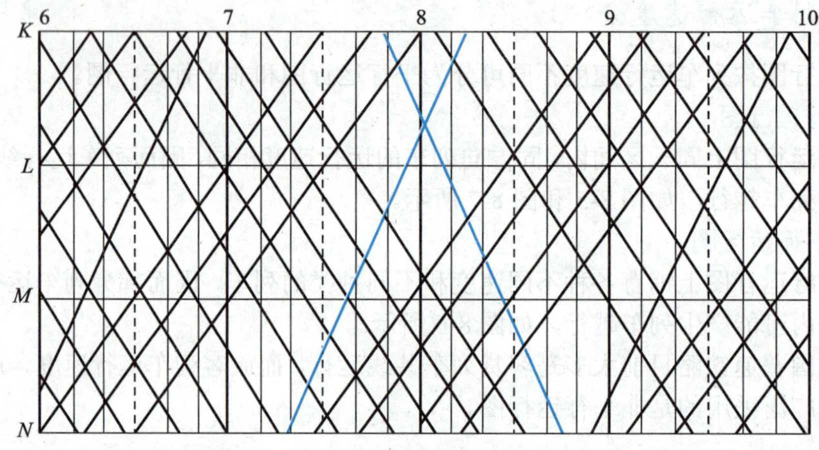

图 8-10　双线追踪非平行运行图

2）非追踪运行图

这种运行图的特点是同方向列车是以站间区间或所间区间为间隔，即在非自动闭塞区段采用的运行图。图 8-7 即为双线非追踪平行运行图。

以上所列举的分类方法，都是根据运行图的某一特点加以区分的。而每一区段列车运行图会具有各方面的特点。例如，甲—乙区段运行图（见图 8-3），它既是单线的、成对的、又是非平行和非追踪的运行图。

砥节砺行

某年夏天，一位在中国旅行的瑞典人，在乘坐京沪高铁时录了一段在高铁窗台上立硬币的视频。在长达 8 分钟的视频里，列车飞速行驶，硬币始终屹立不倒。这段视频放到网上瞬间就火了。日本表示不服，毕竟人家是世界上第一个建设高铁的国家。日本网民也在“新干线”700 系上进行了立硬币试验，结果根本立不起来。这个小小的趣事，折射出中国制造高铁的工匠精神和精湛技艺。同时，我们向世界证明了中国早已不是追赶者，而是高铁时代的弄潮儿，并以傲人的姿态长立于世界。

任务二　列车运行图组成要素

列车运行图是铁路组织列车运行的基础，是对列车运行时间、空间关系的图解表示，是列车在区间运行及在车站到发或通过时刻的文本。

列车运行图有一些基本组成要素，在编制列车运行图之前应先查定好。

那么列车运行图究竟有哪些组成要素呢？

列车运行图虽然分为各种不同的类型，但它们都是由一些基本要素组成的。在每次编制运行图之前，必须首先确定组成运行图的各项要素。

列车运行图基本要素包括：列车区间运行时分、列车在中间站的停站时间、列车在车站的间隔时间、追踪列车间隔时间、机车在机务本段（简称机务段）和折返段所在站的停留时间标准、列车在技术站的技术作业时间标准。

一、列车区间运行时分

列车区间运行时分是指列车在两个相邻车站或线路所之间的运行时间标准。它由机务部门用牵引计算和实际试验相结合的办法确定。

列车区间运行时分的计算距离以车站中心线或线路所通过信号机之间的距离计算。

当车站到发场中心线与车站中心线不一致时，则按到发场中心线计算。

列车区间运行时分应按以下几种情况分别查定。

（1）旅客列车和货物列车要分别查定。

（2）上行方向和下行方向要分别查定。因为线路的平面和纵断面情况不同，上下行列车的重量标准也可能不同，所以应分别查定。

（3）列车在区间两端站停车与不停车分别查定。列车在区间两端站均通过时的区间运行时分称为纯运行时分；由于列车启动或停车而使区间运行时分比纯运行时分延长的时分称为启车或停车附加时分。例如，当区间两端均无技术需要停车时，应按通通（见图 8-11（a））、通停（见图 8-11（b））、起通（见图 8-11（c））、起停（见图 8-11（d））四种情况分别查定其区间运行时分。

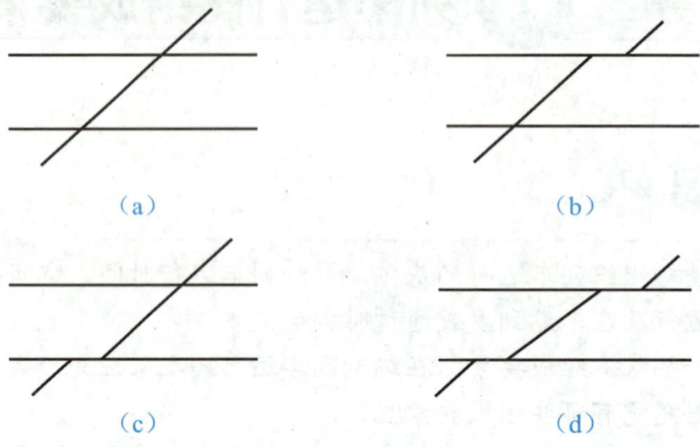

（a）（b）（c）（d）

图 8-11　*A*—*B* 区间两端均无技术需要停车时的四种情况

设 *A*—*B* 区间的 $t_{纯}^{上}=14\ \text{min}$，$t_{纯}^{下}=15\ \text{min}$，$t_{起}^{A}=t_{起}^{B}=3\ \text{min}$，$t_{停}^{A}=t_{停}^{B}=1\ \text{min}$，四种情况的区间运行时分如表 8-1 所示，其缩写方法如表 8-2 所示。

表 8-1　*A*—*B* 区间运行时分

站名	上行				下行			
	通通	通停	起通	起停	通通	通停	起通	起停
A *B*	14	15	17	18	15	16	18	19

表 8-2　*A*—*B* 区间运行时分缩写

站　名	上　行	下　行
A *B*	14_{3}^{1}	15_{1}^{3}

二、列车在中间站的停站时间

列车在中间站的停站时间是指列车在中间站办理列车技术作业、客货运作业及列车会让等所需要的最小停留时间标准。

引起列车产生在中间站的停站时间的原因有以下几点。

（1）进行必要的技术作业，如车辆技术检查和试风、摘挂机车、机车乘务组换班等。

列车在中间站的技术检查和试风，一般在

长大下坡道之前的车站上进行。摘挂机车作业在采用补机地段的起点站和终点站上进行。当牵引区段过长，机车乘务组的连续工作时间超过规定的标准时，也可能采用中途换班的方式。

（2）客货运作业，主要是指旅客乘降、行包及邮件装卸、车辆摘挂、货物装卸等。

客货运作业停站时间，应根据各种列车的不同需要分别规定。对旅客列车规定旅客乘降、行包和邮件装卸所需要的停站时间；对摘挂列车规定摘挂车辆、取送车及不摘车装卸作业所需要的停站时间。

（3）列车在中间站的会车和越行。

列车在中间站的各项停留时间标准，由每个车站用分析计算和实际查标相结合的办法分别确定。列车在中间站的各项作业，应尽可能平行进行。在满足需要的情况下应最大限度地压缩列车在中间站的停站时间，以提高列车旅行速度。

三、列车在车站的间隔时间

列车在车站的间隔时间（简称车站间隔时间，以下同）是指车站办理两列列车的到达、出发或通过作业所需要的最小间隔时间。在查定车站间隔时间时，应遵守有关规定及车站技术作业时间标准，以保证行车安全和充分利用区间通过能力。

常用的车站间隔时间包括不同时到达间隔时间、会车间隔时间、连发间隔时间、同方向列车不同时发到及不同时到发间隔时间、相对方向不同时通过间隔时间等。车站间隔时间的大小，与车站邻接区间的行车闭塞方法、信号和道岔的操纵方法、车站类型、接近车站的线路平面和纵断面情况、机车类型、列车重量和长度等因素有关。

在编制运行图之前，每个车站都要根据本站的具体条件，查定各种车站间隔时间。

1. 不同时到达间隔时间（$\tau_{不}$）

不同时到达间隔时间是指在单线区段相对方向列车在车站交会时，自某一方向列车到达车站之时起，至对向列车到达或通过该站时止的最小间隔时间。

为了保证行车安全，在进站信号机外制动距离内的进站方向上有超过《技规》规定的下坡道，而接车线末端又无隔开设备的车站，禁止办理相对方向同时接车。

凡不能办理相对方向同时接车的车站，遇到由相对方向到达车站停车的两列车时，也必须保持必要的不同时到达间隔时间。

为了提高货物列车运行速度，在列车交会时，除上下行列车在同一车站都有作业需要停车外（两列都停车，见图 8-12（a）），原则上使交会的两列车中一列通过车站。因此在运行图上较常采用一列停、一列通过的不同时到达间隔时间，如图 8-12（b）所示。

图 8-12 不同时到达间隔时间

不同时到达间隔时间由以下两部分组成。

1）办理有关作业的时间（$t_{作业}$）

办理有关作业的时间是指在确认先到列车整列到达并于警冲标内方停妥后，为后到列车办理闭塞（后到列车通过时）、准备进路、开放信号机等作业所需时间。

2）对向列车通过进站距离的时间（$t_{进}$）

当为后到列车开放进站信号时，后到列车的头部在进站信号机外的距离应等于一个制动距离及司机确认信号显示状态的时间内列车所运行的距离（$l_{确}$）之和，如图 8-13 所示。

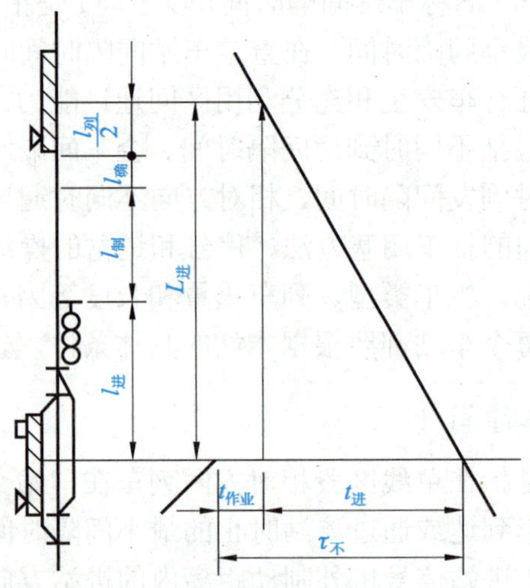

图 8-13 进站信号机开放时列车位置

因此，不同时到达间隔时间可用下式计算：

$$\tau_{不}=t_{作业}+t_{进}=t_{作业}+\frac{0.06L_{进}}{v_{进}}=t_{作业}+\frac{0.06(l_{进}+l_{制}+l_{确}+0.05l_{列})}{v_{进}}\ (\text{min})$$

式中：

$l_{列}$ ——列车长度，m；

$l_{确}$ ——司机确认进站信号显示状态时间内列车运行的距离，m；

$l_{制}$ ——列车制动距离（或由预告信号机至进站信号机的距离），m；

$l_{进}$ ——由进站信号机至车站中心线的距离，m；

$v_{进}$ ——列车平均进站速度，km/h。

由于车站两端进站信号机外方进站距离内的线路情况和列车运行速度不一定相同，因此，$\tau_{不}$ 应视具体情况分别查定。

2. 会车间隔时间（$\tau_{会}$）

会车间隔时间是指在单线区段的车站上，两列车交会时，自某一方向列车到达或通过车站之时起，至该站向这一区间发出另一对向列车之时止的最小间隔时间。会车间隔时间在运行图上的表示形式如图 8-14 所示。

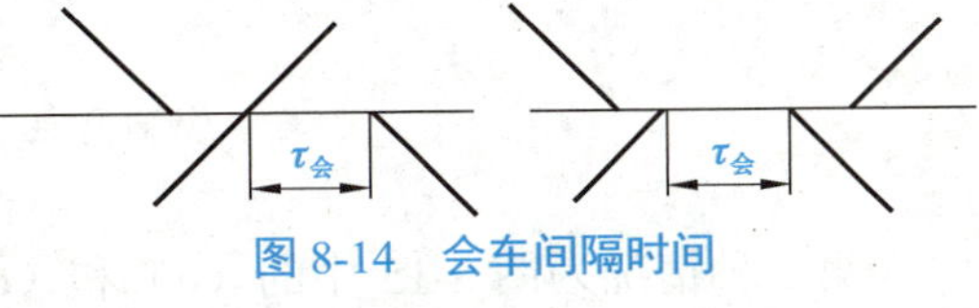

图 8-14　会车间隔时间

会车间隔时间是车站办理各项作业所需要的时间，主要包括：确认先到列车的到达或通过的时间、与来车方向的邻站办理闭塞的时间、准备发车进路及开放出站信号机的时间、发车作业时间等，其计算公式为

$$\tau_{会} = t_{作业}\ (\text{min})$$

3. 连发间隔时间（$\tau_{连}$）

连发间隔时间是指自前行列车到达或通过邻接的前方车站之时起，至本站向该区间发出另一同方向列车之时止的最小间隔时间。根据列车在区间的前后两站停车或通过的不同情况，连发间隔时间有以下四种形式。

（1）两列车在前后两站都通过，如图 8-15（a）所示；

（2）前行列车在前方站停车，后行列车在后方站通过，如图 8-15（b）所示；

（3）前行列车在前方站通过，后行列车在后方站停车，如图 8-15（c）所示；

（4）前行列车在前方站停车，后行列车在后方站停车，如图 8-15（d）所示。

按照连发间隔时间组成因素的不同，可以将上述四种形式的连发间隔时间归纳为两种情况。第一种情况为图 8-15 中的（a）和（b），列车均在后方站通过，其时间组成包括以下两部分，如图 8-16 所示。

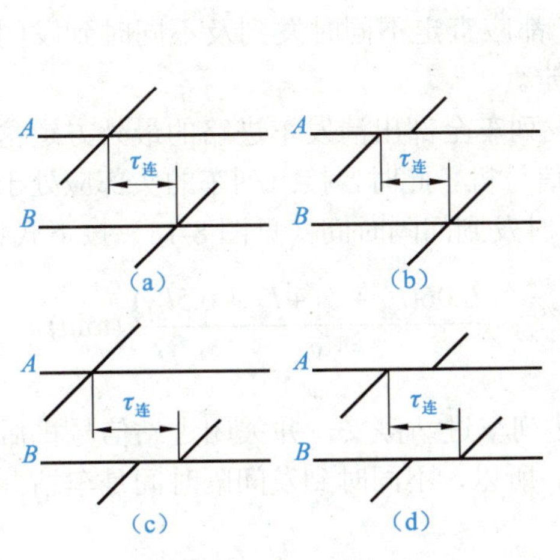

图 8-15　连发间隔时间

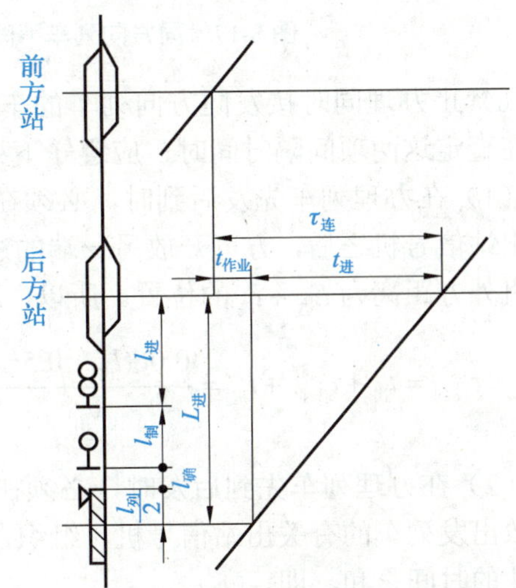

图 8-16　两列车在前后站均通过的连发间隔时间

（1）前方站确认前行列车到达或通过，两站间为后行列车办理闭塞手续，后方站为后行列车开放通过信号机等作业时间。

（2）后行列车通过进站距离 $L_{进}$ 的运行时间。

在这种情况下，连发间隔时间的计算公式为

$$\tau_{连} = t_{作业} + t_{进} = t_{作业} + \frac{0.06L_{进}}{v_{进}} (\text{min})$$

第二种情况为图 8-15 中的（c）和（d），列车均在后方站停车，其时间组成包括以下两部分。

（1）前方站确认前行列车到达或通过，两站间为后行列车办理闭塞手续，后方站开放出站信号机等作业时间。

（2）后方站组织发车、司机确认信号机显示状态并启动列车的作业时间。

所以，第二种情况的连发间隔时间全是作业时间。

4. 同方向列车不同时发到（$\tau_{发到}$）及不同时到发（$\tau_{到发}$）间隔时间

自一列车由车站发出时起，至同方向另一列车到达车站时止的最小间隔时间，称为同方向列车不同时发到间隔时间，如图 8-17（a）所示。自某方向列车到达车站时起，至由该站发出另一列同方向列车时止的最小间隔时间，称为同方向列车不同时到发间隔时间，如图 8-17（b）所示。

图 8-17　同方向列车不同时发到及不同时到发间隔时间

凡禁止办理同时接发同方向列车的车站，都应查定不同时发到及不同时到发间隔时间。在查定这两项间隔时间时，应遵守下列规定。

（1）在办理列车先发后到时，必须在出发列车全部出清发车进路的最外方道岔，并关闭出站信号机之后，方可开放另一端的进站信号机。此时，接入列车的头部应处于进站信号机外方距离为 $L_{进} + l_{确}$ 的位置。所以，不同时发到间隔时间（见图 8-18）按下式计算：

$$\tau_{发到} = t_{出} + t_{作业}^{发到} + t_{进} = \frac{0.06(l_{出} + 0.5l_{列})}{v_{出}} + t_{作业}^{发到} + \frac{0.06(l_{进} + l_{制} + l_{确} + 0.5l_{列})}{v_{进}} (\text{min})$$

（2）在办理列车先到后发时，必须在到达列车进站停妥，并关闭进站信号机后，方可开放出发列车的有关出站信号机，组织发车。所以，不同时到发间隔时间是车站办理有关作业的时间之和，即

$$\tau_{到发} = t_{作业}^{到发} (\text{min})$$

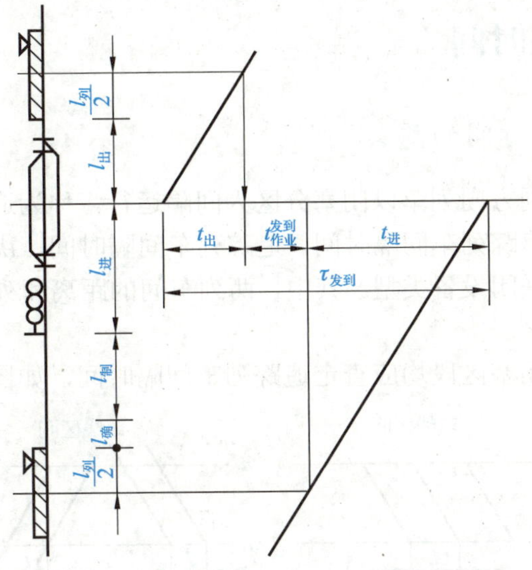

图 8-18　同方向列车不同时开到间隔时间

5. 相对方向不同时通过间隔时间（$\tau_通$）

在一端连接双线区间、另一端连接单线区间的车站上，两个相对方向的列车不同时通过车站的最小间隔时间，称为相对方向不同时通过间隔时间。如图 8-19 所示，相对方向不同时通过间隔时间由 $t_{作业}$ 和 $t_进$ 两部分时间组成。

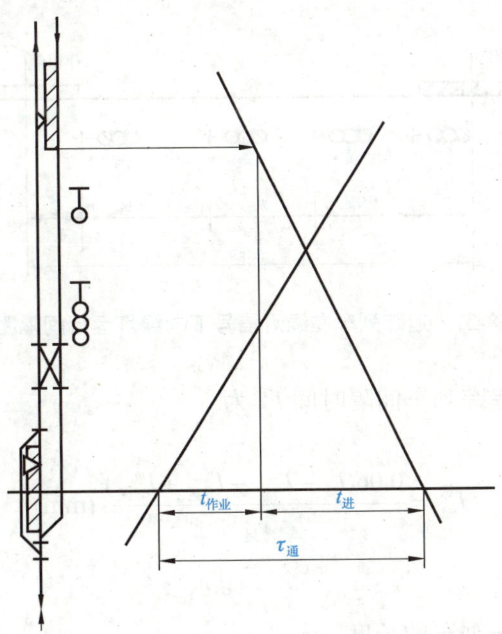

图 8-19　单双线区段相对方向列车不同时通过车站间隔时间

四、追踪列车间隔时间

1. 追踪列车间隔时间的意义

在自动闭塞区段，同方向列车以闭塞分区为间隔运行，称为追踪运行。追踪列车之间的最小间隔时间，称为追踪列车间隔时间。追踪列车间隔时间，决定于同方向列车间隔距离、列车运行速度及信联闭设备类型。其中，两列车间的距离和列车运行速度是列车追踪间隔时间大小的决定因素。

在双线和单线自动闭塞区段均应查定追踪列车间隔时间，如图 8-20 所示。

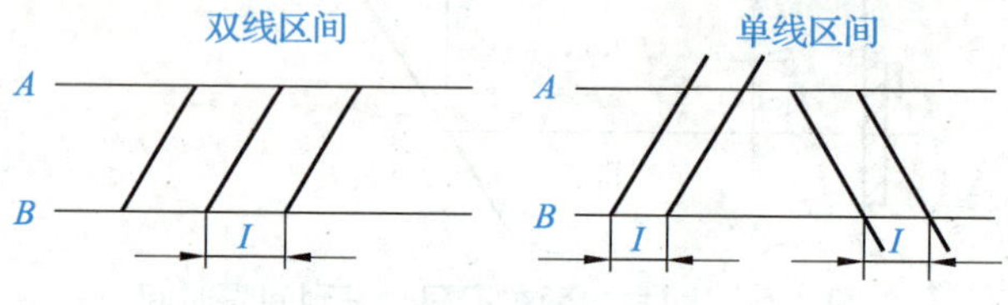

图 8-20　追踪列车间隔时间

2. 三显示自动闭塞区段追踪列车间隔时间

在三显示的自动闭塞区段，通常以两列车间隔三个闭塞分区为计算追踪列车间隔的依据，即后行列车在绿灯信号下向绿灯运行，保证后行列车一直能看到绿灯显示，如图 8-21 所示。

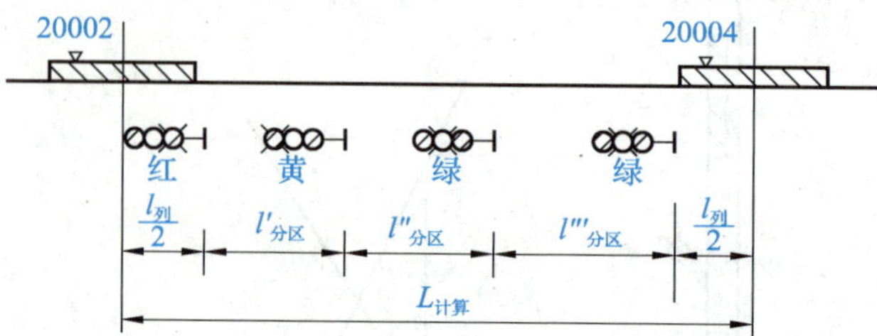

图 8-21　追踪列车在绿灯信号下向绿灯运行间隔距离

在这种情况之下，追踪列车间隔时间 $I_{追}^{绿}$ 为

$$I_{追}^{绿} = \frac{0.06(l_{列} + l'_{分区} + l''_{分区} + l'''_{分区})}{v_{运}} \text{(min)}$$

式中：

$l_{列}$ ——列车的长度，m；

$l'_{分区}$，$l''_{分区}$，$l'''_{分区}$——连续三个闭塞分区长度，m；

$v_{运}$ ——列车在区间的平均运行速度，km/h。

当列车在长大上坡道运行时，由于运行速度低，追踪列车间隔时间可以按前后列车间隔两个闭塞分区的条件确定，即在绿灯信号向黄灯信号运行，如图 8-22 所示。

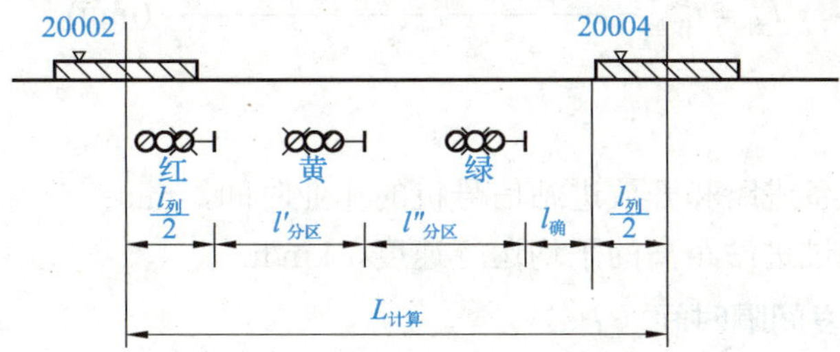

图 8-22　追踪列车向黄灯运行间隔距离

这时，追踪列车间隔时间 $I_{追}^{黄}$ 为

$$I_{追}^{黄}=\frac{0.06(l_{列}+l'_{分区}+l''_{分区})}{v_{运}}+t_{确}\ (\text{min})$$

式中：

$t_{确}$ ——司机确认信号显示状态的时间，min。

在编制运行图时，除需控制列车在区间的追踪间隔时间外，还应控制列车追踪到达、追踪出发和追踪通过车站的间隔时间。

1）追踪列车到达间隔时间（$I_{到}$）

追踪列车到达间隔时间是指在自动闭塞区段上，自前一列车到达车站时起，至同方向次一追踪列车到达或通过该站时止的最小间隔时间，如图 8-23 所示。

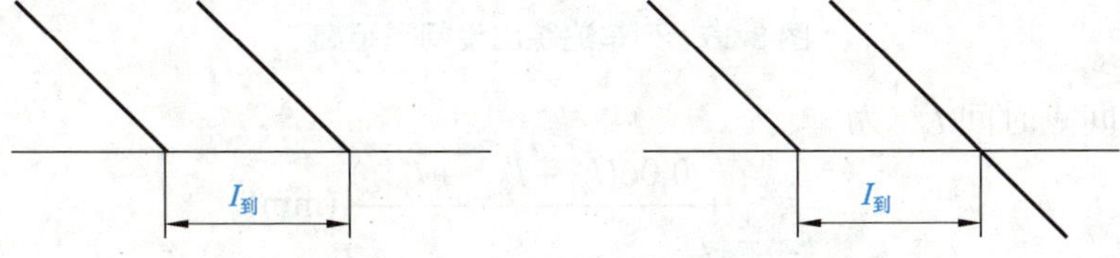

图 8-23　列车追踪到达间隔距离

在确定该项间隔时间时，应保证后行追踪列车不会因车站未准备好接车进路和未及时开放信号机而降低速度。为此，车站开放信号机的时刻应为追踪到达列车的头部处于站外第一接近信号机处，如图 8-24 所示。

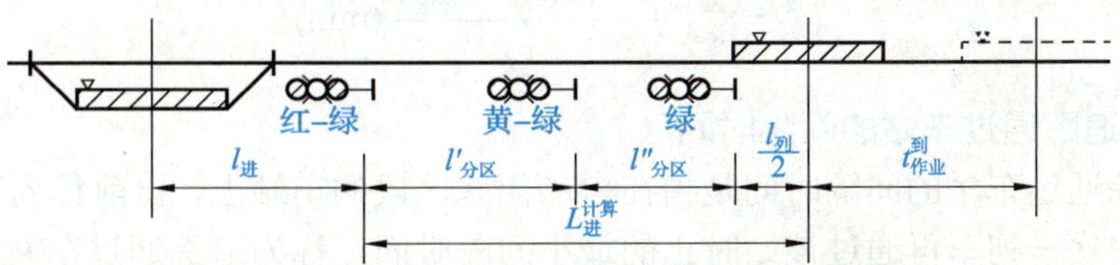

图 8-24　列车追踪到达间隔时间示意图

追踪到达间隔时间 $I_{到}$ 为

$$I_{到}=t_{作业}^{到}+\frac{0.06(0.5l_{列}+l'_{分区}+l''_{分区}+l_{进})}{v_{到}}\ (\text{min})$$

式中：

$t_{作业}^{到}$——车站准备进路和开放进站信号机的作业时间，min；

$v_{到}$ ——列车通过进站距离的平均运行速度，km/h。

2）追踪列车出发间隔时间（$I_{发}$）

追踪列车出发间隔是指在自动闭塞区段，自车站发出或通过前一列车时起，至该站再发出同方向次一追踪列车时止的最小间隔时间，如图 8-25 所示。

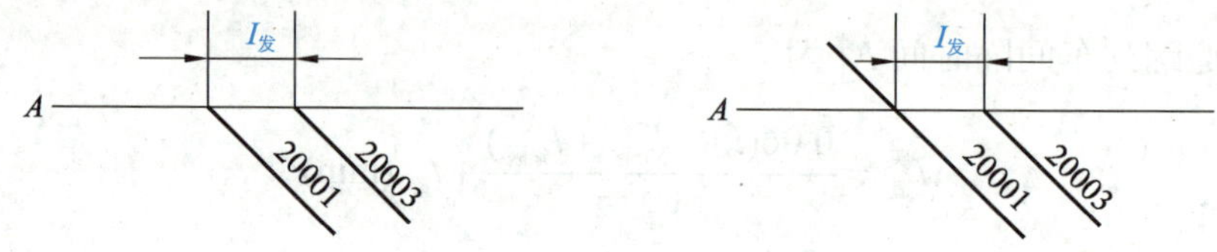

图 8-25 列车追踪出发间隔时间

在确定该项时间时，应保证后行列车在出站信号机显示绿灯的情况下出发。为此，应在前行列车腾空两个闭塞分区的情况下，再为后行列车开放出站信号机，如图 8-26 所示。

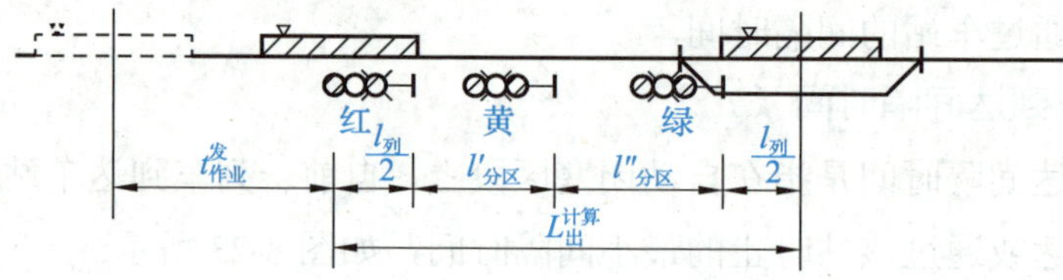

图 8-26 列车追踪出发间隔距离

追踪出发间隔时间 $I_{发}^{绿}$ 为

$$I_{发}^{绿}=t_{作业}^{发}+\frac{0.06(l_{列}+l'_{分区}+l''_{分区})}{v_{发}}\ (\text{min})$$

式中：

$t_{作业}^{发}$——车站开放出站信号机、发车作业及司机确认信号显示状态等作业时间，min；

$v_{发}$ ——前行列车通过出站计算距离的平均运行速度，km/h。

准许列车凭出站信号机的黄色灯光发车时，其追踪出发间隔时间为

$$I_{发}^{黄}=t_{作业}^{发}+\frac{0.06(l_{列}+l'_{分区})}{v_{发}}\ (\text{min})$$

3）列车追踪通过车站的间隔时间（$I_{通}$）

列车追踪通过车站的间隔时间是指在自动闭塞区段的车站上，自前行列车通过车站时起，至同方向次一列车再通过该站时止的最小间隔时间，称为追踪通过车站的间隔时间，如图 8-27 所示。

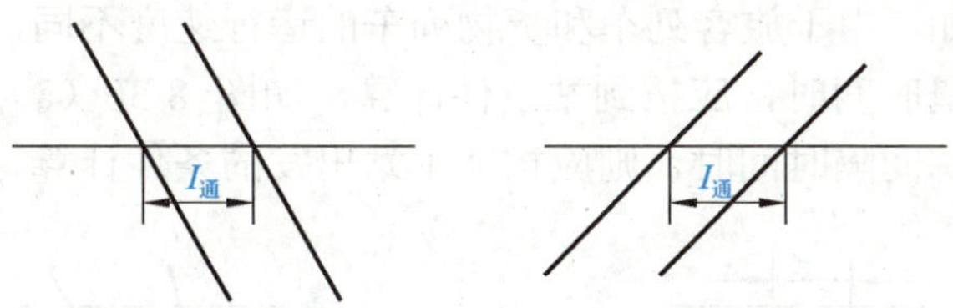

图 8-27　列车追踪通过间隔时间

在确定该项时间时，前后列车的间隔距离应按列车在区间追踪运行的要求办理，即保持的间隔距离为包括车站闭塞分区在内的三个分区的长度。由于列车尾部越过出站信号机而未出清最外方道岔时，进站信号机仍不能开放，因此，两列车的间隔距离还应加上出站信号机至最外方道岔间的一段长度（$l_{岔}$），如图 8-28 所示。

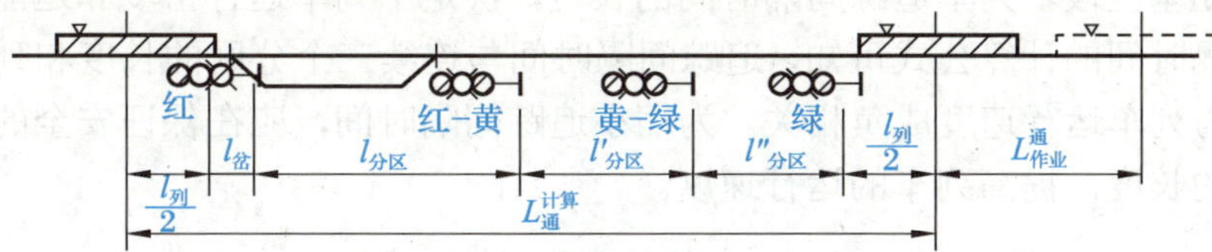

图 8-28　列车追踪通过间隔距离

列车追踪通过车站间隔时间 $I_{通}$ 为

$$I_{通}=t^{通}_{作业}+\frac{0.06(l^{站}_{分区}+l'_{分区}+l''_{分区}+l_{列}+l_{岔})}{v_{通}}\text{(min)}$$

式中：

$t^{通}_{作业}$——车站为后行列车开放进站信号机的作业时间，min；

$l^{站}_{分区}$——车站闭塞分区的长度，即进站信号机至出站信号机间的距离，m；

$v_{通}$——列车通过车站的平均运行速度，km/h。

按以上办法分区间计算出 $I_{追}$ 以及相邻车站的 $I_{到}$，$I_{发}$ 和 $I_{通}$ 后，取其最大值即为该区间的追踪列车间隔时间 I。在开行组合列车或重载列车的区段，也应根据组合列车与普通货物列车前后位置的不同，分别确定 $I_{追}$，$I_{到}$，$I_{发}$ 和 $I_{通}$。

在编制列车运行图时，为保证列车在区段内的正常运行，应按区段内各区间该方向追踪列车间隔时间的最大值铺画列车运行线。例如，甲—乙区段下行方向各区间追踪列车间隔时间如图 8-29 所示，则该区段下行方向应按 $I=10$ min 铺画运行线。

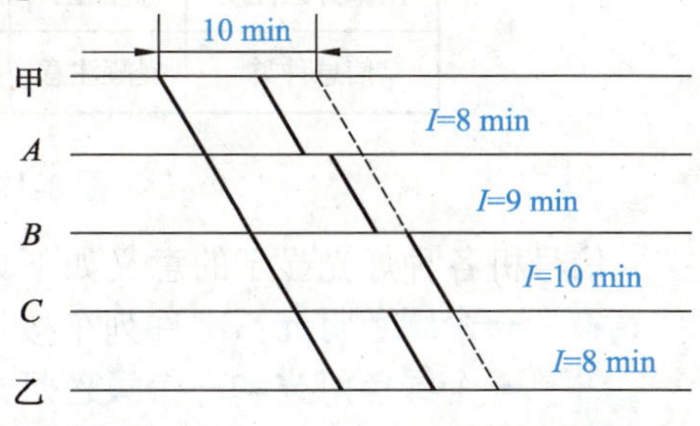

图 8-29　甲—乙区段列车追踪间隔时间

在单线和双线自动闭塞区段，均应按上、下行方向分别查定追踪列车间隔时间，以作为编制列车运行图，计算区间通过能力和列车调度员掌握列车运行的依据。

列车调度员和车站值班员在实际工作中，应根据前后列车的运行情况，灵活掌握追踪

间隔时间的使用。例如，由于旅客列车和货物列车的运行速度不同，在确定货物列车和旅客列车之间的追踪间隔时间时，应按到站条件计算，如图 8-30（a）所示；而确定旅客列车和货物列车间的追踪间隔时间时，则应按从车站出发的条件计算，如图 8-30（b）所示。

图 8-30　旅客列车和货物列车追踪间隔示意图

在自动闭塞区段，列车追踪间隔时间的长短，决定了列车运行密度和运能的大小。从追踪列车间隔时间的计算公式可知，追踪间隔时间与连续三个分区的长度和列车长度之和成正相关，与列车运行速度成负相关。为缩小追踪间隔时间，应在保证安全的基础上，缩短闭塞分区的长度，提高列车的运行速度。

3. 四显示自动闭塞区段追踪列车间隔时间

随着列车速度的提高和重量差异增大，在考虑安全的基础上，为了适应各种列车运行速度的要求，缩短列车追踪间隔时间，提高通过能力，我国在铁路繁忙干线采用四显示自动闭塞。

1）四显示自动闭塞的概念

通过色灯信号机为三灯四显示，即可以显示红（H）、黄（U）、绿黄（LU）和绿（L）四种灯光信号的自动闭塞为四显示自动闭塞。其信号显示方式如图 8-31 所示，列车之后的第一个分区为保护区段，故其后的通过信号机仍显示红色灯光。在黄灯和绿灯信号机之间，增加了一个绿黄灯信号。进站、接车进路信号机还可以显示两个黄色灯光。

闭塞分区性质	提醒区	第一制动区	第二制动区	第三制动区	占用区
信息种类	提醒注意	预告	预告	停车	

图 8-31　四显示追踪列车间隔

信号机各种灯光显示的意义如下。

- **一个绿色灯光**：准许列车按规定速度运行，表示前方有四个闭塞分区空闲。
- **一个绿色灯光和一个黄色灯光**：要求司机注意运行，表示前方至少有两个闭塞分区空闲，下一架信号机已开放一个黄灯。
- **一个黄色灯光**：要求司机采取制动措施，降速运行。该信号表示前方有一个闭塞分区空闲，列车通过黄色灯光信号的最大允许速度按机车信号的数字显示器的显示而定。

- **两个黄色灯光：** 要求列车通过信号机时，应将列车运行速度降至 45 km/h 及其以下，列车将通过侧向道岔。
- **一个红色灯光：** 要求列车不准通过该信号机。

2）四显示与三显示自动闭塞运用功能的比较

在四显示自动闭塞区段，信号的显示同时具有速度控制的含义，即在机车上装有机车信号、速度显示和速度监督设备，机车根据信号显示的信息，以相应的速度运行，如速度超过规定速度时，速度监督设备将迫使列车紧急制动。所以，四显示信号是具有预告功能的速差式信号。我国一直采用的是三显示自动闭塞，这种信号显示没有具体的速度要求，对超速也没有速度监督作用，是无明显速度差的信号。四显示与三显示自动闭塞运用功能的比较如表 8-3 所示。

表 8-3 四显示与三显示自动闭塞运用功能的比较

项目	四显示自动闭塞	三显示自动闭塞
地面信号显示	四显示（L，LU，U，H）	三显示（L，U，H）
机车信号系统	自动停车装置，侧线运行机车信号指示	自动停车装置，侧线运行无机车信号指示
制动距离分区数	2 个闭塞分区	1 个闭塞分区
列车追踪间隔	4 个闭塞分区	3 个闭塞分区
列车运行方向	每线双方向	每线单方向
列车运行凭证	以机车信号为主	以地面信号为主
闭塞分区长度	700～900 m	1 600～2 600 m

3）四显示自动闭塞区段追踪列车间隔时间

在四显示自动闭塞区段，列车追踪间隔时间是按至少 4 个闭塞分区长度间隔计算的，其计算公式为

$$I_{追} = \frac{0.06(l_1 + l_2 + l_3 + l_4 + l_{列})}{v_{通}} \text{(min)}$$

与三显示自动闭塞方式相比，分区数虽增加一个，但由于闭塞分区长度较短（600～1 400 m），列车运行速度较高，所以间隔时间并不大。例如，按 4 个分区长度为最大值，列车长度为 850 m，通过速度为 120 km/h 计算，其追踪间隔时间为

$$I_{追} = 0.06 \times \frac{1\,400 \times 4 + 850}{120} = 3.225 \approx 4 \text{(min)}$$

五、机车在机务段和折返段所在站的停留时间标准

机车在机务段或折返段所在站办理必要作业需要的最小时间，称为机车在机务段和折返段所在站的停留时间标准。

机车在机务段和折返段所在站的停留时间标准，取决于机车的运用方式。铁路机车的运用方式有如下几种。

1）肩回运转制

肩回运转制是指机车担当与机务段相邻区段的列车牵引任务时，除了需要进入折返段整备外，机车每次返回机务段所在站时，也需要入段作业，如图 8-32 所示。

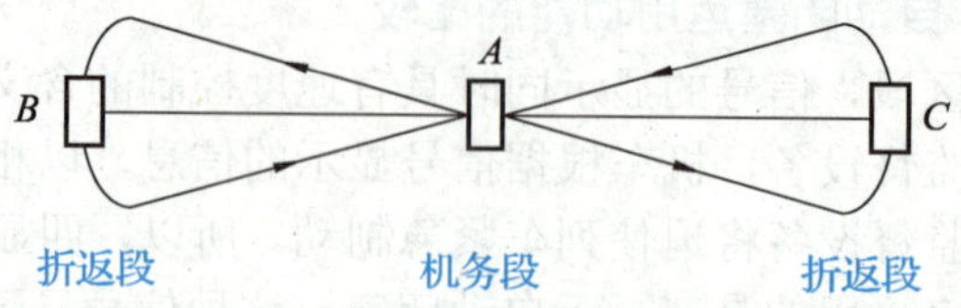

图 8-32　肩回运转制交路

2）半循环运转制

半循环运转制是指机车担当与机务段相邻两个区段的列车牵引任务时，除了需要进入折返段整备外，机车第一次返回机务段所在站时不入段，继续牵引列车向前方区段运行，到第二次返回机务段所在站时，才入段进行整备作业，如图 8-33 所示。

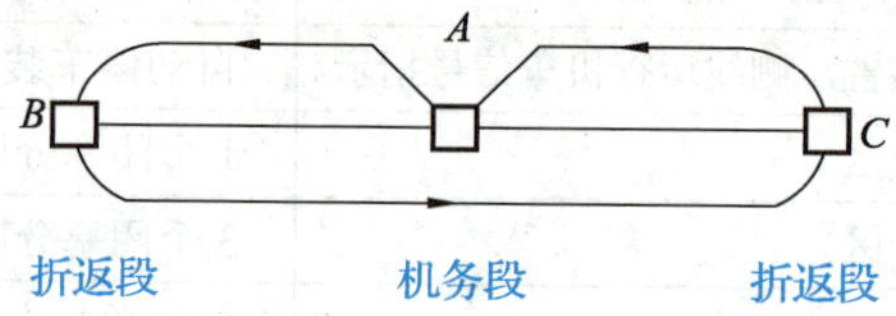

图 8-33　半循环运转制交路

3）循环运转制

循环运转制是指机车担当与机务段相邻两个区段的列车牵引任务时，除了需要进入折返段整备以及因中间技术检查需要进入机务段外，其余每次返回机务段所在站时，都在车站上进行整备作业，如图 8-34 所示。

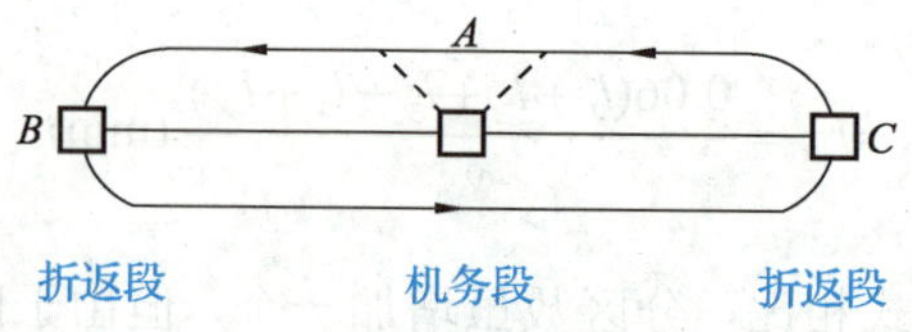

图 8-34　循环运转制交路

4）环形运转制

环形运转制是指机车在一个区段或枢纽内担当两个及两个以上往返列车牵引任务之后，才进入机务段进行整备作业，机车不需要转向，如图 8-35 所示。这种交路适用于担当市郊列车和小运转列车的牵引任务。

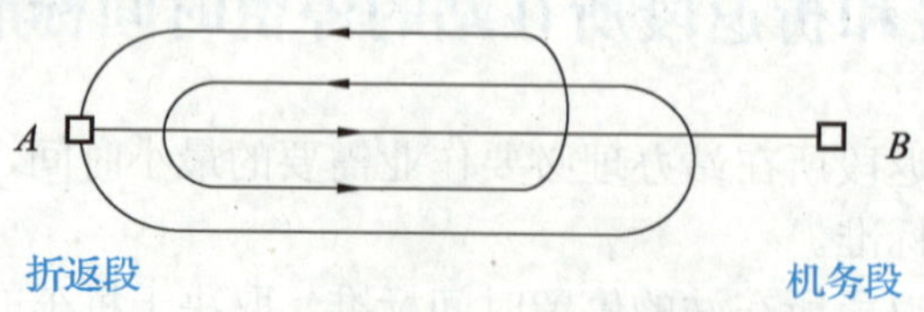

图 8-35　环形运转制交路

机车折返停留时间（$T_{折}$）由以下几项组成。

（1）机车在到达线上的作业时间（$t_{到}^{机}$），包括到达试风、摘机车、准备机车入段进路等时间。

（2）机车进入段走行时间（$t_{入}^{机}$）。

（3）机车在段内整备作业时间（$t_{整备}$），包括技术作业及乘务员换班时间。

（4）机车出段走行时间（$t_{出}^{机}$）。

（5）机车在发车线上的作业时间（$t_{发}^{机}$），包括挂机车、出发试风等时间。

综合以上各项作业时间，即得机车在折返段所在站的停留时间标准为

$$T_{折}=t_{到}^{机}+t_{入}^{机}+t_{整备}+t_{出}^{机}+t_{发}^{机}\ (\text{min})$$

上述各项作业时间，可根据计算和查标相结合的方法确定。

例如，10001 次列车机车自到达折返段所在站时起，至牵引 10004 次到车出发时止，在该站的全部作业及停留时间如图 8-36 所示。

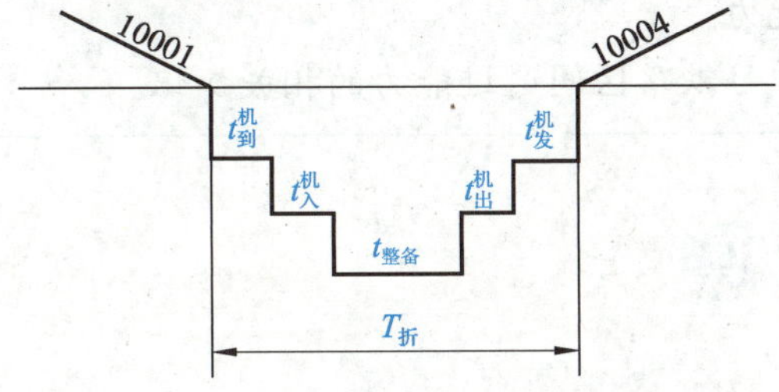

图 8-36　列车折返段所在站停留时间

在编制列车运行图之前，机务部门必须对每一牵引区段的机车分别查定其各项作业时间标准及机车在机务段和折返段所在站的时间标准。

六、列车在技术站的技术作业时间标准

为了保证车站与区段工作的协调和均衡，编制运行图时，还须与车站技术作业过程相配合。因此，还须查定技术站和客货运站技术作业过程的主要作业时间标准。这些时间标准如下。

（1）在到发场办理各种列车作业的时间标准。

（2）在牵出线或驼峰上编组和解体列车的时间标准。

（3）旅客列车车底在配属段、折返段所在站的停留时间标准。

（4）货物站办理整列或分批装卸作业时间标准等。

上述时间标准，可根据《车站行车工作细则》确定。

任务三 铁路区间通过能力

任务引入

区间通过能力是铁路主要技术标准的重要组成部分，是开展铁路勘察设计的前提和基础。其在一定程度上取决于广大铁路职工的协同合作和铁路固定设备、机车车辆的合理运用。

由于铁路区间通过能力不是一成不变的，它随着技术设备和行车组织方法的改善而提高。计算铁路区间通过能力，可以有预见性地安排运输生产，并可以适时采取有效措施提高铁路运输能力。

下面让我们一起学习铁路区间通过能力的相关知识。

相关知识

一、几种常见铁路能力的概念

（1）通过能力：指在一定的机车车辆类型和一定的行车组织方法的条件下，铁路区段内的各种固定设备，在单位时间内（通常指一昼夜）所能通过或接发的最多列车对数（或列车数）、车辆数或吨数。

（2）输送能力：指在一定的机车车辆类型、一定的固定设备和一定的行车组织方法的条件下，现有数量的活动设备（如机车、车辆）和人员配备，在单位时间内所能运送的最多的列车对数（或列车数）、车辆数或吨数。输送能力通常以一年内所能运送最多的货物吨数表示。输送能力和通过能力总称为运输能力。

（3）铁路区段通过能力：指铁路区段内各种固定设备中，通过能力最薄弱的设备的能力，其限制了整个区段的能力，因此也称为区段最终通过能力或限制通过能力。

区段通过能力的大小会受下列固定设备能力大小的影响。

① 区间。区段通过能力主要决定于区间正线数、区间长度、线路纵断面、机车类型、

信号、联锁、闭塞设备的种类。

② 车站。区段通过能力决定于到发线数目、咽喉道岔的布置、驼峰和牵出线数，信号、联锁、闭塞设备的种类。

③ 机务段设备和整备设备。区段能力决定于内燃或电力机车定修台位及段内整备线。

④ 电气化铁路的供电设备。区段能力决定于牵引变电所和接触网。

二、区间通过能力及其计算方法

铁路区间通过能力是指一个区间根据现有固定设备，在一定类型的机车、车辆和行车组织方法的条件下，一昼夜内所能通过的最多列车对数或列数。

编制列车运行图时，在确定了各种列车的行车量以后，应计算区间通过能力，确定区间通过能力的利用程度，以便采取适当的编图措施。

计算区间通过能力时，由于平行运行图中列车运行线的排列具有规律性，所以应先计算平行运行图的区间通过能力，之后在此基础上再计算非平行运行图的区间通过能力。

区间通过能力，一般应计算到小数点后一位。非平行运行图区间通过能力，以对数表示时，不足 0.5 对者舍去，0.5 对以上不足 1 对者按 0.5 对计算；以列数表示时，不足 1 列者舍去。

1. 平行运行图区间通过能力

1）运行图周期

在平行运行图上，一个区间内的列车运行线，总是以同样的铺画方式一组一组地反复排列着。这种以同样铺画方式反复排列的一组列车占用区间的总时分，称为运行图周期（$T_{周}$）。

几种常见的列车运行图周期有单线成对非追踪运行图周期、单线不成对非追踪运行图周期、双线追踪运行图周期，如图 8-37 所示。

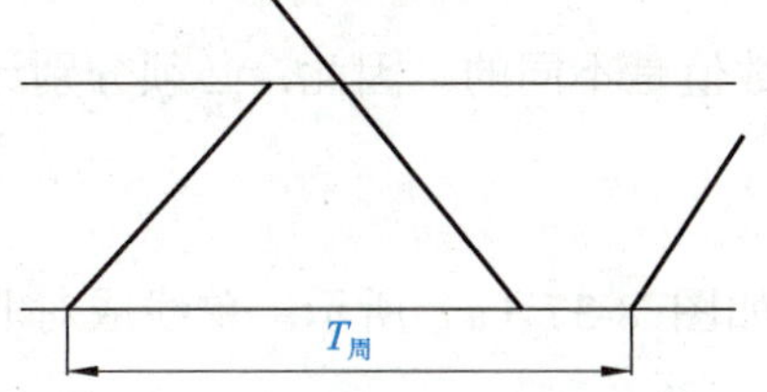

（a）单线成对非追踪运行图周期

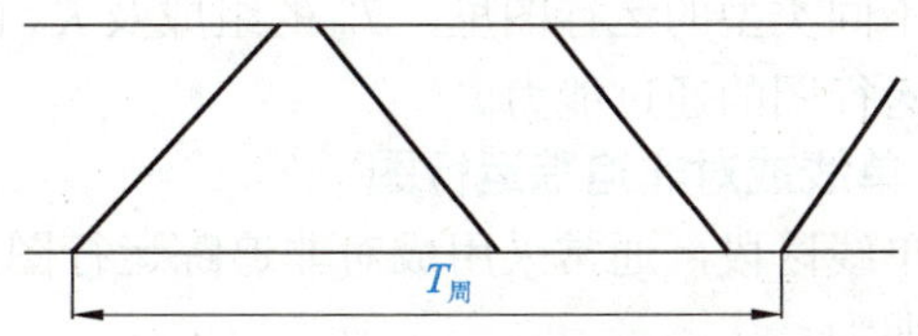

（b）单线不成对非追踪运行图周期

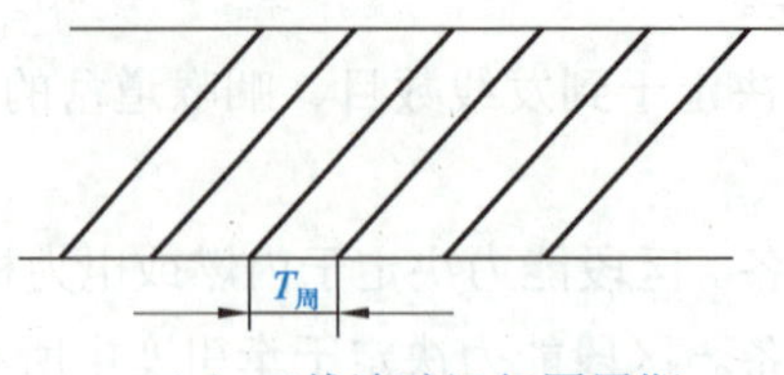

（c）双线追踪运行图周期

图 8-37　不同类型列车运行图周期

运行图周期是由列车（一个或几个列车）区间纯运行时分之和（$\sum t_{纯}$）、起停车附加时分之和（$\sum t_{起停}$）及车站间隔时间之和（$\sum \tau_{站}$）组成的，即

$$T_{周}=\sum t_{纯}+\sum t_{起停}+\sum \tau_{站}\ (\text{min})$$

不同类型的运行图周期所包含的上下行列车数可能是不同的。若一个运行图周期内所包含的列车对数或列数用 $K_{周}$ 表示，那么一定类型的平行运行图通过能力（$N_{平}$）应用直接计算法可得到其计算公式为

$$N_{平}=\frac{1\,440-T_{固}}{T_{周}}K_{周}\ (对或列)$$

式中：

$T_{固}$——进行线路维修、技术改造施工、电力牵引区段接触网维修等作业，以及必要的列车慢行和其他附加时分，允许预留的固定占用区间的时间（min）。

由以上计算公式可以看出，运行图周期愈大，通过能力愈小。在整个区段内通过能力最小的区间限制了整个区段的通过能力，该区间称为该区段的限制区间。限制区间的通过能力即为该区段的区间通过能力。

列车运行时间最长的区间称为最大区间。一般情况下，最大区间就是限制区间。但在有的区间中，尽管 $\sum t_{纯}$ 虽不是最大的，而 $\sum \tau_{站}$（或 $\sum t_{起停}$）的数值较大或因技术作业影响造成 $T_{周}$ 最大，进而该区间也成为了限制区间。

在不同类型的运行图里，$T_{周}$ 的组成及 $K_{周}$ 的数值是不同的。因此，必须分别计算不同类型的运行图的通过能力。

2）单线成对非追踪运行图

在单线区段，通常采用成对非追踪运行图，如图 8-37（a）所示。单线成对非追踪运行图周期为

$$T_{周}=t'+t''+\tau_{A}+\tau_{B}+\sum t_{起停}\ (\text{min})$$

式中：

t'，t'' ——上、下行列车区间纯运行时分，min；

τ_A，τ_B ——车站间隔时间，min；

$\sum t_{起停}$ ——列车起停附加时分，min。

对于一个区间，可以有几种列车开行方法，每一种列车开行方法，称为一种列车放行方案。为提高区段的通过能力，应使限制区间的运行图周期压缩到最小，因此，在限制区间应选择放行列车的最优方案。

单线成对非追踪运行图限制区间两端站放行列车的方案主要有以下四种，如图 8-38 所示。

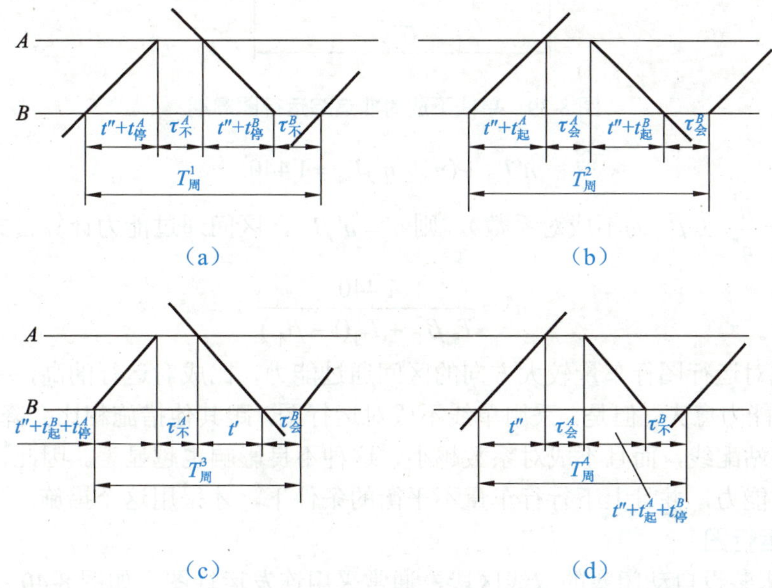

图 8-38　单线成对非追踪平行运行图限制区间放行列车方案

（1）开入限制区间的两列车都在车站通过，如图 8-38（a）所示，其运行图周期为

$$T_{周}^{1}=t'+t''+\tau_{不}^{A}+\tau_{不}^{B}+t_{停}^{A}+t_{停}^{B}\ (\text{min})$$

（2）开出限制区间的两列车都在车站通过，如图 8-38（b）所示，其运行图周期为

$$T_{周}^{2}=t'+t''+\tau_{会}^{A}+\tau_{会}^{B}+t_{起}^{A}+t_{起}^{B}\ (\text{min})$$

（3）下行列车两端车站都通过，如图 8-38（c）所示，其运行图周期为

$$T_{周}^{3}=t'+t''+\tau_{不}^{A}+\tau_{会}^{B}+t_{停}^{A}+t_{起}^{B}\ (\text{min})$$

（4）上行列车在两端车站都通过，如图 8-38（d）所示，其运行图周期为

$$T_{周}^{4}=t'+t''+\tau_{会}^{A}+\tau_{不}^{B}+t_{起}^{A}+t_{停}^{B}\ (\text{min})$$

在选择限制区间两端车站放行列车的方案时，应考虑到区间两端车站的具体条件。例如在 A 站下行出站方向有长大上坡道，如果采用下行列车在 A 站停车进入区间的放行方案，如图 8-38 的（b）或（d），就有可能造成下行列车出发启动困难。此时，应选用下行列车

通过 A 站，如图 8-38 的（a）或（c），且 $T_{周}$ 又是较小的方案。

3）单线不成对非追踪运行图

在上、下行行车量不等的区段，为了适应运量增长的需要，可以采用不成对运行图，如图 8-38（b）所示。在单线不成对运行图（见图 8-39）中，若行车量较小方向列车数为 n'，行车量较大方向列车数为 n''，则 n' 列车可成对运行，$n''-n'$ 列车连发运行，因此有：

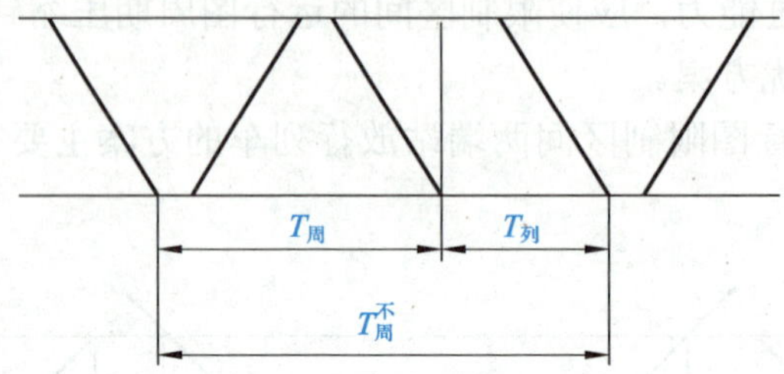

图 8-39　单线不成对非追踪运行图周期

$$n'T_{周}+(n''-n')T_{列}=1\,440$$

若令 $\beta_{不}=\dfrac{n'}{n''}$（$\beta_{不}$ 为不成对系数），则 $n'=n''\beta_{不}$，区间通过能力计算公式为

$$n''=\frac{1\,440}{T_{周}\beta_{不}+T_{列}(1-\beta_{不})}$$

单线不成对运行图行车量较大方向的区间通过能力，比成对运行的高，并且不成对系数愈小，通过能力愈大。但是，采用单线不成对运行图，跟其他措施相比会降低运行速度，且需要增添车站配线，而且不成对系数越小，这种不良影响也越显著。因此，只有在需要少量增加通过能力，并且上下行行车量不平衡的条件下，才采用这个措施。

4）双线运行图

（1）在未装设自动闭塞的双线区段，通常采用连发运行图，如图 8-40 所示。

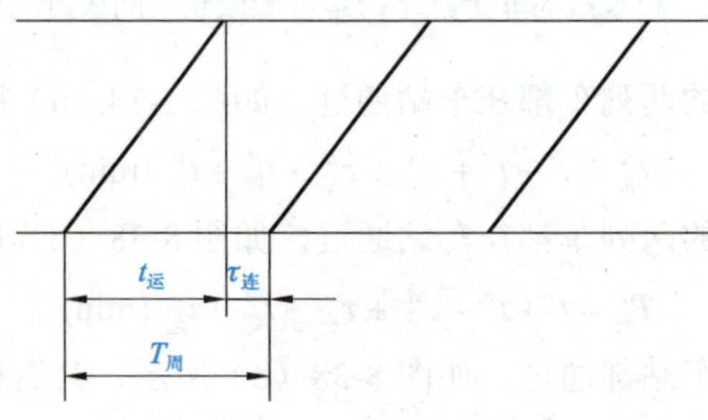

图 8-40　双线连发运行图

其运行图周期为

$$T_{周}=t_{运}+\tau_{连}$$

因而，当不考虑 $T_{固}$ 时，区间通过能力分上、下行方向，按下式计算：

$$n=\frac{1\,440}{t_{运}+\tau_{连}}$$

应该指出的是，由于区间线路断面的关系，上、下行方向的限制区间可能不是同一区间。因而，上下行方向区间通过能力不一定相同。

（2）在装设有自动闭塞的双线区段，通常采用追踪运行图，如图 8-41 所示。

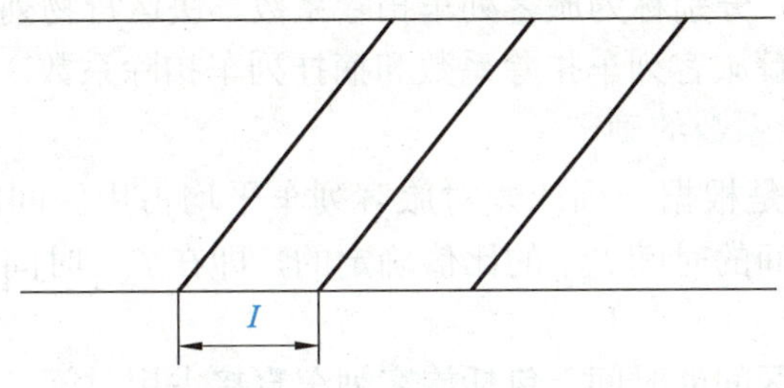

图 8-41　双线追踪运行图

双线追踪运行图周期 $T_{周}$ 等于追踪列车间隔时间 I，因此，每一方向的区间通过能力为

$$n=\frac{1\,440}{I}\text{(列)}$$

由上式可以看出，追踪列车间隔时间 I 值越小，区间通过能力 n 就越大。可见，在双线区段上装设自动闭塞，并采用追踪运行图，可使区间通过能力得到较显著的提高。

2. 非平行运行图区间通过能力

非平行运行图的区间通过能力是指在旅客列车数量既定的前提下，区间在一昼夜内能够通过的客、货列车总数（对数或列数）。

1）计算方法

（1）图解法。

在运行图上铺画旅客列车运行线后，在其间隔时间内铺画货物列车。在列车运行图上最大限度铺画的客、货列车总数，即为非平行运行图的区间通过能力。

图解法比较准确，但较繁琐，所以只在特殊情况下才采用。

（2）分析计算法。

在非平行运行图中，多数是一般货物列车，其运行线（同方向）是互相平行的，旅客列车、快运货物列车、摘挂列车等数量较少，它们的运行线与一般货物列车运行线不平行。因此，在非平行运行图上，多数列车运行线仍具有平行运行图的基本特征。所以，在平行运行图区间通过能力的基础上，扣除旅客列车、快运货物列车等造成的影响后，即可近似计算出非平行运行图区间通过能力 $N_{非}$，其计算公式为

$$N_{非} = N_{货} + n_{客} \text{(对或列)}$$

$$N_{货} = N_{平} - \left[\varepsilon_{客} n_{客} + (\varepsilon_{快} - 1) n_{快} + (\varepsilon_{摘} - 1) n_{摘} \right] \text{(对或列)}$$

式中：

$N_{货}$ ——非平行运行图货物列车通过能力（包括快运货物列车、摘挂列车），对或列；

$n_{客}$，$n_{快}$，$n_{摘}$——旅客列车、快运货物列车、摘挂列车车数，对或列；

$\varepsilon_{客}$，$\varepsilon_{快}$，$\varepsilon_{摘}$——旅客列车、快运货物列车、摘挂列车扣除系数。

2）扣除系数

因铺画一列或一对旅客列车、快运货物列车、摘挂列车，需从平行运行图上扣除的一般货物列车列数或对数，分别称为旅客列车扣除系数、快运货物列车扣除系数和摘挂列车扣除系数。这里主要讲解旅客列车扣除系数和摘挂列车扣除系数。

（1）旅客列车扣除系数的确定。

旅客列车扣除系数是根据一列或一对旅客列车平均占用区间的时间 $T_{客占}$ 与一列或一对货物列车平均占用区间的时间 $T_{货占}$ 的比值确定的，即在 $T_{客占}$ 时间内能铺画几列或几对一般货物列车。

旅客列车平均占用区间的时间，包括旅客列车直接占用时间（运行时间和车站间隔时间或追踪列车间隔时间）和由于旅客列车的影响而不能利用的额外扣除时间两部分。

$$\varepsilon_{客} = \frac{T_{客占}}{T_{货占}} = \frac{t_{客占} + t_{外扣}}{T_{周}} = \frac{t_{客占}}{T_{周}} + \frac{t_{外扣}}{T_{周}} = \varepsilon_{基} + \varepsilon_{外}$$

式中：

$\varepsilon_{基}$——基本扣除系数；

$\varepsilon_{外}$——额外扣除系数。

在一般情况下，额外扣除系数可取 0.2～0.5。

单线非自动闭塞区间和双线非自动闭塞区间，一列或一对旅客列车和货物列车占用区间的时间，如图 8-42 所示。

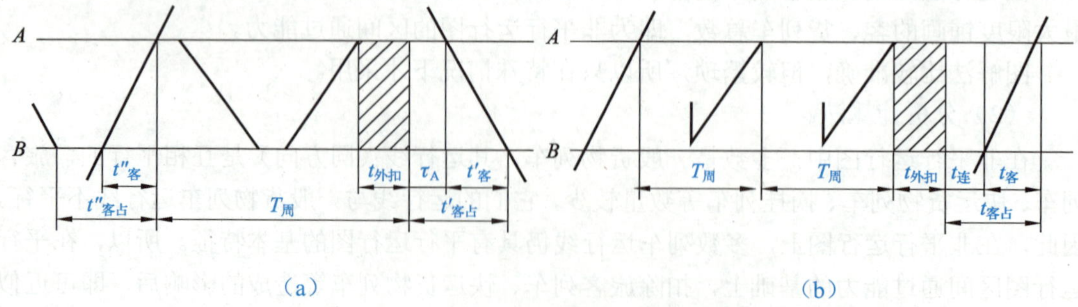

图 8-42　旅客列车和货物列车占用区间时间示意图

（2）摘挂列车扣除系数的确定。

摘挂列车虽是货物列车，且区间运行时分与一般货物列车相同，但因其在中间站停站次数多、停车时间长，所以对区间通过能力会产生一定影响，如图 8-43 所示。

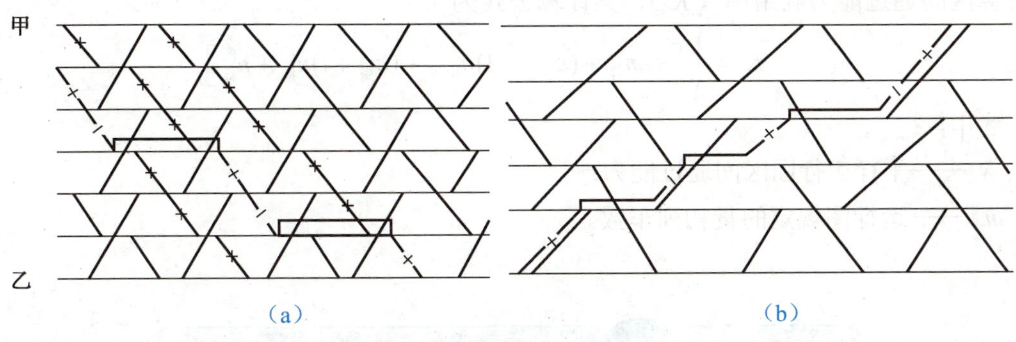

图 8-43　摘挂列车扣除系数

摘挂列车扣除系数的大小与下列因素有关。

① 作业站数越多，扣除系数越大；反之，越小。如图 8-43（a）所示，摘挂列车在中间站每次开车，就要影响一列普通货物列车不能开行。

② 区间越均等，扣除系数越大；反之，越小。如图 8-43（a）所示，因区间较均等，影响一般货物列车也较多；如图 8-43（b）所示，因区间不均等，摘挂列车则可以利用运行图空隙运行，所以影响其他货物列车则较少。

③ 运行图铺满程度越大，影响越大；反之，越小。

摘挂列车扣除系数不能按一个区间来确定，其准确的数值只能在一个区段的运行图铺画好之后完全确定。所以，在计算区间通过能力时，只能利用扣除系数的经验数值。

（3）我国铁路现阶段采用的扣除系数。

在用分析计算法计算非平行运行图的区间通过能力时，我国铁路现阶段采用的扣除系数如表 8-4 所示。

表 8-4　扣除系数

<table>
<tr><th>区间正线</th><th colspan="2">闭塞方法</th><th>旅客列车</th><th>快运货物列车</th><th>摘挂列车</th><th>备注</th></tr>
<tr><td rowspan="2">单线</td><td colspan="2">自动</td><td>1.0</td><td>1.0</td><td>1.3～1.5</td><td>$\alpha_{追}$</td></tr>
<tr><td colspan="2">半自动</td><td>1.1～1.3</td><td>1.2</td><td>1.3～1.5</td><td rowspan="4">摘挂列车 3 对以上时取相应的低限值</td></tr>
<tr><td rowspan="3">双线</td><td rowspan="2">自动</td><td>$I=10$</td><td>2.0～2.3</td><td>2.0</td><td>2.0～3.0</td></tr>
<tr><td>$I=8$</td><td>2.3～2.5</td><td>2.3</td><td>2.5～3.5</td></tr>
<tr><td colspan="2">半自动</td><td>1.3～1.5</td><td>1.4</td><td>1.5～2.0</td></tr>
</table>

注：① 其他闭塞方法，可参照半自动的扣除系数。

② 快运货物列车及分段作业的摘挂列车，在无作业的区段，不考虑扣除系数，摘挂列车在干线的区段内无作业时，不考虑扣除系数。

3. 区间通过能力利用率

为掌握区间通过能力利用率，考虑列车运行图铺画方法及采取加强通过能力的措施，应计算区间通过能力利用率（K），其计算公式为

$$K=\frac{1}{N}\left[\varepsilon_{客}n_{客}+(\varepsilon_{快货}-1)n_{快货}+(\varepsilon_{摘}+1)n_{摘}+n_{货}^{图}\right]$$

式中：

N——平行运行图区间通过能力；

$n_{货}^{图}$——运行图规定的货物列车数。

任务四 列车运行图的编制

任务引入

列车运行图是铁路运输工作的生产计划，其编制质量的高低直接影响铁路运输组织的效率和安全。计算机编制列车运行图可以大大降低人工编制列车运行图的工作量，同时还能保证运行图的质量和水平。

编制列车运行图，不仅要考虑各种设备因素、车站因素，充分利用和发挥它们的综合效率，同时还要考虑到旅客及货物运输的安全和方便，考虑车、机、工、电、辆各部门工作人员的合理工作制度及工作条件，保证技术站作业的均衡性和节奏性以及车站设备能力的限制等。

下面让我们一起来学习如何编制列车运行图。

相关知识

一、列车运行图编制工作的组织领导

列车运图的编制工作，由国铁集团统一领导。国铁集团和铁路局分别成立运行图编制委员会和编图工作组，分别负责跨局和局管内的编图工作。

国铁集团由运输、机务、车辆、工务、电务等有关部门负责人组成领导小组负责编图的组织领导工作，确定编图的原则、任务和步骤，组织有关铁路局协商、拟定全路跨局旅客列车运行方案，解决局间列车交接的有关问题，审查各局提报的编图资料和各局编制的列车运行图。

各铁路局也有由运输、机务、车辆、工务、电务等部门的有关人员组成编图小组，按照国铁集团的统一部署，认真准备好编图资料，负责完成本局的运行图编制工作。

全路列车运行图的编制或调整工作，按照国铁集团统一规定进行。必要时，各铁路局可在运行图实行期间对管内列车进行局部调整。为了适应运量波动和线路施工的需要，除了编制基本运行图外，还可以根据具体情况，编制各种分号运行图。

当客货列车行车量、铁路技术设备以及运输组织方法发生较大变化时，需要修改或重新编制列车运行图。根据我国铁路多年的运营经验，原则上规定每两年编制一次列车运行图，在春季或秋季实行。

二、列车运行图的编制要求和步骤

列车运行图的编制要求和步骤

列车运行图的编制，大致可以分为三个阶段，即准备资料阶段，编制阶段和新图实行前的准备工作阶段。

1. 编图要求

在编制列车运行图时，应满足以下要求。

（1）保证列车运行安全。

（2）符合各项技术作业标准。

（3）适应客货运输市场需求。

（4）经济合理地运用机车车辆。

（5）做好列车运行线与客流、车流结合。

（6）充分利用线路通过能力，合理安排施工、维修天窗。

（7）努力实现各站、各区段间列车运行的协调和均衡。

（8）合理安排乘务人员作息时间。

（9）提高铁路应急处置能力。

2. 编图资料

（1）各区段客、货列车行车量。

（2）车站间隔时间和追踪列车间隔时间。

（3）各区段通过能力。

（4）客、货列车停车站及停车时间标准。

（5）各技术站主要技术作业时间标准。

（6）客车车列在配属段、折返段停留时间标准。

（7）客、货列车区间运行时分及启停车附加时分。

（8）各区段货物列车重量及长度标准。

（9）机车在机务本段和折返站所在站的停留时间标准、机车运用方式以及乘务工作制度。

（10）各区段线路允许速度、车站过岔速度。

（11）施工计划和慢行地段限速标准。

（12）现行列车运行图执行情况分析及改善意见。

3. 编图步骤

在列车运行图的编制阶段，通常分以下三步进行。

1）编制列车运行方案图

编制列车运行方案图的目的是解决列车运行线的布局衔接问题，尽量使列车运行线均衡排列。在方案图上，只标明列车在主要站（技术站、分界站及较大的客、货运站）的到、发时刻和机车交路，不需详细画出经过每一车站的时刻。在编制方案图时，主要考虑各区段间列车的接续、各站工作的均衡、机车交路的合理运用和压缩机车运用台数等问题。列车运行方案图，一般用小时格图纸进行编制，如图 8-44 所示。

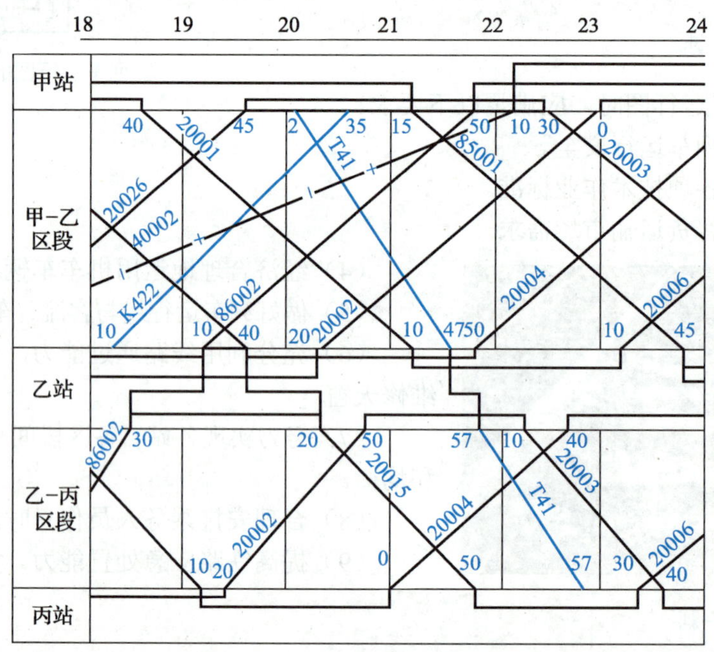

图 8-44 列车运行方案图

在编制客车运行方案时，应充分考虑旅客旅行的方便、客车与客车之间的衔接、旅客车列和客运机车的经济使用等；在编制直达列车运行方案时应考虑列车在技术站的良好接续；在编制快运货物列车运行方案时，应考虑鲜活、易腐等快运货物的上站时间以及终到站的合理到达时间等。

2）编制列车运行详图

所谓详图，即详细的列车运行图，它包含列车在所有经过车站的到达、出发或通过时刻。列车运行详图，应根据列车运行方案图进行编制。在详细铺画列车运行图的过程中，对方案图所规定的运行线可做适当移动，但应尽可能不改变分界站的到开时刻。

3）计算列车运行图指标

在检查、确认列车运行图完全满足规定的要求后，还应计算列车运行图指标，包括列车平均旅行速度、平均技术速度、机车日车公里等。

三、区段管内工作列车运行方案

区段管内工作是指区段内各中间站到发车流的输送工作。除个别中间站由于装卸量较大可用直达列车输送外，一般中间站的车流主要靠摘挂列车、小运转列车、调度机车等进行输送。所以，区段管内工作列车运行方案的作用是具体解决上述这些列车的开行列数和开行方案。

1. 区段管内工作列车行车量的确定

区段管内工作列车行车量，决定于区段内各中间站的到、发车流量。中间站的到、发车流量，包括新编列车运行图实行期间有代表性的日均装车数、卸车数以及各站到发的空车数。根据以上有关数据，参照以往实际车流的到、发情况，即可编制区段管内重、空车流表，如表 8-5 所示。根据列车牵引重量和各区段的车流量，即可确定管内工作列车的开行数量。

表 8-5　甲—乙区段管内车流表

由＼往	甲	A	B	C	D	E	F	G	乙	计
甲			10		11		4	3		28
A	10						3			13
B	/7	/3							3	3/10
C			3					4	2	9
D	/4					/7				/11
E	12	2		1					5	20
F	3					/4				3/4
G				5		/2			4	9/2
乙		8		3		7		4		22
计	25/11	10/3	13	9	11	7/13	7	11	14	107/27

根据表 8-5 可编制各中间站上、下行摘挂车数表（见表 8-6），并绘制区段管内各区间车流变动图（见图 8-45）。

表 8-6　甲—乙区段各中间站摘挂车数表

站名	下行		上行	
	摘车	挂车	摘车	挂车
A	/	3	10/3	10
B	10	3	3	0/10
C	/	6	9	3
D	11	0/7	/	0/4
E	0/7	5	7/6	15
F	7	/	/	3/4
G	7	4	4	5/2
计	35/7	21/7	33/9	36/20

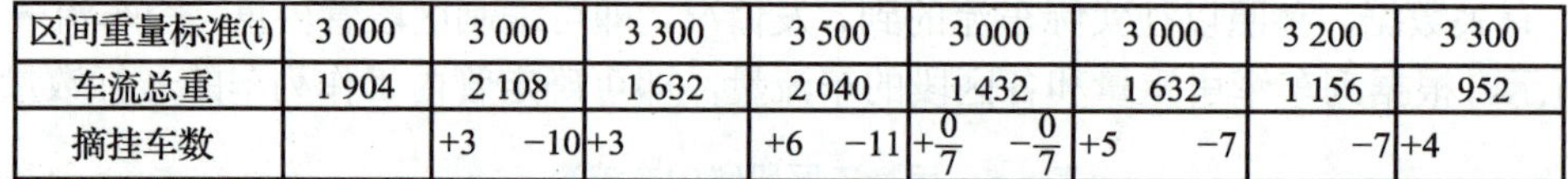

区间重量标准(t)	3 000	3 000	3 300	3 500	3 000	3 000	3 200	3 300
车流总重	1 904	2 108	1 632	2 040	1 432	1 632	1 156	952
摘挂车数		+3　−10	+3	+6　−11	$+\frac{0}{7}$　$-\frac{0}{7}$	+5　−7	−7	+4

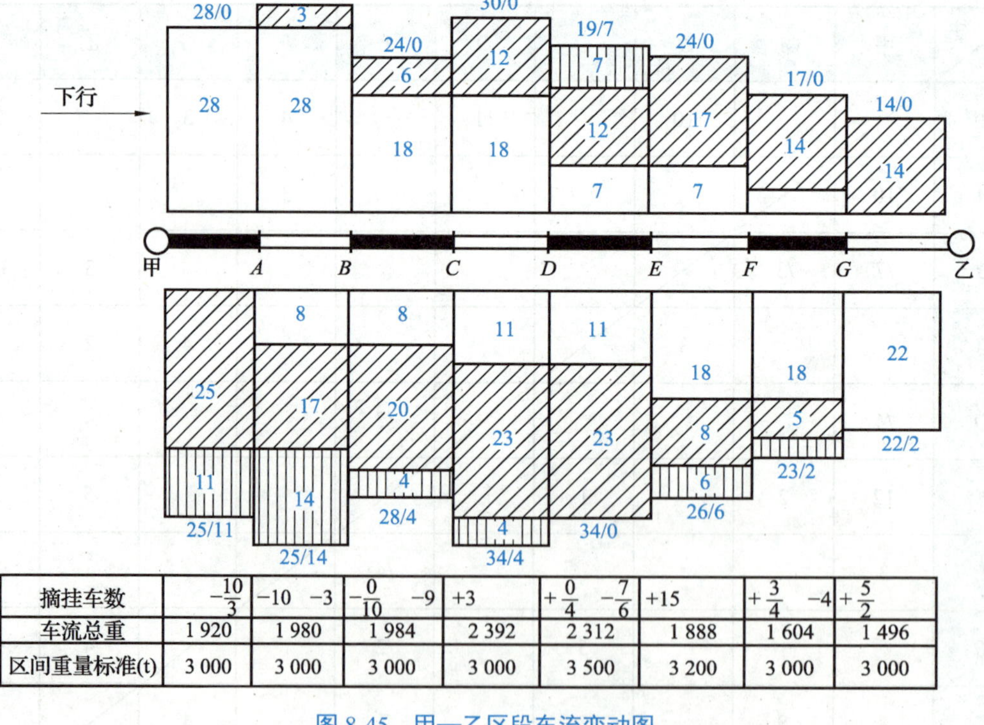

摘挂车数	$-\frac{10}{3}$	−10　−3	$-\frac{0}{10}$　−9	+3	$+\frac{0}{4}$　$-\frac{7}{6}$	+15	$+\frac{3}{4}$　−4	$+\frac{5}{2}$
车流总重	1 920	1 980	1 984	2 392	2 312	1 888	1 604	1 496
区间重量标准(t)	3 000	3 000	3 000	3 000	3 500	3 200	3 000	3 000

图 8-45　甲—乙区段车流变动图

从车流变动图可以看出，由于各中间站的摘挂车数不同，造成各区间的运行车数也不同。按照重、空车辆的平均重量，便可计算出每一区间的运行车流总重量。

列车重量标准，一般是按照区段规定的。实际上，由于区段内各区间的线路坡度不同，各区间的牵引重量也是不等的。如图 8-45 所示，有的区间因坡度较小或是下坡道，机车牵引重量可达到 3 500 t，有的因坡度较大而只能牵引 3 000 t。

有了区间车流总重和区间牵引列车重量标准，即可算出每一区间应开行的摘挂列车数量为

$$n_{摘挂}=\frac{U_{摘挂}^{重}q_{总重}+U_{摘挂}^{空}q_{自重}}{Q_{区间}}\text{（列）}$$

式中：

$n_{摘挂}$——应开行的摘挂列车数；

$U_{摘挂}^{重}$，$U_{摘挂}^{空}$——由摘挂列车挂运的重车和空车数，车；

$q_{总重}$——每辆货车平均总重，t；

$q_{自重}$——每辆货车平均自重，t；

$Q_{区间}$——区间牵引重量标准，t。

如图 8-45 所示，甲—乙区段各区间上、下行的车流总重均未超过区间牵引重量标准，开行一对摘挂列车即可。

如果计算结果有几个邻近技术站的区间的牵引重量超过区间牵引重量标准时，为了减少摘挂列车开行列数，又能及时输送区段管内车流，可以考虑在这些区间开行区段小运转列车，与摘挂列车配合作业。

2. 区段管内工作列车铺画方案的选择

区段内需要开行一对摘挂列车时，其铺画方案有四种，即“上开口”式、“下开口”式、“交叉”式、“均衡”式，如图 8-46 所示。

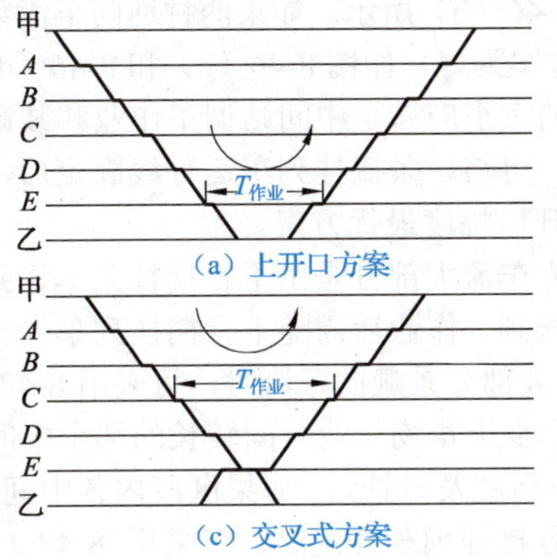

（a）上开口方案

（c）交叉式方案

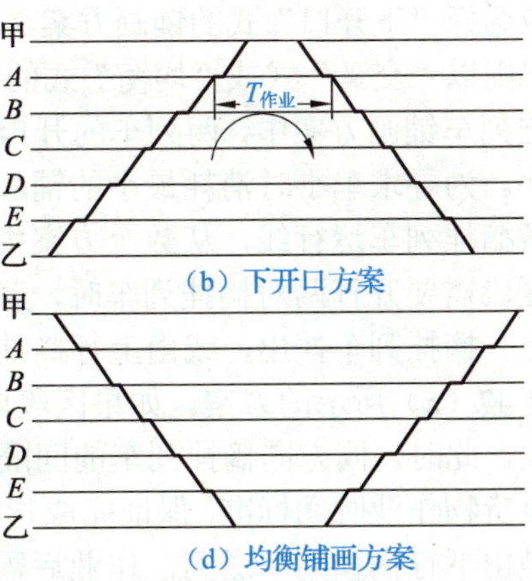

（b）下开口方案

（d）均衡铺画方案

图 8-46　一对摘挂列车铺画方案

区段内需要开行两对摘挂列车时，其铺画方案很多，常见的有图 8-47 中的几种。

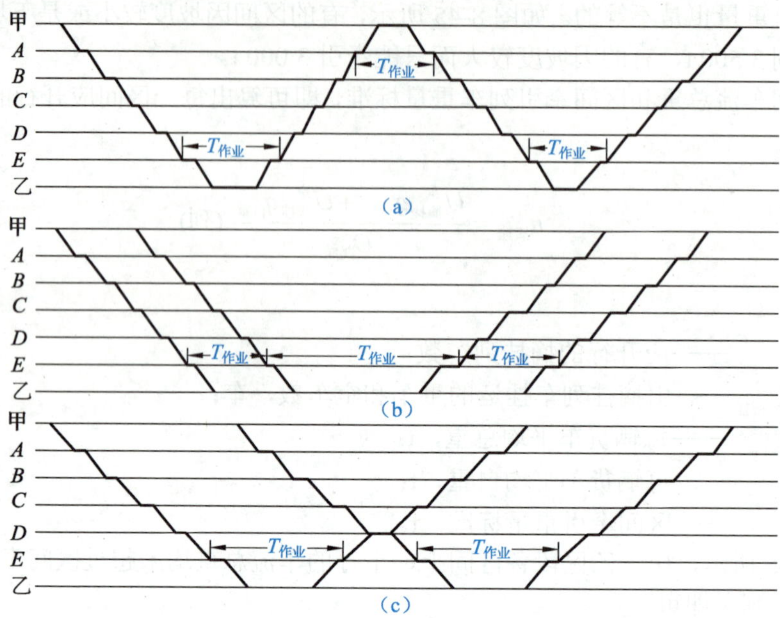

图 8-47　两对摘挂列车铺画方案

选择摘挂列车铺画方案的根据是货车在各中间站的停留车小时总消耗最少。而货车停留时间的长短又与货车的来向和去向有关。某方向摘挂列车送到中间站的车流，作业后有可能由同方向的摘挂列车挂走，也可能由相对方向的摘挂列车挂走。由同方向的摘挂列车挂走的车流称为顺向车流，由相对方向的摘挂列车挂走的车流称为逆向车流。

当区段只开行一对摘挂列车时，顺向车流在站的停留时间是一昼夜，即要等第二天的同一列车挂走，其停留时间与铺画方案无关。逆向车流则由相对方向列车挂走，与铺画方案关系很大。所以，当区段内各中间站到达的车流大部分是由下行摘挂列车送来，作业后有大部分需由上行摘挂列车挂走的逆向车流时，则以“上开口”式的铺画方案消耗的车小时最少，是最优方案，如图 8-46（a）所示。若为上行摘挂列车送来，下行挂走的逆向车流较大时，则应选择“下开口”式的铺画方案，如图 8-46（b）所示。如果两种逆向车流数量基本相等时，则以“交叉”式或“均衡”式的铺画方案为好，如图 8-46（c）和 8-46（d）所示。

摘挂列车铺画方案中，两列车的开口幅度的大小应满足中间站调车作业和装卸作业时间的需要。为寻求车小时消耗最小的铺画方法，可将一条摘挂列车运行线固定后，通过移动另一条摘挂列车运行线，从数个方案中选择开口幅度最优方案。

当区段需要开行两对摘挂列车时，若区段内车流大部分是由下行摘挂列车送到，作业后需随上行摘挂列车挂出，或由上行摘挂列车送到，作业后需随下行摘挂列车挂出，可采用如图 8-47（a）所示的方案。如果区段内车流大部分系顺向车流时，可采用 8-47（b）所示的方案。此时，同方向摘挂列车的间隔，应不少于货物作业时间较长的那个中间站的一次或双重货物作业时间标准，保证完成货物作业后能及时挂走。如果区段内各中间站车流，大部分是由下行摘挂列车送到，作业后需随上行摘挂列车挂走时，可采用 8-47（c）所示的方案。

3. 区段管内工作列车运行线的铺画

在编制列车运行图时，应根据区段管内工作列车的行车量，参照区段管内工作列车铺画方案，安排各种区段管内工作列车运行线。

具体铺画摘挂列车运行线时，经常采用如下的作法。

1）集中给点

在区段内，某几个较大的中间站预留出较长的停留时间。日常执行时，也可由调度员根据实际作业需要分给几个邻近的中间站使用。

2）分散给点

铺画摘挂列车运行线时，把时间分给各中间站。日常工作中，当某站甩挂作业较多时，可由调度员进行必要的调整，把分散给几个中间站的时间，集中在某站使用。

3）分段给点

当同方向每天开行两列摘挂列车时，可以组织分段作业，如图 8-48 所示。使第一列摘挂列车在前半段的中间站上作业，第二列摘挂列车在后半段的中间站上作业。

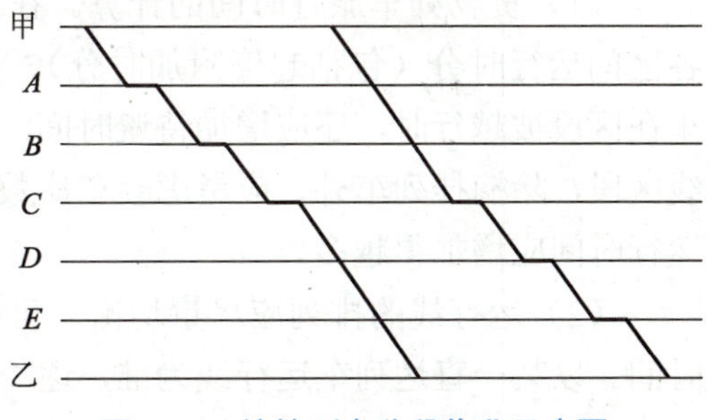

图 8-48　摘挂列车分段作业示意图

4）交叉给点

当每天开行两列同方向摘挂列车时，可以让两列车在不同的车站交叉作业。例如，第一列下行摘挂列车在 *A*，*C*，*E* 站作业，第二列下行摘挂列车在 *B*，*D* 站作业。

5）组织区段小运转列车与摘挂列车配合作业

在区段小运转列车运行区段，摘挂列车可以不安排停车作业时间，以提高其旅行速度，如图 8-49 所示。

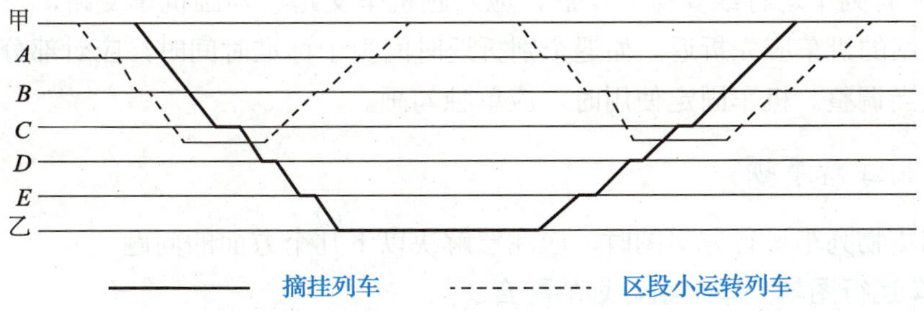

图 8-49　区段小运转列车与摘挂列车配合作业示意图

四、货物列车运行图的编制

为保证邻接区段、各相邻路局间列车运行紧密衔接，以及列车运行图与列车编组计划、车站技术作业过程、机车周转图之间的相互协调，在旅客列车运行图编制以后，货物列车运行图的铺画一般分两步进行，即先编方案图，再根据方案图编制详图。但在运量大、区间通过能力比较紧张的单线区段，编制方案图时很难对限制区间给予准确的安排，所以一般不编方案图，直接在二分格图上编制详图。

1. 编制步骤

（1）根据“五定”班列、直达快运货物列车运行方案、定期直达列车运行方案、重载列车运行方案，铺画“五定”班列、快运货物列车、定期直达列车和重载列车运行线。

（2）根据摘挂列车运行方案，铺画摘挂列车运行线。

（3）铺画其他货物列车运行线。

2. 编制方法

（1）货物列车旅行时间的计算。在双线区段，直达、直通、区段列车的运行时间为各区间运行时分（包括起停附加时分）、列车在中间站技术作业站的停站时分之和，若列车在区段被越行时，还应增加待避时间。摘挂列车应另加各中间站规定的停车时间。在单线区段，除摘挂列车外，应考虑会车次数和停车时间。行车量越大，会车次数越多，列车运行时间应增加得越多。

（2）运行线的排列应尽量均衡。可按列车数量和全日可利用的时间，计算列车间隔时间。以某一直达列车运行线为准，逐一确定列车在技术站的发车时刻。遇有旅客列车运行线时，列车间隔时间可以适当调整，但尽量不在旅客快车之前较短时间内安排货物列车运行线，以减少列车待避次数，提高运行速度。

（3）区段行车量较少时，可从机车折返站按机车折返时间标准，成对安排货物列车运行线；通过能力较紧张时，可以从限制区间开始铺画，以限制区间的最优列车放行方案为基础，向两边展铺，其中有些列车则需“倒铺”。

（4）所有列车运行线安排完毕后，应勾画机车交路。勾画机车交路，一般按顺序办理，即先到站的机车应先折返。如遇个别折返时间少于标准时间时，应对部分列车的到发时刻进行适当调整。机车固定使用时，应单独勾画。

3. 编制注意事项

在编制货物列车运行方案图时，应注意解决以下几个方面的问题。

1）列车运行图与列车编组计划的配合

为了使列车运行图与列车编组计划相配合，编制运行图时必须做到以下几点。

（1）按照列车编组计划所规定的货物列车种类、发到站和列车数（并考虑适当波动），在运行图上铺画相应的货物列车运行线。

（2）对有稳定车流保证的定期运行的列车，应在运行图上固定运行线，从始发站到终到站使用统一车次，这种列车通过沿途各技术站时要有良好的接续，如图 8-50 所示。

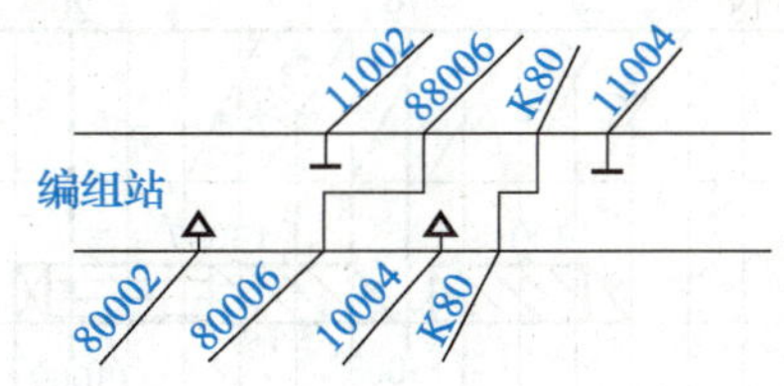

图 8-50 列车运行线的紧密衔接

（3）对没有稳定车流保证的技术直达列车和直通列车，在两编组站间使用直通列车车次。经过编组站时，相邻区段不同车次的运行线也要考虑适当的衔接。

（4）运行图上铺画的运行线，应与车流密切结合。例如，装车地直达列车由始发站出发的时间，要结合有关厂矿、企业的生产和装车情况；空车直达列车的运行线要根据空车产生的规律，从始发站开始铺画，使运行线与车流最大限度地结合起来。

2）列车运行图与车站技术作业过程相配合

列车运行不均衡是导致货车在车站产生各种等待停留时间和浪费车站通过能力、改编能力的主要因素。因此，在编制运行图时应力求使各方向列车在技术站均衡到发，并使各方向改编列车和中转列车交错到开，为车站创造均衡而有节奏的工作条件。

由于受旅客列车铺画位置的影响，以及为保证邻局、邻区段货物列车有良好的运行条件，往往会造成货物列车运行线在运行图上不能均衡排列，而在一段时间内产生列车密集到开现象。在这种情况下，铺画运行图时应注意符合以下要求。

（1）列车的到达技术站和由技术站出发的间隔时间，应考虑车站的到发线数目及列车占用时间，以保证车站能不间断地接发列车。

（2）到达技术站解体列车，其间隔时间应与驼峰或牵出线的作业进度相适应，以减少列车待解停留时间。如图 8-51 所示，因解体列车到达间隔时间与车站技术作业过程相协调，而不产生待解时间。如果解体列车到达间隔时间与车站技术作业过程不协调，则可能因而产生大量待解时间，如图 8-52 所示。

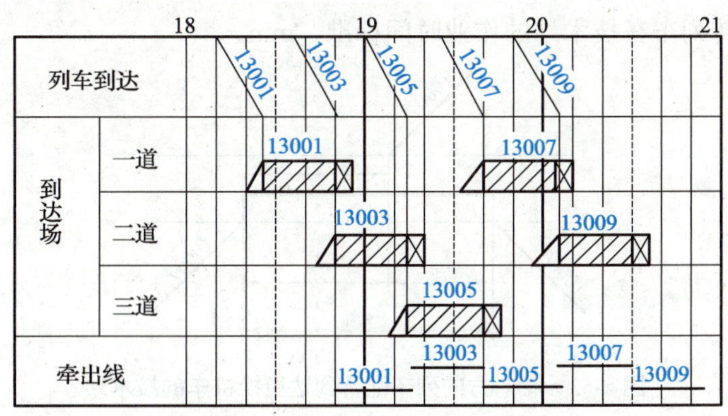

图 8-51 列车到达间隔与解体作业协调

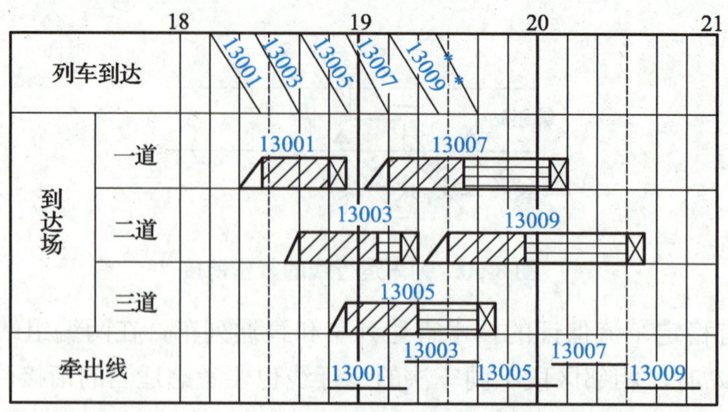

图 8-52　列车到达间隔与解体作业不协调

（3）由技术站编组出发的列车，其间隔时间应与编组牵出线的编组作业进度相适应，以减少待发停留时间。

（4）在编制列车运行图时，对于组织始发直达列车的车站，应使空车列车到达与重车列车出发之间的间隔与该站各项作业时间相协调，否则将延长货车停留时间或不能保证重车列车按规定时刻出发。

3）列车运行图与机车周转图的配合

为了加速机车周转，保证机车在自外段停留时间符合规定的标准，不断改进机车运用指标，在编制列车运行图时，应考虑列车运行与机车周转有良好的配合。

为实现列车运行与机车周转相配合，一般根据规定行车量、机车运用方式和机车在自外段停留时间标准，并考虑机车乘务组连续工作时间等因素，顺序地将列车运行线与机车周转图画在运行图上。为了避免产生机车等候列车的额外停留时间，应使相对方向的列车配合地到达更换机车的技术站。其到达的间隔时间（$I_{到}$），应等于机车和列车技术站时间标准的差额（见图 8-53），即

$$I_{到} = t_{机} - t_{作业}\ (\text{min})$$

式中：

$t_{机}$ ——机车技术作业时间标准，min；

$t_{作业}$——中转列车在技术站的作业时间标准，min。

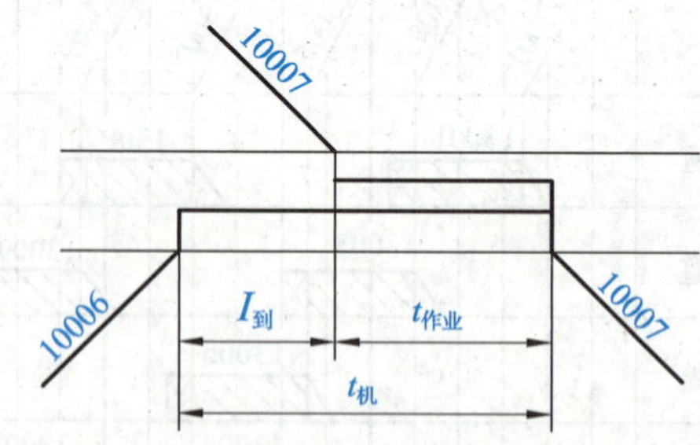

图 8-53　相对方向列车配合到达更换机车的技术站

在非平行运行图上，由于旅客列车运行线的铺画先于货物列车，因而货物列车运行线的分布不可能完全均衡。在编制列车运行图时，应尽可能使列车和机车的额外停留时间达到最小。

这时，货物列车运行方案的编制可有下列两种方法。

（1）由列车运行图的一端开始，顺序铺画货物列车运行线。

（2）由列车运行图中间的某一局间分界站向两端延伸铺画。

在个别区段，当通过能力利用率接近饱和时，运行图编制最好就由这一繁忙区段开始。

五、列车运行详图的编制

在编制完成货物列车运行方案后，即可着手在二分格运行图上具体铺画各区段的货物列车运行线，即编制列车运行详细图。由于方案图只标明了区段两端技术站的到发时刻，无中间站的到发时刻，在编制详图过程中，对方案图所规定的运行线可作适当移动，但应尽可能不改变分界站的到开时刻。

在单线区段，如果通过能力有较大后备，则可优先铺画定期运行的快运货物列车和直达列车。在中间站交会时，应尽量使其他货物列车在这些列车之后运行；在经过技术站时，应保证接续紧密，加速这些列车的运行。

对于摘挂列车，应先按区段管内货物列车铺画方案在图上铺画轮廓运行线，然后再结合其他货物列车一起铺画。在具体铺画时，摘挂列车等管内工作列车与其他货物列车运行线是同时进行的。这样，既有利于提高货物列车的平均速度，又有利于适应区段管内工作的需要。

在铺画列车运行详图时，应注意以下问题。

（1）保证行车安全和旅客乘降安全，具体应做到以下几点：

① 列车间隔时间应满足车站间隔时间和追踪列车间隔时间的有关规定。

② 遵守车站不准同时接发列车的有关规定。

③ 避免在不准停车或停车后启动困难的车站上停车。

④ 列车在车站会车或越行时，同时停在车站的列车数应与该站到发线数目相适应。

⑤ 尽量避免旅客列车在中间站停车时该站有其他列车通过，以保证旅客乘降的安全。

（2）有效的利用区间通过能力。

在单线区段，通过能力有较大富余时，为保证机车运用良好，货物列车运行线可以从机车折返站开始成对地铺画。这时应尽可能使列车到达折返站与由该机车牵引相反方向列车出发的间隔时间，等于机车在折返段所在站的作业时间标准，如图 8-54 所示。

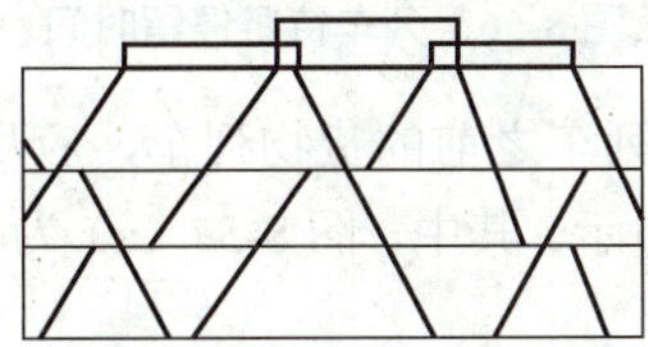

图 8-54　从机车折返站开始铺画货物列车运行线方法

当在运行图上铺画的列车对数达到区间通过能力利用率的80%以上时，为了有效地利用区间通过能力，该区段应从限制区间开始铺画货物列车运行线，即在运行图上铺完旅客列车运行线之后，从限制区间开始铺画规定数量的货物列车运行线，然后再从限制区间分别向其他区间顺序铺画，如图8-55所示。

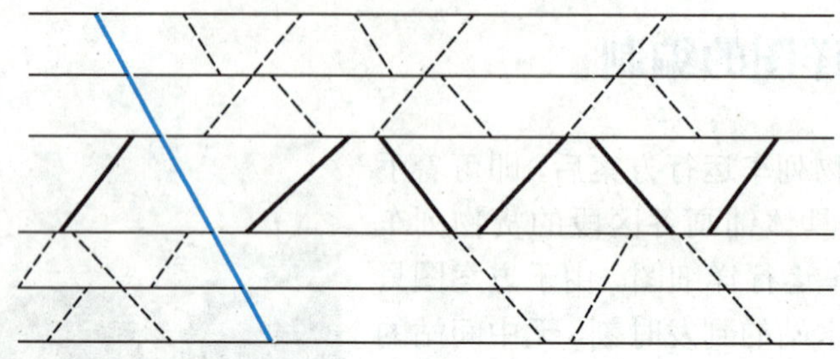

图8-55 从限制区间开始铺画货物列车运行线方法

（3）提高货物列车旅行速度。

提高货物列车旅行速度的关键在于减少列车启停附加时分和中间站的停车时间，为此，在铺画列车运行线时应尽量做到以下几点。

① 尽量减少停车次数，以减少启停附加时分。在旅客列车之前铺画的货物列车运行线，尽量使其在途中不待避客车，如不可避免时，则应尽量安排在货物列车技术作业站待避。这样，不但减少了启停车附加时分，还可使技术作业与待避客车平行进行，从而节省时间。

② 尽量减少列车在中间站的停车时间，其铺画方法如下。

a．列车的会车或待避，尽量安排在技术设备较先进的车站或相邻区间运行时分最少的车站上进行，如图8-56所示。

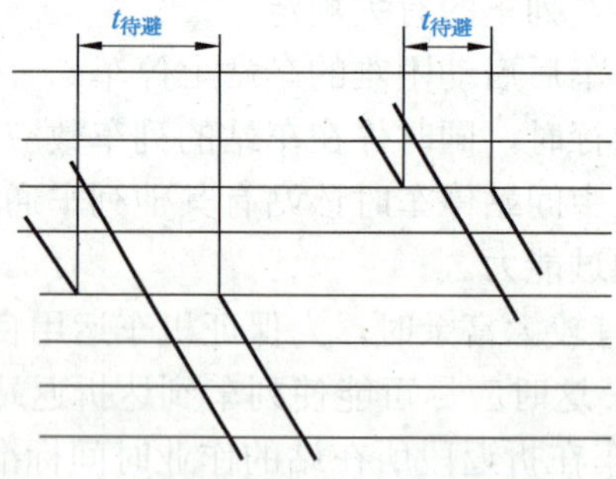

图8-56 列车待避停留时间

b．单线区段，铺画在旅客列车之前的货物列车，应尽可能使之通过中间站，避免其在中间站又会又让，如图8-57所示。其中，图8-57（a）为不合理的铺画方法，图8-57（b）为合理的铺画方法。

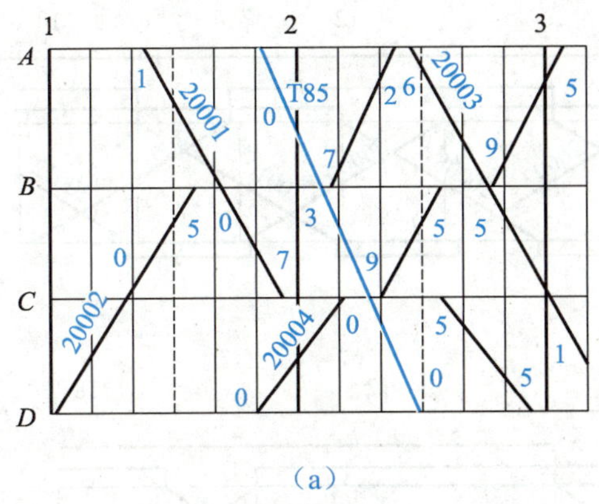

(a)

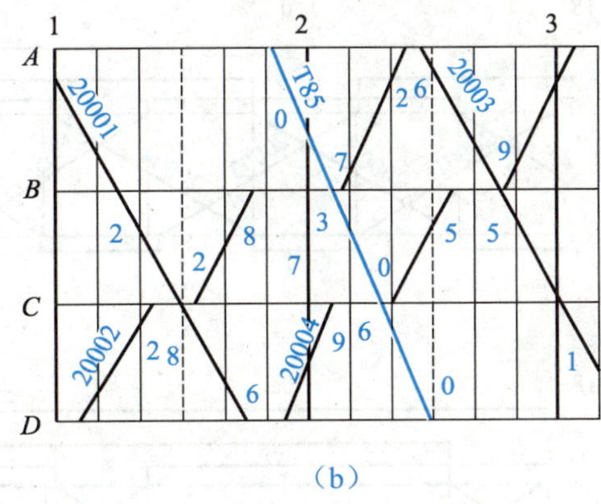

(b)

图 8-57　旅客列车之前货物列车运行线铺画方法

c．单线区段，铺画在旅客列车之后的货物列车，应保持与客车之间能铺画交会对向列车的间隔，如图 8-58 所示。其中，图 8-58（a）为不合理的铺画方法，图 8-58（b）为合理的铺画方法。

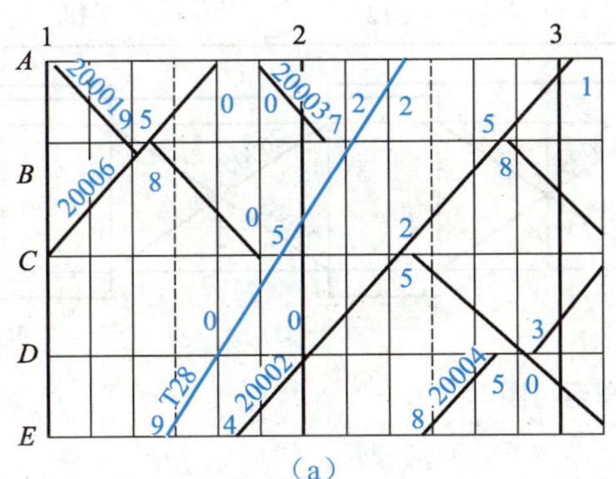

(a)

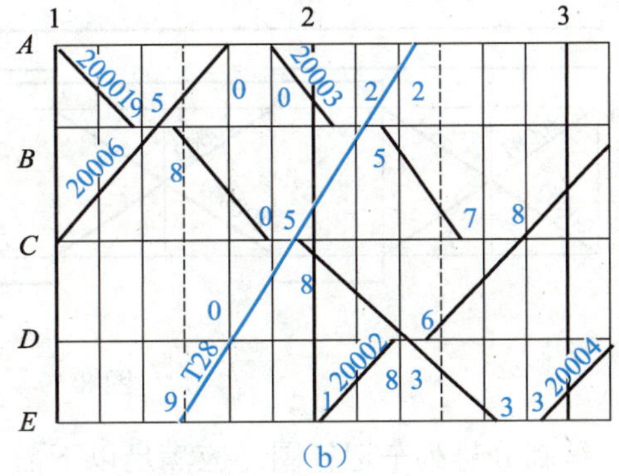

(b)

图 8-58　旅客列车之后货物列车运行线铺画方法

d．在单双线区段，应首先铺画单线区间的运行线，尽量使列车的交会在双线区间进行。这样，既可减少停车次数，又可减少停车时间。

六、分号列车运行图的概念

基本列车运行图（简称基本图）是指经过重新编制或调整，正在实施并持续到下次重新编制或调整为止的列车运行图，如图 8-59（a）所示。调整后的基本图又称调整列车运行图（简称调整图）。分号图是指为适应短期运输、应对突发事件或施工等需要，短时间实行，实行完毕又恢复到基本图的临时性列车运行图。为春运、暑期运输和线路施工编制的分号运行图分别称为春运图、暑期图和施工图。根据其他运输需要编制的分号图名称可在分号图前冠以该分号图的主题，例如“五一”分号图、“十一”分号图等。

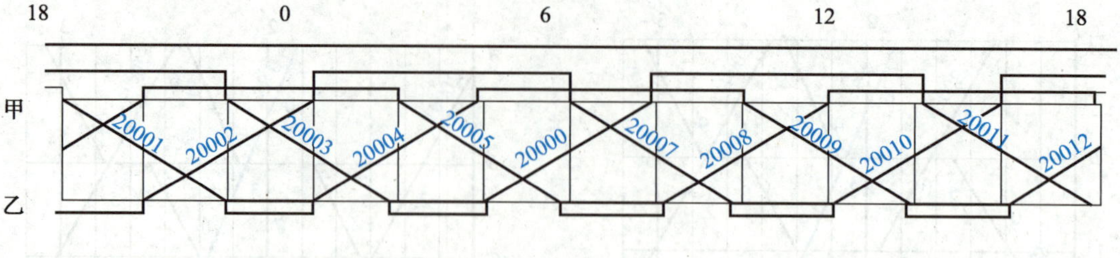

（a）

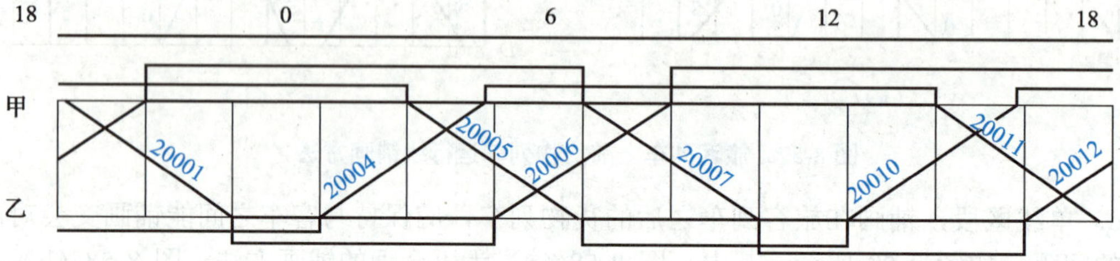

（b）

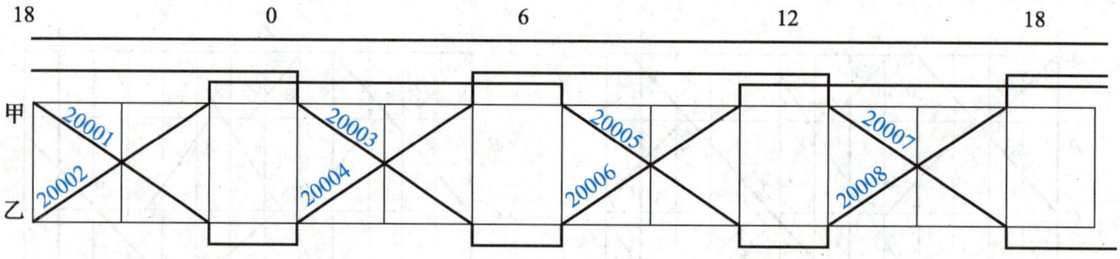

（c）

图 8-59　分号列车运行图

编制分号列车运行图，应满足以下需要。

（1）春运、暑期和其他节假日运输的需要。

（2）线路施工的需要。

（3）货运量波动的需要。

（4）大批货物临时运输以及特种运输的需要。

（5）处置重大突发事件的需要。

编制分号图时，原则上不变动基本图旅客列车运行线。春运图、暑期图的编制，由各铁路局根据客流预测提出跨局临客开行建议方案并于实行前 60 d 上报铁道部。其实行文件，铁道部于实行前 30 d、铁路局于实行前 20 d 下发至各相关单位和部门。如临时需要加开跨局临时旅客列车，应由铁路局于临客列车开行前 30 d 报铁道部批准后，由铁道部组织铺画运行线。临时加开管内临时旅客列车，由铁路局确定运行时刻。因突发客流、应急等原因不能于开行前 30 d 提报的，由调度部门确定运行时刻。

按照不同的行车量，在基本运行图上用抽减某些运行线的方法形成的分号运行图，称为综合分号运行图，如图 8-59（b）所示。这种分号运行图，仅变更列车对数，不变更列车车次和时间，便于执行。其缺点是列车运行不够均衡，机车运用不经济等。

在基本运行图之外，根据不同的行车量，重新编制的运行图称为独立分号运行图，如图 8-59（c）所示。这种分号运行图上的所有运行线、机车交路等都重新安排，其优缺点与综合分号运行图相反。

七、列车运行图主要指标的计算

在列车运行图编制完毕并经检查无误后，应计算下列主要指标，以考核编图质量。

1）货物列车平均技术速度（$v_{技}$）

货物列车平均技术速度，即货物列车在区段中各区间内运行时（包括启停车附加时分，不包括各中间站的停留时间），平均每小时走行的公里数。其计算公式为

$$v_{技}=\frac{\sum nL}{\sum nt_{运}}\ (\mathrm{km/h})$$

式中：

$\sum nL$ ——各种货物列车，总走行公里，km；

$\sum nt_{运}$ ——各种货物列车运行时分的总和（包括启停附加时分），h。

2）货物列车平均旅行速度（$v_{旅}$）

货物列车平均旅行速度，即货物列车在区段内运行时（包括在各中间站停留时间在内），平均每小时走行的公里数。其计算公式为

$$v_{旅}=\frac{\sum nL}{\sum nt_{运}+\sum nt_{停}}\ (\mathrm{km/h})$$

式中：

$\sum nt_{停}$ ——各种货物列车在各中间站停留时间的总和，h。

3）速度系数（β）

速度系数即货物列车旅行速度与技术速度的比值。其计算公式为

$$\beta=\frac{v_{旅}}{v_{技}}$$

4）机车全周转时间（$\theta_{全}$）

机车全周转时间是机车在一个牵引区段担任一对列车作业所需消耗的全部时间。

在采用肩回交路时，机车全周转时间的计算公式为

$$\theta_{全}=t_{往旅}+t_{返旅}+T_{折}+T_{机}\ (\mathrm{h})$$

式中：

$T_{机}$ ——机车在机务段所在站的旅行时间，h；

$t_{往旅}$ ——机车自基本段所在站至折往段所在站的旅行时间，h；

$t_{返旅}$——机车自折返段所在站至基本段所在站的旅行时间，h。

5）货运机车需要台数（$M_{需}$）

货运机车需要台数是指一个机务段或一个区段、铁路局一昼夜内完成规定的牵引任务所使用的货运机车台数。计算公式为

$$M_{需}=K_{需}(n_{货}^{图}+n_{双})(台)$$

式中：

$K_{需}$——机车需要系数，指每担任一对列车牵引任务平均需要的机车台数；

$n_{货}^{图}$——运行图规定的各种货物列车对数；

$n_{双}$——双机牵引的列车对数。

其中，$K_{需}$的计算公式为

$$K_{需}=\frac{\theta_{全}}{24}$$

一个区段的货运机车需要台数，在编制机车周转图后，可以直接查出。其方法是，在机车周转图的任一时刻画一竖线，列车运行线和机车在两端站的折返交路线与该竖线相交的次数，即为机车使用台数。

6）机车日车公里（$S_{机}$）

机车日车公里是指每台货运机车（不包括补机）在一昼夜内走行的公里数，其计算公式为

$$S_{机}=\frac{\sum MS_{本}+\sum MS_{重}+\sum MS_{单}}{M_{货}}[\text{km}/(台\cdot 日)]$$

式中：

$\sum MS_{本}$——本务机车走行公里，km；

$\sum MS_{重}$——重联机车走行公里，km；

$\sum MS_{单}$——单机走行公里，km。

机车日车公里是反映机车流动程度的指标。机车日车公里越大，平均每台机车每天走行公里越多，机车所完成的运输任务就越大，反映出机车的运用成绩越好。

以上几项与机车运用有关的指标（包括机车全周转时间、技术速度及机车日车公里等），都可以按包括小运转列车和不包括小运转列车分别计算。

八、列车运行图编制质量的检查

在列车运行图全部编完后，必须对列车运行图编制质量进行全面检查，检查的主要内容如下。

（1）列车运行图铺画的客货列车数，是否符合规定的任务。

（2）列车运行图的铺画是否符合规定的各项时间标准，列车的会让是否合理，在中间站停留会让的列车数是否超过该站现有的到发线数。

（3）摘挂列车的铺画是否满足区段管内货物列车铺画方案的要求。

（4）机车乘务组连续工作时间和机车在自外段所在站的停留时间是否符合规定的时间标准。

（5）在列车运行图上预留的施工“空隙”是否满足施工需要。

（6）局间分界站的列车衔接是否合适，一昼夜内各阶段列车到发密度是否大体均衡。

九、实行新运行图前的准备工作

列车运行图最后经国铁集团批准后，由国铁集团规定全路统一实行新图的日期。为保证新运行图能按时、正确地实行，必须组织有关员工认真学习新运行图，制定保证实现新运行图的措施，并按时做好实行新运行图前的各项准备工作，具体内容如下。

（1）发布有关实行新图的命令，公布跨局新旅客列车运行的交替办法。

（2）印制并分发列车运行时刻表。

（3）各铁路局机根据国铁集团发布的有关命令和指示，拟定执行新图的技术组织措施和新客货列车运行的交替计划。

（4）组织有关人员学习新图，使每个有关职工了解、熟悉并掌握新图规定的要求。

（5）根据新图的规定，组织各站修订和编制《站细》。

（6）做好机车、客车底和乘务员的调整工作。

（7）有关局共同召开分界站会议，共同拟定保证新图实行的措施。

项目实训

已知：① 某区段为单线半自动闭塞，上、下行列车数目相同。

② $A—B$ 为限制区间，有关时间标准如表 8-7 所示。

表 8-7 时间标准

纯运行时分		站名	车站间隔时间		附加时分	
上行	下行		$\tau_{不}$	$\tau_{会}$	$t_{起}$	$t_{停}$
12	14	A	4	3	3	1
		B	5	2	3	1

③ 非平行运行图中的列车对数、扣除系数及 $T_{固}$ 分别为：$n_{客}=3$ 对，$\varepsilon_{客}=1.2$ 对，

$n_{摘挂}=3$ 对，$\varepsilon_{摘挂}=1.5$ 对，$T_{固}=90\ \text{min}$。

④ 非平行运行图中 $T_{周}=37\ \text{min}$。

要求：（1）绘图表示限制区间的四种列车放行方案，并计算 $T_{周}$ 选出最有利方案。

（2）计算平行运行图区间通过能力。

（3）非计算平行运行图区间通过能力。

解析：（1）限制区间 $A—B$ 的四种放行方案及 $T_{周}$ 如下。

① 方案 1：如图 8-60 所示。

$$T_{周}=t''+t'+t_{停}^{A}+t_{停}^{B}+\tau_{不}^{A}+\tau_{不}^{B}=12+14+1+1+4+5=37\ (\text{min})。$$

② 方案 2：如图 8-61 所示。

$$T_{周}=t''+t'+t_{起}^{A}+t_{起}^{B}+\tau_{会}^{A}+\tau_{会}^{B}=12+14+3+3+3+2=37\ (\text{min})。$$

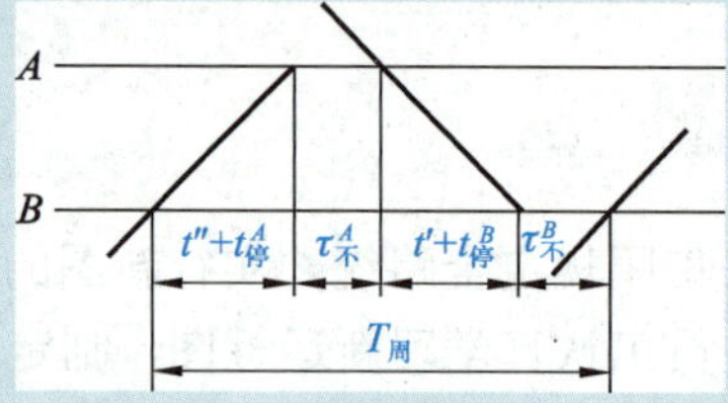

图 8-60 放行方案 1

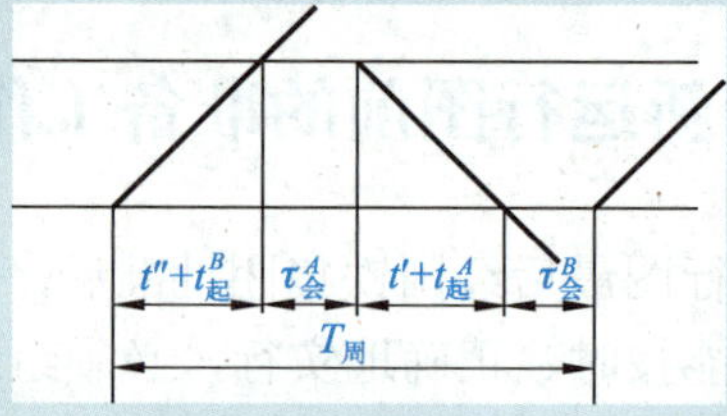

图 8-61 放行方案 2

③ 方案 3：如图 8-62 所示。

$$T_{周}=t''+t'+t_{起}^{B}+t_{停}^{A}+\tau_{不}^{A}+\tau_{会}^{B}=12+14+3+1+4+2=36\ (\text{min})。$$

④ 方案 4：如图 8-63 所示。

$$T_{周}=t''+t'+t_{起}^{A}+t_{停}^{B}+\tau_{会}^{A}+\tau_{不}^{B}=12+14+3+1+3+5=38\ (\text{min})。$$

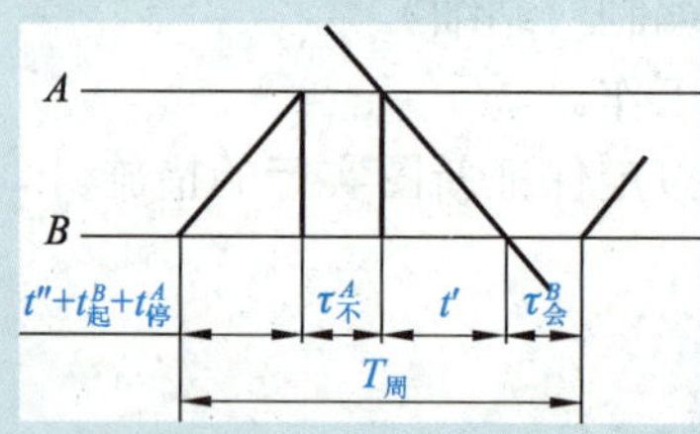

图 8-62 放行方案 3

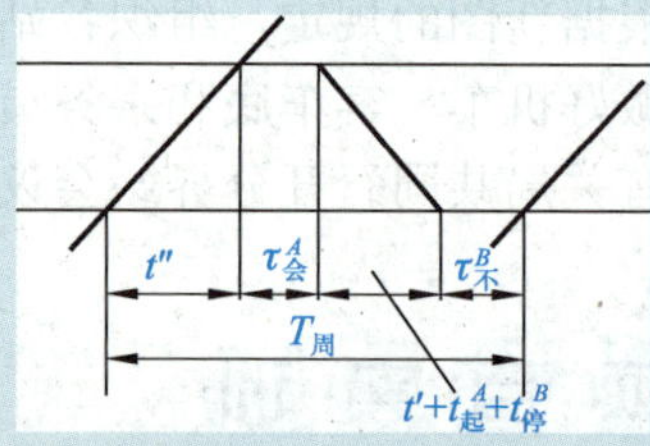

图 8-63 放行方案 4

通过比较方案 3 的 $T_{周}$ 最小，所以方案 3 为限制区间的最优放行方案。

（2）计算限制区间 $A—B$ 平行运行图区间通过能力。

$$N_{平}=\frac{1\,440-T_{固}}{T_{周}}K_{周}=\frac{1\,440-90}{36}\times 1=37.5\ (对)$$

（3）计算限制区间 $A—B$ 非平行运行图区间通过能力。

$$N_{货}=N_{平}-[\varepsilon_{客}n_{客}+(\varepsilon_{快}-1)n_{快}+(\varepsilon_{摘}-1)n_{摘}]=37.5-[3\times 1.2+(1.5-1)\times 2]=32.9\ (对)$$

$$N_{非}=N_{货}+n_{客}=32.9+3=35.9\approx 35.5\ (对)$$

一、填空题

1. 列车运行图有________、________和________三种格式。
2. 列车运行图按列车运行速度分为__________和__________两种。
3. 列车运行图按同方向运行方式分为___________和___________两种。
4. 在双线区段，相对方向可以在______上进行会车，列车越行必须在______上进行。
5. 追踪运行图中，同方向列车的运行以_________为间隔。

二、判断题

1. 双线运行图，列车的交会和越行都必须在车站进行。（　　）
2. 相对方向列车不同时到达间隔时间是指在单线区段相对方向列车在车站交会时，自某一方向列车到达车站时起，至相对方向列车到达车站时止的最小间隔时间。（　　）
3. 限制区间往往是最大区间。（　　）
4. 按照不同的行车量，在基本图上用抽减某些运行线的方法形成的某一分号运行图，称为独立分号运行图。（　　）
5. 追踪运行图，适用于自动闭塞区段，同方向列车以闭塞分区为间隔运行。（　　）

三、单项选择题

1. 十分格列车运行图主要用于（　　）。
   A. 编制新运行图　　B. 调度员绘制实际运行图
   C. 编制机车周转图　　D. 编制货物列车方案图。
2. 上下行列车数目相等的列车运行图是（　　）运行图。
   A. 成对　　B. 平行　　C. 连发　　D. 单线
3. 连发运行图中，同方向列车的运行是以（　　）为间隔的。
   A. 闭塞分区　　B. 时间　　C. 站间区间　　D. 视界距离
4. 计算运行图区间运行时分时，“区间”是以（　　）为界的。
   A. 两车站进站信号机之间
   B. 双线区间一端为车站进站信号机至另一端为站界标
   C. 车站中心线至车站中心线
   D. 车站中心线至另一站进站信号机
5. 单线区段列车在中间站会车最少停留时间是（　　）。
   A. $\tau_{连}+\tau_{会}+\tau_{连}$　　B. $\tau_{不}+\tau_{会}$　　C. $\tau_{不}+\tau_{连}$　　D. $\tau_{会}+\tau_{连}$

四、简答题

1. 列车运行图的作用是什么？如何分类？
2. 列车运行图组成要素有哪些？
3. 何谓铁路通过能力和输送能力？铁路区段通过能力受哪些因素影响？

项目九　技术计划

情景导入

铁路运输生产技术计划（以下简称技术计划），是为了完成铁路运输生产月度货物运输计划而制定的月度机车车辆的运用计划。机车车辆的运用指标是运输生产活动的主要数量和运用指标。从这个意义上讲，技术计划也是技术设备的运用计划，运输生产活动的综合性计划。

知识目标

- 了解技术计划的任务、内容及一般编制程序。
- 掌握运输生产数量指标计划的内容及编制方法。
- 掌握货车运用指标计划的内容及计算方法。
- 掌握运用车保有量计划的内容及计算方法。
- 了解机车运用指标计划的相关指标及计算方法。

技能目标

- 能利用重车车流表、空车调整图对重车及空车进行统计与分析，会编制分界站货车出入计划及货物列车列数计划。
- 能综合运用货车工作量、周转时间、运用车保有量等指标，合理解决运输生产中的实际问题，提高运输效率。

素质目标

- 通过学习技术计划等内容，培养认真负责的工作态度和按标准作业的工作习惯。

任务一 1 技术计划认知

任务引入

技术计划的主要作用是组织、安排日常货车运输生产活动，确保货运计划的实现。正确编制和严格执行技术计划，对于经济合理地使用铁路运输设备，加速机车车辆周转，保证货物运输任务的完成具有重要的意义。

下面让我们一起学习技术计划的任务、内容、编制依据和编制程序。

相关知识

一、技术计划的任务和主要内容

1. 技术计划的任务

机车车辆是铁路运输的活动设备（运输动力和工具），是决定铁路运输能力的重要因素。只有主要由活动设备所决定的输送能力与主要由固定设备所决定的通过能力的综合实现，才能形成铁路的运输能力。

在一定的固定设备条件下，铁路所能实现的运输能力将取决于活动设备的类型、数量及其分布，需要解决的问题有两个方面：一是为完成一定的运输任务，应拥有多少机车车辆；二是一定类型和数量的机车车辆能完成多少运输任务。技术计划就是要解决上述两个方面的问题。

为保证货运计划的实现，必须在现有的机车车辆类型和数量的条件下，编制合理的机车车辆运用指标计划（包括机车车辆的合理分配），而机车车辆的运用指标又与运输工作量相关。因此，就运输生产活动而言，机车车辆的运用指标是运输生产活动的主要数量和运用指标。在确定运输工作量及机车车辆合理运用的有关指标时，必然涉及区段通过能力的限制条件，因而正确确定车流径路、合理利用通过能力也是其任务之一。

2. 技术计划的主要内容

技术计划的主要内容包括运输生产的数量指标计划、货车运用指标计划、运用车保有量计划、机车运用指标计划等。

- **运输生产的数量指标计划**：包括使用车计划、接运重车计划、卸空车计划、空车调整计划、分界站货车出入计划、分界站及各区段货物列车列数计划。
- **货车运用指标计划**：包括货车工作量、货车周转时间、货车日车公里及货车日产量。
- **运用车保有量计划**：包括管内工作车保有量、移交重车保有量、空车保有量。
- **机车运用指标计划**：包括列车平均总重、机车全周转时间、机车日车公里以及机车日产量。

二、技术计划编制的依据和一般程序

技术计划的编制依据主要包括：月度货物运输计划、列车编组计划、列车运行图、铁路区段通过能力、车站改编能力、车站技术作业过程、国家及上级领导对计划月度运输工作的有关指示等。

技术计划编制的时间安排以及一般程序如下。

（1）每月 17 日，各铁路局以报表的形式向国铁集团提出次月日均装车计划和去向别使用车建议计划。

（2）每月 19 日，国铁集团向各铁路局下达次月日均装车、限制口装车、重点物资装车和去向别使用车计划。

提示

限制口是指因运输能力紧张，需要限制接入列车（车辆）数量的铁路区段的入口车站。

（3）每月 22 日，各铁路局交换局间移交重车资料。

（4）每月 24 日，国铁集团向各铁路局下达各分界站列车列数计划、空车调整计划、总运用车保有量计划和国铁集团所属现在车保有量计划及有关指标。

（5）每月 26 日，各铁路局上报国铁集团货运计划及技术计划有关资料。

（6）每月 28 日，国铁集团以文件形式下达月度运输生产经营计划。

在编制技术计划时，还必须研究和参考本月技术计划的执行情况，各铁路局必须由专人负责对每月技术计划的执行情况进行认真分析。每月 3 日前（遇节假日顺延），将上月计划执行情况以书面形式报告国铁集团。其内容包括：装车数、限制口装车数、煤炭重点用户装车、使用车去向、分界口排空、总运用车、国铁集团所属现在车等指标，对未完成的计划要分析原因，提出改进措施，不断提高计划的编制质量，编制出切实可行的技术计划。

日新月异

2020年10月22日，国务院新闻办公室举行的新闻发布会上主要介绍了交通运输“十三五”发展成就，并详细介绍了“八纵八横”铁路运输网建设给人民日常生活带来的巨大变化，更好地呈现了国家铁路在“十三五”规划建设中取得的显著成果。建设现代化铁路强国，是满足人民美好出行需要的重要举措，也是实施创新战略的重要支撑，更是实现高质量发展的重要动力。

在安全堡垒已经夯实的基础上，铁路客货运服务质量大幅度提升，并且将产业融合，引领时代发展新方向。“八纵八横”可实现相邻大中城市间1～4小时交通圈、城市群内0.5～2小时交通圈，构建成现代综合交通运输体系，进一步提高了铁路的服务品质，促进了经济社会持续健康地发展，让旅客的出行更加舒适、更加便捷。并且铁路部门还通过融合5G、云计算、物联网、大数据、人工智能等一系列现代技术和新型技术基础设施，让服务不断升级，让旅客体验更美好，也为实现“两个一百年”奋斗目标提供了有力的支撑。

“朝辞白帝彩云间，千里江陵一日还”，古人一日千里已经觉得速度非常快了，现在我们的“复兴号”动车组顷刻间就能达到，不能不让人为之震撼。

在我们享受铁路为我们的出行带来的便利时，不能忘记无数背后默默付出的铁路人，是他们用辛勤的汗水和炙热的心，为我们创造安全、舒适的出行条件。

任务二 运输生产的数量指标计划

任务引入

为保证货运计划的实现，必须在现有的机车车辆类型和数量的条件下，合理编制运输生产的数量指标计划，数量指标计划包括使用车计划、接运重车计划、卸空车计划、空车调整计划、分界站货车出入计划和货物列车列数计划。

下面让我们一起来详细学习运输生产的数量指标计划的相关知识。

相关知识

一、使用车计划

1. 相关定义

（1）使用车：指铁路装载货物或货车用具等实际使用的全部车辆。

（2）增加使用车数：指因装载不能计算装车数的货物（如中转零担货物、铁路货车用具、货物倒装等）而实际占用的车辆。

2. 计算

1）使用车按车种别计算

使用车数（$u_{使}$）按车种别分为装车数（$u_{装}$）和增加使用车数（$\Delta u_{使}$）两部分，其计算公式为

$$u_{使}=u_{装}+\Delta u_{使}\ (车)$$

装车数是根据日运输需求车数确定的，增加使用车数参照车站实际统计资料确定。使用车数的大部分都是装车数，增加使用车数仅占一小部分，因此，使用车数指标又是反映装车数量多少的运输生产数量指标。

假设丙局$u_{装}$为600车，$\Delta u_{使}$为30车（其中乙站10车，丙站20车），则：

$$u_{使}=600+30=630\ (车)$$

2）使用车按去向别计算

使用车数按去向别分为自装自卸（$u_{自装自卸}$）和自装交出（$u_{自装交出}$）两部分，其计算公式为

$$u_{使}=u_{自装自卸}+u_{自装交出}\ (车)$$

各铁路局应根据日运输需求车数，按发站、到站和车种分别汇总，计算出每支车流的日均车数，编制车种别和去向别使用车计划，上报国铁集团。

国铁集团对各铁路局的使用车计划汇总后，安排全路的重车车流计划。各铁路局间将自装交出资料进行交换，按到站和经由分界站通知有关的卸车局和通过局，以确定重车车流表的接入卸车和通过车流。

例如，丙局管辖范围如图9-1所示，丙局列车编组计划如表9-1所示，丙局编制的去向别、车种别使用车计划如表9-2所示。

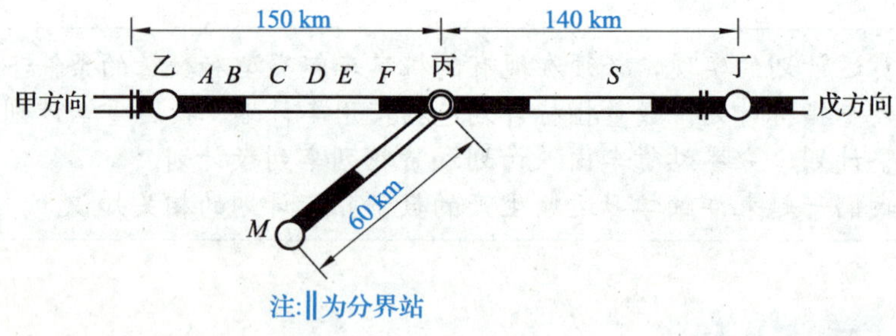

图9-1 丙局管辖范围

表9-1 丙局列车编组计划

发站	到站	编组内容	列车种类	定期车次	附注
E	丁	丁及其以远	始发直达	86001，86003	
S	戊	戊站卸	石油直达	85001	
M	戊	戊及其以远	始发直达	86102～86108	

（续表）

发站	到站	编组内容	列车种类	定期车次	附注
甲	*E*	空敞车	空直达	87001，87003	
甲	*M*	空敞车	空直达	87101，87103	
甲	戊	空敞车	空直达	87201	
戊	*S*	空罐车	空直达	87901	
甲	戊	戊及其以远	技术直达		
戊	甲	甲及其以远	技术直达		
各区段均开行区段列车及摘挂列车					

表 9-2　丙局去向别、车种别使用车计划

由＼往	本局卸车							自装交出重车			合　计
	乙	乙—丙	丙	丙—丁	丙—*M*	*M*	计	乙分界站	丁分界站	计	
乙		5 5	10 10	6 6 12			21 6 27	15 15	20 15 40 5	35 15 55 5	56 21 82 5
乙—丙	5 15 10	10（c）		8 8			8 15 33 10	10 10	100 100	10 100 110	18 115 143 10
丙	11 11	10 10			9 9	15 35 20	30 15 65 20	10 10 20		10 10 20	40 25 85 20
丙—丁	6 6		1 4 5			10 10	1 20 21		50 G50	50 G50	1 20 71 G50
丙—*M*		4 4		5 5			9 9	20 20		20 20	29 29
M			5 20 15				5 20 15		200 200	200 200	5 200 220 15
计	11 11 32 10	15 14 29	16 4 35 15	14 11 25	9 9	25 45 20	65 65 175 45	35 30 65	20 315 390 5 G50	55 345 455 5 G50	120 410 630 50 G50

注：表中每格左上角为棚车，左下角为平车，右上角为敞车，右下角为罐车或保温车，中间数字为总数，即 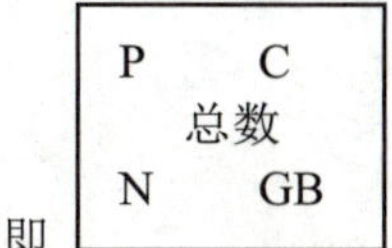

。

使用车计划是确定各区段行车量、分界站货车出入计划和机车车辆运用指标计划的原始资料，应正确查定。

二、接运重车计划

1. 相关定义

接运重车：指由邻局接入到本局卸车和通过本局的重车。

2. 计算

接运重车（$u_{接重}$）按去向别分为接入自卸（$u_{接卸}$）和通过重车（$u_{通重}$）两部分，其计算公式为

$$u_{接重}=u_{接卸}+u_{通重}\ (车)$$

在编制技术计划时，各局根据邻局卸车和通过重车的资料（包括到达站名、卸车车种、车数及径路等），编制接运重车计划，如表 9-3 所示。

表 9-3　丙局接运重车计划

去向 接入分界站	本局卸车							接入交出车			合　计
	乙	乙—丙	丙	丙—丁	丙—M	M	计	乙	丁	计	
乙	5 5	7 1 8	150 150				7 156 163		100 100 200	100 100 200	107 256 363
丁	25 25	20 30 10		5 5	10 10	25 25	50 35 95 10	80 500 600 20		80 500 600 20	130 200 695 30
合计	255 30	27 1 38 10	150 150	5 5	10 10	25 25	57 191 258 10	80 500 600 20	100 100 200	180 600 800 20	237 791 1 058 30

由上表可以查出，丙局 $u_{接重}=258+800=1\,058\ (车)$。

3. 铁路局重车车流分析

各铁路局办理的重车，从来源看有两部分：自装及接运；从去向看也有两部分：自卸及交出。因此，各铁路局办理的重车流可以分为四种：自装自卸车流（管内车流）、自装交出车流（输出车流）、接入自卸车流（输入车流）、接运通过车流（通过车流）。这些车流之间的关系如下：

$$\begin{array}{ccccc} u_{使} & = & u_{自装自卸} & + & u_{自装交出}\ (车) \\ + & & + & & + \\ u_{接重} & = & u_{接卸} & + & u_{通重}\ (车) \\ \| & & \| & & \| \\ u & = & u_{卸空} & + & u_{交重}\ (车) \end{array}$$

4. 铁路局重车车流表

铁路局的重车车流表是根据使用车计划和外局交换的到达及通过重车车流资料编制的。如表 9-4 所示为丙局重车车流表。

表 9-4 丙局重车车流表

装或接＼卸或交		卸空车							交出重车			总计
		乙	乙—丙	丙	丙—丁	丙—M	M	合计	乙分界站	丁分界站	合计	
使用车	乙		5	10	12			27	15	40	55	82
	乙—丙	15	10		8			33	10	100	110	143
	丙	11	10			9	35	65	20		20	85
使用车	丙—丁	6		5			10	21		50	50	71
	丙—M		4		5			9	20		20	29
	M			20				20		200	200	220
	合计	32	29	35	25	9	45	175	65	390	455	630
接运重车	乙分界站	5	8	150				163		200	200	363
	丁分界站	25	30		5	10	25	95	600		600	695
	合计	30	38	150	5	10	25	258	600	200	800	1 058
总计		62	67	185	30	19	70	433	665	590	1 255	1 688

从表 9-4 中，可以查出丙局的各种重车流为：$u_{自装自卸}=175$ 车，$u_{自装交出}=455$ 车，$u_{接卸}=258$ 车，$u_{通重}=800$ 车。

同时，可以得出：

$$u_{使}=u_{自装自卸}+u_{自装交出}=175+455=630\,(车)$$

$$u_{接重}=u_{接卸}+u_{通重}=258+800=1\,058\,(车)$$

重车车流表是编制技术计划的基础资料，技术计划中的其他数量指标均可从该表中查算得出。

三、卸空车计划

1. 相关定义

（1）卸空车：指铁路卸下货物或货车用具而实际卸空的全部车辆。

（2）增加卸空车数：指有些卸车虽然卸空货物（如中转零担货物、铁路货车用具、货物倒装等），但不能计算卸车数时，则按增加卸空车统计。

2. 计算

1）卸空车按去向别计算

卸空车数（$u_{卸空}$）按去向别分为卸车数（$u_{卸}$）和增加卸空车数（$\Delta u_{卸空}$）两部分，其计算公式为

$$u_{卸空}=u_{卸}+\Delta u_{卸空}\ (车)$$

2）卸空车按来源计算

卸空车数按来源分为自装自卸和接入自卸两部分，其计算公式为

$$u_{卸空}=u_{自装自卸}+u_{接卸}\ (车)$$

同样，卸空车数指标既是反映货车运用的数量指标，又是反映卸车任务多少的运输工作数量指标。保证卸车任务的完成，不仅可以加速货物送达，还可以避免重车积压，加速货车周转。由于重车卸后才会产生空车，因此，卸车任务的完成又是完成排空任务和装车任务的重要条件。

铁路局的卸空车计划，应按车种别和到站别分别编制。其中，自装自卸部分可根据去向别使用车计划确定，接入自卸部分可根据外局提供的重车车流资料确定。

如表 9-5 所示为丙局车种别卸空车计划。

表 9-5　丙局车种别卸空车计划

卸车数 来源	乙	乙—丙	丙	丙—丁	丙—*M*	*M*	计
路局自装	11　11 32 10	15　14 29	16　4 35 15	14　11 25	9 9	25 45 20	65　65 175 45
接入卸车	25　5 30	27　1 38 10	150 150	5 5	10 10	25 25	57　191 258 19
合计卸车	36　16 62 10	42　15 67 10	16　154 185 15	19　11 30	9　10 19	50 70 20	122　256 433 55

由表 9-5 可知，丙局卸空车数为 433 车，其中自装自卸车数为 175 车，接入自卸车数为 258 车。

四、空车调整计划

1. 空车调整的目的

每个车站、铁路局每日按车种别的装车数和卸车数一般是不相等的。为了保证不间断且按日均衡地完成装车任务，必须按车种别将卸车数大于装车数的地区产生的多余空车运

送到空车数不足的地区，这种空车的调配工作称为空车调整。确定空车调整计划，应按车种别进行。

某单位向其他单位（铁路局、车站）移交空车的数量（$u_{交空}$）为

$$u_{交空}=u_{接空}+u_{卸空}-u_{使}\ (车)$$

2. 空车调整的原则

由于我国铁路货车全路通用，没有固定的配属站，且空车走行公里为非生产走行，不产生运输产品，因而空车调整存在合理化（即优化）问题。一般应以空车走行公里最少为主要优化目标。为此，空车调整必须遵循一定的调整原则，内容如下。

（1）除特殊要求外，必须消灭同种空车在同一径路上的对流。

（2）空车由卸车地至装车地，一般应经由最短径路。

（3）在环状线路上，应根据空车走行公里最少的原则制定空车调整方案。

（4）在保证货物和行车安全的条件下，可采取车种代用，以减少空车走行公里。

此外，在进行空车调整时，还须考虑其他因素的限制，例如：

① 为保证重点物资、大宗货物的装车需要，往往采取硬性调整措施，指定某些站必须向另外某站输送一定车种和数量的空车；② 当车流的最短径路为通过能力紧张的区段时，车流可经由特定径路输送。

3. 空车调整图

空车调整计划一般采用空车调整图和科学的优化方法来编制。

首先，国铁集团根据各铁路局的使用车计划和卸空车计划，计算各局车种别装卸差，并通过编制全路空车调整图来确定各局间分界站车种别空车交接车数。其次，铁路局根据国铁集团下达的局间分界站空车调整任务，编制本局空车调整图。

例如，国铁集团根据丙局车种别使用车与卸空车的差数（见表 9-6），确定的乙、丁两个分界站车种别空车出入计划如图 9-2 所示。

表 9-6 丙局车种别使用车与卸空车余缺计算表

车种	使用车	卸空车	余缺
P	120	122	+2
C	410	256	−155
N	50	55	+5
G	50		−50
B			
计	630	433	−197

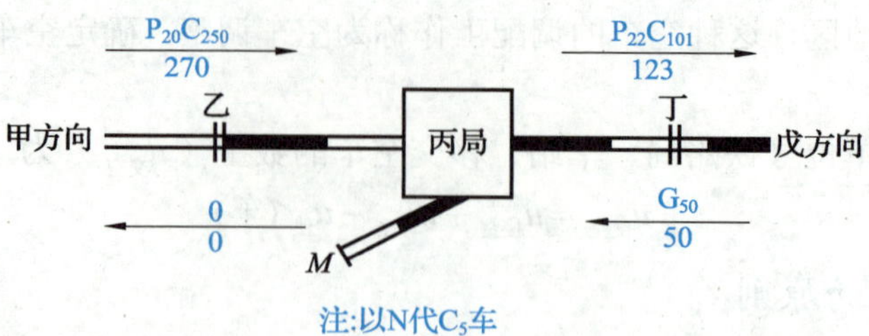

图 9-2　丙局分界站车种别空车出入计划

丙局依据局管内主要站和区段的车种别使用车计划和车种别卸空车计划，按照分界站车种别空车出入计划的要求，编制空车调整图，如图 9-3 所示。

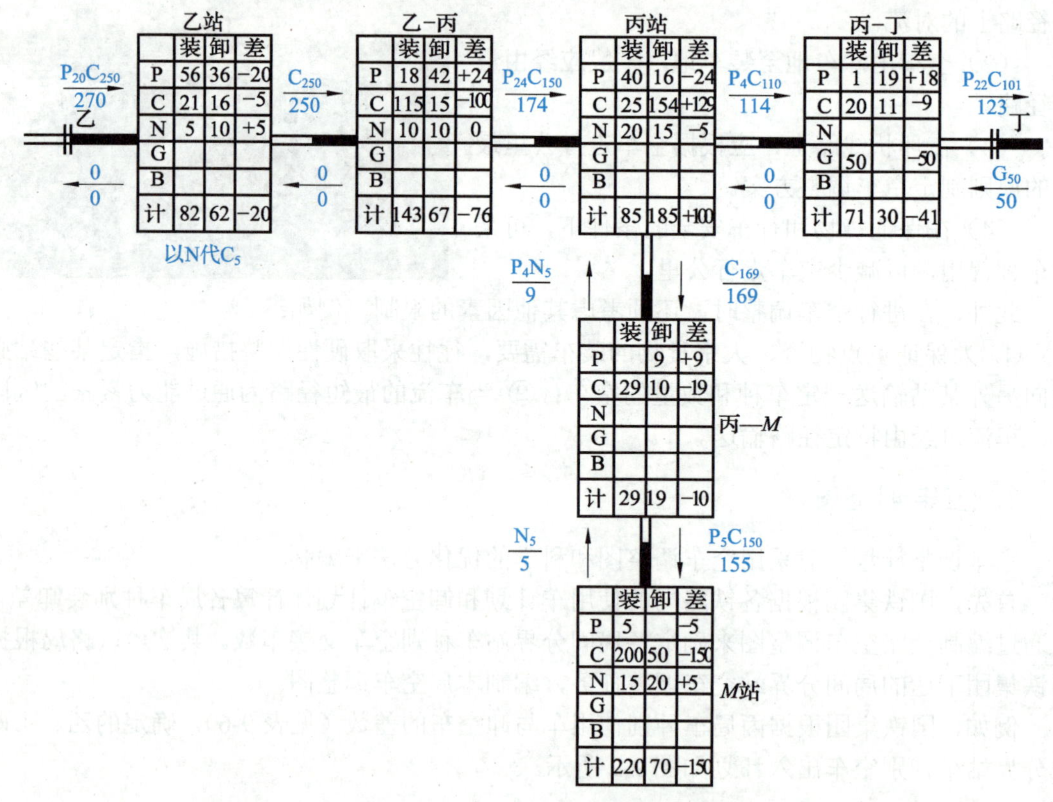

图 9-3　丙局空车调整图

五、分界站货车出入计划

1. 分界站货车出入计划的作用

分界站交接货车数不仅是反映铁路局运输任务量的指标，在日常运输生产中，由于分界站交接车数往往不相等，因此，它又是运用车保有量变化的原因。

为保证均衡地完成运输生产任务，合理分配各方向的通过车流量，有效利用铁路通过能力，必须编制分界站货车出入计划。

2. 编制方法

分界站交接货车数依据重车车流表和空车调整图的车流资料确定，并分别列出交出、接入重车数和车种别空车数、重空车合计车数，然后汇总填制分界站货车出入计划。

丙局分界站货车出入计划，如表 9-7 所示。

表 9-7　分界站货车出入计划

出或入 / 分界站	交出								接入							
	合计	重车	空车						合计	重车	空车					
			计	P	C	N	G	B			计	P	C	N	G	B
乙	665	665							633	363	270	20	250			
丁	713	590	123	22	101				745	695	50				50	
局计	1 378	1 255	123	22	101				1 378	1 058	320	20	250		50	

六、货物列车列数计划

1. 货物列车列数计划的作用及编制要求

货物列车列数计划是编制机车运用计划，确定货运机车供应台次、运用机车台数、机车乘务组数、机车平均牵引总重和机车日产量等指标的主要依据。

编制货物列车列数计划时，要充分利用机车牵引力，减少和消除单机走行，加强车流与列车的组织工作，尽可能使上下行列数平衡。

货物列车列数计划包括分界站别和区段别的列车数计划，这里主要讲解区段别的列车数计划。

2. 区段别列车数计划的编制

区段别的列车数应根据区段重空车流量、机车牵引定数和列车计长，并参照实际的列车平均编成辆数确定。

（1）区段内通过的重空车流分别编组重、空列车时，通过全区段的货物列车数，可用下式计算：

$$n_{列} = \frac{u_{重流}}{m_{重}} + \frac{u_{空流}}{m_{空}} \text{(列)}$$

式中：

$n_{列}$ ——上行或下行货物列车数，列；

$u_{重流}$，$u_{空流}$ ——上行或下行重车流或空车流，车；

$m_{重}$，$m_{空}$ ——重、空货物列车编成辆数，车或列。

（2）区段内通过的空车流较小，不单独编开空车列车时，应按照空重混编条件计算货物列车数，即

$$n_{混} = \frac{u_{重流} + u_{空流}}{m_{混}} (列)$$

式中：

$n_{混}$ ——空重混编货物列车数，列；

$m_{混}$ ——空重混编货物列车编成辆数，车或列。

提示

各区段上下行重车流量应根据重车车流表确定，空车流量应根据空车调整图查定。

（3）乙—丙区段货物列车列数计划的编制案例及分析。

① 计算乙—丙区段通过的重空车流及列车数。

例 9-1

a. 丙局乙—丙区段通过的重车流。

该区段下行通过重车流由乙站装车及乙分界口接入至丙、丙—丁分界站交出的各支车流组成。从表 9-4 中将以上各支车流查出，并一一相加得：

$$10 + 12 + 40 + 150 + 200 = 412 (车)$$

同理，可以得出该区段上行通过重车流为 682 车。

b. 丙局乙—丙区段通过的空车流。

该区段通过的空车流可由丙局空车调整图（见图 9-3）查得，下行通过空车流为 150 车，上行通过空车流为零。

假设，乙—丙区段重、空列车编成辆数均为 50 车，则其通过全区段的货物列车数如下：

下行：
$$n_{列} = \frac{412}{50} + \frac{150}{50} = 8.2 + 3 \approx 12 (列)$$

上行：
$$n_{列} = \frac{682}{50} = 13.6 \approx 14 (列)$$

② 乙—丙区段摘挂的重空车流及列车数计划。

计算摘挂列车数，也可用上述方法分别查定上、下行摘或挂的重、空车数。

由于一个方向（上行或下行）摘挂列车的摘车及挂车的车数并不一定相等，在确定摘挂列车所运送的车数时，取其摘车或挂车数中的较大值，作为计算标准。

例 9-2

例如，乙—丙区段下行方向摘车数 23 车（甲至乙—丙间 E 站空敞车 100 辆，已编入空直达列车，不计在内）；挂车数：18 + 24 = 42 (车)（乙—丙间 E 站装至丁分界站交出的 100 辆已编入始发直达列车，不计在内）。则摘挂车数按 42 辆计算。

乙—丙区段上行方向摘车数 44 车，挂车数 25 车，摘挂车数按 44 辆计算。

假设，乙—丙区段摘挂列车编成辆数为 50 车，则下行摘挂列车数为

$$n_{摘} = \frac{42}{50} \approx 1\,(列)$$

上行摘挂列车数为

$$n_{摘} = \frac{44}{50} \approx 1\,(列)$$

丙局各区段行车量计算表，如表 9-8 所示，根据该表中计算出来的各区段的货物列车数，即可编制机车运用计划，安排机车乘务组的工作。

表 9-8 丙局区段行车量计算表

方向 行车量 区段	下行												上行											
	车流						列车编成	列数					车流						列车编成	列数				
	通过		摘挂		至装车站 / 由装车站始发			通过	摘挂	至装车站 / 由装车站始发		合计	通过		摘挂		至装车站 / 由装车站始发			通过	摘挂	至装车站 / 由装车站始发		合计
	重	空	重	空	至装车站	由装车站始发				至装车站	由装车站始发		重	空	重	空	至装车站	由装车站始发				至装车站	由装车站始发	
乙—丙	412	150	−23 +18	+24	空C 100	100	50	12	1	2	2	15	682		−44 +25				50	14	1			15
丙—丁	540	105	−25 +0	−9 +18		油 50	50	13	1		油 1	15	690		−5 +21		空G 50		50	14	1	空G 1		16
丙—M	70	150	−19 +0	−19 +5			50	5	1			6	220	5	−0 +29	−0 +4			50	5	1			6

3. 分界站交接货物列车列数计划的编制

在铁路局间的分界站，除了需查定接入和交出的重、空车数外，还应进一步确定分界口接入和交出的货物列车列数，作为编制日常工作计划的依据。

例 9-3

丙局分界站货车出入计划如表 9-7 所示，则各分界站交、接列车数如下。

乙分界站：交出列数 $= \frac{665}{50} = 13.3 \approx 14\,(列)$，接入列数 $= \frac{633}{50} = 12.66 \approx 13\,(列)$；

丁分界站：交出列数 $= \frac{713}{50} = 14.26 \approx 15\,(列)$，接入列数 $= \frac{745}{50} = 14.9 \approx 15\,(列)$。

任务三 货车运用指标计划

运用车不足会制约货运量的增长，铁路局应积极采取各项措施，通过挖掘内部潜力，提高货车运用效率，确保运输畅通无阻。而在此之前，车站应先对相关的货车运用指标进行分析。那么货车运用指标有哪些？它们的计算方法是什么？让我们带着这些问题来学习货车运用指标计划的相关内容。

货车运用效率可以从时间和载重力两个方面进行分析，从时间上考核货车运用效率的指标为货车周转时间和货车日车公里等；从载重力利用方面考核货车运用效率的指标有货车平均静载重、货车平均动载重和货车载重力利用率等。此外，还有货车日产量这一项综合反映货车运用效率的指标。以下主要介绍货车工作量、货车周转时间、货车日车公里和货车日产量。

一、货车工作量

货车运用指标计划

运用车每昼夜完成的工作量可以“t·km”或“车”为单位，在运输生产技术指标计算中，以货车周转时间分析货车运用效率时，工作量以“车”为计算单位。

1. 相关定义

（1）货车一次周转：货车自第一次装车完成，至再次装车完成，为货车一次周转。货车每周转一次，即完成一个工作量。

（2）货车工作量：在一定时期内，全路、铁路局运用货车完成的货车周转次数。

2. 计算

（1）货车工作量可以用每昼夜新产生的重车数u来表示。

① 全路货车工作量指全路的使用车数，即

$$u = u_{使}\ (车)$$

② 铁路局货车工作量为使用车数与接运重车数之和，即

$$u = u_{使} + u_{接重} = u_{自装自卸} + u_{自装交出} + u_{接卸} + u_{通重}\ (车)$$

（2）货车工作量也可从重车消失的角度来计算，即

$$u = u_{卸空} + u_{交重}\ (车)$$

例如，丙局使用车数为 630 车，接运重车数为 1 058 车，卸空车数为 433 车，交出重车数为 1 255 车，则货车工作量 $u = 630 + 1\,058 = 433 + 1\,255 = 1\,688\ (车)$。

对于运输生产技术计划，两种计算方法所得结果相同，而在日常运输生产活动中，两种计算方法所得结果则往往是不一致的。这时，一般采用每天新产生的重车数来计算工作量，即采用 $u = u_{使} + u_{接重}$ 的公式计算货车工作量。

全路每天的工作量不等于（小于）各铁路局的工作量之和。

二、货车周转时间

货车周转时间是指货车从第一次装车完成时起至下一次装车完成时止平均消耗的时间，用 θ 表示，以“d”为单位。

货车周转时间一般采用车辆相关法和时间相关法两种方法计算。

1. 车辆相关法

假设全路每天装车 15 万辆，货车周转时间为 4.5 d，为了保证每天完成 15 万辆的装车任务，则共需要运用车数 $15 \times 4.5 = 67.5\ (万辆)$。由此可见，运用车数（$N$）、工作量（$u$）及货车周转时间（$\theta$）三者之间的关系，可以表示为

$$N = u\theta\ (车)$$

因此，按上式推导，货车周转时间为

$$\theta = \frac{N}{u}\ (\mathrm{d})$$

对全路来说，工作量就是使用车数；对铁路局来说，工作量是使用车数加接运重车数。则全路货车周转时间为

$$\theta = \frac{N}{u_{使}}\ (\mathrm{d})$$

铁路局货车周转时间为

$$\theta = \frac{N}{u_{使} + u_{接重}}\ (\mathrm{d})$$

利用车辆相关法计算货车周转时间的优点是计算非常简便。全路、铁路局在统计日、旬、月、年实际完成的货车周转时间时，会采用这种计算方法。

但该方法在计算过程中没有按货车周转过程的各个环节及各项因素进行计算，无法确定运输生产各个环节消耗的时间，不能找出货车周转工作的薄弱环节，不便分析货车周转

时间延长或缩短的原因，无法有针对性的拟定改进措施。

2. 时间相关法

在编制技术计划时，需要先确定货车周转时间指标，再确定所需要的运用车数，因而，在编制技术计划和运输工作定期分析时，均采用时间相关法。

如图 9-4 所示，货车每完成一次周转所消耗的时间可以分为三部分：货车在各区段内的旅行时间（$T_{旅}$）、货车在各技术站进行中转作业的停留时间（$T_{中}$）和货车在货物装卸站的停留时间（$T_{货}$）。

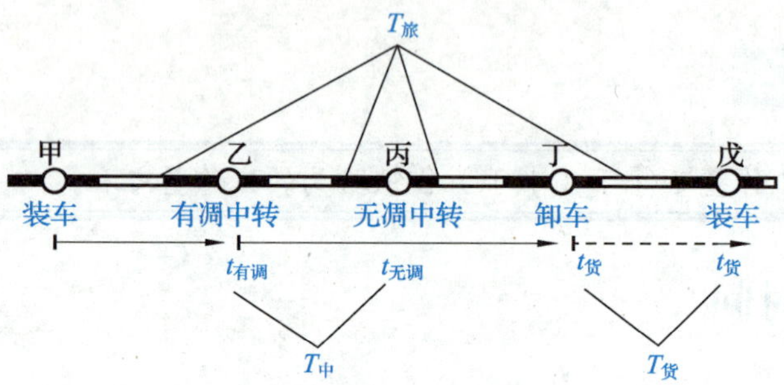

图 9-4　货车周转示意图

因此，货车周转时间可用下式表示：

$$\theta = \frac{1}{24}(T_{旅} + T_{中} + T_{货})\ (\mathrm{d})$$

现对以上三项时间进行如下分析。

1）货车在各区段内的旅行时间

货车在各区段内的旅行时间是指货车在一次周转中，平均在各区段内运行和各中间站停留所消耗的时间，可用下式计算：

$$T_{旅} = \frac{l}{v_{旅}}\ (\mathrm{d})$$

式中：

l——货车全周转距离（简称全周距），km。

（1）全周距。

全周距是指货车平均周转一次所走行的距离。其计算公式为

$$l = \frac{\sum NS}{u}\ (\mathrm{km})$$

式中：

$\sum NS$——货车总走行公里，车·km。

（2）货车总走行公里。

货车总走行公里是指全路、局平均一日内所有运用货车走行公里的总数，包括重车走行公里和空车走行公里。其计算公式为

$$\sum NS = \sum NS_{重} + \sum NS_{空} = (1+\alpha_{空})\sum NS_{重}\ (车 \cdot \mathrm{km})$$

式中：

$\sum NS_{重}$——重车总走行公里，指货车在重车状态下总的走行公里数，车·km；

$\sum NS_{空}$——空车总走行公里，指货车在空车状态下总的走行公里数，车·km；

$\alpha_{空}$——空车走行率，等于空车总走行公里与重车总走行公里之比，即

$$\alpha_{空}=\frac{\sum NS_{空}}{\sum NS_{重}}$$

将以上公式代入全周距计算公式后可得：

$$l=\frac{\sum NS}{u}=\frac{\sum NS_{重}+\sum NS_{空}}{u}=l_{重}+l_{空}=l_{重}(1+\alpha_{空})(\mathrm{km})$$

式中：

$l_{重}$——货车重周距，km；

$l_{空}$——货车空周距，km。

（3）重空车走行公里。

关于重车走行公里的计算，可以采用以下两种方法。

① 按实际里程计算。

根据重车车流表，按每支车流实际走行公里逐一计算，然后加总求和。此法的优点是结果准确，缺点是计算繁琐，仅适用于运量较小的铁路局。

② 近似计算。

采用近似计算法计算重车走行公里时，对通过区段的车流按区段距离的全程计算；对区段内产生或消失的车流，则按区段距离的半程计算。此法比较简单，但不够精确，适用于运量较大及区段内各中间站的货运量较均衡的铁路局。

查定通过全区段或半区段的重车流量，可以采用对逐支车流分析的方法。通过全区段和半区段的重车流确定后，分别乘以全区段或半区段的公里数，从而求出重车走行公里。

例如，如表 9-9 所示丙局乙—丙区段通过全区段的重车流为 1 094 车，通过半区段的重车流为 210 车。其他各区段也可以按相同的方法确定。

表 9-9 重车走行公里计算表

区段	车辆行程	重车流量（车）	走行距离（km）	重车走行公里（车·km）
乙—丙	全区段	1 094	150	164 100
	半区段	210	75	15 750
丙—丁	全区段	1 230	140	17 220
	半区段	101	70	7 070
丙—M	全区段	290	60	17 400
	半区段	48	30	1 440
合计				222 980

空车走行公里则通过空车调整图查出通过全区段和半区段的空车流，分别乘以相应的全区段和半区段的公里数求得，如表 9-10 所示。

表 9-10　空车走行公里计算表

区段	车辆行程	空车流量（车）	走行距离（km）	空车走行公里（车·km）
乙—丙	全区段	150	150	22 500
	半区段	124	75	9 300
丙—丁	全区段	105	140	14 700
	半区段	77	70	5 390
丙—M	全区段	155	60	9 300
	半区段	28	30	840
合计				62 030

由上表可知，$\sum NS_{重}=222\,980$ (车·km)，$\sum NS_{空}=62\,030$ (车·km)，$\sum NS=222\,980+62\,030=285\,010$ (车·km)，所以货车全周距为

$$l=\frac{\sum NS}{u}=\frac{285\,010}{1\,688}\approx 169\ (\text{km})$$

2）货车在各技术站进行中转作业的停留时间

此项时间是指货车在一次周转中，在沿途各技术站进行中转作业（包括无调中转及有调中转作业）的平均停留时间。如能找出货车在平均周转一次的过程中均摊到的中转次数及每次中转平均停留时间（$t_{中}$），就可以求得此项时间，有

$$T_{中}=\frac{l}{L_{中}}t_{中}\ (\text{d})$$

式中：

$L_{中}$——货车中转距离（简称中距），km。

中距是指货车在平均周转一次的过程中所走行的距离。它是根据货车总走行公里及各技术站中转车总数确定的，其计算公式为

$$L_{中}=\frac{\sum NS}{\sum N_{中}}\ (\text{km})$$

式中：

$\sum N_{中}$——中转车总数。

各技术站中转车数包括中转重车数和中转空车数。中转重车数可通过重车车流表用分析法查出，中转空车数可根据空车调整图直接查出。丙局中转车数如表 9-11 所示。

表 9-11　丙局中转车数表

技术站	重车	空车	合计
乙	1 008	250	1 258
丙	1 295	154	1 449
合计	2 303	404	2 707

由表中数据可以计算出丙局货车中转距离为

$$L_{中}=\frac{\sum NS}{\sum N_{中}}=\frac{285\,010}{2\,707}\approx 105\ (\text{km})$$

3）货车在货物装卸站的停留时间

此项时间是指货车在平均周转一次的过程中，在装车站和卸车站平均消耗的时间，其计算公式为

$$T_{货}=K_{管}t_{货}\ (\text{h})$$

式中：

$K_{管}$——管内装卸率。

管内装卸率是指货车平均周转一次摊到的货物作业次数。其计算公式为

$$K_{管}=\frac{u_{使}+u_{卸空}}{u}$$

则丙局 $K_{管}$ 为

$$K_{管}=\frac{u_{使}+u_{卸空}}{u}=\frac{630+433}{1\,688}\approx 0.63$$

对全路来说，$u=u_{使}=u_{卸空}$，所以有

$$K_{管}=\frac{u_{使}+u_{卸空}}{u}=\frac{2u_{使}}{u}=2$$

对铁路局来说，$K_{管}$ 数值在 0～2 之间。因为接入自卸的车流在管内没有装车作业，自装交出的车流在管内没有卸车作业，接运通过的车流在管内既没有装车作业也没有卸车作业，只有自装自卸车流在管内才有装和卸两次作业。所以，通过车流比重越大的铁路局，管内装卸率越小。如果铁路局办理的车流全部为通过车流时，则管内装卸率为零；车流全部为自装自卸车流时，管内装卸率为 2。

综上所述，货车周转时间计算公式可用下式表示：

$$\theta=\frac{1}{24}\left(\frac{l}{v_{旅}}+\frac{l}{L_{中}}t_{中}+K_{管}t_{货}\right)(\text{d})$$

假如，丙局 $v_{旅}=35.5\ \text{km/h}$，$t_{中}=11.5\ \text{h}$，$t_{货}=22.6\ \text{h}$，$K_{管}=0.63$ 将有关因素数值代入计算公式，便可确定丙局的货车周转时间：

$$\theta=\frac{1}{24}\left(\frac{l}{v_{旅}}+\frac{l}{L_{中}}t_{中}+K_{管}t_{货}\right)=\frac{1}{24}\left(\frac{169}{35.5}+\frac{169}{105}\times 11.5+0.63\times 22.6\right)\approx 1.56\ (\text{d})$$

3. 货车周转时间的分类

铁路局的运用车需分管内工作车、移交重车和空车三部分，因而，需相应地计算这三种车的周转时间。

1）管内工作车周转时间

管内工作车是指到达铁路局管内卸车的重车，包括自装自卸和接入自卸两部分。

管内工作车周转时间是指管内工作车每完成一次周转（完成一个管内工作车工作量）平均消耗的时间，即货车从装车完成或从外局接入重车时起，至卸空时止，在铁路局管内平均消耗的时间。

2）移交重车周转时间

移交重车是指铁路局经各分界站交出的重车，包括自装交出和接运通过两部分。

移交重车周转时间是指移交重车每完成一次周转（完成一个移交重车工作量）平均消耗的时间，即交给外局的重车从装车完成或从邻局接入重车时起，至重车移交给邻局时止，在铁路局管内平均消耗的时间。

3）空车周转时间

空车周转时间是指全路、铁路局每完成一个空车工作量平均消耗的时间。具体来说，自重车卸车完成或空车由邻局接入时起，至装车完成或将空车向邻局交出时止，在管内平均消耗的时间。

管内工作车周转时间、移交重车周转时间及空车周转时间，一般都用“时间相关法”来确定。

4. 加速货车周转的途径

货车周转时间是铁路运输组织工作中一项重要的综合性指标，它反映了所有与运输生产有关部门的工作效率。压缩货车周转时间，可以用同样数量的货车，完成更多的运输任务。因此，加速货车周转对于铁路运输生产具有重要意义。

从货车周转时间的构成因素来看，缩短全周距、中转车平均停留时间及一次货物作业平均停留时间，提高旅行速度，扩大货车中转距离，降低管内装卸率等，都有利于压缩货车周转时间。

1）缩短全周距

由前文可知，全周距包括重周距及空周距，其大小取决于重车走行公里与空车走行公里的多少。

重车走行公里及重周距主要决定于货物发到站间距离，即产销地点的布局。在编制运输计划时，如能提高计划的质量，减少或消除对流及重复等不合理运输，就能缩减货物平

均运程，从而缩短重周距。

从客观上看，空车走行是由卸车地点与新装车地点分散，货流不平衡以及特种车辆空车回送所造成的。但如果有预见地合理制定空车调整计划，认真执行方向别均衡排空和装车计划，消除同种空车对流，尽量组织不同车种货车的代用，提高货车双重作业系数，就能缩短空车走行公里，降低空车走行率。

2）压缩中时

合理组织开行直达、直通列车，增大无调中转车比重，并广泛采用先进工作方法，提高作业效率，组织快速作业，缩短集结时间，消除各项等待时间等。

3）压缩停时

除了可以采取上述缩短货车中时的各种措施外，还应尽量扩大双重作业，压缩待取待送时间，组织快速装卸等。对中间站的零星车流，有条件时，应大力组织不摘车装卸作业。

4）提高列车旅行速度

正确组织指挥行车，合理会让，减少列车在中间站的停站次数和每次停站的时间等。

5）扩大中距

货车平均中转距离与技术站的配置有关，也受铁路线上技术站布局的客观影响。在实际工作中，应避免货车在枢纽内几个技术站上的重复中转，消除某些中间站发生的甩中转车、挂作业车等不合理的组织方法，以减少不应有的中转车数，扩大货车平均中转距离。

6）减小管内装卸率

管内装卸率越小，货车周转时间越短。管内装卸率的大小决定于铁路局管内重车流的性质，即铁路局的通过重车流比重越大，管内装卸率越小。通过重车流的大小，一般取决于生产力的配置和各地区之间的经济联系。运输生产部门在货流组织工作中，应当加强同各有关部门的联系，尽量组织合理运输，避免重复运输，使管内装卸率不致无故增大。

三、货车日车公里和货车日产量

1. 货车日车公里

货车日车公里（$S_{车}$）是指每一运用车每天平均走行的公里数，用下式计算：

$$S_{车}=\frac{\sum NS}{N}\ (\text{km/d})$$

或

$$S_{车}=\frac{l}{\theta}\ (\text{km/d})$$

例如，丙局货车日车公里 $S_{车}=\dfrac{169}{1.56}\approx 108\ (\text{km/d})$。

货车日车公里是表示货车运用效率的另一重要指标，在空车走行率一定的条件下，货车日车公里越高，货车运用成绩越好，为完成同样运输任务所需要的货车数也越少。

对铁路局而言，装卸作业量大的铁路局，货车日车公里往往较低；通过车流量大的铁路局，货车日车公里则较高。所以，在编制技术计划时，除确定货车周转时间外，还应确定货车日车公里。在日常工作中，除分析货车周转时间完成情况外，还应统计货车日车公里完成情况，以便全面的考核货车运用效率。

货车周转时间及货车日车公里均与全周距指标有关，当全周距变动较大时，货车周转时间和货车日车公里两项指标的反映情况是不一致的。在运输组织工作中，常常同时用这两项指标来反映货车运用质量。但由于货车周转时间与运用车之间有较简明的关系，因而，常以货车周转时间作为反映货车运用质量的主要指标。

2. 货车日产量

货车日产量（$\omega_{车}$）是指平均每一辆运用车在一昼夜内生产的货物吨公里数，计算公式为

$$\omega_{车} = \frac{\sum HL}{N} (\mathrm{t \cdot km/d})$$

或

$$\omega_{车} = P_{动}^{运} S_{车} (\mathrm{t \cdot km/d})$$

式中：

$\sum HL$——货物周转量；

N——运用车数；

$P_{动}^{运}$——运用车动载重。

任务四 运用车保有量计划

任务引入

运用车保有量对技术作业站来讲，是一项关系运输生产畅通与否的重要数量指标。保有量过小，会延缓车流移动速度；过大，会造成车站作业困难，打乱正常的运输顺序。那么，运用车保有量包括哪些内容？如何计算出最适合的运用车保有量？让我们带着这些问题来学习运用车保有量计划的相关内容。

相关知识

运用车保有量是指全路、铁路局为完成规定的运输任务，所应保有的运用货车数。在

编制技术计划时，国铁集团根据各铁路局的货车工作量和货车周转时间，规定各铁路局应保有的运用车标准数。

运用车保有量的标准数（N）应根据工作量（u）和货车周转时间（θ）确定，即

$$N = u\theta\ (\text{车})$$

例如，丙局工作量为 1 688 车，货车周转时间为 1.56 d，则 $N = 1\,688 \times 1.56 \approx 2\,633$ (车)。

从计算公式可以看出，货车周转时间越小，所需要的运用车保有量也就越小。因此，缩短货车周转时间的一切措施，也就是压缩需要运用车数的措施。

全路运用车包括运用重车和运用空车，铁路局的运用车又可按其到站分为管内工作车、移交重车和空车三种。为了便于在日常工作中加强对车辆运用的监督以及分析车辆的运用效率，铁路局除确定运用车保有的总数外，还应分别确定管内工作车、移交重车和空车的保有量。

一、管内工作车保有量

管内工作车保有量是指铁路局为完成规定的卸车任务应保有的管内工作车数。其计算公式为

$$N_{\text{管重}} = u_{\text{管重}}\theta_{\text{管重}}\ (\text{车})$$

式中：

$N_{\text{管重}}$ ——管内工作车保有量；

$u_{\text{管重}}$ ——管内工作车工作量；

$\theta_{\text{管重}}$ ——管内工作车周转时间。

管内工作车工作量是指铁路局一日内所办理的管内工作车数。一般是卸完一辆，即算完成了一个管内工作车工作量。所以，管内工作车工作量就是卸空车数，即 $u_{\text{管重}} = u_{\text{卸空}}$。

因此，管内工作车保有量的计算公式又可写为

$$N_{\text{管重}} = u_{\text{卸空}}\theta_{\text{管重}}\ (\text{车})$$

二、移交重车保有量

移交重车保有量指铁路局为完成交出重车任务应保有的移交重车数。其计算公式为

$$N_{\text{移交}} = u_{\text{移交}}\theta_{\text{移交}}\ (\text{车})$$

式中：

$N_{\text{移交}}$ ——移交重车保有量；

$u_{\text{移交}}$ ——移交重车工作量；

$\theta_{\text{移交}}$ ——移交重车周转时间。

移交重车工作量是指铁路局一日内所办理的交出重车数。每交出一辆重车，即算完成了一个移交重车工作量。所以，移交重车工作量可按交出重车数来计算，即 $u_{\text{移交}} = u_{\text{交重}}$。

因此，移交重车保有量的计算公式又可写为

$$N_{\text{移交}} = u_{\text{交重}}\theta_{\text{移交}}\ (\text{车})$$

三、空车保有量

空车保有量是指全路、铁路局为完成规定的运输任务而应保有的运用空货车数。其计算公式为

$$N_{空}=u_{空}\theta_{空}\ (车)$$

式中：

$N_{空}$——空车保有量；

$u_{空}$——空车工作量；

$\theta_{空}$——空车周转时间。

空车工作量是指全路、铁路局一日内所办理的空货车数。在数值上，空车工作量可用一日内消失或产生的空车数来表示，计算公式为

全路：$$u_{空}=u_{使}\ (车)\ 或\ u_{空}=u_{卸空}\ (车)$$

铁路局：$$u_{空}=u_{使}+u_{交空}\ (车)\ 或\ u_{空}=u_{卸空}+u_{接空}\ (车)$$

在编制技术计划及日常统计工作中，空车工作量一般是按消失的空车数来计算的，即

$$u_{空}=u_{使}+u_{交空}\ (车)$$

例如，丙局各种运用车工作量分别为

$$u_{管重}=u_{卸空}=433\ (车)$$

$$u_{移交}=u_{交重}=1\,255\ (车)$$

$$u_{空}=u_{使}+u_{交空}=630+123=753\ (车)$$

假设丙局各种运用车的周转时间分别为$\theta_{管重}=1.681\ \mathrm{d}$，$\theta_{移交}=1.102\ \mathrm{d}$，$\theta_{空}=0.693\ \mathrm{d}$，则丙局的各种运用车保有量分别为

$$N_{管重}=u_{卸空}\theta_{管重}=433\times1.681\approx728\ (车)$$

$$N_{移交}=u_{交重}\theta_{移交}=1\,255\times1.102\approx1\,383\ (车)$$

$$N_{空}=u_{空}\theta_{空}=753\times0.693\approx522\ (车)$$

丙局总的运用车保有量为上述三项运用车保有量之和，即

$$N=N_{管重}+N_{移交}+N_{空}=728+1\,383+522=2\,633\ (车)$$

由之前有关计算得出的丙局技术计划部分指标，如表 9-12 所示。

表 9-12　丙局技术计划部分指标

指标名称		单位	数值	指标名称		单位	数值
1	装车数	车	600	13	中转车平均停留时间	h	11.5
2	使用车数	车	630	14	一次货物作业平均停留时间	h	22.6
3	卸车数	车	408	15	旅行速度	km/h	35.5
4	卸空车数	车	433	16	货车周转时间	d	1.56
5	接运重车	车	1 058	17	管内工作车周转时间	d	1.681
6	工作量	车	1 688	18	移交重车周转时间	d	1.102
7	交出重车	车	1 255	19	空车周转时间	d	0.693

（续表）

<table>
<tr><th colspan="2">指标名称</th><th>单位</th><th>数值</th><th colspan="3">指标名称</th><th>单位</th><th>数值</th></tr>
<tr><td>8</td><td>接入空车</td><td>车</td><td>320</td><td rowspan="4">20</td><td rowspan="4">运用车数</td><td>管内工作车</td><td>车</td><td>728</td></tr>
<tr><td>9</td><td>交出空车</td><td>车</td><td>123</td><td>移交重车</td><td>车</td><td>1 383</td></tr>
<tr><td>10</td><td>全周距</td><td>km</td><td>169</td><td>空车</td><td>车</td><td>522</td></tr>
<tr><td>11</td><td>中转距离</td><td>km</td><td>105</td><td>合计</td><td>车</td><td>2 633</td></tr>
<tr><td>12</td><td>管内装卸率</td><td></td><td>0.63</td><td>21</td><td colspan="2">货车日车公里</td><td>km/h</td><td>108</td></tr>
</table>

任务五 机车运用指标计划

任务引入

机车运用指标是考核机车运用组织工作的尺度。通过对其统计分析，可以准确、及时地获得机车运用情况，发现运用组织工作中的问题，从而不断提出改进措施，提高机车运用管理水平。

下面让我们一起学习机车运用指标计划的相关知识。

相关知识

目前，我国铁路机车的运用制度为配属制度，即国铁集团根据运输任务量把机车配属给各个铁路运输企业，铁路运输企业再配属给所属的各个机务段。有关机车由配属的铁路运输企业、机务段负责保管和使用，并作为自身的固定资产。

机车工作包括机车运用和机车检修两大部分。在运用方面，主要是根据客、货运输计划制定机车运用计划，按列车运行图及时供应机车，担当各种客、货列车的牵引作业以及各个车站和专用线的调车作业。在检修方面，主要是组织机车进行各种定期修理和日常技术保养，保证全部运用机车和备用机车处于良好的技术状态，为及时供应机车完成牵引或调车作业创造良好的物质条件。

机车按配属权限可划分为配属机车和非配属机车；按指挥使用权限可划分为支配机车和非支配机车，其中支配机车按运用状况又可以分为运用机车和非运用机车两类。

机车运用工作量统计指标主要有以下几种：机车走行公里、牵引总重吨公里、机车自重吨公里、通过总重吨公里、机车专调时间、车辆公里和载重吨公里等。

机车运用效率指标比较多，主要有：列车平均总重、机车全周转时间、机车日车公里、机车日产量、机车全周转距离、旅行速度、技术速度、运输密度、空车走行率、重车每辆平均动载重等。这里我们主要学习列车平均总重、机车全周转时间、机车日车公里、机车日产量这四种。

一、列车平均总重

机车运用指标计划

列车平均总重（$Q_{总}$）是指全路、铁路局、机务段或一个区段平均每台本务机车牵引列车的总重量。其计算公式为

$$Q_{总}=\frac{\sum QS_{总}}{\sum nL_{本}}\text{(t/列)}$$

式中：

$\sum QS_{总}$ ——货运机车总重吨公里，$\mathrm{t \cdot km}$；

$\sum nL_{本}$ ——本务机车走行公里数，列$\cdot$km。

列车平均总重反映了机车牵引力的利用程度，它直接影响列车数、机车需要台数、机车乘务组需要数及其他有关支出的大小，是衡量机车运用效率的一个重要指标。

二、机车全周转时间

机车全周转时间（$\theta_{机}$）是从时间上反映机车运用效率的指标。机车全周转时间是指机车在一个牵引区段担当一个往返列车牵引作业所消耗的全部时间。具体为机车从第一次作业完成返回基本段经过闸楼时起，至再次作业完成返回基本段经过闸楼时止，平均消耗的全部时间。

在采用肩回交路时，机车全周转时间的计算公式为

$$\theta_{全}=t_{往旅}+t_{返旅}+T_{折}+T_{基}\text{ (h)}$$

式中：

$t_{往旅}$ ——机车自基本段所在站至折返段所在站的旅行时间，h；

$t_{返旅}$ ——机车自折返段所在站至基本段所在站的旅行时间，h。

缩短机车全周转时间，可以减少机车需要台数，降低运输成本，提高经济效益。

三、机车日车公里

机车日车公里（$S_{机}$）是指全路、铁路局或机务段平均每台货运机车（不包括补机）一昼夜内走行的公里数。其计算公式为

$$S_{机}=\frac{\sum MS_{本}+\sum MS_{重}+\sum MS_{单}}{M_{货}}\text{[km/(台·d)]}$$

式中：

$\sum MS_{本}$——本务机车走行公里，km；

$\sum MS_{重}$——重联机车走行公里，km；

$\sum MS_{单}$——单机车走行公里，km。

机车日车公里反映了货运机车平均每天完成的工作量，提高机车日车公里，可以减少机车需要台数，即可用较少的机车完成规定的运输任务，从而降低运输成本。

四、机车日产量

机车日产量（$W_{机}$）是指全路、铁路局或机务段平均每台货运机车（不包括补机）在一昼夜内产生的总重吨公里数。其计算公式为

$$W_{机}=\frac{\sum QS_{总}}{M_{货}}=\frac{Q_{总}S_{机}}{1+\beta_{辅}}\ (\mathrm{t\cdot km})$$

$$\beta_{辅}=\frac{\left(\sum MS_{双}+\sum MS_{单}\right)}{\sum nL_{本}}$$

式中：

$\beta_{辅}$——单机和重联机车走行率。

机车日产量既可以反映机车牵引力的利用程度，也是反映机车周转速度、考核机车运用质量的一个综合性指标。机车日产量的高低，不仅取决于机务部门，而且与其他有关部门的工作质量，特别是运输组织方面工作的好坏有很大关系。因此，必须在加速机车周转、提高机车日车公里的同时，加强运输组织工作，大力提高货物列车总重，降低单机走行率并充分利用单机附挂少量车辆等办法，提高机车日产量。

压缩货车周转时间效益及措施分析

已知：货车周转时间指货车每完成一次周转（完成一个工作量）平均消耗的时间。压缩货车周转时间，有显著的经济效益。

2011 年全路日均装车 168 663 车，该年全路完成货车周转时间为 4.45 d，2010 年全路完成货车周转时间为 4.48 d。此周转时间的差别将直接影响货车的运用效率，进而影响运用车的使用数量。

分析：

（1）压缩货车周转时间的效益分析。

① 压缩货车周转时间的经济效益分析。

2011 年全路日均装车 168 663 车，即全路平均每天工作量完成 168 663 车，按 2010 年的货车周转时间 4.48 d 计算，则每天需使用运用车数量为

$$N=\theta\times u=168\,663\times 4.48=755\,610\ (车)$$

当货车周转时间压缩到2011年的4.45 d时，全路平均每天工作量仍完成168 663车，则每天需使用运用车数量为

$$N=\theta\times u=168\,663\times4.45=750\,550\,(车)$$

两种结果对比得出每天完成同样的工作量，货车周转时间不同所需要的运用车数量也不一样。货车周转时间被压缩后，日均运用车数节省 $755\,610-750\,550=5\,060\,(车)$。由此推算，全年可节省运用车数为 $5\,060\times365=1\,846\,900\,(车)$。

运用车的节省可带来显著效益，压缩周转时间省下的运用车可以用来多装车，挣运输收入；也可以少买些运用车，省下车辆购置费。

a. 节省下的运用车可以多装车，即

$$u=\frac{N}{\theta}=\frac{1\,846\,900}{4.45}=415\,034\,(车)$$

前面已分析过，对于全国铁路来说：

$$u=u_{使}=u_{装}+\Delta u_{使}\ (车)$$

通常 $\Delta u_{使}$ 这部分车数较少，假定为15 034车，则节省下的运用车可以多装车400 000车。若2011年全路平均每车装车收入约3 500元，则这部分装车可增加的货运收入为 $400\,000\times3\,500=14\,(亿元)$。

b. 减少车辆购置，若每辆敞车的购置费以20万元计，压缩周转时间后，日均节省运用车5 060车，则可减少的车辆购置费为 $20万\times5\,060=10.12\,(亿元)$。

可见，压缩货车周转时间，确实可以取得提高货车运用效率、节省运用车的使用、增加装车数量、减少车辆购置费等经济方面的效益。

② 压缩货车周转时间的社会效益分析。

压缩货车周转时间可加速货物的送达，实现铁路更好地为地方服务、为国民经济的发展服务的目标。而且，在铁路不断完善的同时，也在不断地提高其自身的竞争力，充分体现自身的竞争优势。

（2）压缩货车周转时间的措施分析。

压缩货车周转时间，主要采取的方法如下。

① 压缩停时。

压缩停时即压缩货车在装卸站的货物作业停留时间，可以从以下几个方面进行。

a. 压缩装卸车时间，即压缩纯装车和纯卸车的时间，可以加快装卸机械化的投资和改造，购置或更新装卸车设备，加快装卸车组织工作。

b. 加强劳动组织，不能因为劳力不足延长装卸时间。

c. 压缩货物作业车待送、待挂时间。

d. 组织均衡装卸，组织好管内工作车的输送，适当增加夜卸比重。第一班因为是夜班，照明条件不及白班好，装卸车相对较难组织，但夜班的卸车要达到日计划的45%，

装车至少也要达到日计划的45%。否则白班的压力过大，不利于全日计划的完成，也给货车合理运用带来困难。

e. 最大限度地组织双重作业，增加作业次数。严格按装车去向有计划地组织装车，做到以卸定装，以交定装，防止重车积压。

② 压缩中时。

从货运计划、装车组织、列车运行图、列车编组计划入手，多开始发直达和技术直达列车，提高直达列车比例，减少有调车比重，减少车辆中转次数，加快车辆周转，这些都是压缩中时的根本措施，具体实施情况如下。

a. 从审批货运计划入手，坚持直达优先，效率优先的原则。

b. 增加始发直达和阶梯直达列车的开行比例。

c. 按先远程后管内的原则，强力组织远程、超远程技术直达列车，减少有调中转。

d. 能组织空车直达的要开行空车直达列车，减少空车在途中技术站的中转。

③ 提高货物列车旅行速度。

在客货共线的线路上，客车的提速使货物列车的运行受到严重影响。有关人员必须保证按图行车，列车调度员要做到合理会让，组织货物列车在区间达速运行，压缩货物列车在中间站的停留时间，尽量避免货物列车在区间内被客车越行。

另外，努力提高机车车辆的装备水平，对提高货物列车旅行速度也有重要作用。

④ 加强运输组织。

进一步提高管理水平和运输组织水平，应做到以下几方面。

a. 加强日常调度指挥，挖掘运输潜力，实现分界口大出大入。

b. 提高调度日班计划质量，加强对调度日班计划兑现率的考核。消除日班计划的盲目性，提高班计划配空车兑现率，消除车站货等车、车等货等不合理现象。

c. 努力提高货车正点率，对货车正点率要专门考核，对货车晚点情况要分析原因，落实责任。

d. 提高技术站作业效率，保证枢纽畅通。

e. 提高机车使用效率，组织机列衔接，保证分界口畅通。

f. 提高机检、列检工作质量，减少机车和车辆故障，提高检修效率，保证列车正点。

⑤ 加强管理，严格考核。

为进一步压缩货车周转时间，提高货车运用效率，规范运输组织管理，必须结合当前运输组织的工作实际，严格落实运输组织考核制度。路局主管领导必须亲自抓、亲自组织，指派专人负责。对作业组织中存在的不足和问题，必须客观实际地查明过程和原因，制定改进的方法和措施，并组织好落实工作。

总之，压缩货车周转时间是个系统工程，要从多方面入手，货车的一次周转涉及到列车途中的运行环节（含在中间站的停站）、在技术站的中转环节、在装卸站的装卸环节。其中有车站工作也有区间工作，有关部门应组织多部门、多工种联动，科学、高效地组织工作的进行。

项目自测

一、填空题

1．路局重车流分为__________、__________、__________、__________四部分。

2．货车一次周转是指____。货车周转时间是指__________________________________，以_________为单位。

3．全路、铁路局在统计日、旬、月、年实际完成的货车周转时间是________，一般采用的计算方法是_________。在编制技术计划和运输工作定期分析时，一般采用的计算方法是_____________。

4．全路、铁路局在统计日、旬、月、年实际完成的货车周转时间时，一般采用的计算方法是________________。在编制技术计划和运输工作定期分析时，一般采用的计算方法是________________。

5．全周距是指_______________。

6．货车工作量是指_______________________________，数值可以用________表示。

二、单选题

1．铁路局使用车是（　　）车流之和。

A．自装自卸车流与接重　　B．自装自卸车流与接运通过

C．自装自卸车流与自装交出　　D．自装自卸与接入自卸

2．货车中转距离表示平均走行多少公里（　　）。

A．货车中转一次　　B．货车周转一次

C．货车装车一次　　D．货车卸车一次

3．全路运用车保有量与各铁路局总运用车保有量之和的关系是（　　）。

A．大于　　B．小于　　C．不等　　D．等于

4．全路工作量（　　）各铁路局工作量之和。

A．大于　　B．小于　　C．不等　　D．等于

5．以下有关管内装卸率说法错误的是（　　）。

A．数值变动与 1~2 之间　　B．通过车流比重越大数值越小

C．于全路而言，$K_{管}=2$　　D．公式中用到的是装卸作业次数

三、判断题

1．使用车是指铁路装载货物或货车用具等，实际使用的全部车辆。数值比装车数大一些。（　　）

2．卸空车按来源可分为自装自卸和接入自卸两部分。（　　）

3．铁路局的工作量应等于使用车数与移交重车数之和。（　　）

4．就全路而言，货车工作量是指全路的装车数。（　　）

5．列车平均总重属于机车运用指标计划。（ ）

四、名词解释

1．技术计划。
2．管内装卸率。
3．运用车保有量。

五、计算题

1．若全路日均装车 145 000 辆，货车周转时间 4.65 d，试问完成此装车任务需要运用车多少辆？

2．某铁路局 5 月份技术计划规定货车周转时间为 0.80 d，5 月 20 日实际完成装车 1 900 车，接运重车 3 200 车，卸车 2 000 车，交出重车 3 000 车，十八点运用车保有量为 4 400 车，试问该铁路局 20 日是否完成了货车周转时间指标？

3．已知：乙局 11 月份技术计划确定日均货车走行公里为 192.5 万 km，中转车数 6 500 辆，接入重车 2 000 辆，使用车 3 000 辆，卸空车 2 200 辆，中时为 8.0 h，停时为 17.5 h，旅速为 60.0 km/h。

试求：乙局 11 月份的 $L_{中}$，$K_{管}$ 各是多少？并计算该局 11 月份的 θ 是多少？该局应保有的运用车标准数应该是多少？货车日车公里为多少？

项目十　铁路运输调度工作

情景导入

铁路运输调度工作是整个铁路运输组织过程中不可缺少的核心组成部分，担负着铁路日常运输的组织、协调、指挥工作。其在保证国家重点运输、提高客货服务质量、完成铁路运输生产经营任务和提高铁路运输企业效益等方面起着重要作用。

知识目标

- 了解运输调度工作的原则、组织机构及基本工作制度。
- 熟悉车流调整的目的、种类及方法。
- 熟悉调度日班计划的编制原则、依据及编制方法。
- 掌握列车调度员的主要工作、调度指挥的原则及方法、列车运行调整的方法、列车实际图的绘制方法及要求。
- 掌握调度工作分析的种类及方法。

技能目标

- 能绘制列车运行基本图及实际图，熟练掌握各种列车运行线及运行整理符号的使用。
- 能依照《铁路运输调度规则》要求，并结合现场实际，考虑各种突发的临时情况及日班计划安排，合理进行列车运行调整的安排。

素质目标

- 通过学习运输调试工作和调度日（班）计划等内容，树立高度自觉的大局意识，用长远眼光分析问题、处理问题，自觉在顾全大局的前提下做好本职工作。
- 通过学习列车调度指挥等内容，培养遵章守纪、爱岗敬业、团结协作的职业素质。

任务一 运输调度工作认知

任务引入

截至 2016 年，全国铁路营业里程达到 12.4 万公里，铁路路网密度达到 129.2 公里/万平方公里。在这张铁路大网上，平均每天运送 770 万名旅客、发送近千万吨货物，这些旅客和货物是如何完成运输的呢？谁是这个庞大运输机构的指挥中枢呢？让我们通过下面的学习来找出问题的答案。

相关知识

铁路运输具有高度集中的特点，各工作环节须紧密联系、协同配合。铁路运输组织工作，必须贯彻安全生产的方针，坚持集中领导、统一指挥、逐级负责的原则。

铁路运输调度机构是铁路日常运输组织的指挥中枢，分别代表各级领导组织指挥日常运输工作。各级调度人员通过编制与执行日常工作计划，对铁路运输有关各部门、各工种进行调度和指挥，使其协调配合地进行工作，保证各项运输工作任务的顺利完成。

一、运输调度工作的基本任务

（1）认真执行国家运输政策，完成国家重点运输任务。

（2）根据运输市场的变化，科学地组织客流和货流，提高客、货运输服务质量，增进铁路运输企业社会效益和经济效益。

（3）正确地编制和执行运输工作日常计划。

（4）在确保安全的基础上，完成（或超额完成）各项经营指标和技术指标。

（5）按图行车，实现列车编组计划和运行图，经济合理地使用机车车辆和运输设备，充分利用现有通过能力，提高运输效率。

二、调度机构设置及主要职责范围

1. 调度机构的设置

国铁集团设调度处，铁路局设调度所，技术站设调度室（调度车间）。

国铁集团调度设值班处长，以及行车、客运、货运、军运、特运、行包（快运）、集装箱、施工及机车、车辆、动车、供电等调度台。

铁路局调度设值班主任、值班副主任，以及计划、列车、客运、货运、特运、施工、机车、车辆、动车、红外线、供电等调度台，根据需要也可设置快运、集装箱、篷布等调度台。根据各工种调度台工作量情况，有关调度台可合并设置，具体由铁路局确定。各工种调度可根据需要设置主任调度员岗位。

铁路局调度所应设综合、安全、技术教育、分析、统计室，计划、行车、高铁、客运、货运、特运、机车、车辆、供电、工务、电务调度室，以及施工办公室（以下简称施工办）。青藏铁路公司调度所的内设机构，可结合工作实际，本着精干高效的原则设置。

技术站调度设值班站长、车站调度员、助理调度员、货运调度员等，具体情况由铁路局确定。

1）各级调度的权限

根据分级管理、集中统一指挥的原则，国铁集团、铁路局、技术站调度分别代表国铁集团总经理、铁路局局长、车站站长负责国铁集团、铁路局和车站的日常运输组织指挥工作。在铁路日常行车安全管理工作上，国铁集团按规定对铁路局调度的指挥安全实施监督管理，铁路局对本局调度指挥安全工作全面负责，车站对本站调度指挥安全工作全面负责。

2）调度员的设置

在日常运输组织工作中，调度处、调度所按照业务分工，设置了若干不同职名的调度员分别负责工作。

路局调度所一般设有以下调度员。

（1）列车调度员：负责管辖区段内列车运行的组织指挥工作，实现按图行车，保证列车运行安全。

（2）计划调度员：负责管辖范围内的列车工作计划的编制和计划的组织实现。

（3）货运调度员：负责管辖区段内的装卸车组织以及管内重车的输送。

（4）客运调度员：负责旅客运输组织和客车的运用工作。

此外，根据需要还设有机车调度员、预确报调度员、特运调度员、集装箱调度员、篷布调度员、电力调度员、车辆检修调度员、罐车调度员等。

路局调度所的调度组织系统如图 10-1 所示。

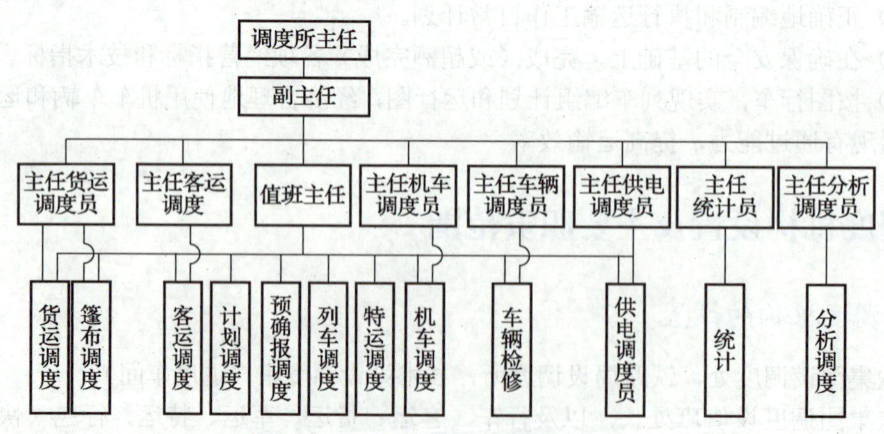

图 10-1　铁路局调度所调度组织系统

2. 各级调度工作主要职责范围

1）国铁集团调度主要职责范围

（1）按规定对铁路局调度安全指挥进行监督管理和监督检查工作。维护调度纪律，检查各铁路局调度执行国铁集团调度命令和规章制度的情况，对违令、违章等造成不良后果的单位和人员进行通报批评并提出处理意见。

（2）负责全路日常客运、货运和车流组织工作。组织各铁路局及时输送旅客和货物，平衡各铁路局货车保有量，经济合理地使用机车车辆，充分利用运输能力，挖掘运输潜力，提高运输效率和效益。

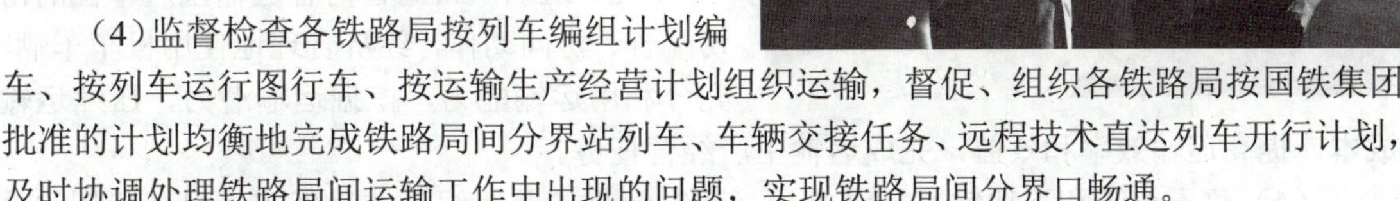

（3）编制和下达国铁集团调度轮廓计划和日计划，督促、检查各铁路局按调度日（班）计划均衡地完成运输生产经营任务。

（4）监督检查各铁路局按列车编组计划编车、按列车运行图行车、按运输生产经营计划组织运输，督促、组织各铁路局按国铁集团批准的计划均衡地完成铁路局间分界站列车、车辆交接任务、远程技术直达列车开行计划，及时协调处理铁路局间运输工作中出现的问题，实现铁路局间分界口畅通。

（5）掌握各铁路局及重点用户、主要港口和车站的装卸车情况。

（6）掌握国际旅客列车和跨铁路局（简称跨局）旅客列车的运行情况，收集、分析晚点原因，组织有关铁路局及相关单位（人员）采取措施，恢复运行秩序。

（7）了解各铁路局、主要站客流波动及旅客列车票额利用情况，组织指导行包运输工作；处理跨局旅客列车的临时加开、停运、变更径路、途中折返、车辆甩挂和调整编组（一个月以内的软卧、行李、邮政、餐车）等工作；根据需要安排跨局客车回送；组织和部署专运、中央大型会议及重点任务的乘车计划，并掌握运行情况。

（8）组织和掌握军运、特运工作，安排新兵和退役士兵运输，重点掌握与其有关的旅客列车始发、运行情况。

（9）负责国铁集团抢险救灾物资、人员运输组织工作，跟踪掌握输送情况。

（10）负责审批国铁集团管理施工项目的日计划，组织各铁路局兑现施工日计划，做好施工期间分界口车流、机车调整工作。

（11）掌握各铁路局调度工作情况，检查各铁路局日常运输工作完成情况。

（12）掌握国铁集团备用货车，批准国铁集团备用货车的备用、解除备用，检查各铁路局对备用货车的管理情况。

（13）负责全路专用货车的统一调整，新造车辆的出厂组织，军运备品和集装箱的回送，篷布的运用和备用、解除备用。

（14）检查、通报安全情况，及时收取并掌握铁路交通事故、设备故障、自然灾害等突发事件信息，按规定进行应急处置，通报信息、组织救援、调整运输；负责跨局调动救援列车、救援队。

（15）负责国铁集团日常运输工作完成情况和调度安全监督检查情况的分析工作，及时总结、推广调度工作先进经验。

（16）负责检查指导铁路局调度基础管理和技术培训工作，规范调度管理、加强队伍建设。

（17）负责调度信息化需求管理，积极采用、推广先进技术和设备，组织调度信息系统开发和应用，负责调度信息系统运用管理，促进调度指挥工作现代化。

2）铁路局调度主要职责范围

（1）在国铁集团调度的集中统一指挥下，负责铁路局管内运输组织和调度指挥工作。

（2）严格执行各项规章制度、安全管理制度和安全卡控措施，遵守和维护调度纪律，及时处理影响行车安全的有关情况，保证调度指挥安全。

（3）组织铁路局管内各运输生产单位的密切配合、协同动作，经济合理地使用机车车辆，充分利用运输能力，挖掘运输潜力，压缩运输成本，提高运输效率和效益，完成运输生产经营任务。

（4）负责编制和下达铁路局调度日（班）计划，并组织各站段落实，提高计划的兑现率。

（5）负责组织铁路局管内各运输生产单位按列车编组计划编车、按列车运行图行车、按运输生产经营计划组织运输，督促、组织各站段按调度日（班）计划均衡地完成运输任务，及时协调处理铁路局运输工作中出现的问题。

（6）组织调整铁路局管内的货流、车流，按阶段均衡地完成国铁集团下达的车流调整方案和去向别装车方案，重点掌握分界口排空、快运货物和重点物资运输。

（7）按国铁集团批准的计划组织列车在分界站均衡交接，保证机车与列车的紧密衔接，与邻局密切联系、及时交换列车计划、积极协商解决出现的问题，保证分界站畅通。

（8）掌握铁路局管内各站和主要用户、港口装卸车情况，提高直达列车和成组装车比重，提升运输能力。

（9）组织旅客列车按列车运行图正点运行，遇晚点时，积极采取措施，组织有关单位（人员）恢复运行秩序，做好正晚点分析并上报国铁集团。

（10）掌握铁路局管内客车配属、客流波动、票额利用、旅客列车开行及运行情况，重点掌握动车组列车、特快旅客列车、国际旅客列车、重点旅客列车的运行情况及旅客列车超员情况；处理旅客列车的临时加开、停运、变更径路、途中折返、车底编组、客车回送、整列换乘、车辆甩挂和调整编组、客车底试运

行和实施票额临时调整等工作；组织落实专运及重点任务，并掌握运行情况；组织做好旅客列车行包运输工作。

（11）组织完成铁路局管内军运、特运、超限、超重、挂有装载危险货物车辆等重点列车运输组织工作，组织落实新兵和退役士兵运输任务，重点掌握与其有关的列车接发、运行情况。

（12）负责铁路局管内抢险救灾物资、人员运输组织工作，跟踪掌握输送情况。遇自然灾害或事故中断行车时，铁路局要及时采取措施，并提出有关旅客列车停运、加开、折返和变更径路等方案，并及时发布调度命令（跨铁路局旅客列车报国铁集团批准后发布）。

（13）负责编制、下达铁路局施工日计划，安排实施维修计划，发布运行揭示调度命令和施工、维修作业的调度命令，协调组织施工、维修作业按计划进行。

（14）向国铁集团调度报告铁路局调度工作情况，检查铁路局管内各站段运输工作完成情况。

（15）认真执行国铁集团备用货车的管理制度，严格掌握铁路局管内备用货车的备用、解除备用。

（16）负责铁路局管内专用货车的调整，军运备品和集装箱的回送以及篷布的运用。

（17）及时收取并上报铁路交通事故、设备故障、自然灾害等突发事件信息，按规定进行应急处置，通报信息、组织救援、调整运输。负责调动救援列车、救援队或向国铁集团调度申请跨局调动救援列车、救援队。

（18）检查各站段执行调度命令和规章制度的情况，对违令、违章的单位和人员进行通报批评并提出处理意见。

（19）负责铁路局日常运输工作完成情况和调度安全工作情况的分析工作，及时总结、推广调度工作先进经验。

（20）负责铁路局调度基础管理和技术培训，规范调度管理、加强队伍建设，指导站段调度日常运输生产工作。

（21）负责铁路局调度信息化需求管理，积极采用、推广先进技术和设备，促进调度指挥工作现代化，组织调度信息系统实施应用，负责调度信息系统运用管理。

3）技术站调度主要职责范围

（1）严格执行各项规章制度，遵守和维护调度纪律，认真执行上级调度命令和指示，及时处理影响行车安全的有关情况，保证车站调度指挥安全。

（2）掌握车流、货流，根据铁路局下达的调度日（班）计划，正确编制和组织实现车站班计划和阶段计划，按列车编组计划、列车运行图和重点要求解编列车，不间断地接发列车。

（3）经济合理地运用车站技术设备和能力，掌握调车机运用，组织有关单位、人员密切配合，协同动作，按作业计划、技术作业过程和时间标准，完成编组和解体列车的任务，提高作业效率，加速机车车辆周转。

（4）及时收集到达列车预确报，掌握车流变化，正确推算现车和指标，按阶段向铁路局调度汇报车流和车站作业情况。

（5）重点组织旅客、军运、货物班列、重载、超限、超重、超长和重点货物列车的开行。

（6）主动与厂矿企业联系，及时预报车辆到达情况和取送车作业计划，组织开行路企直通列车。组织回送客车（机车）、货物作业车、检修车（修竣车）和专用车的取送，缩短待取、待送时间。

（7）发生铁路交通事故时，积极组织救援，减小事故对行车的影响。

（8）正确、及时填画技术作业图表，认真分析车站作业计划兑现情况和运输生产完成情况并及时上报。

三、调度基本工作制度

我国铁路调度各级机构依据《铁路运输调度规则》（以下简称《调规》）的要求，根据实际情况建立自己的基本工作制度。

1. 调度所管理制度

调度所管理制度须包括安全、生产、施工、教育、基础管理等基本管理制度，并将其纳入《调度所管理工作细则》。

（1）调度所安全管理制度应包括安委会制度以及安全逐级负责、安全信息管理、安全管理措施、安全检查监控、安全分析考核等内容。

（2）调度所生产管理制度应包括日（班）计划的编制和实施、工作联系、生产分析、生产考核等内容。

（3）调度所施工管理制度应包括施工组织协调、施工日计划、运行揭示调度命令、施工调度命令的编制审批和下达，施工期间运输组织和施工分析等内容。

（4）调度所教育管理制度应包括培训、考试、技能竞赛、持证上岗以及深入现场等内容。

（5）调度所基础管理制度应包括会议、考勤、值班、作息、请假、卫生、保密、物品放置管理、文明生产、安全保卫等所务制度和班组管理、文电管理、规章管理、技术资料管理、设备管理、台账管理、班组（岗位）竞赛评比、各工种调度工作程序等内容。

2. 电视、电话会议制度

为了检查落实当日运输生产情况，布置、审批次日计划，国铁集团和各铁路局每日都要召开电视、电话会议。

各铁路局值班主任每日 7:00 前，向国铁集团值班处长汇报第一班运输安全和班计划任务完成情况及全日修正计划；国铁集团值班处长向铁路局值班主任布置第二班工作重点及要求。

国铁集团隔日召开全路运输生产电视、电话会议，由各铁路局分管运输副局长（总调度长）汇报运输安全和运输生产情况，国铁集团向铁路局提出运输生产要求并布置工作重点。

铁路局每日召开全局运输生产电视电话会议，由各站段分管生产的副站（段）长汇报全日运输安全及运输生产经营任务完成情况，铁路局向站段提出运输生产经营任务的要求和工作重点。

3. 交接班和班中会制度

各级调度应建立交接班和班中会制度，保持调度工作的连续性。

国铁集团、铁路局交接班和班中会，分别由值班处长、值班主任负责主持，有关工种调度人员参加。

（1）接班会：传达有关命令、指示和重点事项，通报上一班安全、运输生产情况，布置安全注意事项，研究本班完成运输生产经营任务的具体措施。

（2）班中会：每班至少召开一次，根据调度日（班）计划执行情况，研究完成本班和全日任务的具体措施。

（3）交班会：各工种调度分别汇报本班安全、运输生产经营任务完成情况，分析存在的问题，总结经验教训。

各工种调度交接班时，交班内容和待办事项必须清楚、完整，不得遗漏。

4. 报告制度

为了加强各级调度间工作联系，促进与安全监察、专业部门之间的信息沟通，准确掌握工作进度和安全信息，及时处理发生的问题，应建立工作报告制度。工作报告制度即下级各工种调度应向上级各工种调度报告工作，同时，当上级调度向下级调度和各站段了解有关运输情况时，有关人员应及时汇报。

1）车站向铁路局调度报告

（1）车站在列车到、开或通过后，及时报告车次、时分（具有自动采点设备，可自动采点时除外）。

（2）列车始发站应及时报告列车解编进度、编组内容、列车编组变化情况及出发列车速报（包括车次、机型、机车号、辆数、牵引总重、换长）；列车在非始发站摘挂作业，作业站要及时报告摘挂列车在站作业、占用股道及作业后的编组变化情况。

（3）机车及股道占用情况。

（4）因特殊原因，临时造成旅客积压，不能及时输送时应上报。

（5）车站有关工种人员每 3 h 向铁路局所属工种调度上报规定内容。

（6）具备信息系统上报条件的车站，须通过系统及时准确上报。

（7）安全情况和重要事项应随时报告。

2）铁路局调度向国铁集团调度报告

（1）每班 22:00 前，铁路局值班主任向国铁集团调度报告接班后的管内运输情况，预计本班分界站列车交接、排空和机车运用情况，7:00 前向国铁集团值班处长报告运输安全和运输生产任务完成情况的综合分析。

（2）铁路局各工种调度及时向国铁集团相关工种调度报告各项规定的内容。

（3）安全情况和重要事项应随时报告。

铁路局调度接到铁路交通事故、行车设备故障等信息后，应按规定填写《铁路交通事故（设备故障）概况表》（安监报 1），及时报国铁集团调度，并通过铁路安全监督管理信息系统及时报送铁路局安全监察部门。

铁路局客运调度接到客运突发事件报告后，应及时填写《客运突发事件概况表》报国铁集团调度。

另外，为准确掌握客运工作情况，及时处理发生的问题，车站客运计划员、客运段派班员、车务段（直属站）调度、铁路局客运调度必须严格执行报告制度，除按规定上报的有关资料外，凡发生下列情况之一时必须逐级向上级客运调度报告。

① 发生自然灾害或事故中断行车。

② 发生旅客、路内客运职工伤亡事故，由于站车设备损坏或其他原因造成人员伤亡。

③ 车站和旅客列车发生火情、火灾。

④ 旅客列车因机车、车辆发生事故造成甩车或长时间修理造成列车晚点。

⑤ 售票系统发生故障不能正常售票。

⑥ 车站和列车票款、票据被抢、被盗。

⑦ 上访人员乘车或发生群体性拦截旅客列车事件。

⑧ 车站、列车之间发生纠纷或其他原因影响旅客列车晚点。

⑨ 车站、列车发生意外情况，工作人员不能正常作业。

⑩ 因特殊原因，临时造成旅客、行包积压，不能及时输送。

⑪ 因误售车票出现旅客误乘、漏乘。

⑫ 因错传、漏传调度命令，错挂或漏挂车辆，造成旅客不能正常乘车。

⑬ 有关客运工作中出现好人好事的典型事例。

⑭ 其他需要及时上报的有关客运工作事项。

以上凡与邻局有关的命令均应抄知邻局。

5. 运输领导值班制度

为加强全路运输安全生产，铁路局应建立运输领导值班制度。

（1）值班人员：铁路局总调度长或调度所主任（副主任）、书记。

（2）值班时间：工作日为18:00～次日8:00、非工作日为8:00～次日8:00。

（3）值班要求。

① 对重点运输任务，按等级认真盯控，确保安全正点、万无一失。

② 对大型施工严格监控，确保按施工方案实施，对临时发生的问题采取果断措施及时正确处置。

③ 遇恶劣天气，提前预想应对方案，对设备运行、运输组织造成影响时，立即启动应急预案，确保运输安全。

④ 遇旅客列车大面积晚点，技术站、分界站严重等线、运输不畅时，要详细了解、掌握情况，采取有效措施，尽快恢复列车运行秩序。

⑤ 发生事故或干线行车设备故障时，亲自组织处理，减少对运输秩序的影响。

6. 分界站会议制度

加强铁路局间的协作，保证分界站畅通。铁路局间分界站会议应每年不少于一次，由两个铁路局轮流主办，必要时由国铁集团组织，会上研究改进列车交接和日常施工等工作，制定、修改分界站协议。

7. 深入现场制度

为提高调度人员组织指挥水平，加强各级调度之间、调度与站段有关人员的工作联系，各级调度人员每季度深入现场应不少于一次，熟悉设备、人员情况，交换工作意见，解决日常运输及安全生产中存在的问题。

深入现场活动可采取添乘机车（动车组）、列车，召开座谈会、联劳会、同班会、跟班作业、专题调研等多种形式。

国铁集团、铁路局应按规定为调度人员办理机车（动车组司机室）添（登）乘证。调度人员持证添（登）乘机车（动车组）、列车，并准许在乘务员公寓食宿。

深入现场前要有计划，返回后要有报告。

四、调度人员基本素质要求

列车调度员是一个铁路区段或一个铁路枢纽的行车工作的组织者和指挥者，担负着确保安全生产，实现列车运行图、编组计划以及完成日班计划和各项经营指标的重任。在日常工作中，列车调度员代表铁路局长行使运输组织的指挥权，这就要求列车调度员应该具备较高的综合素质。

调度人员基本素质要求如下。

（1）具有较高的思想政治觉悟，有大局意识和较强的协调组织能力。

（2）具有较强的专业知识和工作经验，技术业务熟练，具有计算机基本操作能力，较强的文字处理和语言表达能力。

（3）遵章守纪、爱岗敬业、服从指挥、团结协作。

（4）身体健康。

此外，要做好调度工作，还需要有较强的人际协调能力。尊重他人、关心他人、讲究沟通的方式、方法和技巧，对调度员来说都是高效率完成生产活动的重要因素之一。

砥节砺行

对大多数人而言，春节是阖家团圆、亲友小聚的好日子，是尽情放松、享受假日的好时机，但对铁路人来说，春节就意味着要担负起更大的责任。为了广大旅客能平安、及时回家团圆，成千上万的铁路职工舍小家为大家，始终奋战在运输一线。

作为千千万万铁路职工的一员，他们是淹没在人群里就很难被发现的普通人，他们没有轰轰烈烈的事迹，没有赴汤蹈火的决绝，但是他们都默默地坚守在自己的岗位上，用实际行动诠释了铁路人的责任与担当。正是因为他们的坚守，才有了每年 30 多亿的客运量，中国的运输秩序才能够正常运行，千百万人才能够准时回家过一个幸福团圆的春节。

任务二 车流调整

任务引入

在铁路运输调度工作中，车流调整是一项重要内容。为什么要对车流进行调整呢？车流调整能达到什么目的呢？如何进行车流调整呢？让我们带着这些问题一起学习车流调整的相关知识。

一、车流调整的目的

各铁路局运用车的正常分布是完成货物运输计划的重要条件，对完成货物运输任务起着非常重要的作用，因而车流调整也是调度工作的一项重要内容。为保持全路货车的合理分布及各线车流的相对稳定，车流调整工作必须实行高度集中、统一调整的原则；遵循优先保证重点运输、兼顾市场需求和效率效益的原则，最大限度满足运输需求。

国铁集团调度处、铁路局调度所应指定专人负责车流调整工作，研究掌握货流、车流变化规律及有关技术设备的使用效能，认真推算车流，有预见、有计划地进行车流调整。

二、车流动态的掌握

为了正确地运用各种车流调整的方法，做好车流调整工作，必须不断、准确地推算车流，研究和掌握车流动态及其变化规律，加强车流调整的预见性。

掌握车流动态的基本方法是车流推算，它分为远期车流推算和近期车流推算两种。

1. 远期车流推算

对于几天内到达本铁路局的车流情况的推算，一般由铁路局调度所每天从国铁集团调度处了解昨日各铁路局装往本局及通过本局的装车数，然后按照各铁路局装车后发往本局所需要的运行期限进行推算。

各局可以根据具体情况，制定远期车流推算表，将了解到的资料逐日登记，就可以预见未来几日内将接入的管内工作车及移交车的变化情况，从而采取必要的调整措施。

2. 近期车流推算

该方法主要是推算当日 18:00 各种车流情况，具体方法为：各铁路局调度所计划调度员于第一班（18:01～6:00）工作结束后，根据各分界站出入的实际车数及列车运行计划推算的全日预计出入车数、全日预计的装卸车数，推算出 18:00 预计结存的管内工作车、空车和各分界站需要移交的重车数等车流资料，上报国铁集团。

三、车流调整的方法

车流调整通常分为重车调整、空车调整和备用车调整三种。车流调整是通过日计划组织实现的。必要时，也可下达临时调整计划。

1. 重车调整的方法

重车在全路运用车总数中约占 2/3 左右，数量较大。重车的流向又决定了空车的流向。因此，重车调整是整个车流调整的重点。

重车调整的主要方法有四种：按去向别进行装车调整、限制装车或停止装车、集中装车及变更重车输送径路等。

1）按去向别装车调整

按去向别装车调整就是调整各去向的装车数，即增加或减少某一方向的装车数量。它是重车调整的基本方法，对调整车流的分布，防止车流积压和堵塞，保证各铁路局均衡完成运输生产任务具有重要作用。

按去向别组织均衡装车是保持各铁路局车流稳定和运输秩序正常的基础。进行去向别装车调整时，各铁路局要执行下列规定。

（1）运输工作不正常，需要减少或增加日装车数量时，应首先调整（减少或增加）自局管内的装车数量；如需减少或增加外局的装车数量时，须经国铁集团准许。

（2）分界站接入某方向的重车不足或增多时，应首先采取增加或减少自局装往该去向装车数量的方法进行调整。如果重车不足或增多延续时间较长，自局调整又有一定困难时，应将情况及时报国铁集团，由国铁集团统一调整。

2）限制装车或停止装车

限制装车或停止装车又称限装或停装，就是在一定期限内，将某一去向、某一到站或某一收货单位的装车数，限制在一定数量之内或者停止装车。

限装或停装可消除局部重车积压，在遇到以下特殊情况时采用。

（1）装车数超过某区段的通过能力或有关编组站的作业能力时。

（2）装车数超过卸车地的卸车能力时。

（3）因自然灾害、事故，线路封闭中断行车时。

（4）因其他原因发生车辆积压或堵塞时。

该调整方法在实施过程中，应注意以下几点。

（1）凡经上级调度命令批准，采取限装、停装或变更车流输送径路时，铁路局、车站、货运中心均不准在限装或停装期间，办理通过及到达限装、停装区段（或车站）的途中换票和变更到站。

（2）由于这种调整方法将对均衡运输以及工农业生产造成不利影响，所以只有在采用其他调整办法不能解决问题时才可采用该方法。

（3）在采用这种调整措施时，应先限制或停止近距离装车局的装车；在恢复正常装车时，应先恢复远距离装车局的装车。

3）集中装车

集中装车，就是有计划地增加某一去向的装车数。在日常工作中，遇有下列情况时可

采用集中装车的办法。

（1）某铁路局的管内重车严重不足时。

（2）某方向的移交重车严重不足时。

（3）重点用户、港口和国境站急需到达物资或外运物资严重积压时。

（4）急需防洪、抢险、救灾物资时。

集中装车措施应在所经区段的通过能力和到达站的卸车能力允许的条件下采用。

4）变更车流输送径路

变更车流输送径路是指为了解决某个区段或某个车站通过能力与车流量的矛盾，防止车流积压，把车流由正常径路变更至另一径路运送的方法。

变更车流输送径路，主要在下列情况下采用。

（1）某径路上因车流增长，通过能力负担不了，而另一径路上的通过能力有富余时。

（2）因正常径路全面进行技术改造而通过能力不足时。

（3）因发生灾害或重大事故中断行车时。

变更车流输送径路，应适应有关区段的通过能力，并指定变更径路的期限、列数、辆数和列车编组计划。

2. 空车调整的方法

为了合理地运用空车，保证装车需要，需要对空车进行调整。空车调整必须做到缩短空车行程，组织车种代用，消除同车种对流。

各铁路局、车站必须从全局出发，严格遵守排空纪律，按照上级调度批准的车种、辆数均衡地完成排空任务。

空车调整的方法有正常调整、综合调整和紧急调整三种。

1）正常调整

各铁路局根据车种别装车、卸车的差数，接空数和实际货车保有量确定排空车数。

2）综合调整

货流、车流发生变化或重车流增加时，在不影响接空局重点物资装车需要的前提下，经国铁集团批准，依据下达的日计划命令可采取以重、空车总数进行综合调整。重、空车数一经国铁集团批准，各铁路局不得再增加重车代替空车数量。

3）紧急调整

紧急调整是为保证特殊紧急运输任务需要所采取的非常措施。它以调度命令或日计划中重点事项的形式下达，各铁路局接到紧急空车调整命令后，必须按照规定的时间、车种、辆数完成排空任务。

3. 备用车调整的方法

备用货车也称为备用车，是为了保证完成临时紧急运输任务的需要，所储备的技术状态良好的国铁集团所属空货车。备用车分特殊备用车、军用备用车、专用货车备用车和港口、国境站备用车四种。

特殊备用车是指因运输市场发生结构变化，为调剂车种、满足运输需要，对国铁集团以备用车命令指定的大于本局月计划部分的某种空货车。

备用车的备用、解除备用，均必须经国铁集团以备用车命令批准。非标准轨的货车备用、解除备用由所在铁路局负责处理。

备用车的备用、解除备用必须符合下列规定。

（1）特殊备用车须备满 48 h，军用备用车、专用货车备用车和港口、国境站备用车须备满 24 h，才能解除备用。因紧急任务需要解除备用车时，须经国铁集团调度命令批准，可不受时间限制。

（2）备用车状况需经货车检车员检查。

（3）备用车必须停放在铁路局批准的备用车基地内。港口、国境站备用车必须停放在指定的港口、国境站。凡未停放在指定地点的，均不准统计为备用车。备用车在不同基地间不得转移，在同一基地内转移时，须由铁路局以备用车命令批准。

备用车的管理规定如下。

（1）国铁集团、铁路局调度分别建立备用车命令簿，单独规定备用车命令号码。

（2）铁路局调度所、备用车所在站和车辆段，均须分别建立备用车登记簿，按备用日期、时分、命令号码、地点、车型、车号、辆数等内容顺序进行登记。

任务三 调度日（班）计划

铁路运输生产是一个动态过程，装车、卸车、解编作业和列车运行等每天都有变化，而铁路运输本身又要求每日的工作任务相对稳定和均衡，以提高运输效率，这就产生了客观情况和主观要求的差距。为了解决这个矛盾，就需要了进行各种调整工作的日常计划。

铁路运输工作日常计划，包括旬计划、日（班）计划和车站作业计划。一切装车、卸车、编组列车、列车运行以及分界站的交接等运输工作，都以此为依据进行组织，以保证完成月度货物运输计划和技术计划规定的任务，实现列车运行图和列车编组计划。其中，调度日（班）计划是日常运输组织工作的基础，应按列车编组计划、列车运行图、月度运输生产经营计划、施工计划进行编制，保证均衡地完成运输生产和施工任务。

下面让我们一起学习调度日（班）计划的相关知识。

调度日（班）计划是一日（班）内的运输工作计划，分为国铁集团调度日计划和铁路局调度日（班）计划。国铁集团调度日计划包括分界口列车交接计划、货运工作计划。铁路局调度日（班）计划简称日（班）计划，包括货运工作计划、列车工作计划、机车车辆工作计划和施工日计划。

国铁集团调度日计划起止时间为当日 18:00 至次日 18:00。其中，铁路局货运工作计划、列车工作计划、机车车辆工作计划起止时间为当日 18:00 至次日 18:00，分为两个班计划：当日 18:00 至次日 6:00 为第一班计划，次日 6:00 至 18:00 为第二班计划。铁路局施工日计划起止时间为 0:00 至 24:00。

一、调度日（班）计划的主要内容

调度日（班）计划

1. 货运工作计划

货运工作计划主要包括以下内容。

（1）各站装车需求批准数包括发站、发货人、品类、到站、到局、运费及能力紧张区段、车种别装车数。

（2）各站卸车计划包括到站、车种、卸车数，整列货物要有收货人及品类。

（3）特需货物列车、快速货物列车、企业自备车等直达列车和成组装车的列数及辆数。

（4）篷布、集装箱运用计划。

（5）专用货车使用计划。

2. 列车工作计划

列车工作计划主要包括以下内容。

（1）列车到、发及运行计划，包括列车车次、发站、到站、发到时分、编组内容、特定运行径路，始发列车车辆来源。

（2）分界站列车交接计划，包括列车车次、交接时分、各列车中去向别重车数（到邻局的摘挂车流分到站）和车种别空车数。

（3）管内工作车输送计划、各站配空挂运计划和摘挂列车的甩挂作业计划。

（4）专用货车的调整、挂运计划。

（5）装载超限或超重、军运物资（人员）、剧毒品货物车辆，有运行条件限制的机车车辆、自轮运转特种设备挂运和专列开行计划。

（6）旅客列车的临时加开、停运、变更径路、途中折返、车辆甩挂、客车回送计划。

（7）机车车辆试运行计划。

（8）区间装卸作业计划。

（9）路用列车运行计划。

3. 机车车辆工作计划

机车车辆工作计划主要包括以下内容。

（1）各区段（含跨局）机车周转图，包括机车交路、机型及机车号。

（2）机车沿线走行公里、机车运用台数和机车日车公里。

（3）机车出（入）厂、检修、回送计划及重点要求。

（4）各车辆检修基地（含站修）扣修、修竣车辆取送计划。

（5）各沿线车站停留故障车辆检修计划。

（6）跨局及铁路局管内客、货检修车回送计划及重点要求。

（7）动车组车底运用方案。

4. 施工日计划

施工日计划主要包括以下内容。

（1）施工编号、等级、项目。

（2）施工日期、作业内容、地点（含线别、区间、车站、股道、道岔、行别、里程）和时间。

（3）施工限速、影响范围、行车方式变化及设备变化。

（4）施工单位（含配合单位）、施工负责人。

（5）施工作业车进出施工地段方案。

二、调度日（班）计划的编制原则

（1）坚持安全生产的原则。

（2）贯彻国家运输政策，保证重点运输的原则。

（3）最大限度满足运输需求的原则。

（4）坚持“一卸、二排、三装”的运输组织原则。

（5）按列车编组计划编车，按列车运行图行车，按运输生产经营计划组织运输，按

技术作业过程和时间标准组织作业，优先组织特需、快速货物列车开行，最大限度地组织直达、成组列车运输的原则。

（6）按施工计划安排施工，坚持运输与施工兼顾的原则。

（7）经济合理地使用机车车辆和其他运输设备，提高运输效率和效益的原则。

（8）组织均衡运输的原则。

三、调度日（班）计划的编制依据

（1）国铁集团下达的调度日计划、轮廓计划。

（2）月度运输生产经营计划、列车编组计划、列车运行图、机车周转图、机车车辆检修计划、有关技术作业时间标准。

（3）日运输需求车数及相关要求（军用货物应有军运任务通知书，超限、超重货物应提出批示电报）。

（4）预计当日 18:00 各类运用车数、车站现在车数（重车分去向，其中到本局和邻局管内摘挂车流分到站；待卸车、空车分车种）和机车、机车乘务员分布情况。

（5）旅客列车临时加开、停运、变更径路、途中折返、车辆甩挂、客车回送的调度命令或文件、电报。

（6）机车车辆试运行计划。

（7）国铁集团特需、快速货物列车开行计划、命令及铁路局管内特需、快速货物列车开行方案。

（8）列车预确报。

（9）分界站协议。

（10）月度施工计划（含临时文电批复的）及主管业务处提报的施工计划、路用列车开行申请。

（11）设备维修作业计划。

四、调度日（班）计划的编制程序

1. 审批次日要车计划

每日 10:00 开始（9:00 下达轮廓计划），最晚不得晚于 14:00 结束，由主任货运调度员负责。

2. 召开日（班）计划会议

一般 14:00 开始，由调度所主任主持，值班主任及有关人员参加。

3. 编制日（班）计划

（1）国铁集团由调度处长（副处长）负责；铁路局由调度所主任负责。

（2）主任货运调度员负责编制详细的货运工作计划。

（3）主任机车调度员负责编制详细的机车工作计划。

（4）计划调度员负责编制详细的列车工作计划。

4. 审批与下达

（1）铁路局日计划，经主管副局长批准后，于 17:00 前报国铁集团，17:30 前以调度命令下达至各站、段执行。

18:00 至 21:00 和 6:00 至 9:00 的列车工作计划，应分别提前在 16:00 和 4:00 前下达至有关站、段。对车次的考核，仍以正式下达的日（班）计划为依据。

（2）国铁集团日计划，经调度处主任批准后，于 17:40 前以调度命令下达铁路局。

（3）对上报的日（班）计划有调整时，铁路局应按国铁集团调度命令批准的计划，以调度命令更正，并组织实现。

（4）第二班的调整计划，由调度所值班主任负责，各工种调度人员参加，按国铁集团批准的日（班）计划进行调整，铁路局于 6:00 前以调度命令下达至有关站、段。

五、调度日（班）计划编制方法

调度日（班）计划是由当日 18:00（不含）至次日 18:00（含）的日间运输工作计划。日计划分为两个班计划：当日 18:00（不含）至次日 6:00（含）为第一班计划；次日 6:00（不含）至 18:00（含）为第二班计划。铁路局可根据第一班计划的执行情况和日（班）计划任务，对第二班计划内容进行部分调整。

现以丙铁路局为例具体说明日（班）计划的编制方法。

路局日（班）计划的编制，由调度所主任或副主任负责（国铁集团由调度处长或副处长负责），利用“局调度日间计划表”（运调 6）进行编制，如表 10-1 所示。

1. 有关编制资料

（1）丙铁路局管辖范围，如图 10-2 所示。

（2）技术计划规定的有关指标。

① 装车数 747 车，卸车数 550 车。

② 运用车保有量 2 026 车。其中管内工作车 583 车、移交重车 1 013 车、空车 430 车。

③ 运用车周转时间 1.12 d。

④ 各分界站出入重空车数及列数如表 10-2 所示。

表 10-1　丙铁路局日间总计划表

预计当日运用车		预计当日管内工作车				预计当日空车				预计次日空车
项目	实际	项目		月计划	实际	项目		月计划	实际	
月计划	2 026	月计划		—	—	月计划		—	—	—
昨日存	2 056	昨日存		583	541	昨日存		430	465	427
出入差	-10	接入计		278	278	接入	乙	270	235	270
转出	0	其中	乙	163	163		丁	50	50	50
转入	0		丁	115	115	交出	乙	0	0	0
结存	2 046	自装		292	300		丁	123	123	123
差	+20	卸车		550	550	装车		747	750	745
重点工作 1. 空车较多，争取多装； 2. 丁口移交车保有量不足，应多组织装该口的移交车。		结存		583	569	卸车		550	550	609
		差			-14	转出		0	0	0
						转入		0	0	0
						结存		430	427	488
						差			-3	+58

预计当日移交重车								
项目／去向	月计划	昨日存	接入 乙	接入 丁	自装交出	当日交出	结存	差
乙	540	563	—	600	65	665	563	+23
丁	473	487	205	—	385	590	487	+14
计	1 013	1 050	205	600	450	1 255	1 050	+37

次日分界站出入计划				
接或交／分别站	接入 列数	接入 总车数重/空	交出 列数	交出 总车数重/空
乙	13	$633\frac{363(\text{其中自卸})213}{270}$	14	$665\frac{665(\text{其中自装})65}{0}$
丁	15	$745\frac{695(\text{其中自卸})95}{50}$	15	$724\frac{601(\text{其中自装})440}{123}$
计	28	$1\,378\frac{1058}{320}$	29	$1\,389\frac{1\,266}{123}$

次日分界站出入车轮廓计划				
接或交／分别站	接入 列数	接入 总车数重/空	交出 列数	交出 总车数重/空
乙	13	$633\frac{363}{270}$	14	$665\frac{665}{0}$
丁	15	$740\frac{690}{50}$	15	$710\frac{587}{123}$
计	28	$1\,373\frac{1053}{320}$	29	$1\,375\frac{1\,252}{123}$

次日计划指标										
项目	当日运用车	出入差	转出	转入	次日运用车	接运重车	使用车	卸空车	工作量	周转时间
月计划	2 026	—	—	—	2 026	1 058	747	550	1 805	1.12
日计划		-11	0	0	2 035	1 058	755	609	1 813	1.12

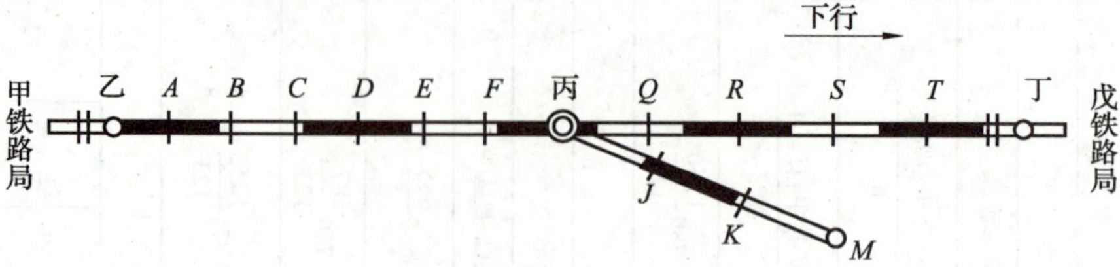

图 10-2　丙铁路局管辖范围

表 10-2　分界站出入表

接、交 / 分界站	接入		交出	
	列数	重车/空车	列数	重车/空车
乙	13	363(其中自卸165)/270	14	665(其中自装65)/0
丁	15	695(其中自卸95)/50	15	590(其中自装390)/123
合计	28	1 378	29	1 378

（3）昨日 18:00 运报二、运报三所载运用车实际结存总数为 2 056 车。其中，管内工作车 541 车、移交重车 1 050 车（乙分界站 563 车、丁分界站 487 车）、空车 465 车。

（4）国铁集团下达的次日轮廓计划：装车 745 车，卸车 600 车。各分界站的交接车数如表 10-1 中“次日分界站出入车轮廓计划”栏所示。

（5）当日工作情况。召开日班计划会议，了解当日工作情况和上级主管的重要指示。

① 值班主任收集当日运输工作的全面情况及各技术站作业情况，并预计全日能完成的交接列数及车数，具体内容如下。

乙口接入：移交重车 205 车、管内工作车 163 车、空车 235 车，合计 603 车。

乙口交出：重车 665 车，合计：665 车。

丁口接入：移交重车 600 车、管内工作车 115 车、空车 50 车，合计 765 车。

丁口交出：重车 590 车、空车：123 车，合计 713 车。

分界站接入总计 1 368 车，交出总计 1 378 车，出入差-10 车。

② 预计全日货运工作情况和次日批准要车计划情况。

当日预计完成装车 747 车，其中自装交出 450 车（乙分界站 65 车，丁分界站 385 车）；预计完成卸车 550 车。

③ 主任机车调度员汇报当日机车运用情况及问题，预计当日 18:00 货运机车分布情况。

④ 调度所主任传达国铁集团及路局领导的重点指示，提出编制次日计划的重点要求。

（6）其他资料，如列车编组计划、列车运行图等，此处不再一一列出。

2. 预计当日 18:00 的运用车保有量

预计当日 18:00 各种运用车保有量，不仅是为了反映运输情况，据以确定次日调整措

施的资料，而且是确定次日计划任务的依据。因此，在编制日计划前首先需要推算（预计）当日 18:00 各种运用保有量。

1）运用车保有量总数（$N_{当日}$）

$$N_{当日}=N_{昨日}+\Delta u_{出入差}^{当日}+u_{转入}^{当日}-u_{转出}^{当日}\ (车)$$

式中：

$N_{昨日}$ ——昨日 18:00 运用车保有量实际数，车；

$\Delta u_{出入差}^{当日}$——当日预计各分界站接入与交出重空车总数之差，车；

$u_{转入}^{当日}$ ——当日预计由非运用车转为运用车的货车总数，车；

$u_{转出}^{当日}$ ——当日预计由运用车转为非运用车的货车总数，车。

其中，$\Delta u_{出入差}^{当日}$ 的计算公式为

$$\Delta u_{出入差}^{当日}=u_{接入}^{当日}-u_{交出}^{当日}\ (车)$$

式中：

$u_{接入}^{当日}$——当日接入的货车总数，车；

$u_{交出}^{当日}$——当日交出的货车总数，车。

由表 10-1 可知，丙铁路局 $\Delta u_{出入差}^{当日}=-10$ 车，则 $N_{当日}=2\,056-10+0-0=2\,046\ (车)$。

2）管内工作车保有量（$N_{管内}^{当日}$）

$$N_{管内}^{当日}=N_{管内}^{昨日}+u_{接卸}^{当日}+u_{自装卸}^{当日}-u_{卸}^{当日}\ (车)$$

式中：

$N_{管内}^{昨日}$ ——昨日 18:00 管内工作车保有量实际数，车；

$u_{接卸}^{当日}$ ——预计当日接入自卸的重车总数，车；

$u_{自装卸}^{当日}$——预计当日完成自装自卸的装车数，车；

$u_{卸}^{当日}$ ——预计当日完成的卸车数，车。

丙铁路局 $N_{管内}^{当日}=541+(163+115)+300-550=569\ (车)$。

3）移交重车保有量（$N_{移交}^{当日}$）

$$N_{移交}^{当日}=N_{移交}^{昨日}+u_{自装交}^{当日}+u_{接入通}^{当日}-u_{交重}^{当日}\ (车)$$

式中：

$N_{移交}^{昨日}$ ——昨日 18:00 移交重车保有量实际数，车；

$u_{自装交}^{当日}$——预计当日完成自装移交的装车数，车；

$u_{接入通}^{当日}$——预计当日接入的通过重车总数，车；

$u_{交重}^{当日}$ ——预计当日完成的交出重车数，车。

丙铁路局 $N_{移交}^{当日}=1\,050+450+(205+600)-(665+590)=1\,050\ (车)$。

4）空车保有量（$N_{空}^{当日}$）

$$N_{空}^{当日}=N_{空}^{昨日}+u_{接空}^{当日}+u_{转入}^{当日}+u_{卸}^{当日}-u_{交空}^{当日}-u_{转出}^{当日}-u_{装}^{当日}\ (车)$$

式中：

$N_{空}^{昨日}$——昨日 18:00 空车保有量实际数，车；

$u_{接空}^{当日}$——预计当日接入的空车总数，车；

$u_{交空}^{当日}$——预计当日完成的交出空车数，车；

$u_{装}^{当日}$——预计当日完成的装车数，车。

丙铁路局 $N_{空}^{当日}=465+(235+50)+0+550-123-0-750=427$ (车)。

推算的当日 18:00 管内工作车、移交重车、空车保有量之和，应与推算的 18:00 运用车总数相等，即

$$N_{当日}=N_{管内}^{当日}+N_{移交}^{当日}+N_{空}^{当日}\ (车)$$

丙铁路局 $N_{当日}=569+995+482=2\,046$ (车)，通过验算检查，说明推算正确。

3. 确定卸车计划

1）次日卸车来源

（1）当日 18:00 结存的管内工作车。

（2）次日自装的管内工作车。

（3）次日由各分界站接入的管内卸车。

2）有效卸车数的确定

在上述三项卸车来源中，有的可以在次日 18:00 前卸空，称为有效卸车；有的则不能卸空，称为无效卸车。上述三项有效卸车数之和，即为次日计划卸车数。

（1）当日 18:00 结存的管内工作车有效卸车数。

18:00 结存的管内工作车有效卸车数的计算公式为

$$u_{结存}^{有效卸}=N_{管内}\cdot P_{结存}^{卸}\ (车)$$

式中：

$P_{结存}^{卸}$——18:00 结存管内工作车有效卸车数的概率。

对于丙铁路局而言，根据以往的规律，该概率的数值可取 0.65，即此部分的有效卸车数 $u_{结存}^{有效卸}=569\times0.65\approx370$ (车)，即有 370 车可纳入卸车计划。

（2）次日自装的管内工作车（即自装自卸部分）有效卸车数。

根据以往的经验，第一班装的 125 车可在 18:00 前卸空，是有效卸车数。

（3）次日接入的管内卸车（即接入自卸部分）有效卸车数。

按邻局来车计划和运行图规定的时刻，其中有 114 车可作为有效卸车数纳入次日的卸车计划。

由以上计算得出，次日有效卸车数为 $370+125+114=609$ (车)。对其他有效车（如移交有效车等）也可按此法计算。

3）次日应卸车数

根据当日 18:00 管内工作车实际车数和月计划规定的管内工作车周转时间，按下式推算的次日应卸车数为

$$u_{应卸}=N_{管内}^{昨日}/\theta_{管内}^{计}\ (车)$$

式中：

$\theta_{管内}^{计}$——月计划规定的管内工作车周转时间。

次日应卸车数是上级考核铁路局完成卸车情况的依据，所以，在确定次日卸车计划时，其数字不应小于次日应卸车数。但因编制日计划时，尚无 18:00 实际管内工作车数，为推算次日应卸车数，可以借用预计 18:00 管内工作车保有量进行预算，以保证卸车计划不小于次日应卸车数。

假设丙铁路局本月的 $\theta_{管内}^{计}$ 为 0.95 d，则推算的 $N_{管内}^{昨日}$ 为 569 车（次日之昨日为当日，即式中的昨日管内实为当日管内），则 $u_{应卸} = 569/0.95 \approx 599$ (车)。

车站确定的次日卸车计划为 609 车，大于次日应卸车数 599 车，符合要求。最终次日的卸车计划定为 609 车。

4. 确定排空及装车计划

按照“一卸、二排、三装”的运输组织原则，装车计划应在完成排空任务后确定。

1）排空计划

排空计划要保证完成各分界站排空任务，严格按日（班）计划规定的排空车次、车种、车数组织实现。当排空与装车发生矛盾时，应先排后装。

丙铁路局排空计划根据国铁集团下达的轮廓计划确定，经丁分界站排空 123 车，在此基础上再调整本局的装车数。

2）装车计划

必须在保证排空任务完成的前提下，由调度所主任会同货调主任，严格按货运轮廓计划审批各站日要车，确定装车日计划。

为保证每天运输工作的均衡，在确定装车计划前，还需推算次日 18:00 空车保有量，有

$$N_{空}^{次日} = N_{空}^{当日} + u_{接空}^{次日} + u_{转入}^{次日} + u_{卸}^{次日} - u_{排空}^{次日} - u_{转出}^{次日} - u_{装}^{次日}\ (车)$$

式中：

$u_{接空}^{次日}$——次日计划接入空车数，车；

$u_{转入}^{次日}$——次日预计由非运用车转为运用车的货车总数，车；

$u_{转出}^{次日}$——次日预计由运用车转为非运用车的货车总数，车；

$u_{排空}^{次日}$——次日预计排空车数，车；

$u_{装}^{次日}$——次日预计装车数，车。

将推算出的 $N_{空}^{次日}$ 与技术计划规定的空车保有量标准相比较，如 $N_{空}^{次日}$ 比标准数少得较多，应当减少次日的装车数，使 $N_{空}^{次日}$ 符合或接近标准，以保证后一日运输工作的均衡。反之，可适当增加装车数。

例如，确定丙铁路局装车计划之前，先根据国铁集团下达的装车数 745 车和其他资料计算次日空车保有量，有

$$N_{空}^{次日} = 482 + (270 + 50) + 609 + 0 - (0 + 123) - 745 - 0 = 543\ (车)$$

推算结果表明，次日空车保有量 543 车，比技术计划规定的空车保有量 430 车多

113 车。因此，可适当增加次日装车数，经请示国铁集团后，日装车计划确定为 755 车。

5. 确定次日各分界站交出重车数和列车数计划

次日交出重车数和列车数计划，应按分界站分别确定。

1）分界站别交出重车数计划

分界站别交出重车数计划应根据分界站当日 18:00 预计结存移交车数（$N_{移交}^{有效}$）、次日接入移交车数（$u_{接入通}^{有效}$）及次日自装移交车数中的有效移交车数（$u_{自装交}^{有效}$）之和确定，即

$$u_{交重}^{次日}=N_{移交}^{有效}+u_{接入通}^{有效}+u_{自装交}^{有效}\ (车)$$

对于有效移交车数，应按分界站别，根据列车编组计划、列车运行图以及有关作业时间标准，逐一查定后确定其车数。在编制日间总计划时，由于时间紧迫，而且有些资料尚不完备，有效车数则一般按以往的车流规律或按概率法计算。

2）分界站别交出列车数计划

分界站别交出列车数计划可根据确定的移交重车数，加上排空车数，按照列车编组计划的规定和列车平均编成辆数，计算出交出列车数。在确定分界站交出列车数时，应考虑通过能力和机车运用情况。

如表 10-1 所示，丙铁路局当日 18:00 结存乙分界站移交重车 563 车，次日 18:00 前可交出 375 车，纳入计划；自装经乙分界站交出重车，第一班装车 65 车为有效，纳入计划；次日由丁分界站接入经乙分界站交出的重车 600 车中，按计划和运行图规定时刻，有 225 车移交有效，应纳入计划。

所以，次日乙分界站交出重车计划车数为$375+65+25=665\ (车)$。同理，次日经丁分界站交出重车计划车数为 601 车，空车为 123 车，合计 724 车。

交出列数为交出总车数除以列车平均编成辆数，已知乙—丙、丙—丁两区段列车平均编成辆数均为 50 车，经乙分界站交出总车数为 665 车，交出列数为 14 列；经丁分界站交出总车数为 724 车，交出列数为 15 列；两分界站合计共交出列数 29 列、车数 1 389 车。

6. 计算日计划指标

日计划指标包括：装车数、卸车数、工作量、货车周转时间等。

日计划的货车周转时间，可用车辆相关法计算。为此，应首先推算次日 18:00 的运用车保有量（$N_{次日}$）为

$$N_{次日}=N_{当日}+\Delta u_{出入差}^{次日}+u_{转入}^{次日}-u_{转出}^{次日}\ (车)$$

式中：

$\Delta u_{出入差}^{次日}$——次日各分界站接入与交出重空车总数之差，车。

则 $\Delta u_{出入差}^{次日}$ 的计算公式为

$$\Delta u_{出入差}^{次日}=u_{接入重空}^{次日}+u_{交出重空}^{次日}\ (车)$$

然后计算工作量（$u_{次日}$）为

$$u_{次日}=u_{使}^{计}+u_{接重}^{计}\ (车)$$

式中：

$u_{使}^{计}$——铁路局次日计划使用车数，车；

$u_{接重}^{计}$——铁路局次日计划接入重车数，车。

则用车辆相关法计算的货车周转时间（$\theta_{次日}$）为

$$\theta_{次日}=N_{次日}/u_{次日}\ (\mathrm{d})$$

例如，丙铁路局的日计划指标（增加使用车和增加卸空车数均为零）为装车 755 车，卸车 609 车，接重 1 058 车，则

$$\Delta u_{出入差}^{次日}=1378-1389=-11(车)$$

$$N_{次日}=2\,046-11+0-0=2\,035\,(车)$$

$$u_{次日}=755+1\,058=1813\,(车)$$

$$\theta_{次日}=2\,035/1813\approx 1.12\ (\mathrm{d})$$

将上述计算确定的数字，分别填写在铁路局的日间总计划表内，就形成了铁路局日间总计划。

六、列车工作计划的编制

列车工作计划包括列车到发及运行计划、分界站列车交接计划、管内工作车输送计划等。各项详细计划均应保证完成日间总计划确定的运输任务，并受日间总计划规定的控制数字所约束。

1. 列车到发及运行计划

列车到发计划由计划调度员与车站副站长共同编制，编制方法与车站班计划基本相同。主要区别在于使用图表、编制计划的权限和计划的详简程度不同。列车运行计划由计划调度员负责与列车调度员共同编制。车站编制人员由于对本站设备、车辆分布及各种作业情况掌握得更具体，计划能安排得更详细，调度所一般只对出发列车编组内容的车流或列车的到达站有严格要求。

列车到发及运行计划的具体规定如下。

1）列车运行线安排

（1）列车工作计划必须有全日车次和编组内容。

（2）编制列车工作计划必须有可靠的资料，禁止编制无车流保证的空头计划。

（3）各区段日计划列数，要按列车运行图的要求做到基本均衡。

（4）列车工作计划要确保排空列车的开行。第一班计划的排空车数必须达到全日计划的 45%以上。

2）分号列车运行图选定

（1）实行分号列车运行图时，选定列车车次、确定日计划列数，应以分号运行图为基础，首先保证核心列车开行。

（2）当分号列车运行图的列车开满后，可开行基本列车运行图的列车车次（基本图再开满，准许加开临时定点列车），增开的跨铁路局列车车次，由相邻铁路局协商确定，

报国铁集团调度批准。

（3）列车运行图规定的货物列车已开满，跨铁路局列车以分界站全日交接列车计算；铁路局管内列车以编组站全日发出列车计算；干支线衔接的区段，列车对数应分别计算；列车运行图规定在中间站始发和到达的列车未开满，但贯通全区段运行的列车已开满时，可视为列车运行图已开满。

3）列车运行计划

（1）始发列车计划应按列车运行图规定的时分编制。中转列车可按预计到达时分，在分号列车运行图中选定紧密衔接的适当运行线。

在制定日（班）计划时，图定车次贯通到底的直达货物列车，在接续的区段站或编组站因晚点不能使用原图定运行线时，准许利用图定的直达或直通列车运行线开车，但必须保持原车次不变。

（2）摘挂列车与其他货物列车运行线不得互相串用。

编制日（班）计划时，在中间站始发或终到的列车，如列车运行图规定为通过时分，应另加启停车附加时分。

4）开行临时定点列车的规定

（1）基本列车运行图的列车开满后，方准加开临时定点的列车车次。

（2）始发列车无适当车次使用时，可制定临时定点列车计划，其旅行时间不得超过本区段内同类列车最长旅行时间。跨铁路局运行时，须征得邻局的同意。

（3）列车运行图中的摘挂列车已开满，有一个区间的剩余车流达到牵引定数70%或满长时，可加开临时定点的摘挂列车，但跨铁路局的加开列数不得超过1列。

（4）开行列车运行图以外的阶梯直达列车，只限于作业站间可临时定点。

（5）限速列车、有时间限制的军用列车和在区间整列装卸的列车，不能利用列车运行图中的运行线时，可开行临时定点列车。

（6）途中停运的列车，恢复运行时应利用空闲运行线。如确无适当运行线可利用时，方准开行临时定点列车到达前方第一个技术作业站。

5）列车编组及技术作业

（1）列车编挂车辆的去向必须符合列车编组计划的规定。

（2）列车或车流接续时间，应符合车站技术作业过程规定的时间标准。

（3）列车编成辆数应符合该区段牵引重量标准及计长（小运转和摘挂列车除外）。

（4）涉及装车需要的空车和未完成卸车任务的管内工作车输送计划，应满足数量和时间的要求。

对第二班列车工作计划进行调整时，除遵守以上规定外，第一班计划规定车次有停运车次时，第二班不准加开列车；第一班计划规定的车次已开满，第二班需要加开列车，或第一班虽未开满，第二班需要调整列车车次时，跨铁路局的必须取得邻铁路局同意。

2. 分界站列车交接计划

车站每编完一个阶段的计划，就将分界站交出的列车车次、编组内容等资料，填在“分界站交接计划表”上，由计划调度员或预报调度员向邻局发出预报，以便邻局编制计划。

分界站列车交接计划的具体规定如下。

（1）列车运行图规定 18:00 后由分界站交出的列车，不准做 18:00 前的交车计划。

（2）分界站当日未交出的晚点列车，必须纳入次日计划。接近 18:00 的晚点列车，来不及纳入次日计划时，准许 18:00 后晚点交出。

（3）原则上不准编制跨局的超重、超长列车计划，必须编制时，须征得邻局同意，并由国铁集团以调度命令准许。

（4）日（班）计划一经确定，必须维护计划的严肃性，不得随意变更列车车次和整列方向别的编组内容；遇特殊情况必须变更时，要预先征得邻局同意，并报请国铁集团调度批准。

（5）在日（班）列车工作计划编制后，相邻铁路局调度所之间必须主动核对分界站列车交接计划（包括车次、时分、编组内容、机车交路），确认一致后，方可上报国铁集团批准。

3. 管内工作车输送计划

管内工作车输送计划也可称为区段管内车流输送计划，其作用主要是对中间站配送空车和挂运重车及到达中间站卸车的运送进行安排。对这部分车辆可以整列输送，也可以用摘挂列车或小运转列车输送，具体方式由列车编组计划确定。

区段管内车流输送计划的编制，是根据预计各站当日 18:00 结存车数、技术站有关列车出发计划、邻铁路局有关列车的到达确报以及各站次日装车计划，按照列车运行图的规定，确定各种列车在区段内的甩挂作业计划。

例如，乙—丙区段 18:00～次日 6:00 开行一对摘挂列车 41001/41002 次，列车在始发站编组内容、各站装车、配空、卸车计划和 18:00 现在车情况，如图 10-3 所示。根据各站 18:00 现在车、空车需要及装卸完成情况，安排摘挂列车在各站的摘挂重、空车数和到、开及通过时刻。

乙—丙区段管内车流输送计划见图 10-3。

18:00～21:00，6:00～9:00 的列车工作计划，应分别提前在 16:00 和 4:00 前下达到有关站、段。对车次的考核，仍以正式下达的日（班）计划为依据。

调整上报计划时，应按上级调度批准的计划，逐级以调度命令更正，并组织实现。

第二班的调整计划，由调度所值班主任负责，各工种调度人员参加。根据国铁集团批准的日计划规定，于 4:00 前报国铁集团，经值班处长同意后，于 4:30 前以调度命令下达铁路局，铁路局于 5:00 前以调度命令下达有关站段。

车站	装车计划	配空	卸车计划		18:00现在车			
			上到	下到	待卸	待装	空车	待发重车
A			4		P6			
B	丙/10	C2	5	8				
C			5	6		E/2		乙/2
D	F/3			10			P3	
E	乙/5	C3	2	2				B/5
F	丙/3		10	3				

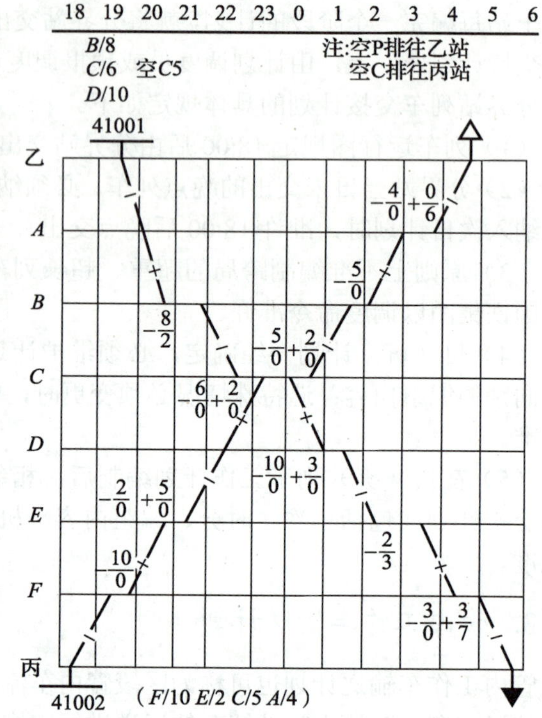

图 10-3 乙—丙区段管内车流输送计划

任务四 列车调度指挥

任务引入

铁路线路上运行着数量惊人的各种列车，谁来对它们的运行进行组织和指挥呢？这个人又是如何实现列车的调度指挥呢？让我们带着这些问题一起学习列车调度指挥的相关知识。

相关知识

列车调度员是一个调度区段行车工作的组织者和指挥者，其主要职责是组织、指挥本区段车务、机务、工务、供电、车辆等部门的有关行车人员，实现列车运行图、列车编组

计划规定的任务和要求，加速机车车辆周转。

一、列车调度员的主要工作及要求

以一个路局调度所的列车调度员为例，说明其主要工作内容及要求。

1. 主要工作

（1）积极组织全区段有关人员实现按图行车，遇列车晚点，应及时采取调整措施，使晚点列车恢复正点。及时正确地发布有关行车的命令和指示。

（2）检查各站按列车编组计划编组列车情况。

（3）注意列车到发及区间运行情况，及时处理临时发生的问题，防止行车事故。

（4）组织区段内各站按日（班）计划完成卸车、排空及装车任务和中时、停时、旅速等指标。

2. 对列车调度员的要求

为了更好地完成上述工作，列车调度员应做到以下几点。

（1）应熟悉管辖区段内的“人、车、天、地、图”，即“主要行车人员、机车车辆、气候变化、线路站场等技术设备、列车运行图”。

（2）熟悉有关规章、制度。

（3）在接班前详细了解情况。

（4）在值班过程中，加强与邻台列调、机调、客调等联系。

（5）及时制定 3～4 h 列车运行计划。

（6）及时、正确地填记列车运行实际图。

（7）按规定提供编制日（班）计划的资料。

（8）交班前为下一班打好交班基础，为接班列调创造良好的工作条件。

二、列车调度员的基本作业程序

列车调度员在计划调度员的领导下，组织列车按图行车，确保客货列车正点运行；掌握摘挂列车甩挂作业，按计划配空车，及时将车站待挂车挂出；保证所管辖车站各项运输指标的完成。

列车调度员的基本作业程序主要有以下几点。

1. 接班前了解情况，参加接班会

在接班前应详细了解情况。在接班会上汇报接班前了解的情况，对完成有困难的问题，提出自己解决问题的办法和意见，可以对有关岗位提出给予配合的要求。听取其他岗位的汇报，与本岗位有关的事项要记录下来。听取值班主任、调度所主任对本班工作布置的重点事项及要求。

2. 接班及值班中

（1）与下班调度员进行交接。掌握列车运行情况，特别要注意超限列车（包括限速列车）运行条件及当时运行情况，调度命令的发布及执行情况，摘挂列车甩挂作业情况。

（2）在值班过程中加强与邻台列调、机调、客调等联系；按规定内容和要求编制3～4 h 列车运行计划，用调度命令发布3～4 h 阶段计划，布置重点事项及要求。

（3）及时向主要站段、邻台进行列车到达时刻的预确报。掌握列车运行及车站作业情况。填记列车运行实际图。

（4）根据调度组织指挥原则随时调整列车运行，确保分界口交车、排空、装车、卸车任务的完成和列车正点运行（特别是重点旅客列车），以及编组站、区段站列车均衡到达和机车交路的调整。

（5）按规定提供编制日（班）计划的资料。

3. 交班及参加交班会

交班前要为下一班做好交班基础，为接班列车调度员创造良好的工作条件。按交班簿所写内容交班，要求接班者签名认可。

在交班会上汇报本班工作情况，回答领导提问，反映现场情况等。

三、列车调度指挥的原则及要求

1. 列车调度指挥的原则

1）安全生产的原则

在列车调度指挥工作中，必须坚持安全生产的原则，正确指挥列车运行。不能发布没有安全保障依据的命令和指示。当得到有关危及行车安全的信息时，要正确、及时、妥善处理。以保证旅客列车的安全为重点，组织列车安全运行。

2）按图行车的原则

列车正点率是铁路运输产品质量的重要技术指标，也是铁路运输组织管理水平的综合反映。只有按图行车，才能保持正常的运输秩序，进而保证列车的正点率。

3）单一指挥的原则

铁路行车工作是一个由互相联系、互相影响的多部门、多单位、各工种所组成的完整系统。在这个系统中，各部门、各单位、各工种间的紧密联系和协调一致，对于保证行车安全和运输效率有着决定性的意义。铁路行车调度就是为适应铁路行车特点而设置的铁路

行车工作的统一指挥者。

在列车运行调整工作中，与行车有关的人员，必须服从所在区段当班列车调度员的集中统一指挥。其他任何人不得发布与行车有关的命令和指示。

4）下级调度服从上级调度的原则

在列车运行组织与调整过程中，相邻调度台、相邻局之间应保持紧密联系，以保证列车的正常交接。对于出现的问题，双方要主动协商解决，当出现意见不一致的情况时，由上一级调度进行仲裁。调度台间的问题由值班主任解决；局间分界站出现的问题，由国铁集团解决。一经上级调度决定，有关人员必须无条件执行。

5）按等级进行调整的原则

列车调度员要按列车运行图指挥列车运行，当列车不能按列车运行图运行时，除特殊情况外，要按“先跨局后管内”的原则和下列规定的等级顺序进行调整。

（1）动车组列车。
（2）特快旅客列车。
（3）特快货物班列。
（4）快速旅客列车。
（5）普通旅客列车。
（6）军用列车。
（7）货物列车。
（8）路用列车。

开往事故现场救援、抢修、抢救的列车，应优先办理。

特殊指定的列车的等级，应在指定时确定。

2. 列车调度指挥的要求

调度指挥必须坚持安全生产。各级调度人员应做到以下几点。

（1）熟悉有关站段及列车的技术设备、作业过程、各项技术作业标准及各站接发列车的有关规定，正确组织指挥列车运行。

（2）值班过程中要精力集中、坚守岗位、严格遵守规章制度，及时正确处理问题。

（3）遇有铁路交通事故、设备故障、自然灾害、天气不良、施工维修、临时限速（指未纳入运行揭示调度命令的限速，下同）、区间装卸等情况和对区间封锁、开通的处理时，列车调度员要严格遵守有关规定，值班主任（值班副主任）应加强检查。

（4）遇有铁路车辆运行安全监控系统报警时，红外线、车辆调度员应立即按预报等级进行处理；列车调度员接到报告后，必须确认车次，并按规定处理。

（5）当得到现场关于列车、线路等出现危及行车安全的报告时，应及时指示有关人员立即采取安全措施，查明情况，妥善处理。

（6）超限超重货物车辆的挂运，必须纳入日（班）计划，根据超限超重货物运输确认电报和超限超重车辆挂运通知单确定的运行条件，由列车调度员发布调度命令。

（7）装载剧毒品货物车辆的挂运，必须纳入日（班）计划，重点布置、预报、交接，跟踪掌握。

（8）限速机车车辆，须根据限速机车车辆挂运电报及有关规定安排挂运。纳入日（班）计划的，按日（班）计划挂运、交接。未纳入日（班）计划的，铁路局管内须经调度所主任（副主任）准许后方可安排挂运；跨局交接时，由相邻铁路局计划调度员共同确认挂运电报及有关规定，并经两局调度所值班主任协商同意后方准安排交接。

（9）确保实现列车工作计划，挖掘运输潜力，提高运输效率，应做到以下几点。

① 组织晚点旅客列车恢复正点。

② 组织货物列车压缩区段旅行时分。

③ 组织各类货物列车在编组站、区段站快速中转。

④ 组织摘车站快速摘车作业，保证列车正点。

⑤ 组织单机挂车。

⑥ 组织机车紧交路。

四、列车调度指挥的基本方法

列车调度指挥

要保证列车运行秩序，实现按图行车，列车调度员首先要保证列车始发正点，这样不仅使该列车按运行线正点运行，而且还避免了对其他列车的干扰。因此，始发列车正点是保证列车运行的基础。反过来，列车运行正点又是保证列车始发正点的主要条件。

1. 组织列车正点出发

1）组织旅客列车始发正点

在组织列车正点出发的工作中，保证旅客列车始发正点是实现按图行车的首要条件。因为旅客列车等级较高，一旦晚点就会影响整个区段的列车始发或运行。所以列车调度员应该重视旅客列车始发正点的组织工作。

对于本区段始发的旅客列车，列车调度员应加强与各有关单位的联系工作。在开车前1 h左右，对客车底的取送情况、机车的整备工作情况、行包及邮件的装卸情况、旅客组织工作情况等进行检查，发现问题应及时采取措施进行处理，保证列车正点开出。

对由邻区段接入的旅客列车，列车调度员要及时向邻台（所）了解列车正、晚点情况，提前做好列车运行调整计划。当遇有旅客列车晚点时，应设法组织快速作业，与客运调度员密切配合，组织列车乘务员双开车门、组织旅客快上快下、行包邮件快装快卸，及时准备好换挂的机车，缩短列车停站时间，保证列车正点出发。

2）组织货物列车始发正点

为了保证货物列车始发正点，列车调度员要注意车流和机车这两个环节，重点做好以下工作。

（1）在编制日（班）计划时，所做出的列车出发计划要切合实际，车站作业时间、车流和机车要有保障，避免计划晚点。

（2）在运行组织上，对编组列车所需车流，组织按时送达，并注意技术站列车的均衡开到，保证车站的正常作业，为按时编组列车创造条件。同时，要注意督促车站按时编组，及时技检。

（3）对始发列车所需的机车，列车调度员应加速放行。保证机车有足够的整备时间，并督促机务段组织机车按时出库。

（4）加强与车站的联系，督促车站按时做好发车的各项准备工作，确保按时发车。

2. 列车运行调整的方法

列车始发正点，是保证按图行车的基础。但由于种种原因（如停车待发、停车待接、作业延误、途中运缓等），列车不一定都能够按运行图的时刻正点运行。当出现这种情况时，就需要列车调度员对列车运行安排进行调整，尽可能使晚点列车恢复正点运行，具体内容如下。

1）组织列车按允许速度运行

列车运行监控装置（LKJ）是防止列车超速运行的设备，我国新一代列车运行监控装置为LKJ2000。任何情况下列车运行速度都不能超过LKJ限制速度。

LKJ中关于列车运行速度的数据包括地面固定限速、列车固定限速和临时限速。

（1）地面固定限速：列车运行区段线路不同等级、曲线、不同道岔、信号显示等地面设备工务、电务数据。

（2）列车固定限速：机车最高运行速度、制动机类型等机务类数据。

（3）临时限速：包括运行揭示、行车方式变化及设备故障等造成的限速。例如，使用电话闭塞行车法时，LKJ对于客车按照该次列车在对应区间最高允许速度的80%以及区段限速、临时限速等限速值的最低值监控列车运行；LKJ故障或者数据不对应时，应根据调度命令转入20 km/h限速模式。

2）选择合理的会让站

当有列车发生早点、晚点（或停运、加开）时，往往有变更会让、越行站的必要，以提高铁路运输质量和运输效率。

（1）有列车早点时。

如图10-4所示，按运行图规定22001次货物列车在*C*站会22002次让K225次。现由于22001次在*A*站早开15 min，此时可将22001次与22002的会车地点改在*D*站，这样就不必在*C*站会K225次，提前到达终点，而22004次也能早到*A*站。在双线区段，适当组织列车早开，可以减少待避次数，进而有利于提高列车旅行速度。

（2）有列车晚点时。

如图10-5所示，11006次图定在18:50到达*C*站停会11005次，但因11005次列车晚点40 min，此时可将会车地点由*C*站改为*B*站，这样就保证了11006次列车的正点运行。

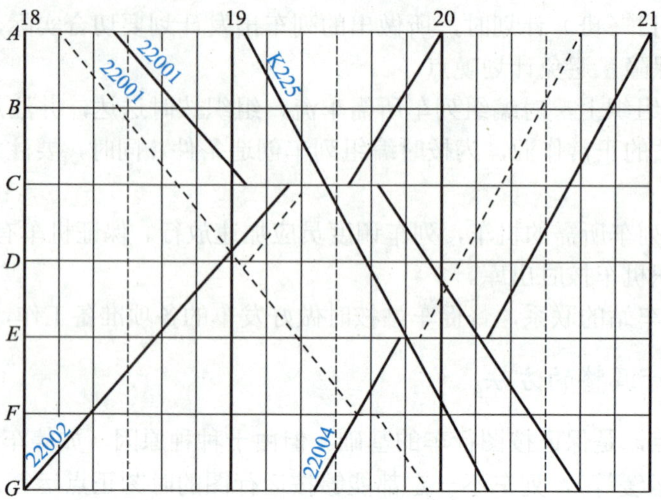

图 10-4 变更会让地点示意

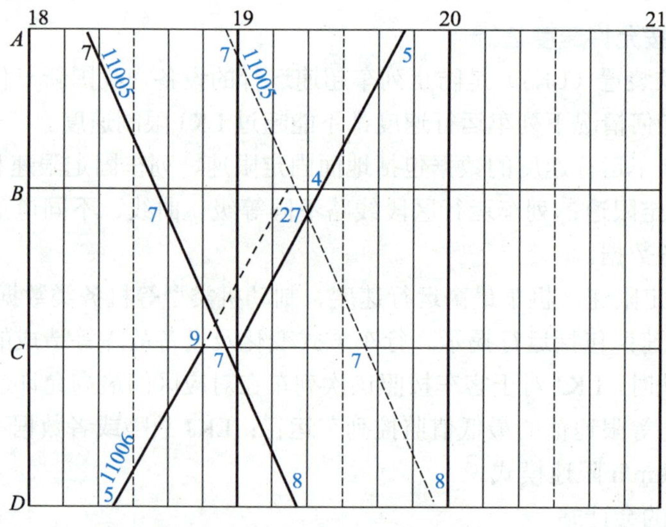

图 10-5 变更会让地点示意

3）组织列车在车站进行平行作业

一般来说，列车在运行途中往往要进行一些技术作业。例如，旅客列车在途中要进行旅客上下车、行包装卸等客运作业，摘挂列车要进行车辆甩挂等作业。当遇有列车发生晚点、加开、停运等情况需要压缩其停站时间时，列车调度员要事先周密部署计划，与车站和司机提前联系说明情况，取得有关人员的支持，组织快速平行作业，压缩列车在站作业时间，保证列车正点运行。

如图 10-6 所示，按运行图计划规定，45417 次摘挂列车在 *B* 站作业并会 T208 次旅客列车，在 *C* 站也要进行甩挂作业。现因 T208 次列车晚点，若仍按图定计划在 *B* 站会 T208 次列车，就会大大延长 45417 次列车在 *B* 站的停留时间，造成该列车晚点。此时为了保证 45417 次列车的正点运行，列车调度员应有预见性地组织 *B* 站采取各种措施（如提前准备

好待挂车辆，尽可能进行平行作业等），压缩其在 B 站的作业停留时间，提前开到 C 站会 T208 次。这样既保证了 45417 次在 C 站的正常作业时间，也使其能按图定时间正点到达终点。

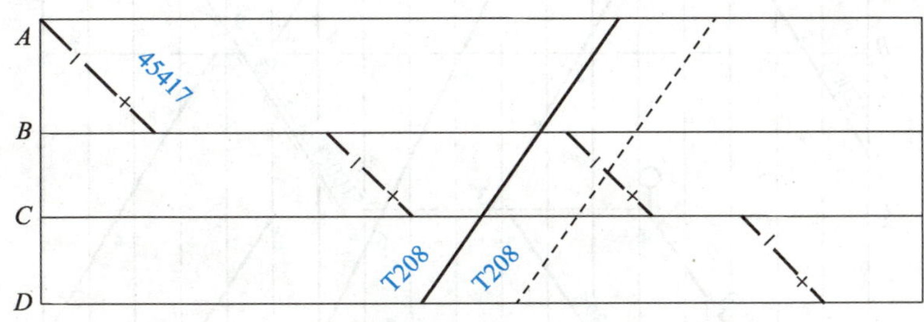

图 10-6　缩短列车在站停留时间示意

4）组织列车反方向行车

双线列车反方向运行，是列车调度员调整列车运行的一种方法。它是充分运用现有技术设备，提高区间通过能力，组织列车按图行车的有利措施。调整列车运行时，为了避免列车晚点及作业需要，根据不同方向的列车密度，选择有利时机，可组织适当的列车反方向行车。

组织列车反方向行车时，因其属于非正常行车组织办法，不安全因素较多，因此列车调度员要检查督促车站及有关人员注意行车安全，严格按有关作业程序和要求进行组织。

如图 10-7 所示，按运行图规定 42158 次摘挂列车要在 C 站待避 2416 次旅客列车，又要会 25665 次货物列车。现 25665 次因故停运，同时 42158 次列车在 B 站的甩挂作业量较大，在此种情况下，列车调度员可组织利用下行线的空闲时间，在保证安全的前提下，组织 42158 次列车在 C—B 区间反方向运行，这样就可以保证 42158 次摘挂列车在 B 站有充分的作业时间，并保证其正点运行。

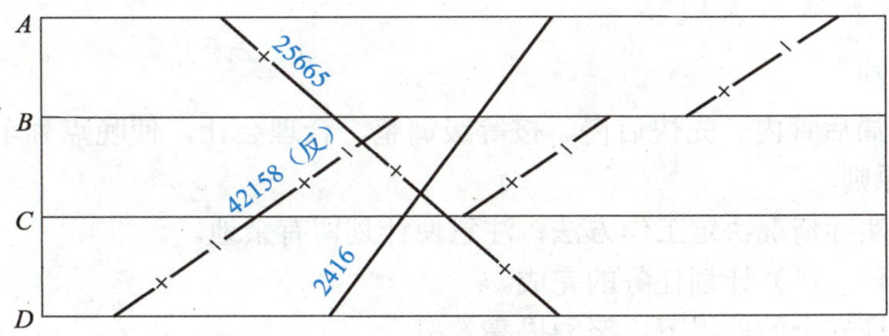

图 10-7　组织列车反向运行示意

5）组织列车合并运行

在运行图上，将两个在途列车（包括单机）合并成一条运行线运行，是列车调度员在调整列车运行时，为了缓和区间通过能力和车站到发线使用紧张时采取的一种运行调整方法。一般是对单机、小运转列车或牵引辆数较少而前方又无作业的列车采用此方法。

如图 10-8 所示，将单机 51008 次与 32326 次列车合并，不但节省了一条运行线，而且还可以增加 32326 次列车的牵引力。

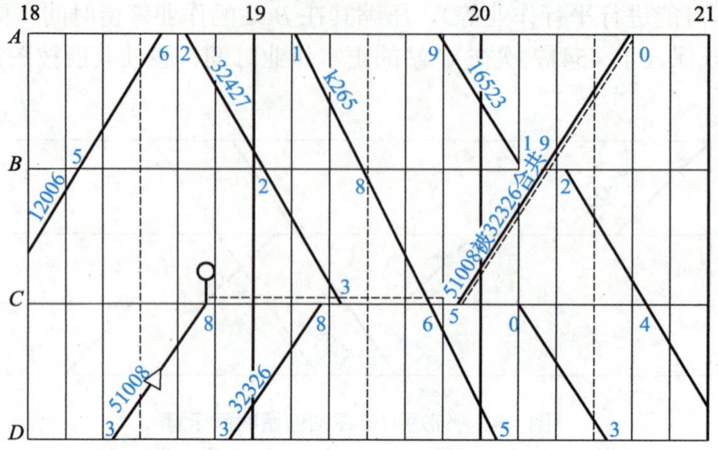

图 10-8　组织列车合并运行示意

当技术站接车线路紧张时，把编组辆数较少的列车（如摘挂列车、小运转列车等）保留在技术站附近的中间站，与同方向的次一列车合并运行，可以缓和接车线路紧张的矛盾。

五、列车运行调整阶段计划

列车运行调整计划是列车调度员组织列车运行调整的综合部署计划，也是实现列车运行图、列车编组计划和日（班）计划的具体行动计划。

列车运行调整计划按阶段进行编制，通常分为 3 h 阶段计划和 4 h 阶段计划。一般枢纽台采用 3 h 阶段计划，其他台采用 4 h 阶段计划。

1. 编制原则及主要内容

1）编制原则

（1）先跨局后管内、先快后慢、按等级调整、合理会让，使晚点列车恢复正点，实现按图行车的原则。

（2）根据实际情况决定工作方法，注意使计划留有余地。

（3）保证日（班）计划任务的完成。

（4）在保证安全的前提下，努力提高效率。

2）列车运行调整阶段计划的主要内容

（1）车站列车到、发时分和列车会让计划（采用计算机下达的为实时调整计划）。

（2）列车在中间站作业计划。

（3）列车在区间、站内装卸车计划。

（4）施工、维修计划及天窗时间安排。

（5）重点注意事项。

2. 编制方法

列车调度员编制和执行运行调整计划的方法，一般可以分为收集资料、编制计划、下达实施、组织实现等四个步骤。

1）收集资料

（1）区段内各站现在车（空车分车种，重车分去向）情况及到发线占用情况。

（2）邻台（局）及本区段内客、货列车实际运行情况。

（3）摘挂列车编组内容及前方站作业情况。

（4）技术站到发线使用和待发列车情况。

（5）机车整备及机车交路情况。

（6）区间装卸及施工情况。

（7）领导指示及其他情况。

2）编制计划

列车调度员将收集、了解到的情况和资料，经过认真的分析、研究，依据列车运行图、编组计划以及日（班）计划的任务，运用各种列车运行调整方法，做出合理、切实可行的计划。

（1）优先铺画旅客列车和重点列车运行线。必要时，优先安排困难区间的列车运行，充分利用通过能力。在运行图表上铺画运行线时，采用正铺与倒铺相结合的方法。

如图 10-9 所示，42206 次列车计划在 *G* 站进行摘挂车作业量比较多，在计算该列车赶到 *D* 站会 K519 次客车的时间时，如果从 *G* 站开始铺画，往往时间算不准而返工；若采取从 *D* 站向 *G* 站倒铺，则可以一次铺出 42206 次列车在 *G* 站 19:09 必须开车。

可以看出，采取正铺与倒铺相结合的方法铺画节省了时间。

（2）编制计划时，应注意留有余地，为各种必需的作业留下充分的作业时间。必要时，可拟定两个以上的调整方案，以适应情况的突然变化。

（3）在安排列车运行计划时，还应特别注意本区段技术站自编始发列车的车流接续以及机车交路，以保证技术站有良好的工作秩序。

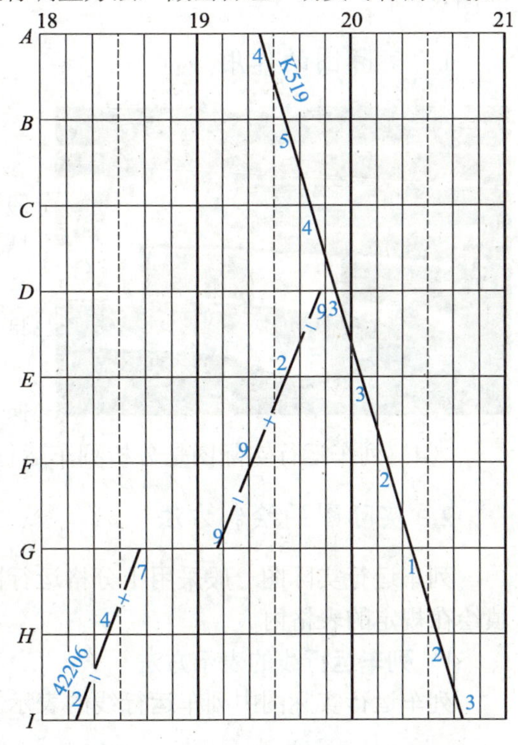

图 10-9　倒铺与正铺相结合示意

（4）在编制计划时，一般采用“满表铺线，分段编制”的方法。具体做法为：接班后，列车调度员根据所掌握的情况粗略地将列车计划线铺画到 18:00（6:00），然后按照 3 h，4 h 列车运行调整计划编制列车运行调整计划。在“满表铺线”的基础上，执行上一个阶段计划列车运行调整计划的同时，边收集资料，边铺划下一个阶段的列车运行调整计划。

这样一步一步地进行，在列车运行调整计划执行前 1 h 编制完成。

3）下达实施

列车调度员在列车运行调整计划编制完成后，要及时下达给各站、段。根据具体情况，可采取集中、分段或个别的方式下达计划，并向基层站、段执行者交代清楚，使其明确计划意图。

4）组织实现

列车运行调整计划下达后，在执行计划的过程中，列车调度员要随时注意列车运行情况的变化，做到勤沟通、勤联系，特别是对关键列车（如在旅客列车前运行的货物列车，或在旅客快车前面运行的旅客慢车等）和重点车站，要及时收点，随时监督列车的运行，以便发现问题，及时采取调整计划安全正点运行。

六、列车运行实际图

列车运行实际图是记载一个调度区段内列车运行实际情况，以及与列车运行有关事项的图表。

1. 实际图的作用

列车运行实际图的作用主要有以下几个方面。

（1）通过铺画实际图，可以随时掌握调度区段内的列车运行情况，有关车站到发线占用、作业情况及机车交路等。

（2）通过实际图可以及时发现问题，便于提早考虑并采取必要的调整措施。

（3）可作为统计列车正（晚）点、列车技术速度、旅行速度等指标的主要依据。

（4）列车运行实际图是分析列车运行情况，提出改进意见的重要资料。

2. 实际图的绘制方法

列车运行实际图一般采用十分格运行图，有关列车运行、列车运行调整符号应按规定填绘在规定的表格内。

1）列车运行线的表示方法

列车运行实际图中列车运行线的表示方法如表 10-3 所示。

表 10-3 列车运行线的表示方法

列车种类	表示方法		备注
旅客列车、动车组检测列车、动车组确认列车、回送动车组列车、试运行动车组列车	红单线	———	以车次区分

（续表）

列车种类	表示方法		备注
临时旅客列车	红单线加红双杠	—‖—‖—	
回送客车底	红单线加红方框	—□—□—	
160 km/h 特需货物列车	橙单线加橙圈	—○—○—	
120 km/h 特需货物列车	橙单线加橙方框	—□—□—	
80 km/h 特需货物列车	橙单线	———	
特快货物班列	蓝单线加红圈	—○—○—	
快运货物列车	蓝单线加蓝圈	—○—○—	
远程技术直达列车	蓝单线加蓝方框	—□—□—	
“点到点”快速货物列车	蓝单线	———	
直达列车	黑单线加黑圈	—○—○—	
直通、自备车、区段及小运转列车	黑单线	———	以车次区分
摘挂列车	黑单线加“＋”“｜”	———＋———｜———	
重载货物列车	蓝色断线	---------------	以车次区分(铁路局可根据具体情况补充规定)
保温列车	黑单线加红圈	—○—○—	
军用列车	红色断线	---------------	
回送军用列车	红色断线加红方框	□--------□--------	
超限超重货物列车	黑单线加黑方框	—□—□—	
路用列车、试运转列车	黑单线加蓝圈	—○—○—	以车次区分
单机	黑单线加黑三角	—▷—▷—	
高级专列及先驱列车	红单线加红箭头	——→——→—	以车次区分
救援、除雪列车	红单线加红“×”	—×—×—	以车次区分
重型轨道车	黑单线加黑双杠	—‖—‖—	

注：特需、快运货物列车以外的货物列车中，如挂有装运跨局零散货物快运车辆时，基本车次前加字母“X”的列车，运行线表示方法仍使用原基本车次运行线的表示方法。

2）列车运行整理符号

（1）列车始发、终止、在中间站临时停运及由邻接区段转来或开往邻区段，如图 10-10 所示。

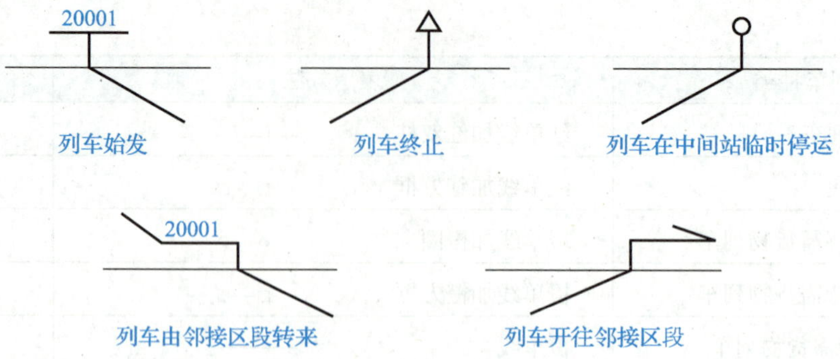

图 10-10 列车到发符号

列车到开时分记在钝角内。早点用红圈，晚点用蓝圈记于锐角内，圈内注明早、晚点时分。晚点原因可用简明略号注明，如因编组晚点可只写“编”字。

（2）列车合并运转时（在列车运行线上注明某次列车被合并），如图 10-11 所示。

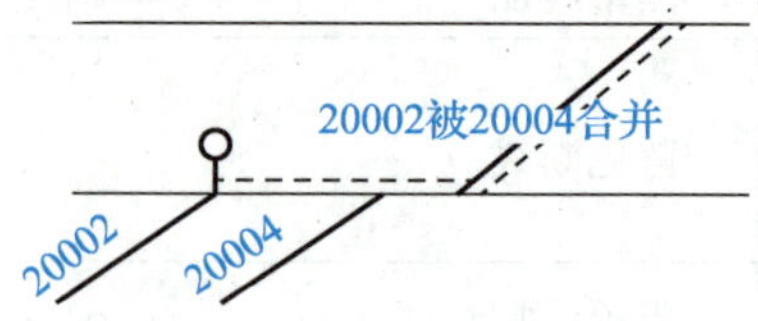

图 10-11 列车合并运行表示

（3）列车让车时，如图 10-12 所示。

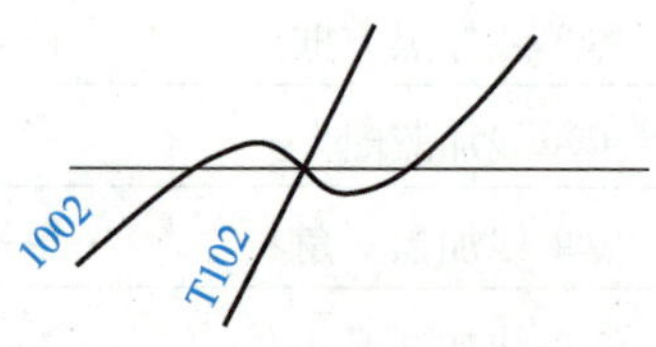

图 10-12 列车让车表示

（4）列车反方向运行时，在反方向运行区间的运行线上填写车次及“（反）”，如图 10-13 所示。

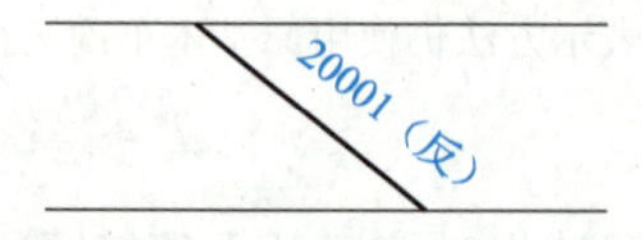

图 10-13 列车反方向运行表示

（5）列车在区间分部运行时，如图 10-14 所示。

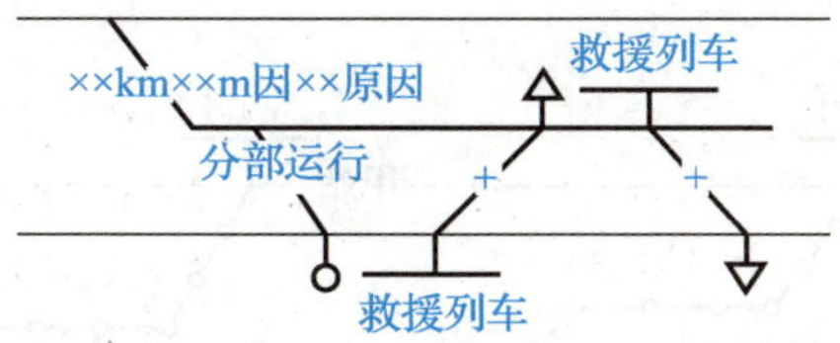

图 10-14　列车在区间内分割运转表示

（6）补机中途折返时，如图 10-15 所示。

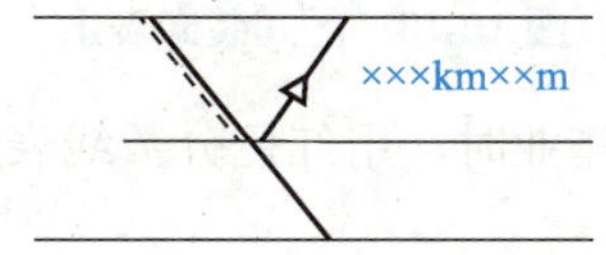

图 10-15　补机中途折返表示

（7）线路中断或施工封锁区间时，要在该区间内画一红横线表示。单线区间中断或封锁时，如图 10-16（a）所示。双线区间上、下行线路全部中断或封锁时，表示方法与单线区间相同；有一线中断或封锁时，以在红横线上或下画的蓝断线表示上行线或下行线中断或封锁，如图 10-16（b）所示。

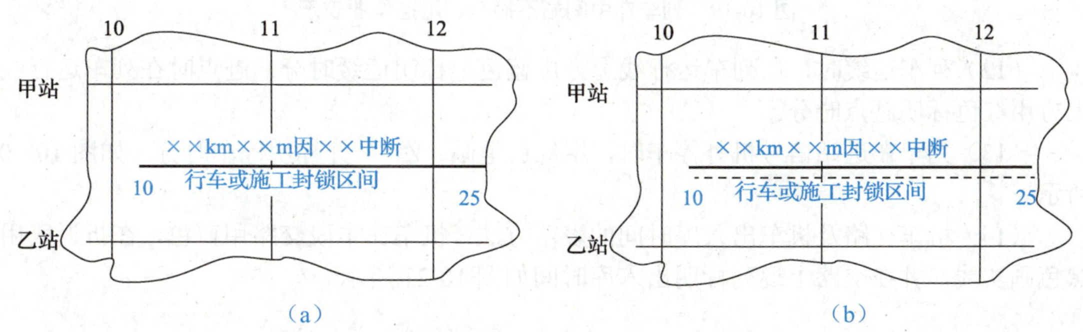

图 10-16　线路中断或施工封锁

（8）因施工或其他原因区间内需要慢行时，由开始时起至终了时止，用红色断线表示，并标明地点、原因、限制速度（如双线就标明上行线或下行线），如图 10-17 所示。

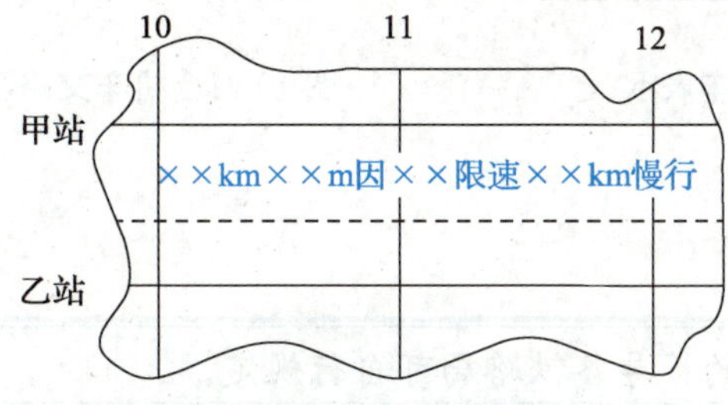

图 10-17　列车慢行表示

（9）列车在区间内有装卸作业时，要标明车次、作业地点、装卸货物品名，如图 10-18 所示。

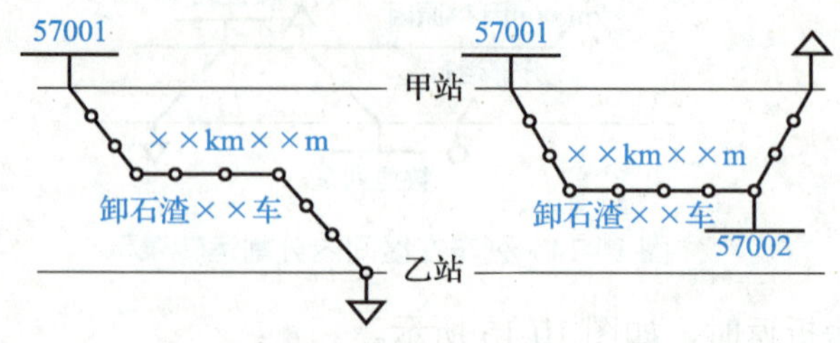

图 10-18　区间装卸表示

（10）列车在中间站不摘车作业时，用红色分数线表示，分子表示装车数，分母表示卸车数，如图 10-19（a）所示。

（11）列车在中间站甩挂作业，用蓝色分数线表示，用“+”表示挂，“−”表示甩，分子表示重车，分母表示空车，如图 10-19（b）所示。

5 ——→装车数
8 ——→卸车数
（a）

+6，−2 ——→挂重车6车，摘重车2车
+3，−5 ——→挂重车3车，摘重车5车
（b）

图 10-19　列车在中间站不摘车、甩挂作业表示

（12）列车运缓时，在列车运行线上方用蓝色笔标明运缓时分；赶点时在列车运行线上方用红色标明赶点时分。

（13）列车在进站信号机外停车时，用红色笔画“△”，并标明停车时分，如图 10-20 所示。

（14）机车交路及机车出入库时间的表示方法：机车在本段交路用蓝色，在折返段用黑色画实线，并在交路上逐列标明出入库时间如图 10-21 所示。

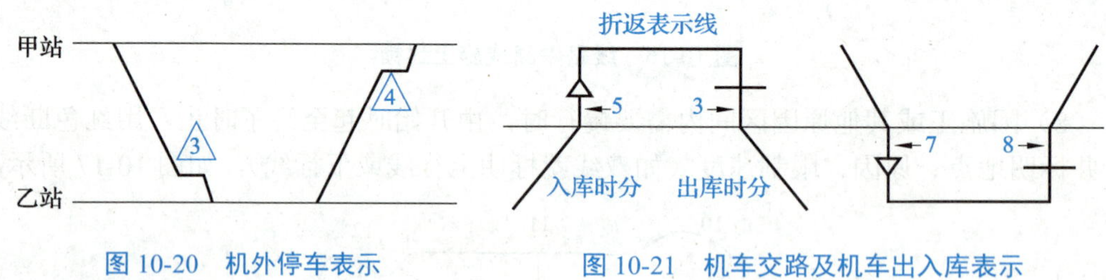

图 10-20　机外停车表示　　图 10-21　机车交路及机车出入库表示

其他未作统一规定的符号各铁路局可自行规定。

任务五　调度工作分析

任务引入

铁路运输调度工作是整个铁路运输组织过程中不可缺少的核心组成部分，它担负着铁路日常运输的组织、协调、指挥工作。我们需要不断改进工作，以提高调度工作质量，促进运输生产。那么，运输调度工作是如何进行分析和评价的呢？这就是我们本节课要学习了解的内容。

相关知识

调度工作分析，是通过日常运输综合分析发现问题，制定措施，不断提高调度工作质量，促进运输生产的有效方法。

各级调度必须配备调度分析人员，由具有较强业务水平和实践经验的人员负责本单位的调度分析工作。

一、调度工作分析的种类

调度工作分析，可分为日常分析、定期分析和专题分析。

1. 日常分析

日常分析是指铁路局调度所于日（班）工作终了时，对日（班）计划执行情况的分析。通过日常分析能及时正确地查明计划的完成情况及未完成的原因，从而迅速采取措施，解决工作中的问题。

日常分析的内容如下。

（1）列车工作计划兑现情况（含分界站列车交接、排空计划兑现情况）分析。

（2）运用车分布及车流状况分析。

（3）停运列车分析。

（4）列车等线分析。

（5）运输收入完成情况分析。

（6）货车周转（中转、停留、旅行）时间分析。

（7）大点车分析。

（8）换算周转量（货物周转量、旅客周转量）分析。

（9）运量（货物发送吨、旅客发送人、静载重）分析。

（10）旅客列车、货物列车正晚点（惯性晚点）分析。

（11）机车运用及效率指标分析。

（12）机车乘务员超劳情况分析。

（13）列车违编、欠重、超重情况分析。

（14）列车机外停车分析。

（15）运输需求兑现情况分析。

（16）装卸车及重点物资装车分析。

（17）特需、快速货物列车开行情况分析。

（18）铁路局间分界口能力利用率情况分析（每月按运调 18 格式逐项填写，于次月 5 日前电传报国铁集团）。

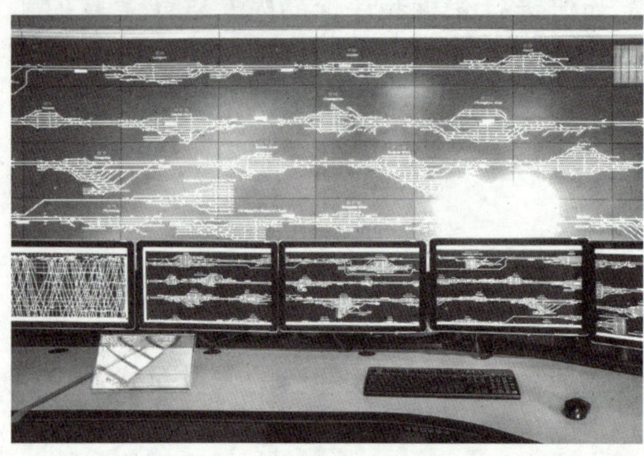

（19）施工及维修天窗兑现率分析。

（20）检修车分布及检修车扣修、回送、检修、修竣计划兑现情况分析。

（21）铁路车辆运行安全监控系统运行情况分析。

（22）篷布使用分析。

（23）临时旅客列车开行、旅客列车甩挂车辆、折返、停运分析。

（24）牵引供电运行情况统计分析。

（25）行车设备故障统计及对运输影响情况分析。

（26）货车使用费情况分析。

（27）调度安全情况分析。

（28）调度工作质量分析。

对于以上分析资料，应逐日分别进行登记，以便从中找出规律。

2. 定期分析

定期分析是指根据日常运输工作完成情况，收集、积累有关资料，按旬、月或更长时间段所做的分析。通过定期分析能比较深入地分析货运计划、技术计划等各项指标完成情况和它们的影响因素，有关工作人员可据其提出改进日常运输组织和安全工作的意见和建议，以便及时采取措施，提高运输工作质量。

3. 专题分析

专题分析是指针对某一问题、某一项指标进行的专门分析。分析人员要深入实际，调查研究，善于发现问题，及时作出必要的专题分析，并提出改进意见或措施。

二、列车运行情况分析

列车运行情况分析又称为列车运行正晚点分析，主要是对旅客和货物列车按图行车情况和日（班）列车工作计划编制质量及执行情况的综合考核，是分析改善运行秩序和运输工作的主要依据。通过该分析，可查明晚点原因，提出改进意见。

1. 列车正晚点统计

列车正点率是列车按图行车情况分析的主要内容。为分析列车正点率，必须进行列车正晚点统计。列车正晚点统计，包括货物列车正晚点统计和旅客列车正晚点统计。

以下着重介绍货物列车正晚点统计的方法。

1）统计范围

凡以货物列车车次（小运转列车车次除外）开行的列车，均按货物列车统计。快速班列单独统计。

2）统计依据

（1）开行列车的车次，以列车运行图为准；加开的列车，以日（班）计划确定的车次为准。

（2）按列车运行图运行线开行的列车，根据图定时分统计；临时定点运行的列车，根据日（班）计划规定的时分统计；因影响行车的技术设备施工、维修，由铁路局以书面文件或电报中公布调整列车运行图中的列车运行时分，根据调整的时分统计。

（3）对有下列情况的列车，以列车发、到前下达的调度命令为准。

① 中转列车临时早点，提前利用空闲运行线运行时。

② 停运列车临时恢复运行时。

③ 使用原车次在枢纽内变更始发或到达的编组站时。

④ 在铁路局管内整列重车或空车变更到站时。

⑤ 编组站（区段站）编组的始发列车利用日（班）计划内中转列车空闲运行线提前开行时。

3）列车出发及运行的划分

（1）各站编组始发的列车，中间站恢复运行的停运列车，图定或日（班）计划规定原车次接续在编组站、区段站进行技术作业中转出发的列车，均按出发统计。

（2）列车由出发至运行区段的终到站（包括中间站），按运行统计。

（3）铁路局分界站为中间站时，除本站编组始发和停运列车恢复运行外，均不统计出发。对经过分界站的列车按两个运行统计（即由列车出发至分界站为一个运行，由分界站至列车运行区段终到站为另一个运行），分界站所属局由分界站接入时分为运行开始，分界站交出时分为运行终止。

（4）在国境、地方铁路分界站，向国外、地方铁路发出的列车，不统计出发；国外、地方铁路分界站向铁路局、控股合资铁路营业线发出的列车，统计为编组出发。

（5）在编组站、区段站图定不进行技术作业的列车、中间站临时更换机车继续运行的列车（因自然灾害、事故而机车不能摘走的停运列车除外），不统计出发和运行。

（6）列车在干、支线衔接的中间站，由于变更运行方向而变更车次，根据机车交路图，如不更换机车时，按一个运行区段统计；如更换机车则按两个运行区段统计（临时更换机车除外），如图 10-22 所示。

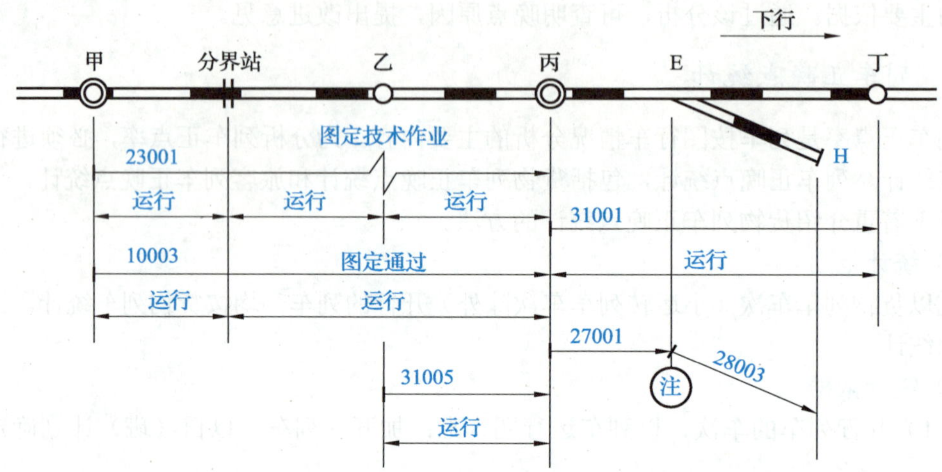

注：在中间站规定换机车时按两个运行统计，否则按一个运行统计

图 10-22　货物列车运行统计区段的规定示意

（7）重载（长大）列车在中间站组合或拆组，统计出发和运行。

4）列车出发及运行正晚点的统计方法

（1）编组始发列车，下列情况按出发正点统计。

① 根据日（班）计划规定的车次，按图定的时分正点或早点不超过 15 min 出发时。如图 10-23 所示，原计划 10002 次货物列车乙站 19:15 开，若 10002 次乙站 19:00～19:15 间出发，该列车统计为出发正点。

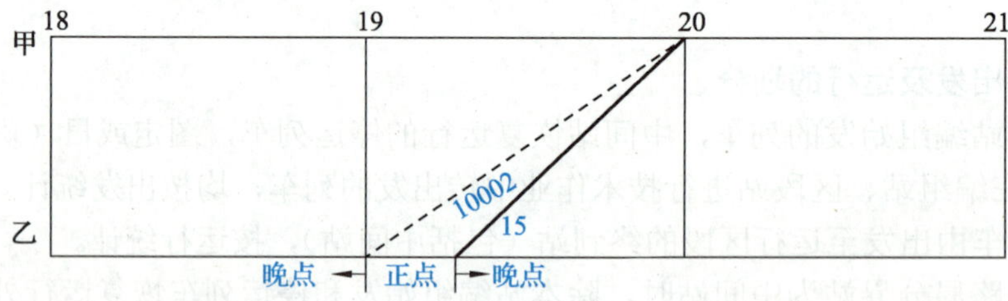

图 10-23　列车出发正点示意

② 日（班）计划规定以图定运行线到达的中转列车，因临时停运或晚点在执行的日（班）计划内不能到达时，编组站、区段站根据发车前调度命令，利用该运行线提前开行日（班）计划规定的编组始发车次的列车，正点或早点不超过 15 min 出发时。

除上述情况外，利用该运行线开行的编组始发列车，出发按晚点统计。

（2）中转列车，下列情况按出发正点统计。

① 预计中转列车不能按图定接续运行线运行，按日（班）计划规定的接续运行线正点、早点出发或晚点不超过到达运行线图定接续的中转时间出发时。

如图 10-24（a）所示，10013 次乙站中转，10013 次按图定接续运行线正点、早点出发，按出发正点统计；如图 10-24（b）所示，10013 次晚点 10 min 到达乙站，到达运行线接续中转时间为 60 min，则 10013 次只要从到达时起，在接续中转时间 60 min 及以内出发，即可统计为出发正点。

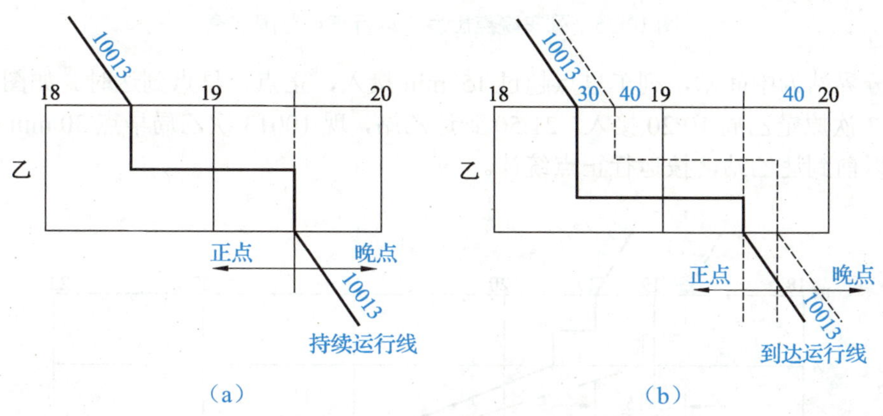

图 10-24　中转列车出发正点示意

② 直达列车原利用的运行线已终止，按日（班）计划规定以原车次另行接续的运行正点、早点出发或晚点不超过日（班）计划规定接续的中转时间出发时。

③ 中转列车临时早点，根据发车前调度命令提前利用空闲运行线正点、早点出发或晚点不超过到达运行线固定接续中转时间出发时。

中转列车临时晚点利用空闲运行线出发时，仍按到达运行线固定接续的中转时间统计正晚点。

提示

到达运行线是指列车按日（班）计划或调度命令规定所走的运行线。

空闲运行线是指在基本列车运行图中：日（班）计划未使用的运行线；日（班）计划规定使用的运行线，但调度命令利用其他运行线或临时停运的运行线。

（3）列车运行，下列情况按运行正点统计。

① 按列车出发所走运行线的时分正点、早点到达或晚点不超过规定旅行时间到达时。如图 10-25 所示，10004 次乙站图定 8:00 出发，到达甲站时为 11:15，规定旅行时间为 3 小时 15 分。如果 10004 次乙站 9:00 出发，只要在 12:15 及以前到达甲站，该列车统计为运行正点。

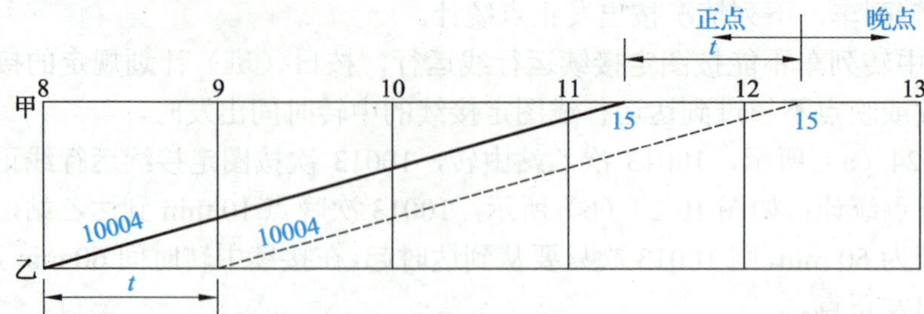

图 10-25 列车晚点出发，运行正点范围示意

② 分界站为中间站，列车早点超过 15 min 接入，正点、早点到达时。如图 10-26 所示，10013 次原定乙局 19:20 接入，21:50 到达乙站，现 10013 次乙局早点 30 min 接入，在 21:50 及以前到达乙站，按运行正点统计。

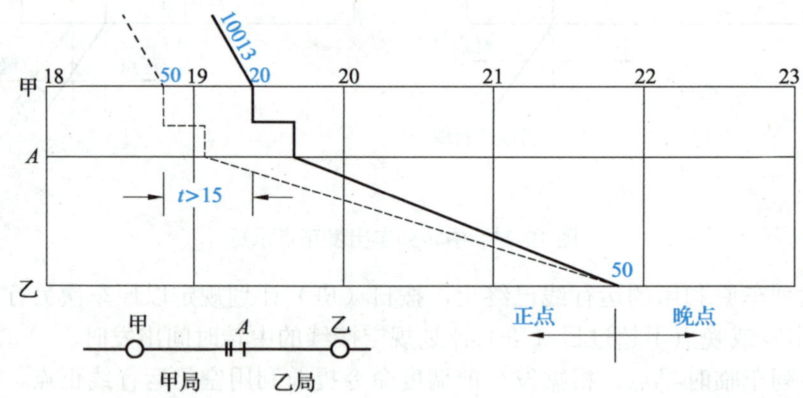

图 10-26 列车在分界站（中间站）早点超过 15 min 接入，运行正点范围示意

（4）临时定点的列车运行正晚点统计。

① 按基本列车运行图图定列车开满时，对加开的临时定点列车，根据日（班）计划规定的时分统计正晚点。图定列车实际未开满时加开的临时定点列车，出发按晚点统计，运行按班计划规定的时分统计正晚点。

a. 在统计列车出发正、晚点时，基本图开满以编组站、区段站实际发出的列车计算。

b. 摘挂列车运行线与其他货物列车运行线分开计算。

c. 干支线衔接的区段，列车对数分别计算。

d. 运行图规定在中间站始发和到达的列车未开满，而全区段运行的列车已开满，视为列车运行图已开满。

② 限速列车、有时间限制的军用列车、在区间整列装卸的列车、停运列车恢复运行以及开行运行图以外的阶梯直达列车在作业站间的临时定点，均按日（班）计划规定的时分统计正晚点。

（5）停运列车运行正晚点统计。

① 日（班）计划规定开往中间站的停运列车（摘走机车），按日（班）计划规定统计运行正晚点。

② 列车临时在中间站停运，运行按晚点统计。

③ 中间站停运列车临时恢复运行，根据发车前调度命令指定的空闲运行线或临时定点（到局管内前方第一编组站或区段站的时分）统计正晚点。

（6）除由邻局接入的日（班）计划以外开行的列车，根据所走运行线或开车前调度命令指定的时分统计正晚点外，日（班）计划以外开行的列车或日（班）计划中一条运行线规定两个车次时，出发按晚点统计。运行按第（3）项规定统计。

（7）变更发到站的列车，在局管内整列重车临时变更卸车站或整列空车临时变更配空站（变更后如有剩余车辆不超过该区段单机挂车辆数时可视同整列），以及枢纽内临时变更始发或到达编组站的列车，均根据发、到前的调度命令，有图定时分的按图定时分统计正晚点，变更后的发、到站无图定时分的，出发按有图定时分的第一个车站统计出发正晚点，运行按有图定时分的最终站统计运行正晚点。列车旅行时间按实际发、到站的时分统计。

除上述情况外，临时变更发、到站的列车，出发或运行均按晚点统计。

（8）合并运行列车，根据日（班）计划规定的列车车次分别进行统计。

（9）列车车次应保持到列车编组计划或日（班）计划规定的终到站。中途变更车次（包括变更为小运转车次）时，如在编组站（区段站）变更，出发按晚点统计，运行按所走运行线统计；如在中间站变更，运行按晚点统计。

（10）根据日（班）计划规定在中间站始发或终到的列车，如使用的运行线为列车运行图规定的通过时分，则按附加的起停车时分统计正晚点。

5）快速班列、快运货物班列正晚点统计

凡以快速班列、快运货物班列车次开行的列车，一律按基本运行图图定时分统计列车出发、运行正晚点。

6）货物列车正点率的计算

（1）货物列车出发正点率：

$$\text{货物列车出发正点率}=\frac{\text{出发正点列数}}{\text{出发总列数}}\times 100\%$$

（2）货物列车运行正点率：

$$货物列车运行正点率=\frac{运行正点列数}{运行总列数}\times 100\%$$

行包专列比照计算。

7）列车运行分析表与货物列车正晚点报表

（1）列车运行分析表（运统 10）。

列车运行分析表（见表 10-4）用来填记列车出发及运行的各项资料，以作为编制“货车运用成绩报表（运报 5）”“货物列车正晚点报表（运报 6）”“货物列车公里统计表”的依据。

表 10-4　列车运行分析表

年　月　日　运统 10

<table>
<tr><td rowspan="3">区段</td><td rowspan="3">车次</td><td rowspan="3">列车公里</td><td colspan="3" rowspan="2">运用车辆数</td><td colspan="9">出发</td><td colspan="10">运行</td><td rowspan="3">记事</td></tr>
<tr><td colspan="3">中转列车到达时分</td><td colspan="3">出发时分</td><td colspan="2">成绩</td><td rowspan="2">晚点原因</td><td colspan="3">到达时分</td><td colspan="4">旅行时分</td><td colspan="2">成绩</td><td rowspan="2">晚点原因</td></tr>
<tr><td>重车</td><td>空车</td><td>合计</td><td>定点</td><td>实际</td><td>早晚点时分</td><td>定点</td><td>实际</td><td>早晚点时分</td><td>正点</td><td>晚点</td><td>定点</td><td>实际</td><td>早晚点时分</td><td>规定</td><td>实际</td><td>十进制时分</td><td>车小时</td><td>正点</td><td>晚点</td></tr>
<tr><td>1</td><td>2</td><td>3</td><td>4</td><td>5</td><td>6</td><td>7</td><td>8</td><td>9</td><td>10</td><td>11</td><td>12</td><td>13</td><td>14</td><td>15</td><td>16</td><td>17</td><td>18</td><td>19</td><td>20</td><td>21</td><td>22</td><td>23</td><td>24</td><td>25</td><td>26</td></tr>
<tr><td></td><td></td><td></td><td>/</td><td>/</td><td>/</td><td></td><td></td><td></td><td></td><td></td><td></td><td></td><td></td><td></td><td></td><td></td><td></td><td></td><td></td><td></td><td>/</td><td></td><td></td><td></td><td></td></tr>
</table>

（2）货物列车正晚点报表。

货物列车正晚点报表（见表 10-5）的编制说明。

① 本报表由路局根据“列车运行分析表（运统 10）”编制。

② 凡当日出发或到达的货物列车，均在当日统计出发及运行列数。

③ 货物列车正点率精确至小数点后第一位，第二位四舍五入。

④ 对晚点原因，各局可根据实际需要自定附表加以统计。

8）旅客列车正晚点统计与货物列车的不同

旅客列车正晚点统计与货物列车的主要区别为如下。

（1）旅客列车出发，只在列车始发站考核正晚点和统计出发列数。因旅客列车不准早开，所以没有关于列车早点开车的规定。

（2）旅客列车运行正晚点，不是按区段而是按铁路局管内旅行时间进行考核的。

（3）旅客列车运行正点率分为到达正点率、交口正点率和总运行正点率三种。

表 10-5 货物列车正晚点报表

表名：运报 6（YB-6）

制表单位：国铁集团统计中心

批准机关：国铁集团

批准文号：铁统计［2000］113 号

统一编号：0177

局或区段别	出发									运行								
	货物列车总列数	其中正点列数	正点率（%）	其中			行包专列总列数	其中正点列数	正点率（%）	货物列车总列数	其中正点列数	正点率（%）	其中			行包专列总列数	其中正点列数	正点率（%）
				五定班列总列数	其中正点列数	正点率（%）							五定班列总列数	其中正点列数	正点率（%）			
	1	2	3	4	5	6	7	8	9	10	11	12	13	14	15	16	17	18

填表单位： 填表人： 单位领导： 上报日期： 年 月 日

（盖章） （签章）

2. 列车正晚点分析

列车正点率高，说明列车按图行车的情况好，列车运行秩序正常。对于晚点列车，必须逐列分析晚点原因，查明责任。

如表 10-6 所示，为某铁路局某月上旬，货物列车出发晚点的分析资料。

表 10-6 铁路局货物列车出发晚点分析

部门	车务责任							机务责任					其他责任								合计
原因	编组	等轴	机交	不当	会让	其他	计	机交	机故	出库	其他	计	车辆	工务	电务	客运	货运	外局	其他	计	
晚点列数	1	14		3	5	2	25	12	3		5	20	2	1			2			5	50
%	2	28		6	10	4	50	24	6		10	40	4	2			4			10	100

从表中不难看出，在所有晚点列车中，由于车务部门责任造成的晚点占 50%，由于机务部门责任造成的晚点占 40%。由此可见，列车晚点的责任主要在车务部门和机务部门。再进一步分析，由于车流接续不好，造成列车等轴晚点占 28%，由于机车交路问题造成列车晚点占 24%，两者合计占列车晚点总数的 52%。

为找出问题的根源，对等轴晚点还应分析其是日（班）计划编制的质量问题，还是邻局或邻区段来车计划不准。对于机车交路问题，也应分析是计划交路时间不足，还是到达列车晚点。若是由于日（班）计划编制质量问题，就要在提高计划人员的业务水平上采取措施。

三、货车周转时间分析

货车周转时间是衡量货车运用质量的主要指标之一，在较大程度上体现运输工作组织水平，因而它成了各级运输指挥人员重视的指标。在运输分析工作中，不管是日常分析，还是定期分析，对货车周转时间的分析是必不可少的内容。主要方法为车辆相关法分析和时间相关法分析。

1. 车辆相关法分析

在日常分析中，由于受时间和资料的限制，多采用车辆相关法分析。该分析方法是以实际完成的货车周转时间（$\theta_{实际}$）与技术计划规定的货车周转时间标准（$\theta_{计划}$）相比较。

如表 10-7 所示，某路局货车周转时间较计划标准压缩了 0.02 d，总的来说，当日情况是好的。进一步分析即可看出，取得这一成绩主要是由于车站注意了空车的运用，使空车周转时间显著降低而达到的。而管内工作车的周转时间不但没有压缩，而且比计划还延长了 0.11 d。这说明管内工作车的输送和卸车组织得不好，以致卸车任务没有完成，造成管重积压。由此可见，下一步工作应对自装管内工作车适当控制，注意加强卸车组织工作。

表 10-7　某局货车周转时间分析资料

运用车分类		*N*			*U*			*θ*		
		标准	实际	差	标准	实际	差	标准	实际	差
运用车总数		6 710	6 696	－14	6 100	6 200	＋100	1.10	1.08	－0.02
其中	空车	1 080	740	－340	3 600	3 700	＋100	0.30	0.20	－0.10
	管内工作车	3 070	3 156	＋86	2 900	2 700	－200	1.16	1.17	＋0.11
	移交重车	2 560	2 800	＋240	3 200	3 500	＋300	0.80	0.80	0

2. 时间相关法分析

在进行定期分析和专题分析时，一般都采用时间相关法分析。这种分析方法除了可以查明货车周转时间完成情况外，还可以分析各项因素完成情况对货车周转时间的影响，从而提出改进措施。其具体分析方法如下。

（1）以实际完成货车周转时间（$\theta_{实际}$）与计划规定货车周转时间（$\theta_{计划}$）对比。实际完成货车周转时间是以多项因素实际完成的数值代入时间相关法公式而求得。

例如，丙局某月货车运用指标计划与完成实际情况，如表 10-8 所示。

表 10-8　丙局某月货车运用指标计划与实际完成情况

指标名称	使用车	卸空车	接运重车	工作量	全周距	中转距离	中转时间	一次货物作业时间	旅行速度	管内装卸率	货车周转时间	运用车保有量	货车日车公里
计划	747	550	1 058	1 805	268	102	5.0	9.9	40.5	0.72	1.12	2 026	239
实际	755	609	1 058	1 813	230	102	5.1	11.0	35.0	0.75	1.10	1 994	213

由表可得，实际完成的货车周转时间为

$$\theta_{实际}=\frac{1}{24}\left(\frac{230}{35}+\frac{230}{102}\times 5.1+0.75\times 11.0\right)=1.10\ (\mathrm{d})$$

计划规定货车周转时间为

$$\theta_{计划}=\frac{1}{24}\left(\frac{268}{40.5}+\frac{268}{102}\times 5+0.72\times 9.9\right)=1.12\ (\mathrm{d})$$

实际完成与计划相对比，有

$$\theta_{实际}-\theta_{计划}=1.10-1.12=-0.02\ (\mathrm{d})\text{（缩短 0.02 d）}$$

由上述计算比较可以看出，该局货车周转时间缩短 0.02 d，工作成绩不错。但如详细分析，则事实并非如此。从表 10-8 可以看出，该局中转时间、一次货物作业时间、旅行速度等主观因素都没有完成，其货车周转时间的缩短，主要是由于全周距的缩短起了作用。因而在整体分析完后还应进一步分析各项因素对货车周转时间的影响。

（2）分析各项因素完成情况对货车周转时间的影响，一般采用“单因素法”，就是假定除要分析的某一因素外，其他因素都按计划完成，看一看该项因素对货车周转时间数值的影响。

例如，分析旅行速度的实际完成情况对货车周转时间的影响时，将时间相关法中含有旅行速度这一因素的（$\frac{1}{24}\times\frac{l}{v_{旅}}$）这一项，分别代入实际值和计划值，这两者所求结果进行比较，即

$$\frac{1}{24}\times\frac{268}{35}-\frac{1}{24}\times\frac{268}{40.5}=0.319-0.276=+0.043\ (\mathrm{d})\text{（延长 0.043 d）}$$

根据表 10-8，列表分析丙局某月各项因素完成情况对货车周转时间的影响，如表 10-9 所示。

表 10-9　丙局某月各项因素完成情况对货车周转时间的影响分析表

项目 \ 分析	实际（d）	计划（d）	实际与计划比较（d）
全周距影响	$\frac{1}{24}\left(\frac{230}{40.5}+\frac{230}{102}\times 5\right)=0.706$	$\frac{1}{24}\left(\frac{268}{40.5}+\frac{268}{102}\times 5\right)=0.823$	$0.706-0.823=-0.117$
中时影响	$\frac{1}{24}\left(\frac{268}{102}\times 5.1\right)=0.558$	$\frac{1}{24}\left(\frac{268}{102}\times 5\right)=0.547$	$0.558-0.547=+0.011$

（续表）

项目 \ 分析	实际（d）	计划（d）	实际与计划比较（d）
停时影响	$\frac{1}{24}(0.72\times 11)=0.33$	$\frac{1}{24}(0.72\times 9.9)=0.297$	$0.33-0.297=+0.033$
旅速影响	$\frac{1}{24}\times\frac{268}{35}=0.319$	$\frac{1}{24}\times\frac{268}{40.5}=0.276$	$0.319-0.276=+0.043$
管内装卸率影响	$\frac{1}{24}\times 0.75\times 9.9=0.309$	$\frac{1}{24}\times 0.72\times 9.9=0.297$	$0.309-0.297=+0.012$
中转距离影响	本月实际完成与计划同		0
合计			–0.018

（3）以换算货车周转时间分析。

在影响货车周转时间的各项因素中，中转时间、一次货物作业时间及旅行速度，主要取决于主观努力程度，称为主观因素；全周距、中转距离及管内装卸率，受客观条件影响较多，称为客观因素。

为了分析货车周转时间完成情况，检查主观上工作做得好坏，还经常以换算货车周转时间进行分析。

所谓换算货车周转时间（$\theta_{换}$），是用三项客观因素的实际数字和三项主观因素的计划数字代入计算公式，求得计算结果，即

$$\theta_{换}=\frac{1}{24}\left(\frac{l_{实}}{v_{旅}^{计}}+\frac{l_{实}}{L_{中}^{实}}\times t_{中}^{计}+K_{管}^{实}\times t_{货}^{计}\right)(\mathrm{d})$$

例如，丙铁路局货车周转时间各项因素的计划数值如表 10-8 所示，则换算货车周转时间为

$$\theta_{换}=\frac{1}{24}\left(\frac{\boxed{230}}{4.5}+\frac{\boxed{230}}{\boxed{102}}\times 5.0+\boxed{0.75}\times 9.9\right)\approx 1.02\ (\mathrm{d})$$

注：带“$\boxed{}$”数字为该项因素的实际完成数值。

以实际完成货车周转时间与换算货车周转时间进行比较，有

$$\theta_{实际}-\theta_{换算}=1.10-1.02=+0.08\ (\mathrm{d})\ （延长\ 0.08\ \mathrm{d}）$$

从上述分析资料可知，丙局该月货车周转时间，从整体上看缩短了 0.02 d，但这主要是由于全周距缩短了 38 km，进而使货车周转时间缩短了 0.117 d 所致。该局换算货车周转时间约 1.02 d。由于主观工作没做好，中时、停时、旅行速度均未按计划完成，使实际完成货车周转时间比应完成的换算货车周转时间延长了 0.08 d。其中，中时延长 0.01 d，停时延长 0.03 d，旅行速度延长 0.04 d。今后车站应加强调度组织指挥，提高货车运用效率。

四、运用车保有量及换算周转量分析

运用车保有量是衡量铁路局运输工作的一项重要指标。在定期分析中，需对运用车保有量进行分析。

1. 运用车总数分析

（1）用实际运用车保有量（$N_{实}$）与计划运用车保有量（$N_{计}$）进行比较，以查明占用运用车节省或浪费。其计算公式为

$$\pm\Delta N = N_{实} - N_{计}\ (车)$$

式中：

$\pm\Delta N$——占用运用车数量。

（2）按实际完成的工作，计算实际运用车保有量与应该保有的运用车数之差（$\pm\Delta N'$）：

$$\pm\Delta N' = N_{实} - u_{实}\theta_{计}\ (车)$$

（3）将上式中计划规定货车周转时间替换为换算货车周转时间所得之差（$\pm\Delta N''$）：

$$\pm\Delta N'' = N_{实} - u_{实}\theta_{换}\ (车)$$

根据表 10-8 中的数据和上述计算公式可得到计算结果如下：

$$\pm\Delta N = 1\,994 - 2\,026 = -32\ (车)$$

$$\pm\Delta N' = 1\,994 - 1\,813 \times 1.12 = -37\ (车)$$

$$\pm\Delta N'' = 1\,994 - 1\,813 \times 1.02 \approx +144.74\ (车) \approx +145\ (车)$$

以上三种计算结果，可以对铁路局实际占用运用车数进行说明：一种是简单的数字比较，从整体上看实际少占用运用车 32 车。另一种观点是从完成的工作量大小看运用车占用多少，工作量大，占用的运用车数也应该多。其中按计划规定的货车周转时间计算，节省运用车 37 车；按换算周转时间计算，浪费运用车 145 车。两种结果完全相反。从分析运输组织工作水平的观点上来说，该铁路局由于主观指标完成的不好而多占用了运用车 145 车。

分析各种运用车保有量的大小，即分别将管内工作车、移交重车和空车的实际保有量与计划数字相比较并查明原因，采取调整措施。如表 10-10 所示，该铁路局实际运用车数减少了 32 车，空车与计划持平，管内工作车比计划减少了 50 车，说明卸车工作组织较好，唯有移交重车比计划增加了 18 车，说明移交列车组织的不好，尤其丁分界站的移交车流积压严重。

表 10-10　运用车保有量分析表

项目		标准	实际	差
运用车总量		2 026	1 994	−32
管内工作车数		583	533	−50
空车数		430	430	0
移交重车数		1 013	1 031	+18
其中	乙分界站	540	518	−22
	丁分界站	473	513	+40

根据以上分析，可以提出以下调整措施。

① 管内工作车保有量不足，将影响铁路局卸车任务的完成，所以下一步应多装管内工作车。

② 对自装移交车，应限制经丁分界站的移交车的装车，以减少该分界站的交车压力，并注意做好该分界站的交车工作。

2. 换算周转量分析

换算周转量通常是指在一年之内一个铁路局或全路所完成的全部货物吨公里数和旅客人公里数。换算周转量是表示铁路运输总产量的指标，是计算铁路运输成本和劳动力生产率的依据，也是国铁集团对各局进行经济核算以及铁路运输收入进行再分配的依据。

$$\sum H_{换} l_{换} = \sum Hl + \sum Kl_{客}$$

式中：

$\sum H_{换} l_{换}$——换算周转量；

$\sum Hl$ ——货物周转量，$t \cdot km$；

$\sum Kl_{客}$ ——旅客周转量，人$\cdot km$。

其中，$\sum Hl$ 的计算公式为

$$\sum Hl = H_1 l_{货}^1 + H_2 l_{货}^2 + H_3 l_{货}^3 \cdots + H_n l_{货}^n$$

式中：

H_1，H_2，H_3，…，H_n——各种运程货物的运送吨数，t；

$l_{货}^1$，$l_{货}^2$，$l_{货}^3$，…，$l_{货}^n$ ——相应的货物运程，km。

$\sum Kl_{客}$ 的计算公式为

$$\sum Kl_{客} = K_1 l_{客}^1 + K_2 l_{客}^2 + K_3 l_{客}^3 \cdots + K_n l_{客}^n$$

式中：

K_1，K_2，K_3，…，K_n——市郊、管内、直通运输等的旅客运送人数，人；

$l_{客}^1$，$l_{客}^2$，$l_{客}^3$，…，$l_{客}^n$ ——市郊、管内、直通运输等的旅客平均运程，km。

从公式可以看出，通常换算周转量与货物运送吨数及其运送距离、旅客运送人数及其平均行程成正相关。货物周转量的大小与通过运输、输入运输、输出运输、管内运输中各种运输吨数所占比重关系较大。同样，旅客周转量受直通运输、管内运输和市郊运输比重的影响较大。因此，分析换算周转量的变化应主要分析各种运输所占比重的变化。

除尽头铁路局外的一般铁路局，通过运输量增大，则换算周转量增大，特别是通过距离较长的分界口间运输量增大时，周转量增长的速度也较大，反之，减少的也多。因此，组织分界站大接大交，是提高换算周转量的有效途径。

加强运输调度集中统一指挥

时间：2013 年 12 月 4 日。

地点：××局调度所××站。

事件：当日焦柳线上行28020次列车21:36分在××站停车，××局调度所以该列车挂有捣固机，所发电报未抄送到管内沿途经由的区段、编组站为由（调度所不接车依据的相关规定该局已失效废止），不服从调度集中统一指挥，分界口长时间扯皮，拒不接车。

经国铁集团多方协调，列车于5日的10:18在该站开车，造成该列车在站停留时间长达12小时42分钟，机车乘务员超劳换班，同时导致当日该分界口第一班上下行货车交接未兑现。

分析：

（1）存在问题。

① 调度人员业务不熟。调度人员日常对规章制度的学习掌握不清，按照已经废止的文件、电报组织生产。

② 不服从调度集中统一指挥。虽经国铁集团调度多次协调，分界口仍然拒不接车，造成分界口长时间扯皮，影响运输任务完成，严重违反调度集中统一指挥原则。

③ 防止机车乘务员超劳意识淡薄。

在28020次列车在××站停车后，未积极联系有关部门协调解决列车交接事宜，而是相互听之任之，造成列车长时间在车站停留，防止机车乘务员超劳意识淡薄，安全意识严重弱化。

（2）处理办法。

① 对××局调度所全路车务系统进行通报批评。

② ××局主管运输副局长、调度所主任向国铁集团提交深刻书面检查，并报国铁集团运输局调度部。

③ ××局调度所应对上述两起事件认真进行调查分析，对相关责任人进行严肃处理，并将分析整改材料及处理结果经主管运输副局长签字后报国铁集团运输局调度部。

（3）吸取的教训。

全路各级调度及车务系统行车有关人员必须树立“全路一盘棋”思想，加强相关部门之间的联系沟通，及时上报安全信息，强化集中统一指挥，高度重视运输集中统一指挥和行车单一指挥工作，维护良好的安全局面和运输秩序。

项目自测

一、填空题

1．列调应熟悉管辖区段内的人、车、天、地、图，分别指__________、__________、__________、__________和__________。

2．列车出发至__________，按运行统计。

3．实现按图行车的首要条件是__________。组织货物列车始发正点，要抓好的环节是：__________和__________。

4．有权对列车运行秩序进行调整的人员是__________。

5．至少写出三种红单线表示的列车种类：__________、__________和__________。

二、单选题

1．我国调度机构建立基本工作制度，依据的是（　　）。

A．《技规》　　B．《调规》
C．《统规》　　D．《事规》

2．有关备用车以下说法错误的是（　　）。

A．空货车　　B．非运用车
C．技术状态良好　　D．必须备满 48 小时才能解除备用

3．中转出发的列车，图定接续运行线出发时刻为 10:30，则下列确定统计出发正点的情况是（　　）。

A．10:10　　B．10:35
C．10:45　　D．不能确定

4．《调规》规定，第一班的卸、排、装计划应达到全日计划的（　　）。

A．40%以上　　B．45%以上
C．50%以上　　D．未做明确规定

5．蓝色断线是（　　）列车运行线的画法。

A．直通列车　　B．重载列车
C．直达列车　　D．小运转列车

三、判断题

1．备用车的备用时间不足规定而解除备用时，一般自备用起仍按运用车计算，仍要统计停留时间。（　　）

2．列调是一个调度区段或枢纽行车工作的指挥者，肩负按图行车的重任，他有权监督各站编组列车是否执行了编组计划。（　　）

3．凡以货物列车车次开行的列车，均统计货物列车正晚点。（　　）

4．综合调整是空车调整的一种方法。（　　）

四、简答题

1．重车调整的方法有哪些？哪项是基本方法？

2．列车调度指挥的原则有哪些？

3．列车运行调整的方法有哪些？

五、综合题

已知：甲—乙区段区间运行时分及列车会让方式，如图 10-27 所示。

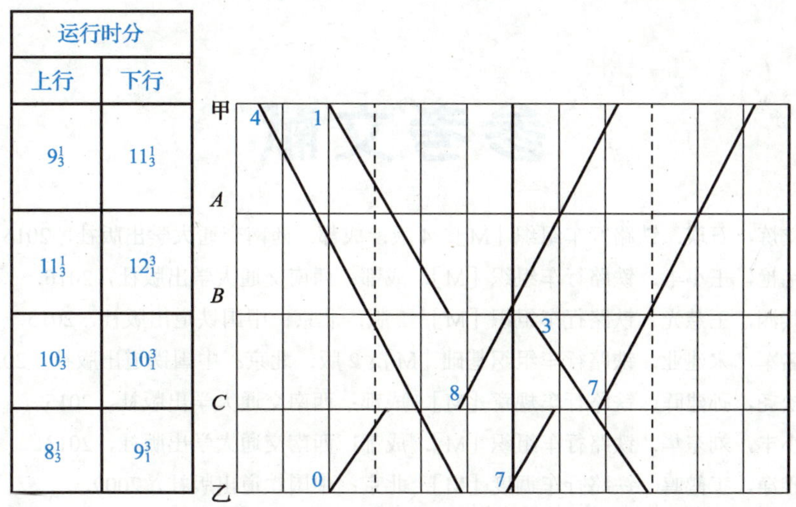

图 10-27　甲—乙区段区间运行时分及列车会让方式

要求：

（1）根据推算的区间运行时分，在图中标明各次列车在各站的到达和通过时分。

（2）请在本题给定的运行图中找出所有错误，标出并说明原因。（注：本题中 $\tau_{不} = 4\ \text{min}$，$\tau_{会} = 3\ \text{min}$，$\tau_{连} = 4\ \text{min}$）

（3）本题第一列上行和下行列车标为始发、终到，车次 31001/2 次，第二列标为从邻接区段转来、再转往邻接区段，车次为 10011/2 次。

参考文献

[1] 彭乾炼，石瑛. 铁路行车组织 [M]. 4 版. 成都：西南交通大学出版社，2016.

[2] 吴艳艳，王小丰. 铁路行车组织 [M]. 成都：西南交通大学出版社，2016.

[3] 彭其渊，王慈光. 铁路行车组织 [M]. 2 版. 北京：中国铁道出版社，2015.

[4] 钱名军，宋建业. 铁路行车组织基础 [M]. 2 版. 北京：中国铁道出版社，2015.

[5] 杨松尧，孙建晖. 铁路行车规章 [M]. 成都：西南交通大学出版社，2015.

[6] 王小丰，刘东华. 铁路行车组织 [M]. 成都：西南交通大学出版社，2013.

[7] 张雅净，王鹤鸣. 铁路行车调度 [M]. 北京：中国铁道出版社，2009.

[8] 韩小平. 铁路行车组织 [M]. 北京：中国铁道出版社，2008.